「帝国」と「祖国」のはざま

「帝国」と「祖国」のはざま

植民地期台湾映画人の交渉と越境

三澤真美恵

岩波書店

凡　例

1　年号表記については原則として西暦に統一した。
2　漢字については、固有名詞など特に必要ある場合を除き、常用漢字を用いた。
3　中国語の組織名、題名などは、日本語でも意味が通じる場合にはそのまま表記し、日本語訳が必要な場合には〔　〕内に示した（例：「編導委員会〔脚本監督委員会〕」）。
4　文献の引用に際しては、以下のような原則によっている。
（1）短い引用は「　」、長文の引用は二字下げで示す。
（2）引用文中での省略は（中略）で示す。
（3）引用文中における筆者注記は［　］で示す。
（4）判読不能の箇所は□□で示す。
（5）日本語でない文献については、原則として原文を示さずに日本語に訳して引用した。
（6）読みやすさを考慮し、旧仮名遣いを新仮名遣いに改め、漢字カタカナ混じり文をひらがなに直したものがある。
5　参考文献、典拠の示し方は以下の原則によっている。
（1）未公刊資料、定期刊行物については、特に必要とする場合を除いて巻末注に記す。
（2）未刊行資料のうちアーカイブ資料については、原則として「日付、×発×宛もしくは文書作成元「文書名」檔案名『ファイル名』〔ファイル番号ないしカード番号〕」の順で記した。また、頻出する檔案名については、初出の際に「中国国民党文化伝播委員会党史館檔案（以下、「党史館檔案」と略記）」のように示し、略記する（例：一九三一年三月一九日、第三届中央執行委員会第一三二次常務会議通過「中央電影文化宣伝委員会組織条例」党史館檔案〔五・三―一一・二八〕）。

（3）公刊資料は［著者名、公刊年：引用頁］のように記す（例　［XYZ、一九九〇：二八―五〇］［xyz, 1949a: 11］）。

（4）巻数が複数に及ぶものは、書名の後に一字空けて数字で巻数を示す（例：『中国電影発展史　一』）。編著者名が不明なものや全集は［『書名』公刊年：引用頁］のように記す（例　［『〇〇統計』一九三五：二八―五〇］）。ただし、『劉吶鷗全集』は巻号がないため［『劉吶鷗全集　影像集』公刊年：頁数］のように記す。

（5）原書または初版の出版年を示す必要がある場合は［『〇〇〇』一九三一＝一九九〇：二八］のように記す。

（6）『蔡培火全集』、『劉吶鷗全集』所収の日記については［日付「〇〇日記」頁数］と記す。

目　次

序章

映画『誰之過』(1928 年)製作時の記念写真. 提供:財団法人国家電影資料館提供.

第一節　本書の課題

映画誕生の年は一般に一八九五年とされる。だとすれば、台湾[1]は映画誕生の年に日本に割譲されたことになる。その後、この「動く写真」はわずか数年で世界中の各都市に広まり、日本の植民地統治下にあった台湾にも伝来した。一九二〇年代には、都市部の映画館だけでなく、地方の巡回上映を通じて、映画は台湾住民にとって最も人気のある大衆娯楽のひとつとして定着していた。次に引用するのは、一九二七年一月二日付『台湾民報』に掲載された台湾人知識人の映画に対する見方を示す記事の一部である。

我々台湾人は太平洋の絶海の孤島に閉じ込められており、現代的な文化、澎湃たる思潮、新興の科学、いずれも直接その恵沢《けいたく》に均霑《きんてん》するのは大変困難である。然るに独り新興芸術たる映画のみが、我々遠い離れ島に住む台湾人にも、世界一般の人々が享受するのと同様の洗礼を与えてくれるのだ〔鄭登山《ていとざん》「新興芸術的電影戯」一九二七年一月二日付『台湾民報』〕。

記事が掲載された『台湾民報』は植民地統治下の台湾で「台湾人唯一の言論機関[2]」を標榜し、第一次世界大戦後の民族自決思潮を受け「台湾文化の向上」を図るために台湾人によって一九二一年に結成された「台湾文化協会」の事実上の機関紙でもあった〔台湾総督府警務局編、一九三九：一三九、一四八〕。この記事からうかがわれるのは、『東への道』（一九二〇年、D・W・グリフィス監督）、『愚なる妻』（一九二二年、E・V・シュトロハイム監督）、『ノートルダムのせむし男』（一九二三年、W・ワースリー監督）、『亜細亜の光』（一九二五年、F・オステン、H・ライ監督）など、世界各地の映画が「絶海の孤島」たる台湾に同時代的に次々と配給・上映され、台湾人知識人がこれらの映画を消費することを「世界一般の人々」が享受している文化的な「洗礼」を受けるのと同様に感じていたことである。一九二〇年代、「孤島に閉じ込められた」存在として自らを想像する台湾人知識人にとって、映画はまぎれもなく「近代(modernity)」を表象するメディアとして受け止められていた、といえる。

本書の課題は、この映画という「近代」を自らの手で製作あるいは配給・上映しようとした日本植民地統治期の台湾人による活動の軌跡を、「交渉」と「越境」の過程として分析することにある。

同じく日本の植民地統治下にあった朝鮮半島や、「半植民地」「次植民地」と評された中国では民族資本による映画製作が産業化したにもかかわらず、植民地期台湾では民族資本による映画製作は実験的な試みにとどまり、ついに産業化しなかった。前掲記事にあるように配給・上映は活発におこなわれたが、台湾人による映画作品がほとんど残存しないこともあってか、植民地台湾における映画史は、日本はもとより中国でも台湾でも長らく等閑視されてきた。

いっぽう、本書で論じるように、植民地期台湾に生まれた台湾人のなかには、植民地支配を脱し中国へと越境して映画人として活躍した劉吶鷗《りゅうとつおう》(一九〇五—一九四〇年)や何非光《かひこう》(一九一三—一九九七年)のような者もいた。ところが、劉吶鷗は日中戦争期の上海で日本軍の映画統制に協力したことにより「漢奸」と見なされ、暗殺された。何非光は日中戦争期の重慶で「抗戦」映画を監督するものの、内戦によって中国が分裂するなかで、「戦後」は国民党政権下の台湾においても共産党政権下の中国においても「裏切り者」として不断に断罪され記憶の対象から除外されることになった。つまり、中国へ越境して活躍した台湾出身の映画人もまた、「抗日」的であったか否かにかかわらず、植民地統治下台湾で活動した映画人(本書では映画の製作にかかわった者だけでなく、配給・上映にかかわった者も含めて映画人と総称する)と同様に、「戦後」東アジアにおいて長らく忘却されていたことになる。

では、中国へ越境し映画界で活躍した植民地台湾出身の劉吶鷗や何非光は、なぜ生まれ育った台湾では映画人として活躍することができなかったのか。また、彼らの映画活動は、なぜ「裏切り」行為として汚名を着せられ、忘却されることになったのか。そもそも、植民地下の台湾ではなぜ中国や朝鮮半島と異なり民族資本による映画製作が産業化しなかったのか。これらの疑問を解きほぐし、彼らの足跡を明らかにすることを通じて、被植民者という立場におかれた台湾の人々の映画史を語ることができないだろうか。これが本書の出発点である。

そして、これらの疑問に対し被植民者たる台湾人としての生い立ちや身分、巨大な資本とシステムを必要とする映画のメディアとしての特質が、個人の思想や生き方の違いを超え、彼らの映画活動を構造的に規定していたのではないか、というのが分析を開始するにあたっての作業仮説である。

ここで、本書のタイトルについて説明しておこう。まず、本書でいう「台湾人」とは、日本の植民地統治下において「日本人」を指す「内地人」と区別して「本島人」「台湾人」と呼ばれた人々、すなわち台湾で生まれ育った漢族系住民を指す。だが、それは決して「台湾」を代表する族群(エスニック・グループ)が植民地期以前に台湾に移住した漢族系住民であることを含意するわけではない。周知の通り、台湾は漢族系以外に先住民族(台湾原住民族)を含めた多様な族群で構成された「多重族群社会」[3]である。本書では中国大陸に生まれ育った多くの「中国人」[4]と同じ漢族系でありながら、異民族たる日本人によって植民地統治された台湾に生まれ育ち、標準中国語とは異なる「台湾語」(本書第一章第二節【表一―二】注を参照)を母語としていた劉吶鷗や何非光といった人物について叙述する便宜上、「台湾人」の語を使用する。また、「帝国」とは一九四五年の敗戦によって崩壊した大日本帝国(「植民地帝国日本」[駒込武、一九九六:三])を指し、「祖国」とは植民地期に漢族系台湾住民の多くが祖先の出身地として思いを寄せた中国を指す。[5]

台湾は一八九五年に中国(清国)から日本に割譲され、大多数の台湾住民は二年間の「国籍選択」猶予期間後に台湾に居住しているという事実をもって日本籍を「選択」したと見なされた。[6]だが、国籍上「日本臣民」になったとはいえ、漢族系の住民にとっては、言語、宗教、生活習慣のいずれをとっても、日本よりは中国のほうが近接性は高かった。その上、台湾は明治憲法(大日本帝国憲法)が当然には施行されない異法域「外地」[7]であり、台湾人は「内地人」

とは異なる植民地特有の苛烈な法規、差別的な制度の下におかれていた(本書第一章第一節)。それゆえに、第一次世界大戦後の民族自決思潮、中国における五四運動、朝鮮半島における三一独立運動、台湾島内における台湾文化協会の啓蒙活動などの影響を受け、一九二〇年代には「民族的覚醒」が高まり、植民地本国たる日本「内地」のみならず、中国に留学する台湾人が「激増」した[台湾総督府警務局、一九三九：一七四]。

こうした状況下、植民地下台湾人の映画活動が展開され、劉吶鷗や何非光が中国へ活躍の場を求めていったのである。しかし、植民地に生まれ「日本臣民」の国籍をもつ人間にとっては、中国もまた当然には「祖国」ではありえなかった(8)。

「「帝国」と「祖国」のはざま」とは、したがって、「帝国」の一員たろうとしても「祖国」の一員たろうとしてもある種の「欠損」を前提として抱え込まされ、「国民」という軛から自由になろうとしてもなれなかった植民地期台湾映画人が、それでも行かざるを得なかった隘路(in-betweenness)を含意している。

第二節　研究視角

本書は、地域的にみた場合、台湾研究・台湾史研究に軸足をおくが、当該時期の台湾が日本の植民地統治下にあったことから日本史のなかに、そして対象となる人物が活躍する地域が上海や重慶にまでおよぶ関係から中国史のなかに、位置づけられる内容を含んでいる。また、分野的にいえば、各地域における政治経済的ないし社会的なコンテクストのなかで台湾映画人の足跡を捉えようとする関係から、狭義には映画研究、広義にはメディア研究や社会文化史研究の系譜に属するものともいえる。したがってまた先行研究も多岐にわたるため、個別の先行研究については各章ごとに言及することとしたい。ここでは大きく台湾史研究をめぐる固有の文脈、映画史研究における「中心－周辺」、方法的概念としての映画という三つの観点から、本書の研究視角を位置づけておきたい。

1　台湾史研究をめぐる固有の文脈

植民地期台湾の映画史が日本や中国はもとより台湾においても長らく研究の対象とされなかったことは先に述べたが、台湾における等閑視の背景には「戦後」[9]台湾に固有の台湾史研究をめぐる文脈がある。

台湾接収のために中国大陸から派遣された陳儀《ちんぎ》（台湾省行政長官兼台湾省警備総司令）政府は、「敵産」の移管・再編という範囲を超えた台湾社会からの富の略奪を行い、「外省人」（国民党政権と共に中国大陸から移住してきた人々）に権力を集中させた。いっぽう、旧来の台湾住民（中華民国台湾省への編入後「本省人」と呼ばれることになった日本植民地期の「本島人」と先住民族）については、植民地教育によって「奴隷化」された存在であり、「国語」（標準中国語）も話せない、ということを理由として経済的政治的な機会から排除した［黄英哲、一九九九］［何義麟、二〇〇三ａ］［若林正丈、二〇〇八］。当初は「光復」（中華民国による失地の回復、すなわち台湾の祖国復帰）を歓迎した台湾住民も、陳儀政府の下での腐敗と汚職、インフレの昂進、失業の増加、社会秩序の混乱、衛生状況の悪化によって、失望と不満のなかに突き落とされた。「接収 jiēshōu」（接収）が「劫収 jiéshōu」（強奪）と呼ばれるようになったことは、そうした事態の深刻さを物語っていよう［若林正丈、二〇〇八：四四］。そして、一九四七年二月、住民の憤懣はついに「二・二八事件」[10]として爆発し、それが流血を伴って徹底的に弾圧されることで、台湾社会には「省籍矛盾」（本省人と外省人の間の亀裂）が決定的となった。内戦に敗れた政府が本格的に台湾に移転する以前に、外省人は「彼ら」「中国人」と見なされ、本省人は「中国人」とは異なる「我々」「台湾人」として意識されていくことになったのである［若林正丈、二〇〇八：五一］。

だが、「政治への恐怖」が深く浸透し、二・二八事件が語ることのできない禁忌となり、上からの「中国化」政策が強化されるなかで、「中国人」とは異なる「台湾人」という意識が表面化する――国民党政権の掲げる中国ナショナリズムの正統性に抗するものとして台湾ナショナリズムがエンパワーされる(11)――のは、政治的な民主化が展開した一九八〇年代後半以後のことである[Hughes, 1997][Hsiau, 2000][若林正丈、二〇〇一・二〇〇四・二〇〇八]。その間、国共内戦と東西冷戦との結合を背景に「反攻基地」台湾は文字通りの「戦時体制下(12)」におかれ、台湾に固有の言語、文化、歴史は「正統中国国家」を代表する「中華民国」の国民統合を阻害するものとして抑圧された。「台湾語」、客家《ハッカ》語など本省人の母語は「方言」として学校内で使用することが禁じられ、方言を話した学生児童には罰則規定が設けられた[菅野敦志、二〇〇三：二]。歴史教科書の九割以上は中国史であり、台湾史への言及はほとんどなく、一九八八年時点の新聞によるアンケートでも二・二八事件を知る人は全回答者の一五％に過ぎなかった[若林正丈、二〇〇八：七九]。映画史も含めた台湾の歴史が長らく等閑視された背景には、こうした「戦後」台湾における固有の歴史的文脈があった。

それだけに、「戦後」最大の歴史的タブーと見なされてきた二・二八事件を背景に折り込んだ映画『悲情城市』(一九八九年、侯孝賢《ホウシャオシェン》監督)の公開は、民主化が展開するとば口にあった台湾社会に衝撃を与え、人々が自らの経験と共に台湾の歴史を語りだす契機を与えたといえる。一九九〇年代以後は台湾史の学校教科書も登場し、総統府直轄の研究機関にも台湾史研究所が設置され(13)、各分野における個別研究も拡充しつつある(台湾史の研究動向については[石田浩、一九九〇][金子文夫編、一九九三][台湾史研究環境調査会・若林正丈監修、一九九六][呉文星、二〇〇二][檜山幸夫、二〇〇三][林玉茹・李毓中、二〇〇四][春山明哲、二〇〇四][張隆志、二〇〇四][岡本真希子、二〇〇四][川島真、二〇〇五b][宮本正明、二〇〇五][浅野豊美、二〇〇六][谷ヶ城秀吉、二〇〇八]などを参照されたい)。ただし、台湾史が台湾社会や台湾住民を主体とした「ナショナル・ヒストリー」に転換される傾向を強め[谷ヶ城、二〇〇八：一二五]、「台湾在住の人々が自身の存在意義とアイデンティティを模索する資材」〔呉密察、一九九九：二一〕になるということは、その歴史叙述が政治性を帯びやすく、争点化しやすい、ということでもある。

こうしたなか、植民地期台湾の歴史叙述のなかには、国民党政権の中国ナショナリズムが台湾人の主体性をあまりに低く評価してきたことへの反動として、つまりは中国ナショナリズムの言説や製作が台湾人の脱植民地化を強行的に代行してきたことへの反発として、台湾人の主体性を強調しようとするあまり、台湾人がその主体性形成において対抗してきたはずの植民地支配の暴力的な側面を逆に軽視してしまうような言説も登場してきた。そして、台湾人による近代化への主体的な参与を強調する言説が、日本における植民地支配を肯定する言説に利用された結果として、排外的な台湾ナショナリズムと日本ナショナリズムとの「ねじれた共犯関係」――森宣雄〔二〇〇一〕のいう「日台間の植民地主義連鎖」――による歴史叙述の共有という事態も起きている。

しかし、近代化における台湾住民の主体性を強調しようとするあまり植民地支配の暴力的側面を軽視することは――苦渋の選択による戦略とはいえ――、中国大陸における抗日戦争の重要性を強調しようとするあまり被支配者たる台湾住民を「奴隷化」された存在と見なすことと、ナショナリズムによる歴史記述の歪曲という意味では（前者は台湾ナショナリズム、後者は中国ナショナリズムという違いはあるものの）、同じコインの裏表といえる〔三澤真美恵、二〇〇五ｃ：二二七〕[14]。

こうした植民地期台湾の歴史叙述をめぐる問題への関心から、本書には、被植民者の主体性と各地域のナショナリズムに関する以下のような問題意識が通底している。第一に、被植民者の主体性がもつ多義性、とりわけ近代を追求する被植民者が得た解放の契機と同時に、それによって直面せざるをえなかった抑圧的な諸側面――主体化が必然的に伴う従属化の側面――について、実態を具体的に示す必要がある、ということである。なぜなら、発話者が日本人であると台湾人であるとを問わず、植民地支配を肯定するために強調されるのが「植民地下において近代化が進展し、被植民者もまたそこに主体的に参加した」という文脈であるが、被抑圧者の主体性を主張することは、その選択可能性を焦点化し、抑圧者の免責を図る側面をもつからである。[15] 第二に、戦争や植民地支配について批判的な言説ですら、それ自身のナショナリズムによって抑圧され、国民国家の枠組みにおいて周縁化された地域・住民の被害を黙殺してしまうことがあることから、[16] 日本の帝国主義・植民地主義を批判するのはもちろんのこと、当該時期には被抑圧者のナショナリズムであった中国ナショナリズムや台湾ナショナリズムについても、それらが解放の側面をもったことと同時に、そこに抑圧の側面が潜在したことも射程に入れて考察する必要がある(ただし、曲がりなりにも国家(state)を備えていた中国と植民地統治下にあった台湾の違い、また今や世界的経済大国となった中国と未だ国際的地位が未決状態の台湾の違いは、それぞれのナショナリズムがもつ抑圧的側面を分析する際に決定的に重要であることは、言うまでもない)。以上の二点である。

「交渉」と「越境」

被植民者の主体性がもつ多義性、ナショナリズムの抑圧的側面への着目という点に関連して言及しておきたいのが、近年朝鮮史研究で注目されている「植民地近代(colonial modernity)」をめぐる議論である(その研究動向については、松本武祝[二〇〇二＝二〇〇四]、並木真人[二〇〇三]、板垣竜太[二〇〇四]、戸邉秀明[二〇〇八]、三ツ井崇[二〇〇八]などを参照されたい)。

日中の間、国共の間で「対敵協力者」と見なされた劉吶鷗や何非光を対象とする本書にとって示唆的なのは、抵抗と協力が交差する地点への着目、ことに「個人的願望を省みず国家や民族に殉じる「大義」と、個人的願望に拘泥し国家や民族を裏切る「不義」とを対蹠的に描写する二者択一的な歴史観」は「逆説的ながら、植民地支配がもたらした精神的外傷(trauma)、「植民地経験」の非道を真摯に理解しようとしない態度であった」[並木真人、二〇〇三：二八—二九]という指摘である。そして、抵抗と協力という二分法によっては把握できない被植民者と植民地権力との接触領域を考察すべく提起されたのが、「グレーゾーン」[尹海東《ユンヘドン》、二〇〇二]、「バーゲニング(bargaining)」[並木真人、二〇〇四]などの概念であった(同様の分析概念として、上海映画史研究には「受容・忍従(passivity)」[Fu, 1993; 2001]、台湾教育史研究には「受容による抵抗」[陳培豊、二〇〇一]などがある)。しかし、「植民地近代」をめぐる議論には批判もある。すなわち、抵抗と協力が交差する地点よりも直接に支配権力と対峙する被支配者による「暴力」に着目すべきだ[趙景達《チョキョンダル》、二〇〇四][愼蒼宇《シンチャンウ》、二〇〇五]、「植民地近代」論の多くは近代性の分析に重きを置くあまり植民地性の分析が手薄になっているのではないか、という指摘である[都冕會《ドミョネ》、二〇〇一][17][趙景達、二〇〇八]。

本書では、こうした朝鮮史研究における「植民地近代」をめぐる議論とそれへの批判に学びながら、植民地期台湾映画人の足跡を分析するにあたり、「交渉」と「越境」という語を用いることにしたい。その理由は具体的な対象に即して説明しよう。

中国大陸に渡った台湾出身の映画人のうち、劉吶鷗は南京において国民党に協力して「御用文人」と称され、日中戦争期には日本軍に協力して「漢奸」として暗殺された。つまり、協力することで劉吶鷗が汚名を着せられることになった交渉相手は、日本帝国主義のみならず、国民党政権でもあったことになる。また、何非光の場合には日中戦争期には「抗戦」映画監督として知られながら、「戦後」台湾では共産党統治下の中国大陸に残った者として忘却させられ、中国大陸では「台湾特務」「日本のスパイ」「反革命の罪人」として断罪された。つまり、何非光の場合、抗戦の間は「対敵協力」と見なされなかった行為が、抗戦勝利後の国民国家の内部分裂によって、分裂したそれぞれの側から「対敵協力者」と見なされることになったのである。換言すれば、本書が対象とする劉吶鷗や何非光が対峙する相手は植民地権力とは限らず、彼らと越境先の交渉相手との関係には、支配－被支配の関係に固定されるとは限らない可能性がわずかではあっても存在したし、敵－味方の関係もまた流動的であったといえる。こうした研究対象をめぐる重層的かつ流動的な機制を前提とし、個々の文脈に即して映画活動の実態を理解するため、本書では支配－被支配、敵－味方の関係が流動的な場合にも適用できる比較的に中立的な語として「交渉」を用いることにした。

あるいは「交渉」という用語は辞書的には「バーゲニング」［並木真人、二〇〇四］と同義に見えるかもしれない。だが、並木［二〇〇四］の議論では「バーゲニング」の基盤として「植民地公共性」が想定されている(18)。この点、筆者は植民地における「公共性」の完成にはなお懐疑的である。とりわけ、戦時体制期の「公共性」が以下のように論じられるとき、その思いは強くなる。「戦争遂行のための行政の簡素化と効率化の必要は、帝国政府をして、異法地域としての「外地」＝植民地に対する再考を促し、その結果、「内外地行政一元化」が断行されることによって、植民地性は喪失されてしまった。我々は、「植民地公共性」の完成と「植民地性」の喪失の同時達成、というアンビヴァレントな結末を、ここに見出すのである」［同前：二一三］。しかし、植民地において被植民者が行う「交渉」は、権力分配の圧倒的な非対称の下で行われたのであり、そこに「「植民地公共性」の完成と「植民地性」の喪失の同時達成」を見出す余地はない(19)。植民地──「合意」の調達にはしばしば暴力が伴う──を理解するうえで「公共性」が有効な概念になるとしたら、それは「公共性」を実態としてすでに成立ないし完成したものとしてではなく、むしろ原理的に不可能でありながら希求された「価値」「理念」として捉えることによってであろう。したがって、本書が明らかにしようとするのは、むしろ「大衆を包摂する「公共性」」［並木真人、二〇〇六：二三四］としての「「植民地公共性」の完成」［同前：二一三］がい﹅か﹅に﹅不可能であ﹅っ﹅た﹅か﹅、という事態である。すなわち、本書第一章で論じるように、台湾人知識人による映画上映活動の場において、台湾語弁士の風刺に満ちた説明が植民地警察官を揶揄し、大衆がどっと笑いながら拍手喝采するような空間には、確かに台湾人にとっての「公共性」──あるいは「公論形成」［三谷博編、二〇〇四］──が、萌芽的、瞬間的に出現したといえるが、それは次の瞬間には臨検の警察官によって停止、解散させられた。また、台湾人知識人による大衆の眼前での植民地権力との「交渉」が暫定的にせよ彼らの活動領域を守った事例は「公共性」「公論形成」の可能性を示したともいえるが、それもまた結局のところ当事者に対する弾圧や逮捕取締という終幕を伴った。ここでも、先に第一の問題意識で述べたように、本書が着目するのは「近代」を追い求めた被植民者が直面せざるをえなかった抑圧の諸側面なのである。

いっぽう「民衆の日常的な総督府への服従は、民衆の心性が総督府支配を容認したことを意味しない」［趙景達、二〇〇八：二二一―二二三］という一点に「植民地近代(性)」論との大きな隔たりがあるとする民衆史の立場と本書とは接点を持ちうるかもしれない。もちろん、抵抗主体としての可能性を見出されるべき民衆と、消費主体としての大衆とは、その主体性において異なっている。(20) 後者の主体性はいかにも曖昧であり、限定的である。しかし、たとえばハーバーマスの議論ではマス・メディアの普及による「みかけ上の公共性」「消費文化として脱政治化された公共性」に「財産と教養のない大衆」「無産者大衆」が侵入したことにより、市民的公共性が崩壊したとされる［ハーバーマス、一九九四：第五章］。そこでは「大衆」は明確に「知識層」とは異なる「階層」と見なされている［同前］。したがって、民衆史の立場が、支配権力と共犯関係を結ぶ知識人と「生活主義に徹して独自にして伝統的な文化を保持しようとする」［趙景達、二〇〇八：一四］民衆との差異と亀裂に着目し、民衆が「面従腹背によって植民地支配に対して心底からの服従を拒否した」［同前：二六］ことに要点をおくのならば、本書はいわば「大衆」における「民衆」的な契機に着目するものといえよう。なんとなれば、「日本化＝同化」の圧力が最も高まった戦時期、総督府は新聞や学校では台湾語を禁じながら、大衆を対象とした映画上映では「台湾語の解説も蓋し止むを得ない」として、植民地の母語に頼らざるを得なかった。総督府をしてこうした自己矛盾に陥れたものこそ、大衆の映画受容のあり方であった（第一章第二節および第三節）からである。

「交渉」という語を用いるもうひとつの理由は、映画がもつメディアとしての特徴による。映画活動には、映画を見るという行為(政治的にも経済的にもリスクは低い)から、映画を配給・上映する、製作するという行為(政治的にも経済的にもリスクが高い)まで、さまざまな行為が含まれる。このうち、本書で「映画人」として扱うのは後者の高いリスクを負って映画にかかわる人々を指す。その場合、究極的には一人で密室的に行うことも可能な文学や美術とは異なり、映画の配給・上映・製作は巨大な資本や流通システムなどを必要とする。そのために、映画に関わる行為は公に行わざるを得ず、「合法性」の枠内にとどまらざるをえない。そして、「合法性」の枠内にとどまろうとするかぎり、映画人は恣意的な「法」の支配の下で、圧倒的に不利な形で支配的な権力との「交渉」をせざるをえなかった。本書における「交渉」は、こうした映画活動がもつ「合法性」の枠内にとどまらざるをえないという性格、すなわち革命的な転覆力はもたないという限界を含意しつつ、それでも交渉を通じて遂行的に構築される行為者の主体性を見出すための用語といえる。つまり、「交渉」とは、映画人が自らの活動領域を拡大するために直接間接に支配的な権力(植民地権力とは限らない)と接触する行為を総称して用いることとする。

また、本書での「越境」とは、国家間あるいは植民地－植民地本国間の空間的境界を越えることのみならず、地図上では線引きのできない〈我々〉〈彼ら〉という「想像の共同体」[アンダーソン、一九九七]間の境界線を越えることをも意味する。これもまた具体的な対象に即していえば、劉吶鷗や何非光は、当該時期の中国において「我々」とは異質な他者(「彼ら日本人」、「彼ら国民党員」)の側についた「裏切り者」であると想像されたために、あるいは暗殺され、あるいは断罪されたといえる。彼らはなぜ、〈我々〉とは異なる〈彼ら〉の側についたと想像されたのか。「越境」とは、こうした問いを発するための用語である。

なお、〈我々〉〈彼ら〉という語は人称代名詞という性格からいってそもそも文脈依存的であり、「想像の共同体」を指す場合にも複数集団が重層的に含意されることがある。つまり、抽象的な包摂と排除の概念として用いることも、読者に対する呼びかけとして用いられることもある融通無碍な言葉といっていい。そこで、本書では混乱を避けるために、通常の指示代名詞として使用する場合にはカッコは付さず、文脈のなかで特定の「想像の共同体」を意味する場合には「　」を付し、抽象的な包摂と排除の概念として用いる場合には〈　〉を付すこととする。

ある意味では「越境」は「交渉」のひとつとみなすこともできる。つまり、ある権力が支配する場における「交渉」が行き詰った場合(あるいは行き詰まることが予想された場合)、別の権力が支配する場へ「越境」することによって、「交渉」を仕切りなおすことが可能になるからである。その際、それぞれの場の境界は、さしあたって「国と国の境」「植民地と植民地本国の境」「租界と華界の境」という地理的な境界として想定される。同時に、その越境はしばしば「異なる政党イデオロギーの境」「異なるナショナリズムの境」という想像上の境界を越えることともなる。本書では、地理的な境界と想像上の境界の双方における「越境」を扱うことによって、それぞれの境界がもつ意味を考え直す契機としたい。

ここまで台湾史研究をめぐる固有の文脈という観点から、本書の問題意識にかかわる先行研究の検討を行った。朝鮮史研究における「植民地近代」にかかわる議論についても言及したのは、これまで朝鮮史研究に学んできたことに本書を接続したいという思いからでもある。とはいえ、本書はまずもって台湾研究・台湾史研究のなかに位置づけられるものと考える。それゆえに、具体的な調査分析の作業と資料に関しては、これまでの台湾研究が各分野で蓄積してきた成果に多くを負っている。とりわけ、若林正丈[一九八三a]からは台湾人が政治空間において近代を追求するときに植民地権力との間に展開した交渉と挫折について、近藤正己[一九九六]からは台湾人が中国大陸へと越境して国民国家権力との間で展開した交渉と限界について、本書の課題を考察する上での基本的な見取り図を与えられている。陳芳明《ちんほうめい》[一九九八]からは中台両岸の「国史」的記述のなかで忘却された個人を考察する困難にいかなる方法が可能かという点について教えられた。また、「抗日」という文脈にとらわれない被植民者の多義的な主体のありようについては、先述の「植民地近代」にかかわる議論とも輻輳する内容をもつ一連の台湾文学研究――先駆的なものに下村作次郎・中島利郎・藤井省三・黄英哲《こうえいてつ》編［一九九五］など――に啓発された。そして、駒込武［二〇〇〇b・二〇〇一］の一連の研究から、植民地研究を「世界史」に向けて開かれたものとして構想すること、すなわち「帝国を俯瞰しながら「比較」するのではなく、錯綜した事態に分け入りながら、「帝国のはざま」から考えるような作業」［駒込武、二〇〇〇a：一七］の必要性を示唆された。

以上を別言すれば、本書は植民地期台湾に関する歴史研究から被植民者と権力との関係を考える見取り図を引き継ぎ、台湾文学研究が分析の俎上に載せた「抗日ナショナリズム」の文脈で語りえない多義的な主体のありように留意しつつ、植民地期台湾映画人の交渉と越境の過程を「「帝国」と「祖国」のはざま」において考察するものということができるだろう。

2　映画史研究における「中心－周辺」

本書では植民地期台湾人の映画活動を扱う関係から、台湾史研究のみならず、映画研究からも多くの示唆を受けている。ここでは主として日本映画史研究における「帝国史」の視角について説明しておきたい。なお、植民地期台湾人による映画活動の主たる舞台となった台湾と中国に関する映画史の先行研究については各章で述べることとするが、本書全体の研究視角にかかわってひとつだけ指摘しておきたい。それは台湾映画史研究・中国映画史研究では、一九九〇年代にいたるまで「革命史」――台湾・中国大陸それぞれの地域を実効支配していた中国国民党・中国共産党の「自党が主導した革命こそが今日の中国（それぞれの国号は中華民国・中華人民共和国）建国の礎である」という政党イデオロギーを評価軸とする――という名の「国史」的文脈が支配的であった、という歴史叙述上の問題である。いずれの「革命史」の観点からも、台湾人の映画活動は、記述するに値する対象とはみなされず、「周辺化」されてきた。その意味で、台湾映画史研究・中国映画史研究における植民地期台湾の位置づけをめぐる問題と、次に述べる日本映画史研究における「帝国史」の視角が射程に入れる「中心－周辺」にかかわる課題は共通しているといえる。

日本映画史研究における「帝国史」の視角

植民地期の台湾に関して、当該時期に台湾を支配していた日本の、戦後における日本映画史研究では、植民地を視野に入れない傾向が支配的であった(21)。植民地の映画や映画人に関して戦後日本で発表された研究としては、管見の限り植民地期の朝鮮映画に関する李英一［一九八六］、当該期の朝鮮出身映画人に関する内海愛子・村井吉敬［一九八七］が認められる程度である。

こうしたなか、一九九〇年代に入って「帝国」的な広がりのなかで植民地をも射程に入れた映画史研究が登場する。一九四五年以前の日本映画に関する研究に「帝国」という概念を先駆的に持ち込んだのは、英語圏出身のピーター・B・ハーイ(High, Peter Brown)［一九九五］である。同著は「十五年戦争」期におけるファシズム支配に直面した日本の縮図を映画産業の世界に観察分析した労作だが、「占領地で製作された映画については割愛」されているため、満洲映画協会の作品を中心とした第七章「チャイナ・ドリーム」があるのみで、台湾についての言及は映画『サヨンの鐘』に関する二頁だけである［同前書：二五二―二五三］。全四巻におよぶ佐藤忠男『日本映画史』［一九九五］では第二巻に「植民地と占領地における映画工作」として一章が割かれているが、一章に七つの地域を収めているため、各地域に関する記述は――台湾の場合で四頁分など――概要の紹介にとどまっている。加藤厚子［二〇〇三］では「内地」のみならず大陸および日本支配地の映画工作にそれぞれ一章を割いており、台湾についても八頁ほどの記述がある。しかし、「内地」の映画国策を分析する際に政策立案者の日記を使用するなど一次資料を駆使しているのとは対照的に、中国大陸や朝鮮、台湾に関する記述はもっぱら日本側の二次資料に依拠しているため、大陸および日本支配地に関す

る記述は支配者側の視点に偏ったものとなっている。(22)

「帝国史」という視座には本来、複数地域の構造連関を横断的に捉えるのみならず、植民地政策にはらまれた内部矛盾や、支配者と被支配者のインターフェイスに生ずる問題、植民地と本国との双方向的なインパクトなどを解明する可能性がある。(23)しかし、総じて言えば、「帝国史」的視角を日本映画史に持ち込んだ研究には、日本内地や日本映画、日本映画人については資料の発掘収集や資料批判に意を配っているのに対し、植民地や占領地の事情、そこに生きた現地の人々については相対的に関心が薄く、各地で実際に政策実行を担った出先機関が残した資料や被支配者側が残した資料、また当該地域における「戦後」の研究蓄積にもほとんど注意が払われず、日本語で書かれた二次資料や日本の中央政府に残された文書をそのまま引用して事足れりとする傾向があるように思う。そこには、駒込武が指摘する「帝国史研究の陥穽」が潜んでいる。すなわち、日本の旧植民地であった地域の近現代史を研究する者は、韓国や北朝鮮の人も台湾の人も、日本人と同様に日本語の資料や先行研究を読むことをしばしば迫られる。これに対して日本人研究者が朝鮮語や中国語・台湾語の文献を読まねばならないと感じる機会は少ない。「そうした非対称的な関係は植民地支配の事実そのものによって生み出されたものであり、しかも、現在進行形の事実として存在している」、「この非対称性に無頓着である時、たとえ研究の内容において植民地支配を批判し、「日本人」という概念を揺るがそうとしていても、研究作業そのものが遂行的に「日本人」や「日本史」という枠組みを強化し、植民地主義的な関係を再生産してしまう可能性がある」[駒込武、二〇〇〇a]。

したがってまた、上掲の研究とは異なって旧植民地における先行研究を参照していても、その成果をあたかも自分のものであるかのように叙述するなどというのは、学術的研究でないからといって許されるものではない。

この点、これまでの日本映画史研究は実証的たらんとするあまりに「内地」の研究に閉じこもりがちであったともいえ、(24)上掲の研究が帝国史的な問題意識をもちこむことで東アジア各地の映画史研究と対話を可能にする領域を切り開いた意義は大きい。実際、ハーイ〔一九九五〕以後に編まれた関連領域の論文集（〔四方田犬彦編、二〇〇一〕〔岩本憲児編、二〇〇四〕〔池田浩士編、二〇〇七〕など）には「帝国史」的視角を共有しつつ各地域の文脈への目配りを感じさせる論文、帝国意識における「中心－周辺」[25]のインターフェイスに着目する論文なども散見される。[26]

筆者個人の研究に即してみても、台湾で出版した前著『植民地下的「銀幕」——台湾総督府電影政策之研究（一八九五—一九四二年）』〔三澤真美恵、二〇〇一〕は副題が示すとおり統治者側の映画政策分析が中心であり、被植民者たる台湾人の映画活動については初歩的な考察で終わっている。本書は、したがって筆者が前著で不十分にしか提示しえなかった被植民者側にとって映画がもった意味を問い直すところから出発している。

まさにその被支配者の文脈を重視するという意味において、本書にとって先駆的かつ示唆的な内容をもつ研究が内海愛子・村井吉敬『シネアスト許泳《ホヨン》の「昭和」』〔一九八七〕である。同書は、対象こそ台湾人ではないものの、日本、朝鮮、インドネシアで映画をつくった植民地朝鮮出身の許泳（日本名：日夏英太郎、インドネシア名：フユン）の軌跡を辿っている。必ずしも「抗日」の文脈に適合しない植民地出身映画人の越境を個人の文脈に即して理解しようとする点において、本書はその課題と問題意識を共有している。ただし、同著では映画をめぐる政治経済の構造レベルについては関心が薄く、あくまで個のレベルに着目することによって「周辺」におかれた被植民者の主体性を浮かびあがらせる手法をとっている。

以上の研究状況をふまえて、本書では、「革命史観」にもとづく中国・台湾の映画史研究によって捨象されてきた「周辺」としての植民地期台湾映画史・映画人、「帝国史」研究の視角をとりいれた日本映画史研究においても非対称的に扱われてきた「周辺」としての植民地台湾映画史・映画人に着目することによって、東アジア規模での映画史における「中心－周辺」（植民地本国日本と植民地台湾、「祖国」中国と割譲された台湾）の相互関係を重層的に考察すると共に、「革命史観」「帝国史観」を脱中心化する視角を提示することを目指したい。それは同時に、被植民者の主体性に対する関心と対象とする各地域における映画に関する制度や政策への関心とを架橋することでもある。すなわち、被植民者による映画活動を個人のレベルで具体的に跡付けるのと同時に、各地域における映画をめぐる政治経済の構造的特徴と、その「中心 - 周辺」の相互関係を浮き彫りにするようなアプローチを試みる。そうした個のレベルと映画をめぐる社会的構造のレベルとを往還するような作業によって、先に示した二つの問題意識もまた、実践において相互補完的なものになりうると考える。

3 方法的概念としての映画

映画は物質(フィルム)であり、コンテンツ(作品)であり、システム(製作・配給・上映)であり、場(イベント)であると同時に、科学技術であり、大衆娯楽産業であり、教育宣伝ツールであり、芸術でもある。したがって、映画を統合的・単一的に捉えることは困難であり、それゆえに映画理論研究においても存在論的な問題の立て方から、方法論的・分野論的な問題の立て方へとパラダイムがシフトしてきたのだといえよう[Casetti, 1999]。すなわち、「映画とは何か?(存在論的:現実・想像・言語としての映画を考察)」という問いから、「映画はどのような立場から研究されるべきか、またそのような立場から見るとどのようなものか?(方法論的:社会学的・心理学的・記号学的・精神分析的アプローチによる研究)」、「映画はどのような問題を提起し、それらの問題に光をあてると共にそれらによって光を当てられているか?(分野論的:イデオロギー、表象、アイデンティティの分析、映画史の再構築)」という問いへのシフトである。(27)

こうした動向をふまえつつ、本書でも映画を存在論的に捉えるのではなく、方法的概念として導入することで分野横断的な映画史を試みたい。その際に着目するのは、映画が植民地期台湾人知識人に対して「近代(modernity)」を表象していた事実である。本書における「近代(modernity)」とは時期区分としての「近代(modern times)」に特徴的な価値であると、ひとまず定義しておこう（特に説明のない場合、時期区分を示す場合は「　」を付さない近代、modernityを示す場合は「　」付きの「近代」と表記する）。時期区分としての近代は広義には資本主義世界経済が起動した一六世紀以後、狭義には「帝国の時代」と呼ばれる一九世紀末以後を指すとされる[28]。本書では、扱う対象の関係から、日本が「帝国」[29]のひとつとして台湾や朝鮮を植民地化していく一九世紀末以後を近代として行論する。

また、価値を認識する位相において、「前近代（pre-modern）」とは複数の共同体や社会が相互に接触することなくそれぞれが固有の伝統的価値を信奉している状態、「近代」とは複数の共同体や社会が接触・交流することが機縁となって普遍的価値──「理性」、「進歩」、「平等」など──が希求される状態、そして「ポスト近代（post-modern）」とはあらゆる共同体や社会が共有できるような普遍的価値が存在しないことがわかった後の価値相対主義的な状態と定義される［大黒岳彦、二〇〇七：二九九─三三〇］。その意味で、植民地期台湾人にとって、地理的には「絶海の孤島」にいながら、「世界一般の人々」が享受している文化的な「洗礼」（普遍的価値に関する情報へのアクセス）を可能にする映画は、まさに「近代」メディアそのものであったといえる。

ここで想起したいのが、近代が資本主義世界経済によって起動した以上、「普遍的価値」としての「近代」にもそのシステムが包含する矛盾がビルト・インされていたことである。従属理論や世界システム論が示すように、経済的な強者と弱者という世界的不均衡は段階的な経済「発展」によって克服される例外ではなく、むしろ資本主義世界経済の本質であって、強者と弱者の間の「不等価交換」こそが、持続的で終わりのない資本蓄積をめざすシステムを担保することになる［ウォーラーステイン、一九八七・二〇〇六］。つまり、「普遍的価値」としての「近代」もまた、資本主義世界経済が必要とする強者／弱者の布置のなかで、帝国主義・植民地主義のプロジェクトとそれに対する被植民者の抵抗を通じて、展開していったことになる。

したがって、「近代」としての映画を方法的概念として導入することは、東アジアの近代を世界との共時性を射程に入れて考察していくのに有効であると同時に、本書で論じる映画を求めた被植民者の主体性における多義性を、「近代」が内包する矛盾として見出す契機になると考えられる。

映画が可視化する問題

先述の「植民地近代」に関わる議論に対する批判のなかに、「近代」が植民地社会に浸透したのはごく一部であって、多くの被植民者はそこから排除されていたという民衆史の立場からの指摘があった［趙景達、二〇〇四：二八九］。この点、映画というメディアは、普及における範囲や時期の違いはあるとはいえ、大衆を排除することなく、むしろ大衆の支持にこそ基盤を置いていた。民衆と大衆の主体性の違いについては先述したが、映画が「大衆の要求に合わせるように企てられた芸術」［パノフスキー、一九四七＝一九八二：一二〇］である以上、映画に着目することは、植民地における「近代」を、知識人に限らない広範な人々との関係を含めて論じる可能性を開くものといえよう。

これに関連して、出版語が「国民の創出」に決定的な役割を果たしたというB・アンダーソンの指摘と映画との関係についても述べておこう［アンダーソン、一九九三＝一九九七］。アンダーソンは中世の教会のレリーフやステンドグラスなどを例に挙げ「キリスト教世界想像の構造化」において視覚的聴覚的創造が「文盲の大衆」に対して果たした媒介としての重要性には言及しているものの［同前：四八］、映画やラジオなど二〇世紀初頭に影響力をもった新しい視聴覚メディアについて詳細に論じることはしていない。だが、出版語が識字技術をもつ人々を中心として「想像の共同体」（アンダーソン）をつくりあげたのだとしたら、映画やラジオは識字技術をもたない人々の心にも「想像の共同体」を思い描かせることが可能だったと考えられる。しかも、出版語やラジオが各言語によって限定された読者や聴取者を主たる対象にするのとは異なり、映画（サイレントの時代には特に）は言語によって分断された人々の境界を越えて流通できる、という特徴をもっていた。つまり、映画のもつ大衆性には、他のメディアに比して相対的に強い越境性が備わっていたといえる。その越境性の強さは、同時代人によって「映像によるエスペラント語」〔サドゥール、一九九八：二二五〕[30]、「軍需産業と並ぶ唯一の世界的産業」などと評された〔サドゥール、一九九七b：四四〕。

そして、映画が〈我々〉〈彼ら〉という「想像の共同体」を思い描かせ、なおかつ言語や国境を越えて流通する商品だとすれば、それがナショナルな文化表象として国家間に摩擦を生みだしたことは容易に理解できる。たとえば、フランスのパテ社製映画は一九〇六年にはアメリカ映画市場で圧倒的優勢を占めていた。だが、一九〇七―〇九年にアメリカ映画市場が再編されるなかで、同社の映画は「外国的要素」として疎外されていく。その過程では、ニッケルオデオン（五セント白銅貨《ニッケル》一枚で入場できる映画館）で安く提供されるパテ社製フランス映画の重要な観客である「新移民、女性、子供」をアメリカ化（Americanization）しない限り「「彼ら」が「我々」の都市を外国化し、「我々」の文明をも外国化するだろう」という議論がなされた〔Abel, 1995〕。また、第一次世界大戦以前、映画を輸入品に依存していたドイツでも、外国映画を自国の民族文化にたいする侵略と見なすような言説が登場し、映画の改良運動がおこっていた〔Hansen, 1990〕。つまり、映画は「国民の創出」にかかわるナショナルな文化表象と見なされるがゆえに、越境して流通した場合には「外国的要素」としてナショナリズムの観点から排斥される場合もあったのである。この現象は、欧米のみならず、同時期の日本や中国などアジア諸国でも観察されている（第一章第三節、第二章第二節）。

では、映画は国民国家空間（nation-space）とは異なる植民地空間（colonized-space）において、いったいどのような「想像の共同体」を人々の心に描くことになったのか。どのような映画が、どのようなナショナリズムに基づいて消費されたのか。映画は、異民族による植民地統治下にあった台湾における近代大衆消費社会とナショナリズムとの関係を問うための領域ということもできる。行論を先取りして言えば、この点、本書第一章では「臨場的土着化」という分析概念を用いて、映画の製作という形で「〈我々〉の映画」（コンテンツ）をもつことができなかった台湾人が、台湾語弁士を通じて臨場的に「〈我々〉の映画」（イベント）をもつことを可能にした事態を論じることになる。

いっぽう支配権力の側からは、映画はその大衆に対する影響力の大きさから統制すべき対象とみなされた。ヨーロッパ諸国における支配者階級は当初から映画を「すべてのメディアの中でもいちばん危険なもの」とみなし、一般の傾向として出版物や演劇に対する検閲統制が緩和される方向にあった一九〇〇年以後にあって、映画に対する検閲メカニズムは一九一四年までにすべてのヨーロッパ諸国で実質的に確立されている[ゴールドスティーン、二〇〇三]。だとすれば、一般に映画誕生の年と考えられている一八九五年に日本に割譲された台湾において、植民地権力は映画という新メディアをいかに統制しようとしたのか。既存メディアである新聞や雑誌の場合とは異なり、未知の新メディアたる映画の場合は、本国に先例を求めようとしても、必ずしも確立したレファレンスが存在するとは限らなかった。したがって、植民地権力にとっては、同時代に植民地に登場した「近代」メディアに対応するのは容易なことではなかったといえる[三澤真美恵、二〇〇二]。つまり、第一章で詳述するように、台湾総督府による映画統制を検討することは、植民地権力が未知の「近代」に直面した際の矛盾──「進んだ本国」と「遅れた植民地」という言説によって自らを「近代化」の正統な推進者と位置付けようとしたにもかかわらず[31]、映画という新メディアの統制という局面においては、本国と植民地の間に「時差」は存在しない──を明らかにすることになるのである。

また、本書の第二章および第三章で明らかにするように、帝国主義の強い圧力の下で国民国家形成を目指した国民党政権は、識字技術をもたない「非知識階級」および言語の異なる諸外国に対し、広く国民党の理念を普及するための方法として──すなわち「大衆性」と「越境性」をもつ宣伝工具として──、映画に着目していた[32]。したがって、国民党政権の映画統制に着目することは、左右の政治的イデオロギー、映画市場を下支えする大衆のナショナリズム、民族資本による映画産業、国際社会でのプレゼンス強化や国民統合のための文化政策といった問題に光をあてることにつながるだろう。

映画統制の分析枠組

ここで、本書が映画統制をどのように考察するか、その分析枠組についても説明しておきたい。

統制とは辞書的には「一定の計画に従って、制限・指導を行うこと」〔『広辞苑』一九九八〕であるが、戸坂潤は一九三五年の段階で日本における「文化統制の本質」について、元来「消極的な作用」しかもたないはずの統制が「著しく積極的であり又構成的」であることを指摘していた〔戸坂潤、一九三五＝一九七七：一八八〕（傍点原文）。この点、統制を行う側も、統制の実践が「構成的」であることには十分自覚的であった〔田島太郎、一九三七〕。また、戦後になって当該時期の映画検閲を研究した憲法学者奥平康弘は、「思想取締まりと形影相伴って思想善導があるように、国家権力は映画の内容を――かれらにとって――好ましいものに仕立て上げてゆこうとする願望をもつ」（傍点原文）、こうした「映画内容を特定の方向へもってゆく」「積極行政のことを統制と呼ぶ」とする〔奥平康弘、一九八六：三〇四〕。同様に、当該時期メディア統制を研究した内川芳美も、メディア統制の「伝統的」機制としての検閲取締を警察的な「消極的統制」、世論を指導・操作するためにメディアに対して行う施策を「積極的情報宣伝」と位置づけている〔内川芳美、一九七三・一九八九〕。

本書で言及する中国でも、取締を「消極的」、宣伝や指導を「積極的」な施策とみなすことは当該時期に一般的であった。たとえば、一九四一年当時、重慶の二大映画製作機構のひとつ中国電影製片廠の廠長を務めていた鄭用之《ていようし》は、敵側宣伝の「陰謀」を見破ることを「消極方面」、自陣の製作宣伝を「積極方面」と捉えていたし〔鄭用之、一九四二〕、「戦後」台湾で出版された映画史でも同様に、一九三〇年代に左翼映画に対して確立された統制のうち「消極方面」として検閲・取締を上げ、「積極方面」として製作方針の提示や国営映画製作機構の設置などを挙げている〔杜雲之、一九七二a：一二〇〕。

したがって、日本の植民地統治下にあった台湾および国民党政権下の中国大陸における映画統制を積極・消極の両

表 0-1　映画統制の分析枠組

		統制の対象	
		〈我々〉	〈彼ら〉
統制の内容	消極的統制：検閲･取締	〈我々〉に対する「負の要素」を取り締まる	〈彼ら〉からの「負の要素」を取り締まる
	積極的統制：宣伝･指導	〈我々〉に対する「正の要素」を広める	〈彼ら〉からの「正の要素」を広める

出典：筆者作成.

面的な概念として捉えることは、すでにある程度定着しているものと思われる。

そこで、本書では以上に挙げた各論者が使用した積極・消極の概念を整理して、検閲や取締に代表される統制を「統制する側にとって「負《マイナス》の要素」を取締まる消極的統制」、宣伝や指導に代表される統制を「統制する側にとって「正《プラス》の要素」を広める積極的統制」として考察する。さらに、先に述べた国民統合、「想像の共同体」の形成において映画というメディアがもつ二つの重要な特徴「大衆性」「越境性」が〈我々〉〈彼ら〉という「想像の共同体」を思い描かせるという点とを組み合わせて、上に示すような枠組［表0―一］で検討を加える。

なお、映画によって思い描かれる〈我々〉〈彼ら〉は「我々キリスト教徒と彼らイスラム教徒」（宗教）、「我々ブルジョワジーと彼らプロレタリアート」（階級）あるいはまた「我々男性と彼ら女性」（性別）、「我々異性愛者と彼ら同性愛者」（性的指向）などのように多様であり、その境界もまた可変的でありうるが、本書では行論の関係上、「国民統合」にかかわる〈我々〉〈彼ら〉の差異に着目することとする。したがって、当然のことながら「日本人」内部、「中国人」内部における〈我々〉〈彼ら〉の差異もまた検討の対象となる。同様に、統制の消極性と積極性もまた運用においては表裏一体の面をもつ。二組の概念はいずれも排他的に差異化できるような性格ではない。しかし、統制の特徴を明らかにするためには、少なくともそれを一定の視角から腑分けしつつ分析する必要がある。本書では、そのための暫定的な方便として上掲の枠組を用いる。

「近代」の核心に、欲望にもとづくラディカルで創造的な力と、その力を奪い取り既存の秩序回復を目指す超越的権力との葛藤があるとすれば(33)、映画を取り締まりながら利用しようとする支配的権力の動きは、まさにそうした葛藤をしめすものといえよう。

本書は、扱う対象と課題の関係から上記のように映画をめぐるコンテクストを重視するが、映画の魅力が多くの場合そのテクストによっていることは言を俟たない。そして、テクストとしての映画はその技術的構造によって、理性よりは情動に訴えかける傾向をもつ。「わたしは、自分が思考したいことをもはや思考することができない。たえず動いている光景がわたしの思考の場を奪ってしまう」とは作家デュアメルによる映画批判だが、ベンヤミンはこれを引用しつつ映画がその技術的構造として「ショック作用」を備えていることを指摘していた［ベンヤミン、一九三九＝一九九九：四三］。こうした映画の技術的構造は、一九一〇年代にD・W・グリフィスに代表される初期映画の監督によって「映画の文法」として実践的には統合され、一九二〇年代前半にはロシア革命後のソビエトの映画人を中心に理論化されていた。そこでは、クローズアップやモンタージュなどの技法を駆使して観客の「心を奪う」ことが、政治的な目的と結び付けて論じられた。こうした欧米の最新映画理論を中国に紹介したのが、本書で論じる劉吶鷗であった。もっとも、劉吶鷗はプドフキンやジガ・ヴェルトフの映画理論を紹介しながら、その政治性についてはまったく注意を払っていない。本書で扱う映画のうち今日見ることができるものは限られているが、残された映画や脚本、あるいは映画製作にかかわるメモや回想には、製作者が映画の情動に訴えかける「ショック作用」を、どのように利用しようとしていたのかを理解するための手掛かりがあるはずである。植民地期台湾映画人が製作、上映あるいは企画した映画や映画にかかわるテクストを分析することは、彼らが映画に託した思いを理解することにつながるだろう。

そして最後に、映画は巨大な資本と流通システムを必要とする資本主義大衆娯楽産業であったという側面をあらためて強調しておきたい。映画は受容者にとって大衆性や越境性を備えていたとはいえ、それを自ら製作・配給・上映しようとする場合、そのハードルはきわめて高く、公的な権力や社会的な組織とかかわらざるを得なかった。ここに、映画人が「交渉」や「越境」を迫られる要因があった。それは、植民地統治下で映画上映活動を行った台湾人、中国へと越境した劉吶鷗や何非光についても同様である。映画にかかわる活動は、したがって、個人のみならず社会のレベルも含め、遍在する権力関係を見ることが可能な領域といえる。

つまり、映画を方法論的概念として導入することで、本書では各地での錯綜したポリティクス(個人のレベル、社会のレベルに遍在する権力関係)を解きほぐし、「帝国」と「祖国」のはざま、すなわち植民地主義・帝国主義・ナショナリズムが折り重なる地点において、被植民者が映画を追求する際の交渉と越境が、必ずしも個人の文脈に還元できるものではなく、彼らを取り巻く構造的問題——被植民者としての生い立ちや身分、巨大な資本とシステムを必要とする映画メディアの特質、「近代」それ自体にビルト・インされた諸矛盾——と密接に結びついていたことを、明らかにしていきたい。

第三節　本書の構成

一九九〇年代以後、台湾や中国では「檔案」と称されるアーカイブ(檔案館)所蔵の公文書が急速に公開されはじめ、実証的な歴史研究の進展を後押しした。アーカイブ資料には政策の立案や審議にかかわる文書も多く含まれ、当該時期の文化と政治とのかかわりを理解する上できわめて重要かつ有効である。だが、政治・経済・外交などの各分野においてこれらの一次資料が大量に活用されるようになったのに対して、社会史・文化史の分野ではその有効性は十分に検討されてこなかったように思われる。筆者の前著[二〇〇二]は、他分野におけるアーカイブ資料の利用に刺激を受け、映画史研究においてアーカイブ資料を利用することを初歩的に試みたものといえる。しかし、これらの一次資料もまた文書作成者や整理者の視線を反映しており、バイアスがかかっている［川島真、二〇〇四：六八―六九］。そこで、本書では、不十分ながらもマルチ・アーカイブ方式を採用し、異なるアーカイブが所蔵する資料を読み合わせることで、文書作成者や整理者によるバイアスを相対化するよう試みたい。ただし、アーカイブ資料は主として行政諸機関の公文書で構成されている関係から、そこには当事者相互の情緒的な確執に関わる内容は、記録としては残りにくい。そこで、個人のコンテクストで書かれた日記や書簡、聞き取り調査など私的資料を読み合わせることで、こうした公文書・私文書のそれぞれがもつ限界を補いたい。研究視角で述べた個のレベルと構造のレベルとを往還するような作業と同様、複数の言語・地域にまたがる文書や、公文書と私文書それぞれのレベルでの資料批判は、交渉と越境を続けた被植民者の映画活動という研究対象が本書に要請するものといえる。資料の調査や発掘に終わりはなく、知りうる限りでも本書にとって重要と目されながら閲覧できなかった資料もある。[34] 本書で使用しているのは、さまざまな制約のなかで調査できた資料に限られている。[35]

本書の射程

本書では植民地期台湾人による映画活動を「交渉」と「越境」の過程として分析する。そのため、彼らの活動の前提となった各地における映画の普及や統制もまた研究の対象としている。とはいえ、その目的はあくまで被植民者が直面した具体的な実態を浮き彫りにすることにある。したがって、台湾総督府、中国国民党および中華民国国民政府など各地の行政権力による映画統制についてはなるべく簡潔に記すことを心がけた。逆にいえば、該当箇所（台湾総督府の映画統制については本書第一章第二節、南京政府期中国の映画統制については第二章第二節、日中戦争勃発直後の中国の映画統制については第二章第六節第一項、日中戦争期中国の映画統制については第三章第四節）を読めば、その概要を通史的に把握することができるようになっている。また、本書は被植民者たる台湾人の側に着目するため、中国についての考察は、植民地台湾についての考察に比して手薄になっていることは否めない。植民地台湾に限っても、女性や非漢族系の住民については十分に目配りできていない。本書はすでにして以上のような限界を抱えているが、それは筆者の限られた力量において、錯綜した事態のなかにある分析対象を絞り込み、そこに最も特徴的にあらわれる問題を焦点化するための、止むを得ない選択の結果ともいえる。

各章の構成と資料

本書は序章と終章を除き、全三章で構成される。

第一章では、植民地台湾における映画をめぐるポリティクスを、映画の普及、植民地権力による映画統制、台湾人による映画受容の特徴などの側面から分析する。そのうえで、被支配者としての台湾人が映画活動にかかわろうとする時、植民地権力との交渉か植民地境界の越境か、この二つの道のいずれかを選ばざるをえなかった状況を明らかにする。それによって、問題意識の箇所で述べた「植民地下において近代化が進展し、被植民者もまたそこに主体的に参加した」という言説に対し、被植民者にとっての「主体的選択」がいかなる植民地支配の構造のなかに組み込まれていたのかを、具体的な抑圧の実態と共に示すことができるだろう。植民地台湾における映画普及や映画統制については、台湾総督府による各種法令集、統計資料、教育や警察関連の各種機関紙のほか、新聞雑誌、当該時期に映画を受容した人への聞き取り調査などを使用する。また、台湾人の映画受容や映画上映活動については、台湾人資本による『台湾民報』を含む新聞雑誌などのほか、活動に従事した人物の日記や回想録などを使用する。

第二章と第三章では、中国大陸に越境した植民地台湾出身映画人として劉吶鷗と何非光という二人の映画人に焦点をあてる。この二人を取り上げるのは、ひとつには彼らの映画人としての活躍が当該時期中国大陸出身の映画人に比しても際立っている、ということによる。もうひとつの理由は、「抗日」的か否かというナショナリズムの観点からすれば「漢奸」として暗殺された劉吶鷗と重慶で「抗戦」映画を監督した何非光はまったく対照的な存在であるにもかかわらず、彼らの軌跡にはいずれも東アジアにおける「想像の共同体」のはざまを生きることを選択せざるを得なかった植民地出身者としての共通点が見出せるからである。

第二章で取り上げる劉吶鷗は、中国に初めてモダニズム小説を紹介した文学者でもあったが、中国共産党系の映画評論家に先駆けてソ連のモンタージュ理論を中国に紹介し、「硬軟映画論争」と呼ばれる一九三〇年代最大の映画理論の論争において主要な役割を果たした理論家であり、南京に新設された国民党映画スタジオの実質的製作責任者となるなど、実作にも携わった映画人でもあった。だが、劉吶鷗は日中戦争勃発後に上海に戻り、日本軍の映画工作にかかわって「漢奸」として暗殺された。彼の文学者としての側面に関しては、半世紀近くもの忘却の後ようやく再評価が始まったが、「漢奸」として暗殺された原因と目される映画人としての活動は、多くの謎に包まれたまま十分に研究されていない状況である。したがって、第二章では、劉吶鷗が活動した各時期における上海・南京の映画をめぐるポリティクスと、映画人としての彼の足跡の双方について、可能な限り明らかにしていきたい。上海や南京における映画をめぐる状況については、中国国民党文化伝播委員会党史館檔案（以下「党史館檔案」と略記）[36]、中華民国国史館檔案（以下、「国史館檔案」と略記）、日本外務省外交史料館所蔵資料、日本防衛省防衛研究所図書館所蔵資料などのほか、当該時期の新聞雑誌、「戦後」公刊された回想録などをもとに、国民党の映画統制、左右の映画理論闘争、日本軍による映画工作などの側面から検討を行う。同時に、そうした各種権力が錯綜する中で、劉吶鷗はなぜ一度は左翼思想に近づきながら国民党映画スタジオに向かったのか、そしてまたなぜ「漢奸」と呼ばれ生命を危険にさらしながら日本軍の映画工作に関わっていったのかを検討する。劉吶鷗の個人的文脈の解明については、彼自身の日記や周辺人物の回想録、当時の新聞雑誌を使用する。なお、家族を撮影した一種のホーム・ムービー以外、劉吶鷗が製作した劇映画やニュース映画などは所在が不明であり、参照できていない。

第三章では何非光について論じる。何非光は上海では悪役俳優として名を成し、日中戦争期の重慶では「抗戦」劇映画を監督し、その劇映画の監督数は抗戦期重慶で史東山《しとうさん》と並んで最も多かった。にもかかわらず、一九四九年以後の中国大陸では「台湾特務」「日本のスパイ」「反革命の罪人」として不断に批判闘争の対象とされ、故郷台湾では「共産党支配下の大陸に留まった者」として、その業績はデータとして記録される他、顧みられることはなかった。彼が映画人として再び公的な映画団体に加入することが許されたのは台湾海峡の両岸で一定の民主化が進んだ一九九五年である。その後、中国大陸・台湾の両地域で作品への再評価も始まり、二〇〇四年には何非光の長女何琳による評伝も刊行された。しかし、幼少期から重慶時期にいたる何非光の映画人としての軌跡については、いまだ断片的な言及の段階に留まっている。本書第三章では、何非光が監督として活躍した時期の重慶における映画をめぐる状況について、党史館檔案、国史館檔案、米国国立公文書館(NARA)所蔵資料、米国議会図書館所蔵資料、当該時期の新聞や雑誌、「戦後」公刊された回顧録などをもとに、国共合作期の映画統制、左右映画人の確執などの側面から検討を行う。同時に、何非光の映画活動の軌跡が、彼の身体に刻みつけられた植民地主義と不可分に結びついていることを、当時の新聞雑誌、本人による回想、長女による評伝のほか、周辺人物への聞き取り調査、何非光の出演・監督映画などから明らかにする。

終章では、植民地期台湾における映画をめぐる政治経済的な構造をあらためて整理し、映画という「近代」と植民地との関係を確認すると同時に、被植民者たる台湾人が、植民地統治下台湾ではもちろん、植民地主義をのがれて越境した中国でも、中国を侵略する日本の帝国主義と、これに苦しむ中国の人々の猜疑に満ちたまなざしが惹起する排外的ナショナリズムにさらされ、不断に交渉と越境を繰り返さざるをえなかったことを確認する。「帝国」と「祖国」のはざまに遺された彼らの声を聞き届けることが、本書の目的である。

第一章

台湾——植民地統治下の台湾映画人

台湾人資本によって製作された植民地期最後の劇映画『望春風』(1937 年)，主演の彭楷棟(右)と陳寶珠(左)．提供：彭楷棟(日本名：新田棟一)氏所蔵，協力：羅福全氏・林秀琴氏．

第一節　はじめに

植民地統治下の台湾においても、映画製作を試みた台湾人、世界各地の映画を配給・上映した台湾人はいた。では、そうした映画活動は、なぜ映画産業の形成へと進展していかなかったのか。同じく日本の植民地統治下にあった朝鮮半島や「半植民地」「次植民地」と評された中国では民族資本による映画製作が産業化したことを顧みるとき、台湾における映画製作産業化の挫折は、植民地期台湾に固有の問題を反映しているように思われる。いったい、どのような要因が植民地期台湾で民族資本による映画製作の産業化を阻んでいたのか。

本章では、これらの問題を考察するために、第二節と第三節で植民地統治下の台湾における映画をめぐる状況を普及、統制、受容の各方面から検討し、その構造的な特徴を析出しつつ、映画産業が成立しなかった背景を浮き彫りにする。そのうえで、第四節において台湾人による映画活動の具体的な事例について、民族資本による映画製作、非営利の映画上映活動に焦点をあてて分析する。彼らの交渉が、植民地支配の構造のなかに、どのように組み込まれていたか。その矛盾と限界を明らかにすることは、第二章・第三章で言及する劉吶鷗や何非光が越境を選択せざるを得なかった、その理由の根源を説明することにつながるはずである。それは同時に、植民地統治下における主体やナショナリズムの多義性に光をあてることにもなるだろう。

ここで、次節以後の論述に入るまえに、植民地期台湾映画史に関する先行研究を整理し、植民地台湾における「合法性」について説明を加えておきたい。

植民地期台湾映画史に関する先行研究

台湾映画史研究・中国映画史研究では、一九九〇年代にいたるまで「革命史」的観点から、日本の植民地支配によって「奴隷化」された台湾人の映画活動は記述に値しないものとして等閑視されてきたことは序章でも述べた通りである。

したがって、植民地期台湾映画史に関して言えば、植民地期の日本人が「大東亜」の文脈のなかで台湾の映画史を記した市川彩［一九四一］を除き、「戦後」に自らの経験に基づいて植民地期の台湾映画史を記した王白淵《おうはくえん》［一九四七］呂《りょ》訴上《そじょう》［一九六一］が、例外的な先行研究といえる。だが、先述したように国民党政権による「中国化」政策が進められていた「戦後」台湾においては、台湾固有の歴史文化を記述することはそれ自体が分離主義とみなされる危険があった。そのために、王著や呂著における植民地期の記述は「台湾同胞の祖国愛」という文脈を強調するものとなっており、「祖国」へ越境した台湾人にも触れているが、「抗日」の文脈にのらない映画人の記述については慎重である。一九八〇年代になると、「戦後」台湾に生まれた立場から植民地期台湾映画史を再検討しようとした陳国富《ちんこくふ》［一九八五a］、中国大陸の研究者が二次資料を中心に再整理を行った陳飛寶《ちんひほう》［一九八八］などが現れるが、いずれも資料や事実関係についての新味は少なかった。ただし、陳国富の議論は既存の映画史読解にポストコロニアリズムの観点を持ちこんだ点において先駆的な意味をもつ。

「国史」的な記述に変化が見られるようになるのは、民主化が一定の進展を見せた一九九〇年代以後のことである。植民地期台湾映画史に関しても研究が本格化し、個別具体的な事例に即した実証的な研究［羅維明《らいめい》、一九九三a・一九九三b］［李道明《りどうめい》、一九九五］や、台湾総督府の映画政策に関する研究［王文玲《おうぶんれい》、一九九四］［洪雅文《こうがぶん》、一九九七・一九九八・二〇〇〇］［葉龍彦《ようりゅうげん》、一九九八］［三澤真美恵、二〇〇一］があらわれた。また、植民地期から戦後までを扱った通史として、黄仁《こうじん》・王唯《おうい》［二〇〇四］などがある。[1]

そして、被植民者・被支配者の多義的な主体性に着目するという本書の問題意識との関係で注目されるのは、八木信忠ほか全七名による何基明《かきめい》へのインタビュー（一九九三年）、石婉舜《せきえんしゅん》［一九九四］、王文玲［一九九四］、葉龍彦［一九九六・一九九七］らによる植民地期台湾社会における映画産業従事者・映画受容者への聞き取り、植民地期台湾映画史にかかわる回想記［海野幸一、一九八一－一九八二］などである。

言うまでもなく、本書もまた上掲の先行研究に多くを負っている。だが、植民地台湾における映画をめぐる政治経済的なレベルと個のレベルとの間にいかなる関係があったのか、また植民地台湾における映画受容にどのような特徴があったのか、といった問題については、これまで十分に検討されてきたとはいえない。さらに、日本や中国といった地域との「中心－周辺」関係も、ほとんど射程に入っていなかったと思われる。本書では、上掲の先行研究に学びつつも、新聞雑誌や聞き取り調査のほか、これまでの研究では十分に利用されてこなかった公文書や統計資料などの一次資料も活用しながら、映画の普及、統制、受容について統合的に考察し、映画製作産業化の挫折や映画人による交渉の諸相を具体的に分析することで、問題の所在を明らかにしていくことになる。

植民地台湾における「合法性」

映画が巨大な資本と流通システムを必要とするがゆえに、植民地であろうと植民地本国であろうと、台湾人であろうと日本人であろうと、自ら主体的に映画を製作、配給、上映しようとする場合には、「合法性」の枠内で、当該社会における支配的な権力と「交渉」する必要があった。したがって、植民地台湾における諸活動を検討する大前提として、そこでの「法」がいかに構成されていたのかを理解しておく必要があるだろう。

台湾は一八九五年に清朝から割譲され日本の領土となったが、法的には「内地」とは異なり、明治憲法が当然には施行されない異法域たる「外地」であった。(2) すなわち、台湾ではいわゆる「六三法」と称された「台湾に施行すべき法令に関する法律」（一八九六年法律第六三号）を根拠として、内地の帝国議会を経ずに、台湾総督が「法律の効力を有する命令」である「律令」を定めることが可能であった。この委任立法制度は、憲法違反であるとして憲法学者や法曹界を巻き込んだ政治論争となったが、結果として植民地期を通じて撤廃されることはなく、台湾では本国にはない苛烈な法規が制定施行された。代表的なものとしては、武装抗日行為に対し死刑を科すことが可能な「匪徒刑罰令」(3)（一九〇二年の匪徒案件では被告の七五%が死刑〔王泰升、一九九九：二三七〕）、一人の抗日者を出せば保甲の全員が連座で罰せられる「保甲条例」(4)、非武装抗日運動の弾圧にしばしば利用された「台湾浮浪者取締規則」、日本では廃止された鞭打ち刑を在台日本人以外の台湾人および中国人のみに科する「罰金及笞刑処分令」（笞刑は一九二一年に至って廃止）、そして司法手続きを経ることなく警察官が有罪判決を下し処罰する権限をもつ「犯罪即決制度」（日常生活上の軽犯罪によって重禁固刑を含む拘束、笞刑、罰金を科すことを可能にした）などが挙げられる。(5)

たとえば、住所や職業の不定を理由にいつでも拘束を可能にする「浮浪者取締規則」が、抗日分子の弾圧に利用されたことは、蔡培火《さいばいか》〔一九二八＝二〇〇〇c：四七〕らによって指摘されている。(6)また、農民運動参加者の取締においても、重罪に問われる政治刑法に違反したとされる被告人数三三一名（二四・七%）に対し、一般刑法に違反したとされる被告人数一〇〇九名（七五・三%）が多数を占めた〔王泰升、一九九九：二五二〕。同様に、一六歳の少年が突如逮捕拘禁の上残虐な拷問を受けた例〔『台湾民報』一七〇号、一九二七年八月二一日、一一頁〕、提灯を持たずに通りを走っていたというだけで逮捕拘禁され殴る蹴るの仕打ちを受けた末、翌日も翌々日も警察署に出頭を命ぜられたという例〔『台湾民報』一七八号、一九二七年一〇月一六日、一一頁〕など、「犯罪」とも呼べないような行動について、警察官が司法手続きを必要とせずに「合法的」に逮捕、拘禁、拷問を行いうる状況の悲惨が、台湾人資本の新聞に毎号のように報道されている。

植民地における「合法性」が含意するのは、以上のような「法」への従属である。したがって、台湾人が映画活動をする際には、まさにこうした苛烈な法、恣意的な法の運用の下に自らを従属させ、「合法的な主体」として「交渉」のテーブルに着くことから始めなければならなかったのである。植民地の日常を覆っていたこの大前提は、いくら強調しても、強調しすぎることはないだろう。

植民地統治下台湾における諸活動を考察する際の大前提を確認したところで、以下、植民地統治下の台湾における映画をめぐる状況、台湾人による映画活動の具体的な事例について見ていこう。

第二節　映画の分節的普及と統制

植民地期台湾においては、各地の誰に対しても均質に多様化した映画普及経路があったのではなく、強権的に展開した総督府主導の映画上映から、総督府官憲の厳しい締め付けのなかで短期間のみ展開された台湾人による非営利の抵抗的な映画上映まで、さまざまな普及経路が存在した。本書では、これを「分節的普及経路」と呼ぶ。こうした分節化の要因として、時期、営利・非営利、使用言語、主催者・経営者および対象の民族別などが想定される。

以下、時系列に沿って各経路をみていくが、経路がもっとも多様であった一九二〇年代半ば—一九三〇年代半ばの分節的普及経路を整理すると、【表一—一：植民地期台湾における映画の分節的普及経路】の「a」—「h」のように八つに大別できる。

また、映画の普及と表裏一体で進展したのが、台湾総督府による映画統制である。本書では、序章に示したように検閲や取締に代表される統制を「統制する側にとって『負の要素』を取り締まる消極的統制」、宣伝や指導に代表される統制を「統制する側にとって『正の要素』を広める積極的統制」と捉え、映画統制とはその両側面を含んだもの

表 1-1　植民地期台湾における映画普及経路（1920 年代後半—1930 年代前半）

営利・非営利の別	営　利						非営利	
活動形態	巡回上映		常設館				巡回上映	
主催者・経営者	台湾人	日本人	台湾人		日本人		台湾人（文協など）	日本人（総督府）
使用言語	台湾語	日本語	台湾語	日本語	日本語	台湾語	台湾語	日本語
対　象	台湾人	日本人・台湾人	台湾人	台湾人・日本人	日本人・台湾人	台湾人	台湾人	台湾人・台湾先住民族・日本人
	a	b	c	d	e	f	g	h

出典：筆者作成．

注：この他，ジェンダーや族群の違いについても検討すべきではあるが，本稿では行論の関係から，植民地支配民族日本人と被支配民族の多数を占める台湾人の違いに着目して分類した．また，日中全面戦争の勃発以後，「h」以外の民間の営利上映は各種統制法規および「台湾興行統制会社」などの組織によって一元化され，総督府による映画普及の末端経路を担うことになった．「h」では，原則として日本語説明が行われていたが，山地巡回上映では「蕃童（山地先住少数民族の児童）による通訳」が行われていた例も確認でき，場合によっては台湾語や少数民族の言語も併用されていたと思われる．

表中の「台湾語」とは福建省南部の地方言語が台湾に定着し変化した言語の俗称である．「福建語」「閩南語」「福佬語（和佬語）」「厦語」と表記される場合もある．この言語を「台湾語」と表記するのは，「台語歌（台湾語歌謡）」「台語片（台湾語映画）」など，それが植民地期から今日まで一般社会で最も広範に定着している呼称だからであり，台湾を代表する言語だという含意はない．

とする。また、本章では、統制にかかわる法規や制度は、必ずしも植民地本国という「進んだ中心」から植民地という「遅れた周辺」に垂直的に延長施行されたとは限らないという問題意識から、消極・積極それぞれの統制における植民地台湾と植民地本国との間の「越境性」にも着目したい。国民国家における統制の越境性を考える場合の「想像の共同体」境界は国境であるが、植民地における統制の越境性を考察する場合には、内側の「想像の共同体」境界（「植民地台湾」とその外部）、外側の「想像の共同体」境界（「帝国」とその外部）という二重の境界を想定する必要があるだろう。

以下、映画の普及と統制の進展を、三つの時期に分けて概観していく。時期区分は、映画の普及による市場の形成や統制による市場の変容を基準とした。

①市場の形成と統制事始（—一九二〇年代

半ば）：民間の映画市場は形成途上にあったため総督府主導の積極的映画統制が支配的な位置を占め、消極的映画統制は市場の形成に伴って漸進的に進展した時期。

②中国映画の輸入による市場の拡大と多様化（一九二〇年代半ば―一九三〇年代半ば）：地方への映画の普及、中国映画の輸入開始、台湾人による非営利映画活動の開始などによって民間の映画市場が拡大、多様化した時期。

③総力戦下の市場一元化（一九三〇年代半ば―一九四五年）：一九三〇年代に入って次第に強化された消極的統制が日中戦争勃発前後からさらに徹底強化され、映画市場において再び総督府主導の積極的映画統制が支配的となる時期。

1　市場の形成（―一九二〇年代半ば）

台湾での最初の映画上映については諸説あるが、最近の研究では一八九八年に台北で上映が行われたとされる［黄建業総編集、二〇〇五：一〇七］。一九〇〇年代の映画上映はイベント的性格をもち、散発的に開催された［李道明、一九九五］。これに対して、ある程度継続的に実施されたことが確認できるのが、高松豊次郎(7)や官製民間婦人団体などによる巡回映画興行など、植民地台湾の施政機関たる台湾総督府による宣撫活動と民間の日本人との互助的な映画上映である。

総督府と民間日本人との互助的な映画活動

台湾における映画興行の基礎を築いたといわれる高松の渡台時期については一九〇一年から一九〇四年まで諸説あるが、一九〇三―一九〇四年頃からは定期的に新たなフィルムを日本から持ち込んで巡回上映を行い［李道明、一九九五］、一九一〇年までに全島八カ所に劇場（映画のほかに演劇など各種興行物も上演）を建設している(8)。いっぽう、官製民間組織である台湾婦人慈善会も独自に機材を購入して一九〇五―一九〇六年には慈善イベントの演目のひとつとして映画上映を行い［台湾婦人慈善会、一九〇八］、同会の機材を引き継いだ愛国婦人会台湾支部は隘勇隊（山地に居住する先住民族[9]を「隘勇線[10]」の内側に押し込める制圧部隊）への救護資金造成のために高松の台湾同仁社に委託して巡回映画の慈善興業を一九〇九年から七年間、六回にわたって全島各地で行っている［大橋捨三郎他、一九四一：一三六―一四二］。また、高松は総督府や官製民間組織の依頼を受けて植民地台湾を本国へ紹介するフィルム[11]、山地制圧過程を記録するフィルム［大橋捨三郎他、一九四一：一四二］、「台湾勧業共進会」記念フィルム[12]などの製作も行っている。つまり、一九〇〇年代には【表一―一】の「b」のほか、慈善興業として「h」があらわれており、常設館ではないが混合劇場の形で「e」の経路も存在していたといえる。李道明の研究によって、台湾人（苗栗出身）廖煌《りょうこう》が東京でフィルムと機器を購入して一九〇三―〇四年に巡回興行を行った「a」の経路も確認されている［李道明　一九九五：三三］。だが、資料的な制約もあり、この時期の台湾人による映画活動は、よくわかっていないのが実情である。

都市部に映画常設館が定着

一九一〇年代になると、定期的に入荷する新しいフィルムを上映する映画の常設館も都市部に登場する。映画の巡回上映は広場や廟などの屋外や仮設劇場で行われることも多く、屋内でも通常は浪花節や義太夫など他の興行が行われる劇場で他の興行と一緒に上映される、あるいは一定期間に限って映画上映が行われるというのが一般的であった。しかし、映画の普及と人気にともなって、映画の上映を主たる目的として設置された映画常設館が登場する。一九一〇年には高松豊次郎による映画常設館が台北の城内、大稲埕、萬華の三カ所にでき、一九一〇年代半ばの台北には芳之亭や新高館など二、三軒の映画常設館が興行を競い合う状況が出現していた［三澤真美恵、二〇〇一：二七七―二八三］。この時期の常設館の経営者はほとんどが日本人であり、【表一―一】の「e」にあたる。

警察や教育者を通じた積極的映画統制

いっぽう、総督府も一九一〇年代に入って民間への委託形式だけではなく、独自の積極的映画統制を本格化させる。植民地台湾において住民にもっとも近い植民地権力は教員と警察官であったが、この時期の積極的映画統制もまた台湾教育会[13]と台湾警察協会[14]を中心に展開された。台湾教育会では一九一四年末から通俗教育[15]の一環として学童や父兄を対象に巡回上映を始めている。[16]また、一九二三年「東宮行啓（日本の皇太子裕仁すなわち後の昭和天皇が台湾を訪問）[17]」時の実況フィルムに代表される記録映画や教育映画の製作にも着手し[18]、これらの映画を内地へ持ち込んでの台湾事情の宣伝隊派遣など、活発な映画活動を行っている。警察においても、一九〇七年には台北に観光訪問中の台湾先住民族に対して「幻燈会」を開催するなど早い段階での視覚メディアの利用が確認でき[19]、一九二〇年代には台湾警察協会活動写真部を設置して、理蕃事業や衛生・防犯宣伝などの一環として、本格的に映画利用を開始している。[20]これらの巡回上映の目的は当初から直接間接に日本による統治の正統性を宣伝するものであったが、無料もしくは低料金での上映のうえ、通常の巡回上映が及ばない山地や離島にも巡回したことなどから、経済的地理的に通常映画を見る機会の少ない層にとっては貴重な映画鑑賞の場であった。これも【表一―一】の「h」にあたる。

したがって、映画の普及に関して言えば、一九〇〇年代には民間と総督府による積極的統制との協力体制で継続的な映画上映が可能となっていたものが、一九一〇年代には民間には映画館が、総督府側の積極的統制にも映画のための独自組織が登場し、それぞれの活動を本格化させていったといえる。また、総督府の積極的映画統制において興味深い点は、一九〇〇年代という早い時期から、台湾住民を対象とした上映活動だけでなく、植民地本国を対象として映画の製作や上映をおこなっていたことである。「台湾紹介活動写真」や「台湾事情の宣伝隊派遣」など、映画のもつ越境性を、本国の「彼ら」に向けた「我々」総督府の植民地宣伝に利用しようとした傾向がうかがえる。

こうした映画の普及にともなって、総督府による映画の検閲や取締、いわゆる消極的統制も起動する。映画に特化した単行法規として、管見の限りで最も早い時期の法規は一九一六年の通牒「演劇及活動写真取締ニ関スル件」(本保第三五七号)であるが、その条文から同法規施行以前に映画の取締が実施されていたことがわかる。

一九一〇年代は都市部に複数の映画常設館が出現していた時期で、一九一六年の映画に特化した通牒が出された背景には、映画興行における無法状態が惹起する問題があり、それに対する教育者による批判的な言説が存在していた[21]。当時は、各地方でフィルム検閲が行われ始めたものの、まだ全島的に統一された検閲基準が存在しないなか、各地方ごとの検閲結果に矛盾が生じ、映画業者によっては問題箇所を削除した上で甲の官庁でフィルム検査証明書を得た後、乙の官庁下で削除した箇所を再びつないで上映するという事態も報告され、対応策として興行場所に警察官が立ち会う「臨監」を重視するよう通達(一九二〇年)が出されている[22]。

ちなみに、奥平康弘や福田喜三らの研究によれば、植民地本国の消極的映画統制でも警視庁と各府県警察部が行った検閲の結果に矛盾が生じていた[奥平康弘、一九八六][福田喜三、一九七四]。よく知られているのは、一九二一年に文部省推薦フィルム『感化院の娘』(米国映画)が横浜で上映されようとして神奈川県警察部で検閲不許可にあったほか、同年一〇月大阪府警でも認可されなかったという事例である[奥平康弘、一九八六：三二一]。このことは、「遅れている」はずの植民地で一九一〇年代に出現した状況が、「進んでいる」はずの本国で一九二〇年代に出現していたこと、映画というニューメディアへの対応については政治的「中心－周辺」関係に対応するような遅速など存在していなかったことを示している。

したがって、一九〇〇年代から一九二〇年代前半にかけて、植民地台湾における消極的映画統制は、本国と同時代的に推移していたといえる。

映画市場形成期の社会的背景

さて、ここで注意したいのが、植民地台湾における映画市場の形成期は、日本軍による台湾全島制圧の時期でもあった、という事実である。

大江志乃夫は台湾の領有支配の過程を一八九五年から一九一五年の二〇年間におよぶ植民地征服戦争と位置づけ、それが「本来の意味での日清戦争を上まわる日本近代史上の一大植民地戦争」であったことを明らかにしている［大江志乃夫、一九七八］。この間、上陸した日本軍によって台湾全島が軍事的に制圧されるまで（一八九五年九月二九日—一八九六年五月）に殺害された住民は一万七〇〇〇人を下らず、続く日本軍の軍事制圧下で武装蜂起による初期のゲリラ的抵抗が弾圧されるまで（一八九六年六月—一九〇二年）に殺害された住民は一万一九五〇人、このほか総督府法院や臨時法院で「匪徒」として処刑された人数は二〇年間で四七八八人とされる［同前：七二—七三］。また、大江の時期区分で軍と警察による山地台湾先住民族の制圧過程にあたる第三期（一九〇三—一九一五年）のうち、一九一三—一九一五年は、いったん終息していた平地の台湾住民による武装蜂起が再燃した時期である。こうした状況に対応して、総督府は山地制圧に台湾人の土着地主資産階級の協力を要請するため、彼らが強く要求していた台湾人子弟のための台中中学校設置を一九一四年に総督府レベルで決定、同校は翌年開校している［若林正丈、一九八三b］[23]。しかし、武装蜂起を行ったのはこうした「交渉」のテーブルにつかない抗日勢力であった。

たとえば、一九一三年の「苗栗事件」[24]は辛亥革命に参加した羅福星《らふくせい》によって計画され、その檄文には専売制度の理不尽、苛税の徴収、警官の横暴、人夫徴発の過酷などが列挙されていた。つまり、資産階級が総督府との交渉のなかで台湾人の地位改善をめざすのとは異なる、苦力など労働者階級の立場から植民地統治の転覆を図ろうとする点に総督府側にとっての脅威があった［駒込武、一九九六：一三五—一四四］[25]。さらに、余清芳《よせいほう》らによって計画実行された一九一五年「西来庵事件」[26]は、平地の漢民族のみならず山地の先住民族も参加、一般の地域住民も積極的に協力し、霧社事件[27]を除けば日本植民地統治期最後で最大の武装抗日蜂起であったが、警察隊による報復的な住民虐殺事件が起き九〇〇名近くの死刑判決が出るなど、台湾人に深い恐怖と傷跡を残す事件となった。本国政府では、これらの事件を辛亥革命の影響を受けた一部の「無智迷信の輩」によるものとして総督府の失政を糊塗しようとしたが、苗栗事件が苦力ら労働者階級の支持を受け、西来庵事件が先住民や蜂起拠点周辺住民ら広範な協力者を得ていることからも、事件が植民地統治の矛盾によって醸成された幅広い層の台湾住民に共通する問題に根ざしていたことは明らかである。こうした事態に対する帝国議会での議論のなかで内務大臣の回答にあった対応策は、台湾住民の「皇化・教化」と「産業活性化」であった[28]。そして、これらの「皇化・教化」の対象となるべき人々は、少数の指導者を除いて「ほとんど文盲」[秋沢烏川、一九二三：三三〇]であり、交渉のテーブル(先述の、資産階級を懐柔した台中中学校設置をめぐる交渉など)につかせることができない下層階級であると認識されていた。

総督府が平易で通俗的な手段を通じて「知らず識らずの裡に教育[29]」する「通俗教育」として映画の巡回上映を積極的に展開し始めたのは、まさにその台中中学校設置が決まった一九一四年のことである。したがって、総督府が民間への委託形式ではなく独自に積極的映画統制を展開するようになった背景には、交渉のテーブルにつかない台湾住民に対するより強力な宣伝の必要があったと思われる。実際、一九二〇年代に入るまで、映画は「写真が動く」という仕掛けだけで、まだまだ新奇な見世物として人々の関心を集め、宣伝として有効に機能していたことが、教育者や警察による映画上映の報告のなかに散見される(本章第三節参照)。

2　市場の拡大と多様化(一九二〇年代半ば—一九三〇年代半ば)

一九一五年の武装抗日民族蜂起「西来庵事件」が警察による蜂起に協力した住民に対する報復虐殺や臨時法院によ

る大量の死刑判決などによって徹底的に弾圧された後、台湾人の抗日民族運動は非武装の路線を選択することになった〔許世楷、一九七二〕〔若林正丈、一九八三ａ〕。運動の詳細については先行研究に譲るが、本書にとって重要なことは、後期の非武装抗日民族運動が「西欧近代の民主主義理念に基づく諸権利の、台湾史上初めての自覚的行使」〔若林正丈、一九八三ａ：九〕として闘われたことである。運動の担い手は第一次大戦後に東京に留学した学生たちであった。その頃世界では、一九一七年ロシアに第一次大戦を背景に革命によって世界最初の社会主義国家が樹立され、一九一八年アメリカのウィルソン大統領は大戦後に向けて民族自決の主張を含む平和原則一四カ条を世界に呼びかけるなど、新たな思潮が高まっており、アジアでも一九一九年三月一日に朝鮮半島で三一独立抗日運動が発動され、同年五月四日には中国でも日本の対華二十一カ条要求に反対する学生の反対運動を契機として反帝国主義を掲げる五四運動が展開された。東京に留学中の台湾人学生は植民地台湾では容易に触れることのできないこうした世界の新たな思潮に刺激され、六三法撤廃運動[30]や台湾議会設置請願運動[31]など非武装による抗日民族運動を展開していくのである。映画もまた本章冒頭に示した「独り新興芸術たる映画のみが、我々遠い離れ島に住む台湾人にも、世界一般の人々が享受するのと同様の洗礼を与えてくれる」という文言に象徴的なように、明確な「近代」志向のなかで台湾人によって本格的に追求されはじめるのである。

中国映画の輸入

一九一〇年代までに台湾で上映された映画は、主として短編で、欧米製の記録映画や喜劇、日本製の記録映画（日露戦争を実写した記録映画は台湾でも話題を呼んだ）が中心であったが、一九二〇年代になると中国映画も輸入され始める。たとえば、「神怪武俠片」と呼ばれた荒唐無稽なオカルトやアクション[32]、社会派映画『孤児救祖記』（一九二三年）[33]、人気俳優の阮玲玉《げんれいぎょく》と金焔《きんえん》主演によるモダンな恋愛映画『恋愛與義務』（一九三一年）[34]、第二章で扱う劉吶鷗が国民

『恋愛與義務』(1931年，卜萬蒼監督)主演の阮玲玉(左)と金焰(右)．1920年代後半から台湾にはこれらの中国映画が陸続と輸入され人気を博した．提供：財団法人国家電影資料館．

党中央電影撮影場にリクルートされる直前に明星影片公司でシナリオを書いた『永遠的微笑』（一九三七年[35]）、第三章で詳述する何非光がエキストラでスクリーン・デビューを果たした作品で、台湾のプロレタリア作家楊逵《ようき》が「傑作」と讃えた『人道』（一九三二年[36]）などである。

　こうした中国映画の輸入と人気が、台湾人の映画市場に拡大と多様化をもたらす最大の契機となった。台湾人の配給・上映への参入については、先述のように一九〇三年苗栗出身の廖煌《りょうこう》が東京で購入した機器とフィルムを持ち帰って巡回上映を行ったのが嚆矢とされるが〔李道明、一九九五〕、日本映画に関しても全島的な配給権が確立したのは一九二三―二四年ごろで、それ以前は九州などから古いフィルムを勝手に入手して放映することも多かったとされる〔呂訴上、一九六一：一七〕。全島に台湾人の映画配給会社が急増するのは、一九二〇年代に中国映画が台湾へ輸入されて以後のことである〔同前〕。輸入の開始時期については諸説あるが、一九二二―二四年ごろに始まったとされる[37]。一九二〇年代半ばの『台湾民報』には、中国映画の上映記事が散見され、各地で好評を得ていたことがわかる。

　この時期、都市部の映画常設館の多くは日本人によって経営されていたが、中国映画の巡回上映会社のほとんどは台湾人によって経営され、上映時の弁士による説明もまた台湾語で行われていた。この経路が一九二〇年代半ば以後に拡大定着した【表一―一】の「a」である。日中全面戦争勃発以前、中国映画の大部分は上海で製作されており、台湾で上映する中国映画フィルムの入手には、①上海の映画会社で直接台湾の版権を買い付け、②厦門で中古フィルムを購入、③南洋の中古フィルムを購入、の三つのルートがあったという〔呂訴上、一九六一：一九[38]〕。一九三〇年前後には、これらのルートによって中国映画の新作はほとんどすべて台湾に輸入されていたとみられる〔市川彩、一九四一：九四〕。また、後述するように台湾文化協会が台湾語弁士の説明で非営利の映画上映活動を開始したのも、一九二〇年代半ば、一九二六年四月のことである。

消極的映画統制——総督府による一元的フィルム検閲開始

一九二〇年代半ばに中国映画の輸入が恒常化し、台湾人の巡回上映業者が大量に参入したことによって民間の市場は拡大し、上映される映画の種類も多様化した。それは、総督府が展開する積極的映画統制（映画を利用して総督府にとっての『正《プラス》の要素』を広める）に競合する勢力の増大を意味した。こうした事態を背景に、それまで地方ごとに行われていたフィルム検閲を総督府で一元的に行う「活動写真フィルム検閲規則」（一九二六年府令第五九号）が施行される。同規則は、名称、時期、内容からいって、前年に植民地本国で施行された「活動写真フィルム検閲規則」（一九二五年内務省令第一〇号）の植民地における延長施行と考えられがちである。しかし、その施行の背景には、上述のような植民地台湾における市場拡大への対応という側面があったのであり、一九二〇年代半ばの消極的統制においても、「進んだ」植民地本国から「遅れた」植民地に垂直的に法規が延長施行されたという見方は一面的にすぎる、という点を押さえておきたい。このほか、次節において映画受容におけるナショナリズムとの関係で述べるように、台湾人社会に人気を誇った中国映画が他国製の映画に比して格段に厳しく検閲され、台湾人の映画受容において多大な影響力をもつ弁士も許可制度がとられるようになるなど、台湾人社会を対象に「負の要素」を取り締まる局面が、急速に強化されるのが、この時期の消極的統制の顕著な特徴といえる（本章第三節参照）。

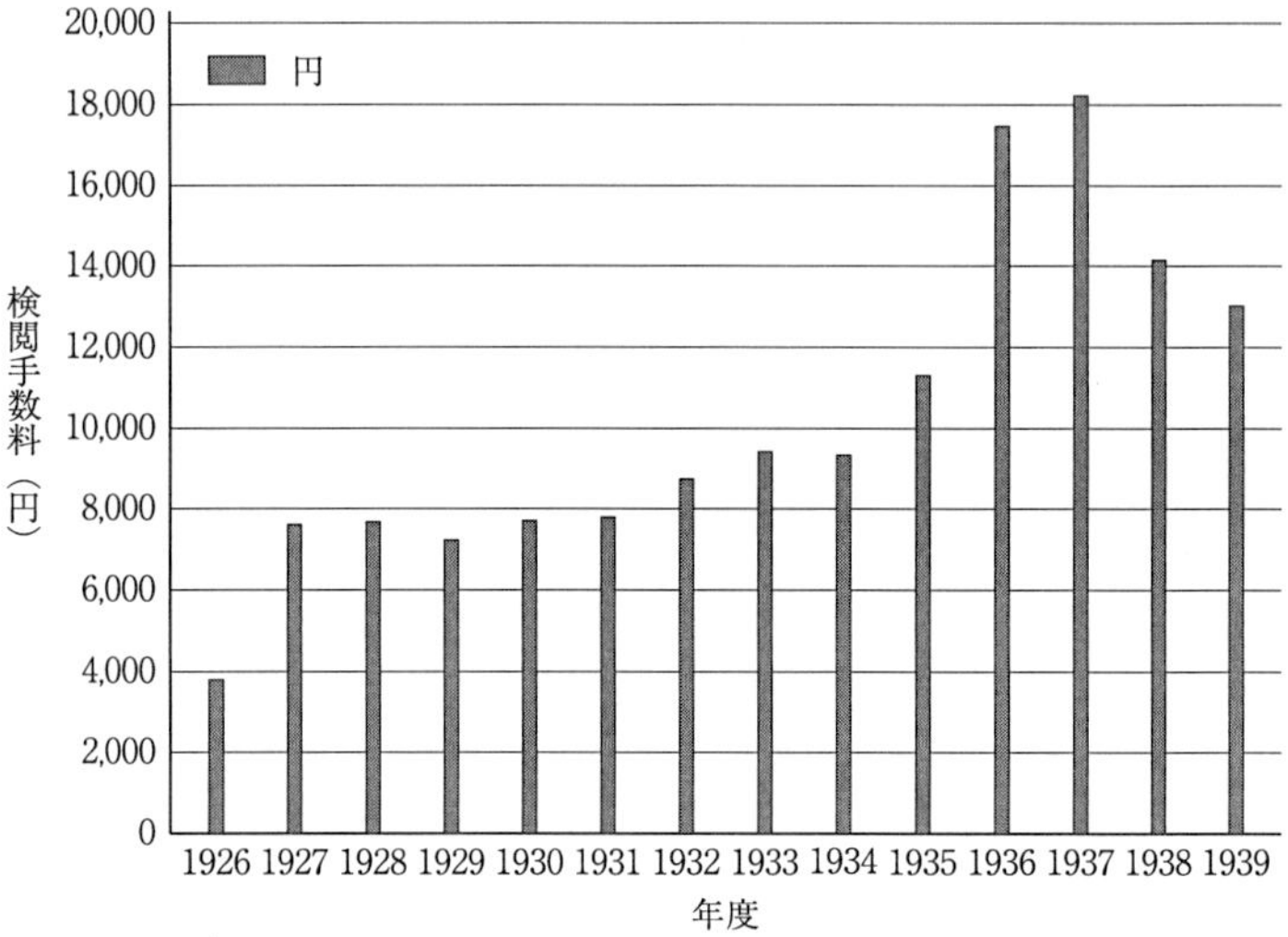

図 1-1　台湾総督府フィルム検閲手数料収入（1926 年-1939 年）

出典：筆者作成.

データ：台湾総督府税務局『台湾総督府税務年報』1927 年度版―1939 年度版「収入印紙貼用高表」のうち「活動写真「フィルム」検閲手数料」より.

映画市場の拡大

こうした消極的映画統制の強化に萎縮することなく、台湾の映画市場はその後も拡大を続け、都市部のみならず地方にも徐々に普及していった。一九三〇年代になると映画同好会が組織され映画雑誌が創刊されるなど「高級映画ファン」といわれる観客層も出現し、一九三五年には空調やトーキーの設備を備えた新型映画館が相次いで造られ、ソフトウェア、ハードウェアの両面で充実しつつあった。一九三四年にはトーキー映画の増加によって検閲用トーキー映写室の増設が言われ[39]、一九三五年には検閲取扱数全体の激増から検閲係を課として独立させてスピード化を図る案が出現[40]、フィルム検閲手数料収入[41]の変遷(【図一―一：台湾総督府フィルム検閲手数料収入(一九二七―一九三九年)】)を見ても台湾で流通する映画フィルムが日中全面戦争勃発までは増加の一途をたどっていたことがわかる(ただし、一九三六年の急激な手数料収入の増加は一九三六年に手数料の改正が行われたためと考えられる)。

また、次に掲げるグラフ(【図一―二：演劇興行会社と新聞雑誌出版発行業会社の純益金の推移(一九三〇―一九四〇年)】)は、各年度の『台湾商工統計』から演劇興行会社の純益金の推移を新聞雑誌出版業会社のそれと比較したものである。当該時期には映画は演劇興行の一部とみなされていたため、このグラフは映画興行による純益金の増大を直接に示すものではないが、一九三六年の飛躍的な純益金の伸びのうち一定程度は映画興行の好調に依存した結果であると推測できる[42]。また、日中戦争勃発後の一九三九—四〇年にも、一九三五年以前の三倍以上の数字を上げていることから、台湾の興行市場は一九三〇年代を通じて着実に拡大していたことがわかる。そして、この時期の興行娯楽の中で最も好調だったのが映画である。

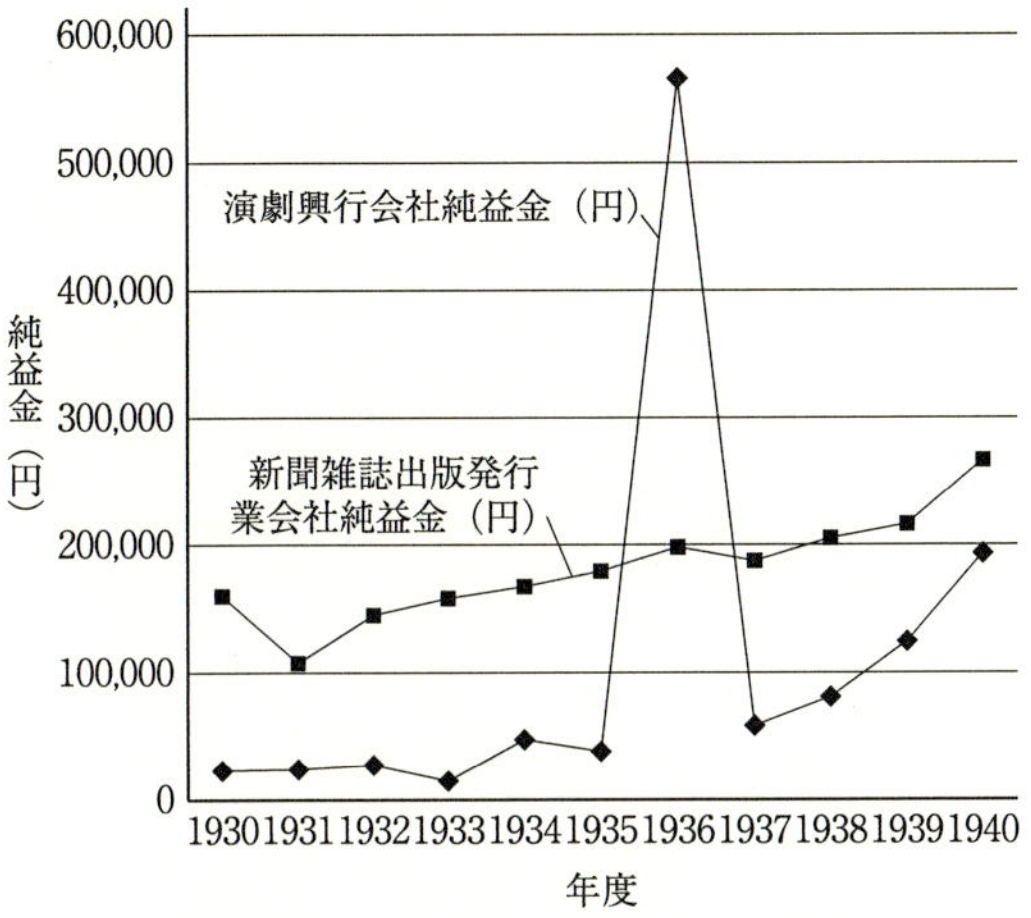

図 1-2　演劇興行会社と新聞雑誌出版発行業会社の純益金の推移(1930 年–1940 年)
出典：筆者作成.
データ：台湾総督府殖産局『台湾商工統計』1930 年度—1940 年度より.

台湾人の映画市場に限って考えても、それまで伝統的な演劇が人気だった台湾人向け混合劇場、「淡水戯館」「永楽座」などでも一九三〇年前後には映画興行のほうが歓迎され、多くなっていたこと〔田中一二、一九三一：六〇九—六一〇〕、これに伴って先述のように台湾人経営の映画配給業者・巡回上映業者が増加したこと〔王白淵、一九四七：二一—二二〕が確認できる。

また、一九二〇年代後半の『台湾民報』には、既存の利権を確保しようとする業者と警察が結託し、地域住民が求める新たな娯楽機関の設置を認可しないという事態が各地で発生していたことが報じられている[43]。既存の劇場の多くが日本人の経営であり、新たな劇場建設には警察署の許可が必要であるという状況下、台湾人による台湾人向けの劇場建設は住民の希望や計画があっても具体的な段階に入ると妨害にあう、という事態が繰り返された。このことは、統治初期に総督府の委託を受ける形で巡回興行を行った高松豊次郎がわずか数年で全島各地に劇場チェーンを築いたことと対照的である。したがって、一九三〇年代の台湾における映画を中心とした興行娯楽市場は、潜在的にはもっと大きく形成される可能性があったにもかかわらず、在台日本人中心の既得権益者と警察との結託によって抑制されたとも考えられる。また、こうした事例から、植民地における映画普及の各経路は、植民地権力による抑圧の多寡によっても分節化されていたことがわかる。

台湾教育会による映写技術講習状況．出典：『台湾教育』241 号，1922 年 6 月．

積極的映画統制——新たな展開の模索

いっぽう、拡大する台湾人の映画普及経路に対抗する形で、総督府の積極的映画統制のほうも、一九二〇年代には「山間僻地」にまで巡回する「活動写真実施員」の増加を目的として、人材の育成を活発に行っている(44)。また、霧社事件、島内抗日左派運動家の一斉検挙(45)、「満洲事変」など、島内外に政治的衝撃の走った一九三〇—一九三一年、総督府の積極的映画統制は新たな方向を模索し始める。抗日民族運動への対抗策としての社会教化が企図されるなか、一九三〇年に台湾教育会内に学校教育部と並んで社会教育部が新設され、翌一九三一年には台湾教育会内の通俗教育写真班が写真部として独立、通俗教育ではなく学校教育の教材としてのフィルム製作が始まり、台湾教育会の機関雑誌『台湾教育』に「映画教育論」という記事が登場するなど組織や活動内容の刷新が図られる。いっぽう、山地における警察による積極的映画統制は、一九三〇年の霧社事件を契機として、一段と活発になり、総督府の文教局や内務局でも社会教育の枠組みのなかで映画が利用されるようになるなど、多元的な展開が目立つようになる。これらはいずれも拡大し多様化する台湾の映画市場において、かつてのような支配的な力を保てなくなった総督府による積極的映画統制が、なんとか挽回を図ろうとした動きとみることもできる。だが、「教育的意志を強調せず、芸術的、娯楽的のもの」[46]を求めるなかで製作した教育宣伝用オリジナル劇映画が文教局の後援を求めながら許可されなかった事例[47]、一九三五年地方自治選挙の際に総督府官僚が組織した団体が行った選挙活性化のための巡回映画上映が「本島人に悪教育をする」ものとして在台日本人から逆に揶揄された事例[48]に象徴的なように、新たな展開の模索は統治権力内部ですら賛同を得られていない。「動く写真」の珍しさだけで観客を集めることのできなくなったこの時期、民間の映画普及経路を断たれた山地（本章第三節で後述）は例外として、積極的映画統制による新たな展開の模索は空回りしていたと見ていいだろう。

3　市場の一元化（一九三〇年代半ば――一九四五年）

日本の中国への侵略は「満洲事変」後いよいよ露骨になり、一九三七年盧溝橋事件を契機として全面戦争の状態に至る。国家の総力を動員する戦時下、異民族たる台湾人を戦争に動員するために展開されたのが「皇民化[49]」運動であった。近藤正己は皇民化を、植民地から「人力」「人命」を吸い上げるための「人心」の動員システムと捉えている〔近藤正己、一九九六：一四一〕。台湾総督府が「皇民化」運動を展開して台湾人の「人心」を動員しようとするなか、一九二〇年代半ば以後「中国映画」の人気が高まっていた台湾人の映画市場はどのような変容を見せたのだろうか。

消極的映画統制――越境性に対する警戒

植民地本国では、一九三四年に映画統制委員会が設立されて映画産業に対する国家的な介入が積極化し、一九三九年四月に成立した「映画法」が敗戦にいたるまで戦時下における映画統制の根拠法となった。同法規は朝鮮には「朝鮮映画令」（一九三〇年一月四日制令第一号）としてほぼ同内容で施行されたが、台湾にはついに施行されなかった。一部には台湾にも「映画法」が延長施行されたような記述が見られるが〔葉龍彦、一九九八：二三〇〕など）、誤りである。台湾で映画法に対応するのは、先述の「活動写真フィルム検閲規則」（一九二六年府令第五九号）と、「輸移出活動写真フィルム取締規則」（一九三六年府令第六一号）という二つの法規である。[50] このうち、後者は台湾内外へのフィルムの出入りを統制する法規として登場した。[51] なお、外国映画の輸入制限に関しては、同法規のみならず「満洲事変」後に「外国為替管理法」（一九三三年法律第二八号、同年勅令第六六号で台湾に施行）、「台湾外国為替管理規則」（一九三三年府令第五七号）の適用などによって間接的に輸入制限を加え、盧溝橋事件後に施行された「輸出入品等ニ関スル臨時措置ニ関スル法律」（一九三八年法律第九二号、同年勅令第五一五号で台湾に施行）でいっそうの輸入制限強化が図られたと思われる。[52]

以上の消極的統制からも、この時期に映画のもつ越境性に対する警戒が高まっていたことが見て取れる。ただし、輸入映画の統制は中国映画に限ったものではなく、原則として洋画も同様に統制の対象になっていた。もっとも、これは全島レベルでの状況であって、地方では中国映画に特化して、より厳しい消極的統制が行われる場合もあった。たとえば台南州の場合では、日中戦争勃発前の段階で、「国民精神作興の第一歩」として映画演劇などの興行を刷新する方針を具体化させ、そのひとつに「本島人経営の映画館は従来その三分の二以上は支那映画を上映しているが今後は二分の一以上内地映画を上映すること」を挙げ、[53] 日中戦争勃発後の一九三七年一一月一日からは中国映画を全面的に禁止するなど、厳しい統制状況が確認できる。[54] 一九三八年五月には「皇政宣揚会」なる団体が中国映画や中国芝居の禁止を進言する建白書を台湾総督に提出している。[55]

中国映画以外の、映画のもつ越境性に対する警戒に関しては、「退廃的」フランス映画の上映を許可する総督府に対して検閲が生ぬるいと批判した事例が確認できる。[56] また、海野幸一〔一九八一―一九八二〕によれば、台北では上映された「英国駐屯軍と回教徒反乱軍の決戦を描いた」『四枚の羽根』（一九二九年、メリアン・C・クーパー監督）が、霧社事件の波紋によって中南部での上映が禁止されたことや、『滅び行く民族』（一九二五年、ジョージ・B・ザイツ監督）など

「西部劇で不当に迫害されるインディアンの出る物」は上映されなかったことを回想しており、台湾で一度検閲許可を受けたフィルムであっても政治状況によっては禁止された事実、特に異民族支配の矛盾を刺激する映画が警戒されたことを確認することができる。さらに、フランス革命を描いたディケンズ原作の『嵐の三色旗』（一九三五年、ジャック・コンウェイ監督）が「革命思想を扇動する嫌い」がある、石川達三原作の『蒼氓』（一九三七年、熊谷久虎監督）が「映画全体にもられているイデオロギーが本島統治上面白くない」という理由で禁止された。内地で公開された中国製以外の外国映画のみならず日本製であってすら、植民地台湾では厳しく統制されたことは注目に値する。このほか、日中戦争勃発後には、ニュース映画が大流行するが、その際には日本映画であっても、上海戦線が撮影された場面で、日本軍が青天白日旗を奪って万歳を唱えている場面が「青天白日旗あるが故に皇軍の勇姿を支那軍と誤解するもの」があったため、「本島の特殊事情を考慮して鋏が」入れられた事例もある。(57)

台湾人による劇場経営および弁士の増加

こうして消極的映画統制は一九三〇年代に入ると厳しさを増していったが、少なくとも太平洋戦争勃発以前においては、台湾の映画市場は拡大を続けていた。(58)【図一—三：台北州映画館数（一九三〇—一九四一年）】は台北州における映画館数の変遷を示したものだが、一九三〇年代前半までは日本人に独占されていた映画館の経営に、一九三〇年代中頃から台湾人が参入し、経営館数を増やしているのが見て取れる。さらに、混合劇場も含めた数字だが、一九四四年三月発行の「台湾興行場組合員名簿」［葉龍彦、二〇〇四：七〇—七六］によれば、全台湾の興行場のうち実に七割以上が台湾人の経営によるものと見られるのである。(59) ここに【表一—一】の「c」、「d」という経路が確認できる。戦時下の消極的統制が厳しさを増すなかにおいても、台湾人による営利映画活動が根付いていたことを示すデータであると当時に、これらの興行場の多くが台湾人向けであったことから映画市場において台湾人が決して周縁的な存在では

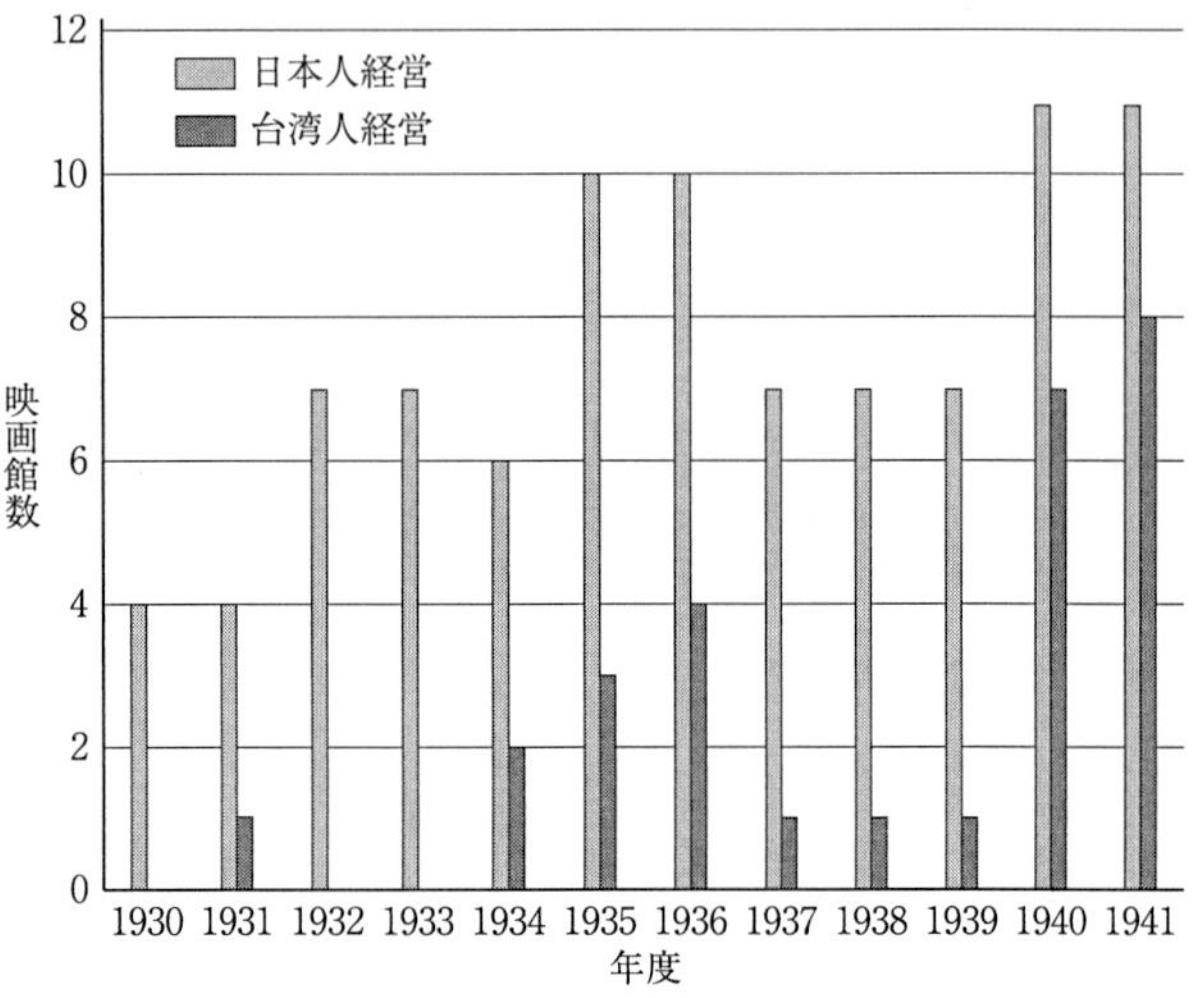

図 1-3　台北州映画館数(1930 年-1941 年)
出典：筆者作成.
データ：台北州知事官房文書課『台北州統計書』1930 年度—1941 年版「警察取締ニ属スル職業及団体」より.

なかったことを示しているといえよう。

また、次節の【図一―五：台北州「活動写真説明者」数(一九三一―一九四一年)】が示すように、映画がトーキー時代を迎え、洋画には字幕が付くようになり、日本人弁士が急減するなか、台湾人弁士はその数を減らすどころか一九三〇年の一〇人から一九四一年の二四人と倍以上に増えている。回顧録や聞き取り調査から、一九二〇年代には日本人と台湾人とで、それぞれが映画を見に行く場所の棲み分けがあったことははっきりしている。一九三〇年代半ばには台湾人が日本人の出入りする劇場に行くことも多くなっていたいっぽう、逆に日本人が台湾人の出入りする劇場に行くことはやはり稀であったこともわかっている。[60] この点、日本人の映画館経営者も「台湾の映画館は将来どうしても本島人大衆を目当てにしてやって行かねばならぬ。その点から言って私どもの館では三〇%くらいの本島人の決まったお客さんがある」と発言している。[61] 以上のことからも、人口で九割以上を占めていた台湾人は、台湾映画市場における重要な消費者であったと考えられるのである。

一九三七年以後、さらなる消極的映画統制の徹底によって中国映画の流通は次第に難しくなり、一般の娯楽場も不況に襲われた。にもかかわらず、映画市場が維持された一因にはニュース映画の流行があった。[62]『台湾時事新報』(一九三七年八月二七日)によれば、この時期各映画館の入場者数は前年に比べて軒並み二倍以上に伸びているのが確認できる(【表一—二】)。この点、「映画の大衆化」によって低料金が定着した一九三五年以後の映画界においても、ニュース映画大人一〇銭は低価格であり、そのため人気に拍車がかかったという李承機《りしょうき》[二〇〇四]の指摘は重要である。

上掲の表に示された映画館ではニュース映画は添え物上映であるが、台北市公会堂では一九三七年八月二二日、第一回「ニュース映画会」が開催され大好評を博し、以後定期的に「ニュース映画会」(月四回)が開催され[63]、民間映画館でもニュース映画に特化した夜間プログラムが組まれ[64]、一一月にはニュース映画の専門館も登場した[65]。その後もニュース映画は「支那事変解説映画[66]」「同時録音の映画〝南京大攻略〟[67]」などの惹句と共に全島で公開され、軍の慰問でも各地で人気を博している[68]。これらのニュース映画の配給は、総督府もしくは地方庁の購入、興業者の購入、新聞社の後援などによって行われていたが、いずれも広い意味での積極的映画統制と見ていいだろう。それは、以下に見るように、台湾人に対する情報統制にとって、映画のもつ視覚メディアとしての特質が、この時期になってとりわけ重要視されるようになっていたからである。

表1-2　台北市主要映画館の入場者数(1936年7月と1937年7月の比較)

映画館	1936年7月	1937年7月
新世界	12,572	27,556
国際館	13,552	21,720
大世界	10,354	19,274
台劇	10,598	15,159
芳乃館	2,376	7,756
第二芳乃館	1,376	4,034
芳明館	3,611	5,238

出典：筆者作成.
データ：『台湾時事新報』(1937年8月27日，8頁)より.

積極的映画統制——情報統制機関の設置、台湾語をめぐる対応

植民地期台湾における情報統制を組織の面から見るならば、最もドラスティックな動きは、盧溝橋事件直後の一九三七年七月一五日、台湾総督府内に「事変解決まで島内の新聞、ラヂオ、映画其の他の言論機関は勿論地方庁ならびに一般地方民に対して統制連絡の徹底を図ることを目的[69]」として「臨時情報委員会」が設置されたことである(同委員会は時局の緊迫によって同年八月二四日「臨時情報部」に独立し[70]、その後一九四二年一月二

三日「情報課」および「情報委員会」という形で改組強化される(71)。台湾人に対する情報統制を徹底するにあたって、あらためて問題になったのが植民者と被植民者の間の使用言語の違いであった。それを象徴するのが、事件後間もない七月一六日から台北放送局を通じて放送された「福建語(台湾語)」による時局ニュース(72)に対する反応である。放送開始翌日、同放送は「総督府、軍部の緊密な打合せの結果非常処分として対岸にいる在留邦人特に台湾籍民に対し」情報を提供するための放送と説明されたにもかかわらず(73)、新聞の漢文欄すら廃止の時代に「台湾語放送」を行うことは「時代に逆行する」と台湾軍部および民間から「強硬な反対論」が噴出している(74)。「台湾語放送」をめぐる紛糾には、異言語の被植民者に対する情報統制につきまとう矛盾が露呈している。結局、ラジオ放送における台湾語ニュース番組は継続することになるのだが、こうした統制の自己矛盾のなかで、特に台湾人を対象として「〝支那事変〟解説」を目的とした「片仮名、漫画入りの印刷物配布」を行っていることなどは、台湾人の日本語使用状況を考慮した情報宣伝策として考案されたものといえる(75)。

　映画は、まさにこうした状況下で、識字技術や異言語の問題を解消する可能性をもった視覚メディアとして効果を期待された。先述のようにニュース映画は当時「例外なしの超満員」であったが、その影響力について総督府発行の『台湾時報』は「大衆にたいしては眼を通じて注入される思想の影響力ほどに強烈なものはなく、国語が未だ常用化されていない本島農村などでは一層明瞭であって、これほどに手っ取り早く、かつきわめて有効な教化方法は他にはない(76)」と認識している。

　ここで、新聞や学校では禁じられた台湾語が(77)、映画の巡回上映では観客の理解を深めるものとして許容されていたことは注目に値する。字幕については「映画を見たかったら、日本語を覚えよ。国語不解者には映画は見て貰わなくて結構[総督府官吏の発言](78)」として漢文字幕は許可されなかったし(79)、一九三七年に新聞漢文欄の廃止や中文創作禁止、公学校の漢文科廃止などに伴って映画の「解説者台湾語廃止(80)」も唱えられた。だが、「国語普及が徹底的でない今日、台湾語の解説も蓋し止むを得ない」[81]として、巡回上映における台湾語による説明は事実上日本の敗戦後まで継続したのである。[82]たとえば、一九四〇年五月に台北州で設定された「部落民の慰安日」では、台北州教化映画協会の活躍が期待され、その際「〝忠臣蔵〟や〝楠公父子〟その他の時代物は上映直前に台湾語の解説をするといった考慮」がはらわれている。この点、実際に台湾語の解説を行っていた陳勇陞《ちんゆうしょう》氏の発言は非常に示唆的である。

「日本人の映画館は、台南の延平戯院や高雄の金鶏館などのロードショー（一番館）。そういうところは日本人ばかり。台湾人はほとんどいなかった。日本語教育の影響の強い台湾人くらい。しかし、台湾人の多い二番館、三番館では、かならず弁士がいた。市内の映画館でも、弁士がいる場合には台湾語。日本人なら日本語字幕やトーキーがわかるから。一般の台湾人は日本語なんてわからない。「皇民化」が始まってからも、みんな生活で大変で、そんなに日本語喋れる人はいなかった。それに台湾語を使うのは『日本の文化を伝えるため』で、それが民衆にわからなくちゃ意味がないし。無理に日本語にしたら反感を持つだけだろう。だから、自分も終戦までずっと『台湾語弁士』。新劇や改良劇の場合も「なるべく日本語」ということで、強制はされなかった。なにしろ観客がわからなきゃ、何の意味もないからね」[83]。

台湾人の日本語理解率は一九三七年には三七％だが〔台湾教育会、一九三九：一〇五四〕、この数字も現状とはかなりズレがあり、水増しされた可能性が指摘されている。[84]台湾人の映画受容において、台湾語による映画の説明がいかなる意味をもったかについては次節で検討することとし、ここでは総督府が統制における自己矛盾に気づきながらも、映画のほか、演劇やラジオ・ニュースなど、新聞や学校にアクセスしない層に向けたメディアには台湾語の解説を許容していた事実を確認しておきたい。

その後、戦局が緊迫するなかで、地方への配給・上映はますます重要と考えられ、「どんな田舎の部落でも月に二回は楽しい娯楽映画とためになる文化映画が観られるようにという目標」[85]で一九四一年八月総督府情報課内に「台湾映画協会」[86]が設置された。同協会では、一九四三年以後「本島に対し供給される映画は、理想的には出来得る限り本島の生活の中から取材され編輯されることが望ましい」[87]として、定期的な台湾ニュース映画『映画月報』の製作も行っている。[88]さらに、対岸の中国大陸や南洋についても、実質的に総督府の組織経営による組織「共栄会」[89]が「地元住民の宣撫、日本軍兵士の慰安」のために映画館経営や巡回上映を行っている。[90]

さらに、一九四二年総督府は民間の映画会社およびその他の娯楽興行会社を「台湾興行統制会社」に統合した。[91]これによって、かつて総督府も統制しきれないほど拡大多様化していた台湾映画市場は、総督府によって一元化された。料金についても一九四〇年八月には警務局保安課の指導で封切物でも五〇銭にまで引き下げており、[92]総督府はすでに競合する勢力のなくなった市場に、統制会社による「紅白」二つの配給網を通じて、「大衆に対して「正の要素」を広める」映画のみを流通させることができるようになったといえる［三澤真美恵、二〇〇二：第七章第二節］。そこでは、本国から移入した国策映画、本国映画会社に協力して製作した台湾に関する劇映画や記録映画、独自に製作した定期ニュース映画などが配給・上映され、台湾住民が外国製の映画を見る機会は減少した。ここに、台湾の映画市場は消極・積極の両面において強力な統制下に置かれることになった。

植民地期台湾における映画の普及と統制を概観して、民族資本による映画製作こそ産業化しなかったものの、映画そのものは相当に普及していたことがわかった。同時に、その普及状況や統制の多寡から、植民地台湾における普及経路の分節化において重要な役割を果たしたのが、民族、言語の違いであったことも再確認された。では、このように分節化した普及経路のうち、台湾人独自の普及経路においては、映画はどのように受容されていたのだろうか。

第三節　映画受容の特徴

台湾の映画市場は一九二〇年代半ばから拡大多様化し、台湾人による映画製作も試みられたが、いずれも実験的な試みに終始し、ついに産業化しなかった。管見の限り、植民地期の半世紀を通じて台湾人が製作した劇映画は数本にすぎない。

いっぽう、同時期に「半植民地」「次植民地」と形容された中国では、国産の長編劇映画の生産数は一九二三年から一九二六年の四年間に二〇倍に激増し（一九二三年五本、一九二四年一六本、一九二五年五一本、一九二六年一〇一本）[93]、中国人経営による映画館も増加[94]、一九三〇年代前半には国内はもとより南洋華僑を中心に海外にも市場をもつ大手映画製作会社が出現していた[95]。また、台湾と同じく日本の植民地支配下にあった朝鮮でも、一九二〇―三〇年代にかけて五〇以上の映画製作会社が成立し、一九四一年時点で確認できる一〇箇所の映画製作所のうち半数以上が朝鮮人を代表者としていたことがわかる。民族主義的な映画や「傾向派」と呼ばれる左翼的な映画を含め［扈賢贊《ホヒョンチャン》、二〇〇一：七五―七七］、植民地期全体を通じての製作本数は二〇〇本前後、映画産業の従事者は延べ一万人を突破したとされる[96]［市川彩、一九四一：九九―一一四］。つまり、民族資本による映画製作という側面から見るならば、台湾は東アジアの植民地状況のなかでもきわだって不均衡な様態を呈していたといえる。

中国や朝鮮における民族資本による映画製作の勃興と産業化においては、いずれもナショナリズムにもとづく観客の支持があったことが指摘されている[97]。たとえば、朝鮮では「観衆は朝鮮映画と言えば無条件に見に来る傾向があった」［朝鮮映画文化研究所編、一九四三：一八］という。また、映画産業の勃興期に外国映画を自国の文化への侵略とみなして排斥する動きは、欧米各国のほかアジアでも観察されている。では、台湾の場合、上述のような映画市場の拡大と多様化のなかで、台湾人のナショナリズムにもとづく民族資本による映画の支持、外来映画の排斥はどのようにあらわれたのだろうか。

こうした問題意識にもとづいて、本節では、植民地台湾におけるナショナリズム(支配者たる日本人側と被支配者たる台湾人側、双方のナショナリズム)と映画受容との関係、台湾人による映画受容の特徴を検討することを通じて、民族資本による映画製作が産業化しなかった背景について、考察してみたい。

1　植民地期台湾におけるナショナリズムと映画受容

まず、日本植民地統治下の台湾におけるナショナリズムについて、本論文が依拠する観点を述べておこう。当該期台湾において支配的だった植民者のナショナリズムとは、すなわち近代日本のナショナリズムであり、それがどのように構成され再生産されてきたかについては、現在も多くの議論がある。本論文では、さしあたって、ベネディクト・アンダーソンがロシア、大英帝国、日本の例を挙げながら整理した、一九世紀以来の民衆的国民運動の後にそれへの応戦として発展した「モジュール(規格化され交換可能な構成要素)」としてのナショナリズム、「公定ナショナリズム」という概念を援用する。ほとんどすべての場合において、公定ナショナリズムは「帝国と国民の矛盾」を隠蔽した、とアンダーソンは述べる[アンダーソン、一九九七：一七五]。日本の公定ナショナリズムにおけるこの隠蔽の策略は、通常「同化」政策として捉えられているが、駒込武は「『同化』という理念は文化統合を創出するためのポジティブな原理としては空洞化していたこと、この空洞化を補ったのが差別の重層的な構造を拡大再生産していく原理であったこと」を明らかにしている[駒込武、一九九六：三五七]。たとえば、ナショナリズムを使い分けるときの基準として「言語ナショナリズム」と「血族ナショナリズム」を設定し、異民族との関係では、言語は包摂の原理として、血統は排除の原理として機能したことを指摘している(98)［同前：七四］。また、陳培豊《ちんばいほう》は台湾における国語（日本語）教育政策と台湾人によるその受容を検討するなかで、台湾人にとっての「同化」を「文明－国民」という普遍性を強調する系と「文化－民族」という多様性・個別性を強調する系の概念規定に基づいて、「文明への同化」と「民族への同化」という視座から再考し、「同化」は運用如何によって平等化と差別化、両方の正当化論理として機能したゆえに、台湾人もまたこの二つの「同化」を選択的に受容したと指摘している［陳培豊、二〇〇一］。以上のような先行研究を念頭に置きつつ、以下では映画受容におけるナショナリズムのあらわれ、すなわち自民族資本によって製作された映画の支持と外来映画の排斥について検討していくこととする。

民族資本映画への支持と外来映画の排斥

ナショナリズムにもとづく民族資本映画への支持と外来映画の排斥は、映画をナショナルな文化表象として捉える認識にもとづいている。こうした認識は第一次大戦前から確認されるが、一九二〇年代には米国映画の海外進出が文化摩擦となって、欧州各国で輸入制限の動きが起こっている(99)。大戦を通じて欧米諸国でますます強く意識されるようになったナショナルな文化表象、「啓蒙と感化の手段」［キットラー、一九九九：二〇五―二〇七］としての映画認識は、大戦後の日本でも感知されていた。当時の外交史料には、外務大臣宛に送付された米国における映画の影響力の大きさを報じた新聞記事(100)、日本の国情を紹介するためのフィルム貸し付けに関する在外公館からの依頼(101)、また海外で公開された日本映画が日本についての誤解を生むおそれがあるとして輸出前の取締強化を求める要請(102)などが散見できる。映画市場においても、米国の日本人移民排斥に関連して米国映画排斥問題が起きている(103)。したがって、この時期の日本（植民地本国）では、政府によっても観客によっても、映画は娯楽として消費される際にもナショナルな文化を表象しうる商品であるという認識はすでに共有されていたと見てよい。いっぽう一九二〇年代初期の台湾は、第一次大戦後

表 1–3　製作国別フィルム切除率（1927 年–1930 年）

	日本製の切除比率	中国製の切除比率	米国製の切除比率	欧州製の切除比率
1927 年	0.15	2.46	0.44	0.95
1928 年	0.09	3.09	0.49	0.33
1929 年	0.93	1.2	0.88	0.99
1930 年	0.79	2.23	0.49	0.49

出典：筆者作成.
データ：台湾総督府警務局編『台湾の警察』（1931 年）より．なお，切除率は切除米数を検閲米数で割った数値である．

の民族自決思潮を反映した日本植民地主義の「新たな意匠」〔春山明哲、一九八〇：四八〕である「内地延長主義」という統治方針のもと、統治制度上にさまざまな修正が行われていた。先述のように、映画統制においても一九二〇年代半ばに、中国映画の流行や後述する台湾人による非営利の巡回映画上映の活発化を背景として、内地法とほぼ同内容の「活動写真フィルム検閲規則」（一九二六年府令第五九号）が施行されたことは、上記のような映画認識の台湾における政策上のひとつのあらわれといっていい。

日本人側の公定ナショナリズムによる動向

このような映画認識と政治状況のもと、該時期台湾での映画受容に関して、日本の公定ナショナリズムにもとづく総督府側による外来映画の排斥として指摘されてきたのは、検閲における中国映画取締の厳しさ、一九三七年の盧溝橋事件勃発後の中国映画輸入禁止などである〔呂訴上、一九六一：二四〕〔葉龍彦、一九九六：九四・一九九八：二八四〕。後者については、中国映画に限って輸入禁止を明示した単行法規は全島レベルでは見当たらないが、漸進的に輸入制限を加え、一部の地方では配給・上映の全面禁止もあったことは前節で述べた。前者については、【表一―三：製作国別フィルム切除率（一九二七年―一九三〇年）】を見てほしい。全体に検閲が厳しくなるなかで、[104] 中国映画の切除率は各年度の平均切除率を一とした場合、一九二七年は二・五倍、一九二八年は三・一倍、一九二九年は一・二倍、一九三〇年は二・二倍と、常に平均を上回っていることがわかる。ここからも、総督府が検閲において中国映画を特に厳しく取り締まったことが裏付けられる。

中国映画の人気に対する警戒

こうした中国映画に対する厳しい検閲や輸入制限から、少なくとも太平洋戦争勃発以前においては、総督府の消極的映画統制にとって問題とされたのは、数量的には欧米製映画よりも少なかった中国製の映画であったことがわかる。その背景には、「本島特殊現象として注目」〔台湾総督府警務局、一九三二：二二九―二三〇〕される台湾人社会における中国映画人気があり、総督府もまたそれが植民地本国たる日本にとって対抗的位置を占める中国への民族的共感からくるものであることを、「人情風俗を等しくする四百万島民を抱擁する本島としては蓋し当然」〔同前〕と認識していたからである。たとえば、中国映画が植民地権力の公定ナショナリズムに対して挑戦的でありえた象徴的な場面として、一九二八年の蔣介石と宋美齢の結婚式を撮影したフィルムが上映された際、観客が拍手喝采でこれを歓迎したという事例がある。『台湾民報』の記事には、「台湾人の中国人物に対する敬慕は極めて熱烈というべし」「民族心理が異なれば趣味娯楽も自然と一様ではない。同化政策の不可は、映画の好みの違いからも十分にその誤謬を証明できる」とある。[105] この映画が上映された現場は、識字技術をもたない層も含めた台湾人大衆が「祖国」の領袖の晴れ姿（そして同じフィルムに映っていたであろう「祖国」中国の人々）を動く映像によって確認し、「祖国」という共同体を他の台湾人大衆と共に想像する場になっていたはずである。植民地期に弁士として活躍していた呂訴上も、次のようなエピソードを紹介している。「一九二八年、啓明公司の厦門人柯子岐《かしき》が中国映画『和平之神』『復活的玫瑰』〔孫文に随行し革命行動を記録したことで知られる黎民偉が製作した劇映画〕などのフィルムを持ち込んだ際、そのうち一本に時事記録映画『蔣介石北伐記』があり、新竹人呉鯨洋《ごげいよう》（即ち現在台北万国戯院に勤めている呉幼三《ごようさん》）を雇用して巡回上映を行った。呉氏が永楽戯院を借りて放映したところ、かつてないほど観衆の熱烈な人気を博したため、日本政府は台湾同胞が愛国精神を激しくするのを恐れて、尊い国父の場面を切除してしまった」〔呂訴上、一九六一：一八〕。このほか、後述するように中国映画の上映は広い意味で抗日民族主義的な台湾人のさまざまな活動と結びついていた。植民地権力の公定ナショナリズムが中国映画を特に警戒したのは、中国映画人気をめぐる現象のうちに、まさにこうした台湾人の中国に対する民族的共感を察知していたからである。だからこそ、植民地における異民族の支配者側は「後妻の家庭では、継父母に関した話は、仮令それが愉快なナンセンスであっても遠慮するのが普通の常識であるように、事苟も民族的軋轢などの展開する場面などは、異種族同座の土地では互いに遠慮することも常識[106]」と考えていたのである。

台湾人側のナショナリズムによる動向

いっぽう、被支配者たる台湾人側では、ナショナリズムにもとづくどのような動向が見られるだろうか。戦後台湾の先行研究において指摘されてきたのは「台湾人は植民地期にも祖国愛から中国映画を歓迎し抗日意識から日本映画を排斥した」という動向である［陳国富、一九八五：八八―九二］。「本島特殊現象として注目」された中国映画の人気は【図一―四：台湾総督府フィルム検閲製作国別米数比率（一九二六―一九三五年）】でも確認できる。「満洲事変」のあった一九三一年にはいったん落ち込んだ中国製映画の輸入も、翌年一九三二年にはもとの一〇％に回復している。「事変［盧溝橋事件］前までは支那映画の台湾進出は、著しきものがあり（中略）支那映画の殆んど全部を台湾に輸入していた」ともいわれる［市川彩、一九四一：九四］。実際に、南部で弁士をしていた先述の陳勇陞氏への聞き取り調査から[107]も、ある程度映画プログラムの選択が可能な状況であれば、こうした「中国映画歓迎と日本映画排斥」という態度も大いにとりえたといえる。

しかし、戦後台湾の先行研究における記述は、「台湾同胞の祖国愛」を強調しなければ台湾を語ることそのものが難しい、という国民党政権下でつづられてきたものであることには、注意が必要だ。したがって、映画の受容においても、「祖国派」的なあり方以外に、いかなる受容態度があったのか考える必要があろう。事実、台湾人社会においても、中国映画にアクセスできない状況や、必ずしも「日本映画を排斥」する態度をとりえない状況があった。

プロパガンダを楽しむ大衆？

まず、時期的な問題として中国映画の輸入が始まった一九二〇年代半ば以前には中国映画を見ることは不可能であり、「満洲事変」以後の中国映画および欧米映画の漸進的輸入制限がはじまってからは量的にみて流通可能な中国映画は少なかったことが挙げられる。また、中国映画が比較的豊富に流通していた時期であっても、中国映画を含む商業的な映画上映にアクセス可能なのは都市部の中上層階級に限られていた。都市部の下層階級および僻地の観客など、商業的な映画上映へのアクセスが難しい人々にとっては、映画を見る機会は無料の巡回上映に限られていた。

商業的な映画にアクセスできない最も顕著な例は、分離政策の対象として特別行政地区たる「蕃地」内に留め置かれた台湾先住民族の場合であろう。「蕃地」には民間の映画業者が立ち入ることはできず、彼らにとっては総督府による巡回上映が唯一の映画に触れる機会であった。たとえば、一九二六年に台湾警察協会によって行われた「蕃地」巡回上映の場合、観客のほとんどは映画を見たことがなく、各地とも「立錐の余地ない盛況」「身動きもならぬ盛況」と記録されている[108]。この上映会で上映されたのは「動物征服映画」のほかに「皇太子殿下本島行啓の実況」など計一〇巻で、東宮行啓フィルム上映の際には天皇制に関する説明が行われたほか、「皇太子殿下の尊影現はるるや司会者は一同に起立と脱帽を促」すという儀礼的な演出も行われていた。日本語を学習した台湾先住民族の「生徒等は父兄や、弟妹へ説明の労をとり」、日本の「教育の力の偉大さ」を示すこと、日本語に通じることでもっと娯楽に近づけるという演出もある。また、一九三七年以後、台中州内務部教育課で映画教育を担当していた何基明によれば、彼の部署で行った山地での巡回上映は四〇近くある部落を南北に分けて年に各一回、携行したフィルムの「主体はあくまで時局物」で「南京陥落、徐州陥落」などのニュース映画と短編劇映画をあわせて二〇—三〇分程度のプログラムの後、「(日本は現在)支那と戦争をしている。みんな一生懸命に働いて生産しなければいけない」という講演会を行っている。[109] 明らかな時局宣伝プログラムだが、巡査が映画上映の通知を出すと、住民は「朝から広場に来てタバコを吸いながら待っている」ほど、楽しみにしていたという。

では、こうした上映空間で、観客の側はどのように映画を受け止めていたのか。六歳の時に南投のサクラ社に集団移住したという一九二六年生まれのイワリー・ピホ氏（タウ社出身、台湾先住民族タイヤル族、中国名：潘来好《はんらいこう》・日本名：中山百合子）は、国民学校の校庭で年に四、五回「軍隊の映画」を見たという。無声映画に説明者が付いていたが、騒然として話は聞き取れなかった。それでも、「映画はタダ」で「見る機会が少ない」ため、部落中の人が集まって「運動場がいっぱいになるくらい」だったという。[110] このほか、平地の事例を挙げておくと、一九一七年生まれの李茂《りも》松《しょう》氏（嘉義出身、漢族）は幼少の頃、年に一度か二度公学校（総督府の設立した台湾人向けの初等教育機関）の校庭で行われた映画上映会を記憶している。「特別に正月みたいに着飾ってね、校門から木と紙で提灯を作ったのを下げてね。もうお祭り騒ぎでしたよ。活動写真のために、ですよ。幼い頃は本当にそれが楽しみでした」[111]。また、総督府による上映以外に、一九二六年生まれの張明徳《ちょうめいとく》氏（台中出身、漢族）は製糖工場での慰問上映会を記憶している。「日本

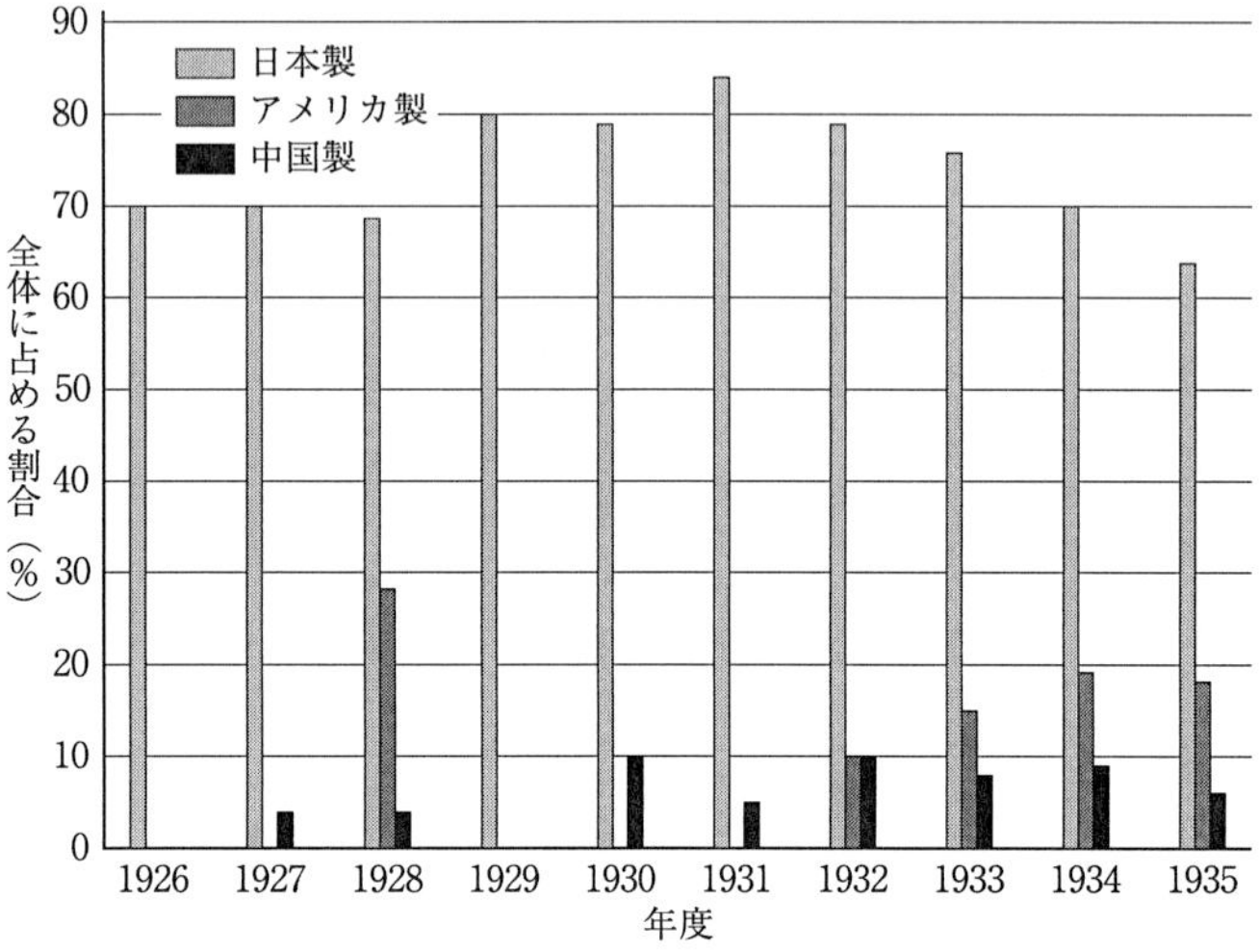

図 1-4　台湾総督府フィルム検閲製作国別米数比率（1926 年–1935 年）
出典：筆者作成.
データ：井出季和太『台湾治績誌』（台北：台湾日日新報社，1937 年，890 頁）より．単位は%．ただし，記載されているのは概数のみで，欧州製は僅少のため概数も記されていない.

人と本島人の差別は本当に酷かったですよ。部屋の真中のいちばんいい席はね、茣蓙敷いて畳おいて座布団敷いて、日本人が座るところ。後ろ側は椅子を並べて本島人の工員が座るところ。……私たちは盗み見ですね。外から窓を通してのぞき見たのが(映画を)いちばん初めに見た経験ですよ」。

総督府による映画上映にせよ、日本人経営の工場での上映にせよ、都市部の常設館での上映とは異なって、非商業的な映画上映では、映画を観賞する空間そのものが権力的に構成されていた様子がうかがえる。にもかかわらず、観客にとっては、映画のコンテンツよりも映画という仕掛けそのものが魅力であり(イワリー・ピホ氏「話はわからない、ただ人間の形をみるだけ」)、映画を中心に演出された「お祭り」(李茂松氏)が魅力であった。つまり、多様な映画上映空間のなかには、総督府の積極的映画統制を「抗日意識」ゆえに排除するよりは、むしろ娯楽として楽しんだ状況も存在していたのである。

さらに、詳しくは次節で述べるが、商業的な映画上映の場合よりもはっきりと「抗日意識」を持っていた台湾文化協会の映画上映会でも、初期に用いられたものには日本から持ち帰った日本製の映画フィルムも含まれていた(112)。また、大衆娯楽である映画の消費市場で大多数を占めるのが台湾人であることからも、【図一—四：台湾総督府フィルム検閲製作国別米数比率(一九二六—一九三五年)】が示す数字は台湾人社会でも米国映画や日本映画が娯楽として消費されていたことを推察させる。つまり、「中国映画の歓迎」はあったにせよ、それが必ずしも「他の映画の排斥」とセットになっていたとは言えない事例が多く確認されるのである。

日本映画の排斥が表面化しない状況

なお、ここで注意しなければならないのは、上述のように総督府による巡回上映を楽しむ台湾人観客がいるにせよ、その能動性自体が植民地下の台湾における差異のシステムの中に構造化されたものであったことである。すなわち、商業的な映画上映が行われないような地方に居住している人、あるいは行われていても経済的にアクセスできない人、そしてまた特に活字メディアを楽しむ識字技術をもたない人にこそ、相対的に総督府側の宣伝が深く浸透してしまうような構造である。実際、観客の側では映画の内容は二の次であって、「動く写真」という仕掛けの面白さ、「お祭り」としての雰囲気を単純な娯楽として楽しんでいるとしても、そこには先述のようにコンテンツ的にもイベント的にも植民地支配の正当性を宣伝する要素が同時に備わっており、なによりその場に参加するという行為自体が植民地権力に取り込まれていくことでもあった。こうした事態が戦後において台湾人は「奴隷化」されたという言説の根拠とされ、それゆえにこそ「中国映画の歓迎」と「日本映画の排斥」という対抗言説が現れたともいえる。

とはいえ、筆者は戦後台湾映画史研究で語り継がれてきた「日本映画を排斥」という通説を支持する心性が植民地期台湾に存在したことを否定したいのではない。むしろ、「祖国」ナショナリズムを含む抗日ナショナリズムが確認されるような場にあっても、「日本映画の排斥」が表面化しないような状況にこそ、植民地台湾における映画受容の特徴があるのではないかと考える。若林正丈によれば台湾抗日ナショナリズムをその抱くところの「台湾解放イメージ」によって分類すると、中国との統一を想定する「祖国派」「待機派」の他に、中国との分離を想定する「台湾革命派」「一島的改良主義」があった［若林正丈、一九八五：一一〇―一三二］。そこで、この状況が台湾の植民地空間に固有の特徴かどうかを考えるために、想定される三つの状況を検討してみたい。第一の状況は、台湾人社会で台湾が中国の国民国家の一部と考えられていた場合で、そこでは戦後台湾映画史研究における通説のように、「祖国」ナショナリズムにもとづいて「中国映画の歓迎」「日本映画の排斥」はセットで表面化する。第二の状況は、台湾人社会で台湾が日本の国民国家の一部と考えられていた場合で、抗日ナショナリズムは存在しないため「中国映画の歓迎」「日本映画の排斥」はどちらもあらわれず、逆に「宗主国」の公定ナショナリズムにもとづいて「日本映画の歓迎」「中国映画を含む外国映画の排除」が表面化する。第三の状況は、台湾人社会で台湾がそれ自体台湾という国民国家として考えられる場合で、「台湾映画の歓迎」「日本映画・中国映画を含む外国映画の排斥」が表面化する、というものである。このうち、実際に抗日ナショナリズムが存在したことから、第二の状況は成立しえない。第一の状況と第三の状況は先述の若林による抗日ナショナリズムの類型からいえば成立しうるが、実際の台湾人社会で「日本映画の排斥」「日本映画・中国映画を含む外国映画の排除」があきらかな形で表面化していなかったことは上述のとおりである。また、第三の状況における「台湾映画の歓迎」は、台湾映画の製作自体が植民地期を通じて実験的な試みに終始し産業化にはいたらなかったため、結果からいえば特徴としては認められない。つまり、台湾人社会での「中国映画の歓迎」と「日本映画の排斥」がセットで表面化しない状況は、上記三つの想定と合致しないことからも、単一のナショナリズムにもとづく映画受容とは異なる台湾の植民地空間に固有の特徴だったと考えていいだろう。

2　台湾語の解説による「臨場的土着化」

台湾人社会では単一のナショナリズムにもとづく「中国映画の歓迎」と「日本映画の排斥」がセットで表面化しない。この点に関連して着目したいのは、台湾人による台湾人のための映画普及経路（【表一―一】の「a」、「c」、「f」、「g」）では、どの映画もみな弁士による台湾語の説明を介して、いわば「台湾化＝土着化」して受容されていたことである。台湾独自の普及経路を通じた映画上映空間では、無声映画の時代はもちろんトーキー映画の時代に入っても、あらゆる映画に台湾語弁士がついた。日本映画や日本語の字幕しかない欧米映画はもとより、中国映画にも弁士が必要だったのは、一般に台湾人社会で用いられた言語（中国の八大方言のひとつである福建語系）が上海製中国映画で用いられた標準中国語とは異なっていたからである。また、都市部の映画常設館をのぞいてはトーキー設備が普及していなかったという事情もある。【図一―五：台北州「活動写真説明者」数（一九三一―一九四一年）】を見てほしい。トーキーが増加する一九三〇年代後半から、日本人弁士が急速に姿を消すなか、台湾人弁士は減少していないことがわ

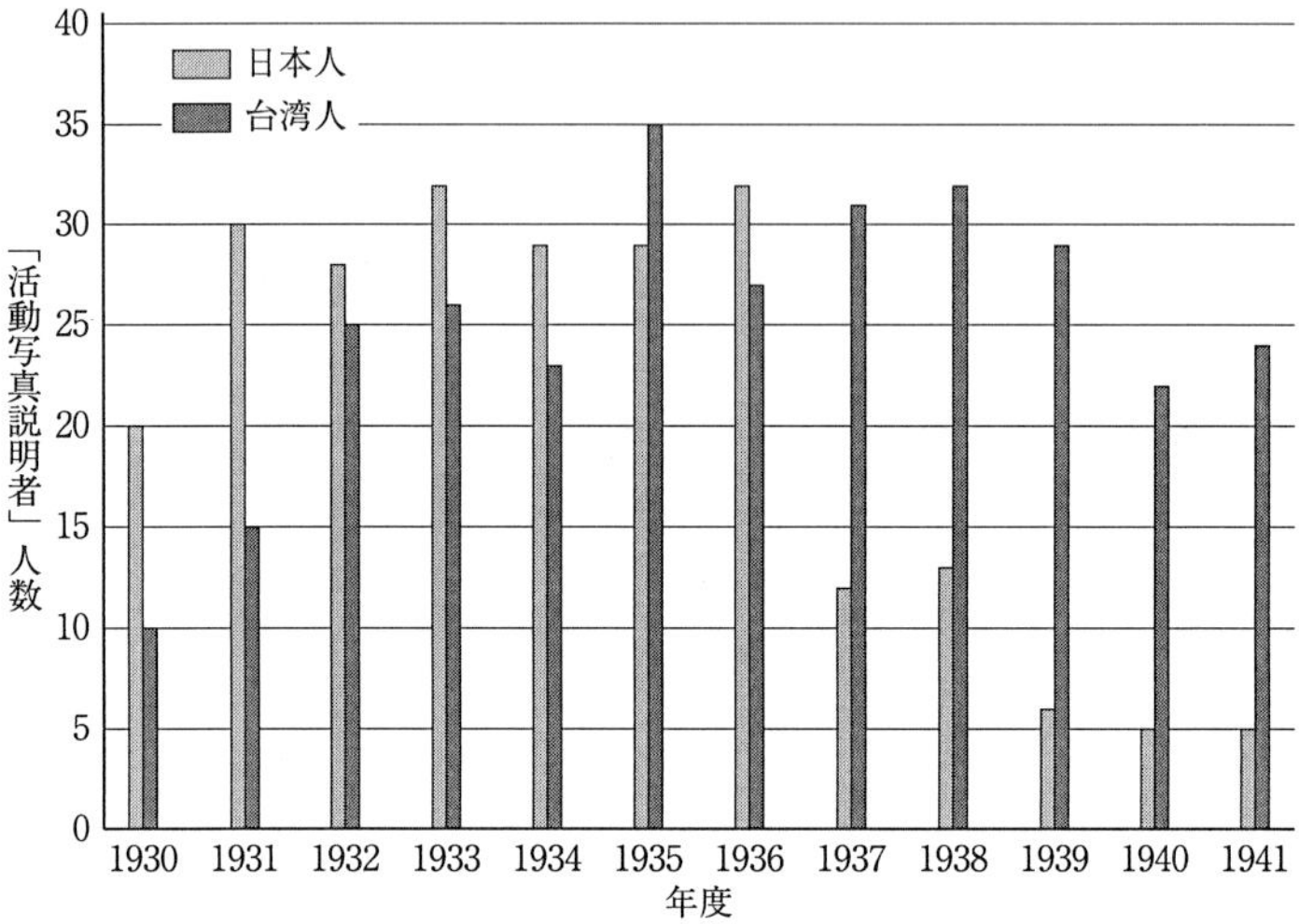

図 1-5　台北州「活動写真説明者」数(1931 年-1941 年)

出典：筆者作成.

データ：台北州知事官房文書課『台北州統計書』1930 年度版—1941 年度版(刊行は 1932-1942 年，計 12 冊)の「警察取締ニ属スル職業及団体」より.

かる。(113) しかも、弁士の説明は字幕やセリフの意味を翻訳して伝達することにとどまらず、後述する台湾文化協会による巡回上映の事例に象徴的なように、時には即興的な「風刺」をまじえた独自の「政談演説」に近いものさえあった。このような映画上映空間では、映画の意味は、弁士の説明によって大きく決定されることになる。すなわち、台湾製映画がほぼ存在しない状況において、台湾語による説明は、製作ではなく上映の場で映画を「台湾化＝土着化」するものだったと思われる。

つまり、台湾独自の経路を通じた映画受容の場では、日本映画も含めた各国映画が、抗日ナショナリズムのバイアスが存在するような場であっても、それによって排除されることなく「混成的」に、かつ台湾語の説明によって「臨場的」に「台湾化＝土着化」して受容されていた。このうち前者に重点をおけば「混成的土着化」と呼ぶことができ〔三澤真美恵、二〇〇四a〕、後者に重点をおけば「臨場的土着化」と呼ぶことができる。「混成的土着化」は「クレオール化」と同義ではないかという疑問もあろう。しかし、ピジン(異なる言語を話す人々の間の補助的な共通言語)がある集団の母語として定着した時に「クレオール語」と呼ばれることに象徴的なように、「クレオール化」とは混成的に土着化したものが定着した状況をいうと考えられる。この点、「混成的土着化」はあくまでも「その場限り」、一回性のものである。そこで決定的に重要だったのは弁士の存在だ。複製されたコンテンツがもつ「冗長性(redundancy)」に、弁士の説明《パフォーマンス》が「可変性」を与え、さらには観客の反応が加わることによって、その場限りの「〈我々〉の映画」——場(イベント)としての映画のアウラ——が立ち上がることに、その醍醐味があったといえる。それゆえ、本書では「臨場的土着化」を植民地期台湾の映画受容における特徴として焦点化することにしたい。

そして、実はこの「臨場的土着化」こそ、必ずしも直接的抗日言動に表面化しない大衆のささやかな民族的主張が娯楽受容の場で表面化したものとみることができるのではないだろうか。それゆえに総督府は弁士の許可制度[114]や説明台本の検閲[115]などを通じて、この映画受容における「台湾化＝土着化」を統制しようとした。しかし、識字技術を必要としない視聴覚メディアとしての映画が大衆に訴えかける力を利用し、日本語を解さない台湾人を「日本化」しようとしたとき、総督府は自らが警戒していたはずの「臨場的土着化」を禁じることはできず、むしろこれに頼るしかなかった。それは前節で見たとおりである。その総督府の映画統制におけるジレンマのよって来たるところは、映画受容者大衆の母語である台湾語の存在だといえよう。B・アンダーソンは、「(植民地主義にとって)長期的には、被抑圧者の言語の巨大なプライバシーに対しては、退却か、さらなる殺戮か、いずれかしかない」と述べている[アンダーソン、一九九七：二四三]。この点、映画上映という局面に限っていえば、台湾における植民者の公定ナショナリズムによる「日本化＝同化」は、「台湾語」の「巨大なプライバシー」の前に退却せざるを得なかったのである。

3　映画製作不振との関係

一九三二年に台湾映画界を回顧した『台湾民報』の記事では、台湾人による映画製作が不振である原因として「固定資本の絶無」「シナリオの皆無」「台湾検閲制度の存在」の三点を挙げている[116]。いっぽう、戦後の議論では技術力の点を加えて、資金力、技術力、創造力の不足と、検閲制度による弾圧、という四点を挙げている〔呂訴上、一九六一：六―七〕〔葉龍彦、一九九八：一七〇〕。これらは確かにそれぞれ不振の一因を構成していたと思われるが、いずれも供給側の要因のみである。しかし、それでは、同様に日本の植民地であった朝鮮や、「次植民地」「半植民地」状態にあると形容された中国と比較しても台湾での映画製作が明らかに不振であったことを説明できない。だとすれば、台湾における民族資本による映画製作の不振を決定付けたのは、台湾に固有の需要側の要因だったのではないか(117)。

このような見通しに立ち、以下では出資から監督、撮影、出演まで台湾人が担当した劇映画『血痕』(一九三〇年公開、製作脚本監督は張雲鶴《ちょううんかく》、撮影は李松峰《りしょうほう》、主演は張如如《ちょうじょじょ》、陳華階《ちんかかい》、黄梅澄《こうばいちょう》など)の具体的事例に即して、台湾における民族資本による映画製作不振の理由を考察してみたい。

『血痕』の事例にみる市場規模の問題

『血痕』のストーリーは強盗殺人の被害者である娘が男装して山地に入り、彼女の後を追って山に入った恋人と協力して父親の復讐を遂げる、という「武俠愛情劇」で〔呂訴上、一九六一：六〕、製作費は二〇〇〇円(なお、同時期の農作夫の賃金は男性で約八〇銭／日、女性で約四四銭／日〔溝口敏行・梅村又次編、一九八八：二五八〕、したがって同作の製作費は男性農作夫の約七年分、女性の約一二年分の収入にあたる)、台北永楽座三日間の興行で総売上は九五〇円の記録的なヒットであった(118)。しかし、当該時期の一般的な興行実績から概算すると、純益は総収入に対して一割に満たなかったと推測される(119)。つまり、記録的大ヒットでも純益は九五円にしかすぎず、製作費を回収するためには初公開時と同様の記録的な大入り興行を六〇日以上続ける必要があった。だが、当該時期の一般的な映画興行日数から考えて六〇日以上の興行は困難だったと思われる。

たとえば、『血痕』が公開された同じ一九三〇年当時、台湾劇場株式会社経営の混合劇場(映画のほか奇術や芝居の興行も行う劇場)での番組表を見ても、一本の映画の興行日数はおおむね三日程度である[120]。また最新設備を備え大手映画会社「松竹」の封切り作品をそろえた映画常設館「タイゲキ」の一九三五年末—三六年五月までの番組表でも、公開日数は二日—八日である[121]。地方での巡回上映の場合も、夜間のみ二—三日、長くても五—六日というケースがほとんどである[122]。また、映画上映のプログラムは、映画常設館でも巡回上映でも、数本の映画を組み合わせて上映するスタイルがとられていた[123]。つまり、台湾において一本の映画が興行できる日数は、最新の映画を組み合わせて複数本上映しても、一カ所数日程度の興行が限度だったといえる。

しかも、一九三〇年代の台北は人口の集中した「消費都市」であり[李承機、二〇〇四：二九六]、地方では台北のような興行成績が見込めないことは明らかだった。また、地方をコツコツ巡回するにせよ、巡業には会場費(屏東の劇場で賃貸料は一日三五—四五円程度[124])や、人件費(当時弁士をやっていた陳勇陞氏によれば、弁士一人の費用は一日当たり一円程度[125])のほか、島内移送の交通費や人件費など移動に伴う諸経費もかかってくる。そもそも、当時の映画の観覧料金は台湾島内における配給・上映にかかる費用を回収できる程度に設定されていたはずで、多大な製作費を島内のみで回収できる料金設定ではなかった。

では、民族資本による映画が産業化していた中国の場合はどうだったのか。日中戦争勃発前の好況時のデータとして、中国での映画一本(普通トーキー作品)の製作費は約二万六一八〇元、中国大陸および南洋各地での総収入(三万七八〇〇元)に対して上海(一九三五年当時の人口約三七〇万人)の収入(一万元)が占める割合は約二六％である[市川彩、一九四一：一九五—一九六[126]]。つまり、上海製の中国映画の場合も、上海一都市での興行では製作費の回収はできず、大陸および南洋各地を含めた巨大市場での興行収入によって再生産が可能だったといえる。また、朝鮮については同様のデータを入手できておらず単純な比較はできないが、朝鮮の人口は台湾の約四・七倍で映画市場も台湾よりは確実に大きかった。一九二〇年代の段階で「どんなに悪い作品[民族資本による映画]でも一週間上映で大した欠損というものはなかったというのが一時の現象」、大ヒット作『アリラン』（一九二六年、羅雲奎《ナウンギュ》）の場合には「京城団成社封切だけで出資額が上がり、数万円の収益を上げ、何回再上映でも札止め」という当時の記述もある。(127) したがって、朝鮮においては、民族資本によって製作された映画が製作費を回収し再生産を可能にするだけの市場が確保されていたと考えてよいだろう。

以上、断片的ながら具体的なデータを読み合わせると、台湾人の映画市場には需要に対して供給が十分にあり、製作費の回収を想定せずに設定された観覧料金は低く抑えられ、薄利多売を狙おうとしても市場規模はそれに十分な大きさを備えておらず、それゆえに民族資本で製作された映画を再生産していくことはできなかったのだと考えられる。

「臨場的土着化」による代替的消費

中国や朝鮮では民族資本による映画製作の勃興と産業化の契機となる興行的な成功作が、ナショナリズムにもとづく観客の支持から生まれている。台湾の場合も、『血痕』が永楽座で記録的な好成績を残したことは、観客のなかに民族的共感にもとづく台湾人製作の映画への支持があったことを示している。だが、それが最終的に製作費を回収して次回作へと結びつく興行成績にはならなかった。それは、まずもって上述のような市場規模によるものといえる。だが、「戦後」台湾を市場とした「台湾語映画」(128) は一九五〇年代半ばから一九六〇年代にかけて、年間数十本、多いときには一〇〇本を超える生産量を誇っていた。つまり、映画市場そのものは拡大傾向にあった植民地期台湾の場合も、他に競合する商品がなければ(129)、中国や朝鮮よりも規模が小さい台湾映画市場を対象としても、民族資本による映画製作が産業化した可能性は否定できない。だとすれば、民族資本による映画に競合する商品の有無が問題だったのではないか。

ここで重要だと思われるのが、先述した台湾の映画受容における「臨場的土着化」である。なぜなら、民族資本による映画の製作を待たなくても、台湾語弁士の解説が受容の場で映画を「土着化＝台湾化」しており、それによって台湾人の観客は「〈我々〉の映画」と感じられる映画の供給を受けていた、と考えられるからである。

この点、ちょうど映画市場が多様化していた一九二七―一九三二年の五年間を台北で過ごした海野幸一が記した、台湾語解説付きの日本製時代劇映画を見たときの印象は興味深い。「［台湾語弁士の説明は］頗る明快な歯切れのいい口調で、台湾語のわからない私にもキビキビした名調子であることが窺えた」、「分からない台湾語の説明を聞いていると、日本映画が中国映画の様に見えてきて何とも変な気持ちだった」［海野幸一、一九八一―一九八二：三二］。日本人が日本映画を見ていてすら、台湾語の説明による「土着化」効果は鮮明であった。まして、台湾語を母語とする台湾人であれば、風俗習慣の似た大陸の漢民族が映っている中国映画を台湾語の説明で見た場合には、まさに台湾人が製作した「〈我々〉の映画」の代替品として受容されたのではないか。

「臨場的土着化」は、大衆のささやかな民族的主張が映画受容の場で表面化したものと先に述べた。しかし、この「臨場的土着化」こそが、台湾人の映画製作というよりリスクの大きな民族的主張の表出に抑圧的に働いた可能性は否定できない。「見たい映画を見る」という行為は、当該時期の台湾人にとってほとんど「交渉」を必要としない、経済的政治的リスクの少ない主体的な映画活動だった。だが、そこには、ささやかな民族的主張としての解放の側面と同時に、よりリスクの大きな民族的主張を抑圧してしまうような側面も存在していたのである。

第四節 「交渉」の諸相

植民地台湾における映画の普及、統制、受容について検討したところで、台湾人の映画活動における具体的な「交渉」の実態を見ていくことにしたい。

普及、統制、受容の各側面からの検討が、植民地期台湾における映画をめぐる状況を、政治経済の構造レベルで明らかにする作業であったとすれば、本節での検討はそのような構造のもとで被植民者たる台湾人が個のレベルで主体的に映画という「近代」を追求した時の状況を明らかにする作業といえる。

台湾人の映画活動には、映画を見るという行為(政治的にも経済的にもリスクは低い)から、映画を配給・上映する、製作するという行為(政治的にも経済的にもリスクが高い)まで、さまざまな行為が含まれる。ここでは、植民地期を通じた台湾人による映画製作と、植民地権力と明確な対抗姿勢を示して展開された台湾人による非営利の映画上映活動について、それぞれ具体的な事例を通じて検討を加えたい。

1　植民地下の台湾人による映画製作

植民地台湾における映画製作は、総督府の委託を受けた高松豊次郎による「台湾紹介活動写真」をはじめ、台湾教育会や台湾警察協会による教育映画、政策宣伝映画や、台湾日日新報社製作による劇映画『老天無情(看牛漢)』など、広い意味で総督府の積極的映画統制としておこなわれる場合が多かった[130]。

民間の映画製作としては、日本の映画会社が台湾をロケ地とした『仏陀の眸』(一九二二年、松竹)[131]や『阿里山の俠児』(一九二七年、日活)[132]、『翼の世界』(一九三六年、日活)[133]、『南国の歌』(一九三六年、日活)[134]、『南方発展史　海の豪族』(一九四二年、日活)[135]などがあるが、最も有名なのは満映の李香蘭(山口淑子)を主演に迎えた『サヨンの鐘』(一九四三年、松竹)[136]であろう。このほか、日台の合作としては、台北一中出身の安藤太郎という日本人が鄭錫明《ていしゃくめい》、蔡槐墀《さいかいち》、林石生《りんせきせい》、蔡先《さいせん》ら台湾人を出資者として「日本合同通信社映画部台湾映画製作所」を設立し、『義人呉鳳』(一九三二年)[137]、『怪紳士』(一九三三年)[138]などを製作している。同二作では、台湾人の出資・出演はあるものの、監督や撮影はいずれも日本人が担当している。

台湾人の参加という観点から見た場合、呂訴上〔一九六一〕によれば、一九二〇年代初期には先述の日本人製作の映画に役者やスタッフとして台湾人一、二名が関わっており、一九二六年には『嗚呼芝山巌』（台湾初のトーキーによる教育宣伝用劇映画、脚本は総督府文教局編集課北畠現英）にも台湾人（林堯俊《りんぎょうしゅん》、郭乞生《かくきつせい》、楊木水《ようもくすい》）が出資している。台湾人のみによる劇映画の製作としては、一九二五年に成立した「台湾映画研究会」（メンバーは李松峰、劉喜陽《りゅうきよう》、鄭《てい》超人《ちょうじん》、李延旭《りえんきょく》、姜鼎元《きょうていげん》、張雲鶴、李竹麟《りちくりん》、楊承基《ようしょうき》、陳華階、蓮雲仙《れんうんせん》ら）による『誰之過』が嚆矢とされる。『誰之過』は完成後の九月に台北市の永楽座で公開されたが、興行的には失敗し、同会も解散した。しかし、李松峰、張雲鶴、陳天焜《ちんてんよう》らのメンバーは、一九二八年に桃園の歌仔戯団「江雲社」が劇中に使用する映画を再び撮影、今度は興行的にも成功したため、翌一九二九年新たに周旭影《しゅうきょくえい》、王傑英《おうけつえい》、徐金遠《じょきんえん》らを加えたメンバーで「百達影片公司」を旗揚げした。同社製作の劇映画が先述の『血痕』である。

したがって、先行研究に依拠するなら、台湾人が中心となって出演や出資のみならず監督・撮影までを行った一般公開向けの劇映画製作は『誰之過』『血痕』および後述する『望春風』のみ、ということになる(139)。それは、前節で検討した市場の問題に加え、植民地統治下では、映画製作に必要な機材、施設、技術は日本人を介さずに入手することが困難だったためだろうと推察される。たとえば、上記の二作のメンバーである李松峰について、呂訴上は次のように記している。

> 李松峰は台湾総督府での仕事の合間に、外国書籍を渉猟し、映画撮影技術を研究し、実習の必要を感じたため、友人である台湾教育会映画部撮影技師三浦氏に委託して、アメリカシカゴ市バーク社より、ユニヴァーサルとアイモの撮影機を購入し、劉喜陽の脚本監督（台湾映画研究会の出資者）で、最初の「誰之過」全八本を製作した。

いっぽう、一九三二年『台湾新民報』の記事「台湾映画界の回顧（下）」（二月六日、一四頁）では、「付記」として特に李松峰の撮影技術を次のように評価している。

付記——松峰君の撮影技術は「血痕」に於いて「誰之過」より遙かに長足の進歩を示し、殊に最近同君の手になれる羅東陳泅滄《ちんしゅうそう》氏の令祖母、台南大舞□蔡祥氏母堂の二葬儀実況映画、同じく「輝く台日」[140]中の一部即ち各支局、駐在員所在地の市街等に一層驚異的才能を示していた。現下の如き貧弱なる器具設備であれだけの技巧を挙げた同君に敬意を表すると共により以上に設備の完全を期すれば技術は決して上海映画に優るとも劣らない成績が上る確信を筆者に与えた。

これらの記述から、李松峰は映画撮影技術の重要性を認識し、専門の学校や撮影所のない台湾において孤軍奮闘、情熱を傾けて映画に関わっていたことと同時に、映画という「近代」を追求する際、機材や技術、撮影の機会の獲得には、日本、日本人と接触せざるを得なかった状況も察せられる。

この点、植民地期に台中州教育課[141]で映画教育を担当していた何基明が、一九九三年に行われた八木信忠ら数人の日本人によるインタビューで当時を振り返って、島内で唯一現像が可能であった彼のところにフィルムを持ってくるのは「みんな役所です。個人はやっていない。映画なんて贅沢なことには手がつけられませんからね」と述べていることは示唆的である。[142]「戦後」台湾では一九五〇年代半ばに「台湾語映画」が勃興し、一時期は国府が推進する「国語(北京語)映画」を凌駕するほどの黄金時代を築く。何基明は、その台湾語映画勃興のきっかけとなった作品『薛平貴與王宝釧』(一九五六年)の監督であり、「台湾映画の先駆者」とも呼ばれる。彼が映画の技術を学んだのは日本の植民地期であり、植民地本国であった。東京写真専門学校(現東京工芸大学)で映画を学び、十字屋文化映画部に勤務の後、一九三七年に映画教育のために台湾へ呼び戻された[143]彼は社会教育のためのフィルムとして依頼を受け、独自に「部落振興会」用に青年団の大会などを撮影していたという。

この日本人によるインタビューでは、何基明が宣伝的内容の如何にかかわらず映画教育がもつ「近代」の啓蒙的側面に信頼をおいていた様子がうかがわれるいっぽう、「霧社事件」を題材に自己資金で製作した映画『青山碧血』（一九五七年）に関して次のように述べている。「青山碧血、青い山に日本人の血が散らばるわけです。生蕃《（原文ママ）》が日本人をみな殺しにしたわけです。それはぼく本来の映画なんですよ」。また別の箇所では、戦後国民党経営のテレビ局で初の長期連続ドラマを制作する会議で、歴史的に長い間「涙してきた」台湾では「悲劇物が人情にあう」と主張した理由を次のように述べる。「日本人のときはすぐ『ばかやろう』と言われた。ぼくらはないけれども、それはごく少数ですよね。普通の人民は『ばかやろう、チャンコロ』とばかにして呼ばれていた。だから私は、悲劇物がいいと言ったんです」。何基明は、日本人のインタビュアーに対して日本による植民地支配を直接批判する発言はしていない。しかし、「普通の人民」がどれほどの圧迫のなかで生活していたかを体感し、植民地権力への抵抗と弾圧の最も鮮烈な事例ともいうべき「霧社事件」を描いた映画を「ぼく本来の映画」と言明するとき、総督府の映画教育に従事した何基明――「対日協力者」「親日派」と見られる立場――にとってすら、被支配者としての苦痛は忘れがたいものであったと言うべきであろう。

　このほか、植民地本国もしくは「帝国」内部で映画製作に従事したものに、一九三七年以後、中村文蔵の日本名で松竹の俳優となった邵羅輝《しょうらき》〔葉龍彦、一九九八：一五九―一六〇〕、明治大学卒業後「東宝」に入社して助監督となった林摶秋《りんはくしゅう》〔石婉舜：二〇〇二〕[144]、盧溝橋事件後に「満映」に入社し「東宝」での研修を経て「満映」で処女作『白馬将軍』の他数本の監督となった張天賜《ちょうてんし》（戦後も大陸に残って長春電影製片廠に勤務）〔呂訴上、一九六一：二二二〕〔程季華主編、一九六三b：二〇五〕などがいる。

　だが、こうした台湾出身映画人の出現にもかかわらず、日中戦争勃発以後、総督府の積極的映画統制が本格化し、総督府内に設置された台湾映画協会による定期的なニュース映画の製作のほか、総督府と日本の大手映画会社との共同で大作劇映画が製作されるようになると、台湾人が独自に劇映画を企画し製作する事例は見られなくなる。その背景には、各種統制によって映画というメディアが植民地権力によって掌握され、台湾人による主体的な活動の空間が圧縮もしくは包摂されてしまった事情が考えられる。

以下に、植民地統治下の台湾で台湾人が出資した最後の民間製作劇映画『望春風』の事例に即して、そうした圧縮、包摂の具体的なあり方を見ていきたい。

「交渉」によるダブルバインド――『望春風』の事例

台湾人による主体的な映画活動の空間が次第に圧縮されていくなか、植民地統治下の台湾で台湾人が出資した最後の民間製作劇映画『望春風』(一九三七年、監督は安藤太郎と黄梁夢《こうりょうむ》)の製作者が呉錫洋《ごしゃくよう》である。

呉錫洋は第一劇場の館主であり、『望春風』製作にあたって台湾第一映画製作所を創設し、一九三七年五月から撮影に入った。雑誌、新聞上に残された彼の発言を拾い集めると、そこには植民地統治者が望む口当たりのいい内容ばかりが並んでいるように見える。いわく、映画製作所「設立の声明」には、「映画報国を志して決起した[145]」といい、「映画人として、内台融和、教化上最も緊要である一種の私としての使命的道程達成」を痛感[146]して映画『望春風』を完成したといい、同映画を「台湾の新しい日本人としての歩みであり、真の姿の実現的な第一歩であります。所謂台湾女性の皇民化とでも云ひますか……、いや台湾女性が幾分でもこの映画に依つて前記の事柄を意識して呉れましたら幸甚に思ひます[147]」と紹介する。また、『台湾公論』主催の「映画演劇関係者座談会」における中国映画や台湾語の説明は禁止すべきという議論のなかで、同席者の発言から、呉錫洋が第一劇場で「本島語[台湾語]の説明」をやめる「英断」をしていたことがわかる[148]。呉錫洋自身の発言にも「時局がやかましく」なってから、年間に五本程度の中国映画の上映も「大概やめて終った」とある[149]。これらの発言を一見すると、呉錫洋はまさに植民地権力に「奴隷化」された台湾人であり、「対日協力者」として自ら出資して「皇民化」「内台融和」宣伝映画を製作した人物であるかのように思われる。

では、呉錫洋が製作した劇映画『望春風』における「皇民化」「内台融和」とは、どのような内容だったのか。フィルムの散逸した現在では映画としていかなる描写がなされたかは不明である。文字資料からは、家庭の困窮のために芸妓となる秋月《しゅうげつ》と、その幼馴染で日本に留学する清徳《せいとく》との悲恋を中心に、清徳に思いを寄せる紅茶会社の社長令嬢である恵美（在台日本人）が絡むというストーリーであったことがわかる。[150]

梗概を一読して感じるのは、『望春風』は「皇民化」を標榜しつつも、台湾総督府の主導による「皇民化」宣伝映画とはっきり異なる二つの特徴をもっていることである。第一に、台湾で製作された総督府主導の「皇民化」宣伝映画では、被支配者たる主人公（台湾の漢族系少年や台湾先住民族少女）の「愛国的行為」（しかも多くは自己犠牲を伴う）が主題で、その背景に日本人（教師や警察官）の「指導」による「皇民化」を配置する文脈が明確だが、[151]梗概や紹介記事を読む限り『望春風』に「愛国的行為」を見出すことはできない。第二に、台湾で製作された劇映画には、民族の違いによる支配者－被支配者の恋愛関係を描いたものはほとんどなく、あっても被支配者が支配者を慕うという構図だが、[152]『望春風』では支配者たる日本人が被支配者たる台湾人を恋い慕うという構図が描かれていることである。

1937 年『望春風』を製作した「第一映画製作所」の記念写真．中央が呉錫洋．両脇が主演俳優の彭楷棟と陳寶珠，呉錫洋の後の男性が安藤太郎．出典：彭楷棟（日本名：新田棟一）氏所蔵，協力：羅福全氏・林秀琴氏．

民族における従来の支配的な構図が逆転されているのは、恵美（日本人・社長の娘・女性）と清徳（台湾人・留学帰りの社員・男性）との関係である。[153]すなわち、支配者が被支配者を恋い慕い、支配者が被支配者の幸福を願うという関係（恵美は「日本女性の精神を発揮し自分の恋を諦め秋月を自由の身にして清徳との愛を結んでやろうと努力する」[154]である。いっぽう、恵美と秋月との関係では、民族においても階級においても従来の支配的な構図は変わらない。すなわち、支配者の指導性に被支配者が感化され（恵美の「心を知った秋月は愛する清徳の前途を考えて清徳を令嬢に譲る」[155]）、被支配者の自己犠牲が支配者を利する関係（秋月は最後に「清徳と令嬢の幸福を祈りつつ」[156]死ぬ）である。

つまり、『望春風』は、どの相互関係に焦点をあてるかによって微妙に異なる構図を読み取ることができる重層性を備えている。それゆえに、植民地権力にとって好ましい文脈を強調したい場合には恵美と秋月との関係から「台湾女性の皇民化」を標榜することができ、逆に植民地権力に挑戦的な文脈を強調したい場合には清徳と恵美との関係から支配的な構図の逆転を読み取らせることもできる（後者の場合、「内台融和」という言い抜けも可能だ）。

こうした『望春風』の物語がもつ両義性を勘案しつつ、ふたたび呉錫洋の発言を注意深く見直すと、そこには必ずしも植民地権力に協調的とばかりはいえないニュアンスが含まれていることに気づく。たとえば、植民地権力に協調的な「映画報国」という言葉の前には「従来台湾を主題とせる映画が島民の実生活と相当隔離せる謂わば心臓のない台湾の紹介に終わっているのを慨し」[157]（傍点引用者）という台湾「島民」の文脈がおかれている。「従来台湾を主題とせる映画」のほとんどが総督府主導ないし植民地本国の映画会社製作であったことを思うとき、この発言は総督府や植民地本国の映画会社によるアプローチを「心臓のない台湾の紹介」と批判している、と読むことも可能である。また、同映画を製作したプロダクションの設立声明書では、「原作監督俳優撮影の総べてを島内に仰ぎ吾等の生命脈打つ台湾の描写に努め内外映画より受ける空虚を満す」[158]と、既存の内外映画への不満、台湾島内のスタッフで台湾を描写したことへの自負を明言している。

そしてまた、日中戦争勃発後の「非常時」、生活のあらゆる局面で統制が厳しくなっていくさなか、台湾人が製作し、台湾人が出演し、台湾語の流行歌を下敷きにした娯楽映画は、台湾の観客にとっても大きな意味をもったと思われる。雑誌に投稿された『望春風』の映画評では、「台湾的なものがどしどし破壊されてゆくのを見ると肚立たしい寂しさをどうすることも出来ない」と嘆く書き手が、「耳に聞き慣れた懐かしい楽の音につれて、台湾の懐かしい風景が画面に写し出された時、何かしら懐かしいうれしさを感じた」と述べ[159]、「三等が三十銭という大稲埕にしては安くない入場料を取っているにもかかわらず、初日などは夥しい人数で永楽座が押し潰される様な声況[160]」があった。別の論者も「何と言っても娯楽映画として、出演者が本島人だけである点からして最初の作品であるだけに、この映画はその意味において高く買われていい」と見ている[161]。こうした反響の大きさからも、『望春風』が示した台湾土着のローカルカラーは観客にとって歓迎すべきものだったと思われる。

したがって、『望春風』の内容、当時の観客に対してもった意味、呉錫洋発言がおかれた前後の文脈に即して考えるならば、呉錫洋が口にする「皇民化」「内台融和」は、別の意味をはらむものとして立ち現れてくるように思う。すなわち、それは日中戦争勃発前後の緊迫する状況のなかで植民地権力を懐柔し、みずからの主体性を確保する映画を製作するための「交渉」のためのキーワードだったのではないか。つまり、呉錫洋は、主体的な語りを手に入れようとするからこそ、検閲・臨検におけるフィルム削除・上映中止など、緊迫する時局でさらに厳しくなる消極的統制を回避するために、「皇民化」「内台融和」のようなキーワードで協力姿勢を強調しつつ、植民地権力と交渉する必要があったのではないかと思われるのである。

だが、注意しなければならないのは、呉錫洋が交渉を通じて主体的な映画活動を獲得したのが事実だとしても、その映画に表現されたのは家族の貧困を救うため、また恋する男性のために自己犠牲を行う女性のイメージであり、結果として同映画は「被支配者としての女性イメージ」を再生産してしまったのではないかということである（実際、呉錫洋は「台湾女性の皇民化」とは言っても、「台湾男性の皇民化」とは言っておらず、台湾人エリート男性である清徳は『望春風』に描かれる相互関係に限っていえば、「被支配」的な立場に陥ることも自己犠牲を払うこともない）。

植民地下の民族による支配－被支配の構図の逆転が、同じ台湾人である女性の「皇民化」と自己犠牲によって担保される以上、この構図もまた完全には逆転されえないことになる。呉錫洋が被支配者たる台湾人の主体性を求めて植民地権力と交渉したことは間違いないとしても、同時にその彼が貧困層や女性に対しては支配者たる資産階級の男性であったという側面もまた否定できないのではないか。呉錫洋の事例にも、植民地下において映画という「近代」に参加した被支配者の主体性を単純に「自信に満ちた記憶」としてのみ語るわけにはいかない多義性を見ることができよう。

なお、植民地期台湾において台湾人にとっての「〈我々〉の映画」を構成していた「臨場的土着化」における「台湾語の説明」の重要性、戦後台湾における「台湾語映画」(162)の一大ブームなどに鑑みて、台湾人による映画製作が産業化するひとつの契機は「台湾語」トーキー映画の誕生にあったのではないかと推測される。つまり、市場規模、統制の存在、競合する商品などの問題をいったん保留した時、植民地期に台湾人が製作した最初のサウンド版映画『望春風』(一九三七年)は、「臨場的土着化」によらない「〈我々〉の映画」製作を産業化させる契機となりえたのではないか。しかし、出演者はほぼ台湾人で占められているにもかかわらず、使用された言語は日本語であった。同映画の日本語トーキーについては、当時の雑誌の投稿欄に「弁士のしわがれた声が男になったり女の声色を使ったりして説明」するもので、「台湾語を使う訳にいかないとすると一向感じがでないのをどうすることもできない」という感想がある(163)。技術が台湾人の製作による「〈我々〉の映画」を可能にする時代がきたとき、台湾はすでに「皇民化」運動の時期にあった。台湾人が自ら「皇民化」「内台融和」を掲げて主体性を確保した以上、「〈我々〉の映画」にとって実は決定的な重要性をもつはずの母語を犠牲にせざるをえなかったのではないか。ここには、そうした台湾映画人のおかれていたダブルバインドの状況がみてとれる。

2　台湾人による非営利の映画上映活動

植民地統治下の台湾人にとって、経済的リスクが最も高い映画活動が映画製作だったとすれば、政治的リスクが最も高い映画活動は総督府に抵抗的な非営利の映画上映活動だったといえる。

台湾人が行った非営利の映画活動として代表的なのは、台湾文化協会(以下、略記の場合は「文協」)が啓蒙的な目的で行った巡回映画上映活動である。同活動は、植民地期を通じてほとんど唯一、ある程度の規模で継続的に行われた政治的主張を伴う台湾人の非営利の映画活動であった。しかし、文協の左右分裂後、同活動は抗日民族運動右派の蔡培火によって引き継がれるものの、一九三三年には成績不振のために活動を停止する。一九二六年始動時の観客による熱狂的支持と一九三三年の成績不振による活動停止の間には、いったい何があったのか。

彼らの活動は、明確な民族的政治的自覚のもとに行われていただけに、他のさまざまな映画活動にも増して、植民地権力による弾圧を直接受けることになった。それだけに、その展開と挫折を跡付けることは、抗日民族主義運動の内部分裂、資本主義産業としての映画がもつ市場追求の原理、「交渉による抵抗」の限界など、植民地統治下の台湾における映画をめぐるポリティクスを、より鮮明に描き出すことにつながるはずである。

文協の映画上映活動

武装蜂起が徹底弾圧された後、台湾人の抗日民族運動は、第一次大戦後に東京留学中の知識人を中心に、「台湾は台湾人の台湾たらざるべからず」の主張を掲げた啓発会を皮切りに、非武装の合法的な啓蒙運動、政治運動として展開された。その政治運動の実践が台湾議会設置請願運動(注(31)参照)を中心として展開されたとするなら、文化運動の実践は台湾文化協会の大衆啓蒙活動を中心として展開されたといえよう。

台湾議会設置請願運動が進められるなか、台湾文化協会は民族運動の指導団体、台湾人の啓蒙運動を行うべき団体として一九二一年一〇月に結成された〔台湾総督府警務局編、一九三九＝一九九五：一三八〕。具体的には、「読報社（新聞雑誌の閲覧所）」を台湾島内数カ所に設置したほか、「台湾通史講習会」「通俗法律講習会」などの各種講習会、講演会、文化演劇などを各地で活発に開催した〔同前：一三九―一五八〕。「映画に依る宣伝」〔同前：一五七〕もまた、こうした大衆啓蒙活動の一環として、一九二六年四月に蔡培火を中心に組織された「台湾文化協会活動写真部」によって展開された(164)。

この時期の台湾人知識人が映画という新しいメディアがもつ可能性にいかに期待を寄せていたかは、本書冒頭に引用した『台湾民報』記事に見たとおりである。映画は、総督府側諸機関によって積極的統制に利用されたのみならず、大衆啓蒙運動の推進者たる台湾人知識階級から植民地権力に抵抗的な力を発揮するものと期待されていたのである。

実際、文協の映画巡回上映は、開始後すぐさま各地で支持を得る。開催のたびに「立錐の余地もない」盛況(165)、会場に入りきれない観客が一晩に四〇〇―五〇〇名(166)、雨天の上映でも傘を手に五〇〇―六〇〇名の観客が集まるなど(167)、熱狂的ともいえる反応が報道されている。このため最初の上映隊の組織には三年近くかかったのにもかかわらず(168)、いったん活動を開始するや、各地の要請に応じきれないとして、わずか数カ月後には第二隊が組織されている(169)。先に見たように、台湾の映画市場が飛躍的に拡大するのは一九三〇年代に入ってからのことであり、一九二六年の時点では都市部では「世界的な佳作」に触れる機会があったにせよ、「本島村落地方に於て映画は未だ珍しく」〔同前：一五八〕という状況であった。しかも、文協の活動は通常の商業的な映画上映に比べて格段に安価であった(170)。そのため、映画による宣伝効果は、活動を取り締まる総督府警察の側からも「毎回多数の観覧者を得て予期以上の効果を収めたり」〔同前：一五七―一五八〕と観察されていた。『台湾民報』（一号、一九二三年四月一五日―一四一号、一九二七年一月二三日）に掲載された活動を整理すると、文協の左右分裂によって活動が一時停止するまでの一年に満たない期間中に二隊で一三〇回以上の巡回上映が行われた。毎回の動員数は五〇〇—六〇〇名から二〇〇〇数百名程度である。この時期、総督府側機関である台湾教育会が社会教化を目的に行った巡回上映は、一九二五年度七七二回七七万二〇〇〇人、[171]一九二七年度一〇五〇回八七万二三四〇人である。[172]文協による映画活動は、数の上では到底総督府側にはおよばない。だが、当時の映画は無声であり、映画は「弁士による説明」と「動く映像」が一体となってはじめて興行価値をもった。彼らの説明が「風刺」に富み〔同前：一五八〕、慣れ親しんだ「台湾語」で行われたこと、すなわち文協による映画の「臨場的土着化」は、総督府側の映画活動との重要な相違点であり、それこそが各地で熱狂的な反応を生んだ理由でもあろう。

文協の映画活動ではどのようなフィルムが上映されていたのか。紹介記事によれば、「抱腹絶倒の喜劇」「夫婦の愛情劇」「北極の怪獣」など、多彩なフィルムが上映されている。[173]これらのフィルムは「活動写真フィルム検閲規則」（一九二六年七月府令第五九号）施行以前は州庁で、また施行以後は総督府でフィルム検閲を経ており、その検閲基準は植民地本国よりも厳しかった。[174]そのため、警察が神経を尖らせたのはむしろ弁士による説明であり、これがしばしば臨検において「政談演説と同様」[175]として中止命令の対象となった。

弁士の説明は台湾語による臨機応変なものであり、スクリーン上の人物や情景にひっかけて、人間社会の残酷な矛盾や帝国主義の横暴を暗示し、[176]時には意図的に臨検の警察官を揶揄することもあった。[177]こうした「風刺」に対し、警察の中止命令の理由は多分に恣意的であった。[178]中止命令が明らかに不合理な場合には、文協側も上級警官や郡守に訴えるなど合法的な交渉によって抵抗し、時には取り締まりの不統一について警察が弁士に対して謝罪する場面[179]や、上映活動継続を勝ち取る場面もあらわれた。[180]『台湾民報』には、弁士を務める台湾人知識人と、上映現場で植民地権力を代表する警察官との、丁々発止のやり取りが、観客の熱狂振りと同時に伝えられている。

場合によっては警察に中止されるかもしれないという緊迫感の下、スクリーン上の見たこともない情景やドラマと、台湾語弁士による「諷刺」に満ちた説明が一体となったとき、そこには被植民者たる台湾人観客が日頃の鬱屈を涙や笑いと共に吐き出せる空間、「〈我々〉の映画」空間が出現していたのではないだろうか。ここに、「臨場的土着化」が台湾人の民族資本によって製作された映画に匹敵する魅力を持ちえていた場面を想像することができる。

『台湾民報』に報じられたのは表面化した「事件」だが、事件にならない「水面下での弾圧」もあった。一九二六年文協の映画活動で使用したフィルムの入手先は東京および上海である〔台湾総督府警務局、一九三九＝一九九五：一五八〕。外務省記録「特要視察人ノ行動ニ関スル件」によれば、蔡培火はフィルム購入を主たる目的として、文協の活動写真部成立後間もない一九二六年七月二五日に偽名で上海に渡っている(181)。上海では、蔡培火は上海キリスト教青年協会その他の斡旋でフィルム購入に奔走し、社会文化教育用フィルム四巻や、上海で起きた「五・三〇事件(182)」当時のストライキを撮影したフィルムを入手している。しかし、管見の限り、蔡培火の帰台後に「五・三〇事件」を撮影したフィルムが上映された形跡はない。上海での行動が詳細に「視察」されていた以上、同フィルムは没収されたと推測するのが妥当だろう(183)。

同様の事例として、こちらは『台湾民報』に報道されたものだが、文協で働いたことのある周天啓《しゅうてんけい》が映画配給業を始めるため上海でフィルムを購入しようとして警察に阻まれた事件がある(184)。周天啓は旅券を申請して一九二八年七月下旬に下付を受けるが、何の調査もないまま基隆警察署の特務に「不穏の計画があるはずだ」「調査する間、検束されるのが嫌なら即時に彰化へ帰れ」と脅され、フィルム購入をあきらめたという。日中戦争勃発後、台南州などでは中国映画を全面的に禁止するなど厳しい統制も確認できるが(185)、一九二〇年代には中国映画に特化した法規制はなく、台湾人による中国映画の輸入は合法であり、実際この時期に一般の台湾人業者によって活発に行われ始めていた。にもかかわらず、文協にかかわった台湾人知識人は、中国映画を購入し配給・上映しようとしただけで、上記のような弾圧を受けたのである。

美台団による映画上映活動

文協の映画活動は短期間のうちに大きな効果と反響を得たが、活動開始後一年も経たない一九二七年一月、文協の内部分裂によって停止状態に陥る。左傾化によって方向転換した文協は映写機などの保管者である蔡培火に対し引継ぎを要求するが、蔡培火はこれに応じず、同じく文協を離脱した蔣渭水《しょういすい》らと同年七月新たに組織した「台湾民衆党」の宣伝用として利用する（一九二七年中開催回数九四回、観客概数三万五〇〇〇人）〔台湾総督府警務局、一九三九＝一九九五：二〇七―四四六〕(186)。しかし、もともと蔣渭水と蔡培火との間には路線の違いがあった。総督府警察によれば、蔣渭水の路線は「民族及階級運動と相提携」し「台湾の民族的独立を目標」とするもの、蔡培火の路線は「民族自決主義を理想」とし「植民地自治を究極の目標」とするものであった〔台湾総督府警務局編、一九三九＝一九九五：四五六―四五九〕。

抗日民族運動が分裂を繰り返すなか、蔡培火は一九二八年一月に台湾民衆党とは別に文化啓蒙を目的とする「美台団」（先行研究の多くが美台団を文協の組織としているが、美台団は蔡培火が文協離脱後に資本金三万円一口二〇円で有志を募り、社団法人とすることを目指して独自に組織した団体である）(187)を創設し、一九三〇年八月に台湾民衆党を除名された後も(188)、美台団によって一九三三年まで映画上映活動を継続する。

したがって、文協の活動写真部に始まる非営利の映画上映活動は、蔡培火を中心に一九二六年から一九三三年まで八年間にわたって間歇的に行われたことになる。蔡培火の政治的立場の異動によって、その映画活動を時期区分すると次のようになる。①「台湾文化協会活動写真部」時期（一九二六年）、②「民衆党宣伝（巡回上映隊の組織名称は特になし）」時期（一九二七年）、③「美台団」時期（一九二八年―一九二九年、一九三三年）。しかし、このうち一九三三年の美台団の映画活動は、再開後数カ月で中止にいたる。その理由は「成績不振」〔一九三三年九月二〇日「蔡培火日記」二七三」、すなわち観客を集められないことにあった。一九二六年当時あれほど熱狂的な支持を集めた台湾人による非営利の映画上映活動は、なぜ一九三三年にいたって観客の支持を失ってしまったのだろうか。

美台団の挫折

一九三三年美台団の成績不振に関して、直接に影響があったのは、商業的な映画市場の変化だった。先述した一九三〇年代の映画市場拡大は、都市部のみならず地方の台湾人映画市場にも影響を及ぼしていた。蔡培火は一九三三年暮れの日記に美台団の挫折を「新民報当事者との食い違い」[一九三三年一二月三一日「蔡培火日記」二七九]として、新聞社の宣伝や協力が足りなかったせいだと考えていた。だが、台湾新民報社自身が「読者優待」「読者慰安」の一環として後援した映画上映会は大好評を博していた。[189] そこで上映されていたのは「特約」業者が中国から仕入れた評判の新作である。[190] いっぽう、美台団の人気は、「安い上に教訓も得られる」[191] ことにあった。また、「新鮮なフィルムをもって頻繁にきてほしい」[192]「新作フィルムが入手できたので……観客を満足させるだろう」[193] などの記事もあり、一九二八年の時点で映画常設館のない地方であっても、すでに「動く写真」自体は珍しくはなく、フィルムの内容や新しさが動員数を左右するようになっていたことがわかる。この点、一九三三年といえば中国映画の新作はほとんど台湾に輸入されず[市川彩、一九四一：九四]、日本映画に次いでアメリカ映画も中国映画以上に流通し[井出季和太、一九三七：八九〇]、都市部の劇場では封切新作(通常は二、三本立て)の回転も速かった当時のことである。[194] 蔡培火が機会をみて自ら日本で仕入れてくる「教訓」的フィルムでは、営利目的の民間業者が次々に仕入れる多様で新鮮なフィルムには太刀打ちできなかったと思われる。[195] つまり、一九三三年の美台団の挫折は、映画市場の拡大多様化のなかで総督府の積極的映画統制が空回りしたのと同じ構造のなかにあったといえる。

当該期の『台湾民報』の映画関連記事を見れば明らかなように、一九二六年には各地での文協の活動が熱心に報じられているが、一九二八年になると民衆党や美台団の巡回上映にまざって半営利形式の中国映画上映会の記事が目立ち始める。この時期中国映画の輸入にあたった台湾人の多くは抗日意識から中国に「祖国」イメージを抱く者が多く、中国映画の上映が、各地の青年読書会[196]や労働運動支援[197]、新民報社の読者慰安[198]、中国揚子江の水害被災への義捐金集め[199]など、広い意味で抗日的ないし民族主義的な台湾人のさまざまな活動と結びついている例が見受けられる。しかも、各国製映画の「臨場的土着化」を考えた場合、視覚的に風俗習慣が相似している「中国製のフィルム」は、台湾人観客にとってとりわけ土着化の度合いの高い「〈我々〉の映画」と感じられていたことは、先述した中国映画上映会における「大喝采」「大好評」、警察側の中国映画に特化した警戒ぶりからも推察できる。

さらに、これらの上映会では、抗日的、民族主義的であるだけでなく左翼的思想をもった弁士が登場し、階級批判的な説明やフィルムの上映があったことがうかがわれる[200]。そこでは、資本家批判の解説に観客が「大喝采」して上映が中止となる事件や[201]、スクリーン上の漢文字幕「資産家はこうした強権によって自らの財産を充実させる」を台湾語で解説した弁士が警察に逮捕され一五日の拘留に「即決」される事件が起きている[202]。なかには、一度は許可した興行が「感情で取り消」される場合もあった[203]。一九三一年の『台湾新民報』(『台湾民報』の後継紙)には「丸楠禮仁[マルクス・レーニン]」の署名で「扇動及び宣伝の手段としての映画」という記事もあらわれるが[204]、検閲によって三分の一近くが削除された同記事には、映画を「啓蒙」のみならず「闘争」の手段と捉える意識変化を見て取ることができる。

その後、先鋭化した抗日民族運動左派の活動は、総督府による一九三一年台湾共産党員の一斉検挙、左傾した文協と農民組合への弾圧、台湾民衆党の結社禁止などによって、完全に沈黙させられていく。そのため、一九三一年以後上述のような抗日民族運動左派とみられる弁士の解説報道もみられなくなる。それでも、一九二八年から一九三一年までの数年とはいえ、文協や美台団よりも先鋭的な解説——そこでは、日本人支配者のみならず台湾人資産階級の批判も行われた——は、観客に強い印象を残したことであろう。

合法的な「交渉」の限界

一九二六年に始動した文協の映画活動が、植民地支配に対する「抵抗」の意味合いをもっていたことは、先述の警察との衝突からも明らかだが、そこでの「抵抗」はすべて合法的な手段による「交渉による抵抗」であった。それは、警察と弁士との衝突場面で、弁士が「他の地域と同様の説明にもかかわらず中止命令を受けるのはなぜか」と抗議を行い、警官が「我々警官は必要とあればいつでも中止命令を発することができる」と返答すると、さらに「必要を認める箇所」について質す、といったような理詰めの応酬に象徴的である。[205] 台湾人側が警察の譲歩を勝ち取る場面はきわめて例外的であったとはいえ、臨監の警部補の不適切な中止命令について「州警察が翌日弁士に懇談を申し入れて丁重に謝罪し、理解を求めた」ことを「この事実は世間知らずの警察どもに良い戒めとなろう！」と報道されるような事態は、[206] 植民地権力の統治秩序に傷を付ける出来事だったと思われる。それゆえに、文協の映画活動が始動した一九二六年、総督府は「活動写真フィルム検閲規則」(一九二六年七月府令第五九号)を施行、各州「興行規則」によって弁士の許可制度を導入、[207] 弁士が用いる説明台本も映画フィルムと同様に一元的に検閲するようにするなど、[208] あらたな法規の導入によって一方的に交渉の足元を切り崩したのである。植民地下の台湾人に参政権がない以上、合「法」的であることは、暴力的な法決定にも黙って従わざるをえないことを意味した。[209] たとえば、先述の字幕を読んだ弁士が一五日の拘留に「即決」された事件は、司法手続きを経ることなく警察官が有罪判決を下し処罰する権限をもつ「犯罪即決制度」にもとづいている。日本が台湾で制定施行した「近代」法の一部は、「台湾を明治憲法の施行範囲として「立憲的」に「内地同様」のものにしていくという「内地延長主義」」のもとにあってさえ[春山明哲、一九八〇：七〇]、[210] 植民地特有の苛烈な法規によって構成されていたことは、注意する必要がある。

ここで想起したいのは、本章のはじめに述べた植民地台湾における「合法性」とは植民地には本国にはない苛烈な法規、恣意的な運用によって構成されていた、という大前提である。

つまり、蔡培火が合「法」的に行おうとした交渉は、そうした苛烈な法規によって、いつでも一方的に突き崩される可能性があった。[211]そこで交渉を続けたければ、切り崩され狭められた足場にすがるほかはない。一九三三年、美台団を復活させた蔡培火の日記には、まさにこうした映画活動に対して新たに施行された法や制度によって、上映許可が妨害される状況が当事者の視線で記録されている〔一九三三年三月一六日「蔡培火日記」二四九—二五〇〕。交渉の過程で、蔡培火らは時には「拝み倒し」、時には開き直り、台南州から台中州へと交渉の相手を変え、ようやくのことで弁士の臨時許可を取得して上映にこぎつけている。『新民報日刊許可〔蔡培火は『台湾新民報』の日刊化「運動代表」を務めた〕[212]のために頼みに行ったときに払った礼式の手数もこれほどではなかった！』〔同前〕という言葉に、その交渉過程の苦労がしのばれる。しかも、これほどの努力の末に復活したにもかかわらず、一九三三年の美台団は台湾人観客の支持を集めることができなかったのである。

一九二六年文協の上映活動は、「台湾語の説明」と「コンテンツ」の二つが一体となって、観客の需要に合った「〈我々〉の映画」が現場で創出されたために支持を得た。しかし、その活動は常に植民地権力の抑圧下にあった。弁士の説明は臨検による中止の可能性にさらされ、フィルムは植民地本国よりも厳しい検閲にあい、合法のはずのフィルムの仕入れさえ妨害されることがあった。文協は、これらの抑圧に対して活動継続のために各種の交渉を行い、例外的とはいえ、時には活動領域を拡大することもあった。いっぽう、一九三三年の美台団の活動は「台湾語の説明」においてもコンテンツにおいても、観客の需要にあった「〈我々〉の映画」を創出することができずに、支持を失って挫折した。「台湾語の説明」において美台団の魅力を相対的に減じたのは、抗日民族運動左派の先鋭化した弁士の存在だったと思われる。左派弁士は「抵抗」を強く打ち出して、一九三一年の徹底弾圧後には姿を消した。こうしたなか、美台団は交渉を通じて活動を継続したが、それは必然的に「法」への従属、「抵抗」の弱化を意味した。それゆえに、美台団の上映会では左派弁士を凌駕するような「風刺」に満ちた説明は期待できなかったものと思われる。また、コンテンツの面で美台団の魅力を減じたのは、商業的な経路で地方都市にまで普及した多様で新鮮な世界各地の映画、とりわけ台湾語の説明で「土着化」して提供される中国製の映画であった。

以上の検討を通じて明らかになったのは、台湾人による非営利の映画上映活動は「交渉による抵抗」によってはじめて可能だったが、「抵抗」を強く打ち出せば植民地権力の弾圧によって駆逐され、「交渉」によって生き残れば「抵抗」は弱化せざるをえず、それでは商業的な映画市場に観客を奪われる、という二重三重の自縛状況におかれていた事実である。つまるところ、その挫折は、日本の植民地支配による弾圧と、資本主義産業たる映画がもつあくなき市場追求の原理との挟み撃ちによるものであったといえよう。

第五節　小　括

映画が巨大な資本と流通システムを必要とする大衆娯楽産業である以上、これを製作、配給、上映しようとする場合には、「合法性」の枠内で、公的な権力や社会的な組織と「交渉」せざるを得ない。しかも、異民族異言語の日本による植民地統治下にあった台湾においては、この「合法性」を獲得するためには、きわめて苛烈な法と、その恣意的な運用に従属するしかないという大前提があった。

本章では、こうした植民地統治下の台湾における映画をめぐる状況を普及、統制、受容の側面から検討し、台湾人の映画活動がどのような構造のなかに置かれていたのか、彼らの「交渉による抵抗」がどのような抑圧に直面していたのかを明らかにしてきた。ここで、冒頭に述べた問題意識にそって、その内容を整理しておきたい。

まず、映画をめぐる普及と統制について、以下のように三つの時期に分けて論じた。

市場の形成期（映画が台湾に伝来してから一九二〇年代半ば）には官民による互助的な上映活動（広い意味での積極的映画統制）が映画にアクセスできる数少ない経路として普及を牽引する一定の役割を果たしたとみられる。また、総督府による独自の積極的統制が、植民地内部のみならず植民地本国を対象として展開されたことは、出先機関たる総督府が台湾大の「想像の共同体」を意識していたことを示す事例といえる。いっぽう、消極的統制に着目した場合、「進んだ植民地本国」から「遅れた植民地」に法規が延長施行されるという図式は成り立たず、映画という新メディアに対する対応において遅速の差がなかったことも明らかになった。

台湾人の映画市場が大きく変化するのは、中国映画の輸入を契機とした市場の拡大と多様化の時期（一九二〇年代半ば—一九三〇年代半ば）である。中国映画の台湾への登場によって、台湾人の映画上映活動は営利・非営利ともに活発化し、映画市場も着実に拡大、アクセス可能な映画も多様化した。こうした台湾人社会における映画の影響力の増大に対応し、総督府の消極的統制もまた急速に強化された。いっぽう、積極的映画統制は市場にあふれる多様な映画におされて方向を見失い、模索と空回りを繰り返していた。

一九三〇年代に入ってからの戦時体制の形成は、映画に対する統制をも段階的に強化せしめた。人々がアクセス可能な映画の選択肢は徐々に減り、配給上映会社が統合されるなか、市場は一元化に向かう（一九三〇年代後半—一九四五年）。この時期、消極的統制において、以前にもまして警戒されるようになるのが、映画が「帝国」の外部から越境的にもたらす「負の要素」を取り締まることであった。なかでも、中国映画については中央よりもむしろ地方においてとりわけ厳しく警戒される状況もあった。非常事態のなかで情報を求める人々の需要によってニュース映画が流行し、これと積極的映画統制の本格化があいまって市場規模は保たれた。しかし、かつて映画がもっていた市場追求の原理は後退し、替わって総督府の消極・積極両面の映画統制が市場における支配力を増大させた。

以上の変遷は、いわば映画を統制しようとする総督府と、資本主義産業としての映画がもつ利潤追求の原理との、市場における角逐の過程とみることもできる。また、映画市場拡大の契機が中国映画人気にあったこと、それが「本島特殊現象」として特に厳しく植民地権力から警戒されたことは、「帝国」日本の「臣民」とされた台湾人が意識的・無意識的に「祖国」とのはざまにあったことを示す現象といえよう。

次いで、東アジアの植民地状況のなかでもとりわけ映画製作が不振であった事実から、台湾において民族資本による映画製作のきっかけとなるようなナショナリズムにもとづく民族資本による映画への支持や外国映画の排斥という現象が確認できるかどうかを検討した。その結果、台湾人社会には単一のナショナリズムにもとづく外国映画の排斥という現象はみられず、多様な映画を「混成的」に弁士による台湾語の説明によって「臨場的」に「土着化」して受容する特徴があることがわかった。「映画を見る」ことは、台湾人にとって最も政治的経済的リスクの少ない映画活動である。このリスクの少ない映画活動の特徴たる「臨場的土着化」は、いっぽうで映画受容の場においてあらゆる映画を「〈我々〉の映画」に変換するささやかな民族的主張の表出とみることもできるが、いっぽうではより大きなリスクを伴う民族的主張というべき「台湾人の映画」の創出には抑圧的に働いていた可能性も否定できない。

限られた市場と「臨場的土着化」による需要の充足を主たる要因として植民地下での台湾人の映画製作は結果として産業化しなかった。一九二〇年代から続けられた実験的な試みのなかで登場した人材も、あるいは植民地権力の側に吸収され、あるいは沈黙していった。植民地下で台湾人が主体的に映画の製作を行うためには、植民地権力との「交渉」が不可欠であった。そこには、「交渉」によって台湾人による映画製作の空間を作り出し、植民地権力に挑戦的な文脈を内包させた「台湾人の映画」を製作したと思われる『望春風』のような事例もあった。しかも、『望春風』には、「臨場的土着化」によって代替されていた「〈我々〉の映画」を乗り越える契機、すなわち「台湾語によるトーキー」の可能性もあった。しかし「臨場的土着化」における要ともいうべき「台湾語の解説」すら廃止が叫ばれる時局の緊迫のなか、同作は日本語トーキー作品として完成された。技術が台湾人の製作による〈我々〉の映画」を可能にする時代がきたとき、台湾はすでに「皇民化」運動の時期にあった。台湾人が自ら「皇民化」「内台融和」を掲げて主体性を確保したことは、「〈我々〉の映画」にとって実は決定的な重要性をもつはずの母語を犠牲にすることにつながったのではないか。『望春風』の事例には、「皇民化」運動下で主体的活動の空間を確保しようと呉錫洋が採った「交渉」がおかれたダブルバインドの状況がみてとれるように思う。

そしてまた、植民地権力に対する対抗姿勢を最も明確に打ち出していた台湾人による非営利の映画上映活動は一九二〇年代半ばから一九三〇年代初頭にかけてみることができるが、総督府の映画統制が相対的に支配力を減退させたこの時期にあってすら、厳しい弾圧にあっていたことを確認した。彼らの活動もまた、自らを合法的な主体として植民地権力に従属させることによってはじめて「交渉による抵抗」を行うことができた。だが、美台団の映画活動が挫折していく過程から、「抵抗」を強く打ち出せば植民地権力の弾圧によって駆逐され、「交渉」によって生き残れば「抵抗」は弱化せざるをえず、それでは商業的な映画市場に観客を奪われる、という二重三重の自縛状況が浮かび上がってきた。換言すれば、台湾人による非営利の映画上映活動の挫折は、日本の植民地支配による弾圧と、資本主義産業たる映画がもつあくなき市場追求の原理との挟み撃ちによるものであった。

以上の検討から、植民地台湾において、被植民者たる台湾人が主体的に映画にかかわろうとするとき、植民地主義との交渉は不可欠であったが、解放をめざして行われた交渉は常に妥協を迫られる抑圧の過程であったことが明らかになったと思う。植民地下の交渉は、交渉のテーブルにつくために自らを合法的な主体として植民地権力に従属させるなかではじめて可能になるものであり、その主体性は決して単純な「自信に満ちた記憶」として語ることのできない、解放と抑圧が綯い交ぜになったきわめて多義的な性質のものであった。植民地主義との交渉が抱える限界を超えたいと願ったとき、台湾人に残されていた選択肢に「越境」があった、といえる。

第二章、第三章では、この越境を選択した劉吶鷗と何非光について考察することになるが、本章を閉じるにあたって、彼らと同様に越境を試みた台湾人について触れておきたい。それによって、劉吶鷗や何非光の越境が決して例外的な選択ではなく、彼らの他にも越境によって映画への憧れを追求した台湾人がいたことを確認しておくためである。

まず、サイレント武俠映画を中心に活躍した俳優の鄭超人《ていちょうじん》(旧名：鄭連捷《ていれんしょう》)がいる[王白淵、一九四七：二二][呂訴上、一九六一：二二][葉龍彦、一九九八：一四〇—一四二]。李松峰の紹介で映画製作の現場に触れ、「台湾映画研究会」のメンバーでもあった彼は、アモイを経てシンガポールで再び映画に出演、次いで上海に渡って阮玲玉や金焰など大スターと共に数々の映画に出演した。また、一九二六年に上海で文英影片公司を創設し、当時上海にいた日本人キャメラマン川谷庄平[213]を監督に雇って映画『情潮』を製作した彰化出身の張漢樹《ちょうかんじゅ》もいるが[王白淵、一九四七：二三][呂訴上、一九六一：四—五]、おそらくは「一片公司[一旗上げようと映画を製作するが一本で倒産してしまう会社]」に終ったのであろう。一九二八年には帰郷して中国映画の巡回上映に従事している。[214]さらに、第三章で取り上げる何非光の友人に、甘いマスクを生かし『関東大俠』(全一三集、一九二八—一九三一年、任彭年《にんほうねん》監督)などのサイレント武俠映画で二枚目俳優として人気を博した羅《ら》朋《ほう》(旧名：羅《ら》克朋《こくほう》)がいる。彼は、モスクワ映画祭「栄誉賞」受賞(中国映画として初の国際映画祭での受賞)の『漁光曲』(蔡楚《さいそ》生《せい》監督、一九三四年)の主演の一人としても有名だが[王白淵、一九四七：二二][呂訴上、一九六一：二二][葉龍彦、一九九八：一五三—一五五][程季華主編、一九六三：三三四—三三八]、一九三七年以後「孤島」上海での映画に出演するのを潔しとせず、貧困のうちに病死した[張深切、一九六一：四一七]。ほかに、上海聯華影片公司の編集部で『電影月刊』の編集に従事した郭伯霖《かくはくりん》(戦後は帰郷して台湾語映画を監督)[王白淵、一九四七：二二][呂訴上、一九六一：二一—二二][葉龍彦、一九九八：一五六—一五七]などがいる。また、これまで先行研究では言及されていなかったが当時の新聞記事によれば台湾から上海へ渡った詹碧玉《せんへきぎょく》という女優(明星影片公司と契約)もいたようである。[215]

こうしたなかに、映画製作を夢見て越境を繰り返しながら、結局その夢を果たすことができなかった一人として、張芳洲《ちょうほうしゅう》（後の名：張秀光《ちょうしゅうこう》）がいる。実際に映画作品を残すことができなかったため、現在ではほとんど忘れられた存在といっていい(216)。張芳洲は、一九二三年に祖国に赴いて国民党軍に入隊しようとしたが果たせず、明星公司に入社し三年ほど映画を学んだ後［王白淵、一九四七：二二］、一九二七年には中国映画の輸入配給会社「台湾新人影戯倶楽部」を組織して［葉龍彦、一九九八：一三二］台湾全島を巡回している(217)。一九二八年には映画製作会社「三光影片公司」の創設を企画し(218)、次のように述べている。映画は「知らず知らずのうちに人心を感化し社会の文化を促進し社会に一種の娯楽工具を得させるもの」であり、「世界が美島と命名し公認された楽園の天然美を背景に喜劇活劇悲劇社会劇ならびに時代劇歴史劇などすべてを銀幕の中に映し入れて宇宙に紹介したい」。『台湾民報』では、張芳洲が同社設立の資金集めに奔走する目的が営利だけでなく、台湾の文化を高め、台湾の特殊な景観や風物を撮影して海外に紹介するためであると紹介している(219)。だが、その後の消息はなく同社は創設にいたらなかったようである。一九二九年八月に新たに仲間を募って「光亜影片」なる映画会社を設立しようとしているが、この仲間のなかに何徳旺《かとくおう》すなわち後の何非光の名前を見ることができる(220)。こちらも、その後の消息はない。王白淵によれば、張芳洲はこの時期、当時上海ではまだ実現していなかったトーキー映画の技術に着目し、日本で技術を学んで上海映画界に持ち込もうとしたという。だが、中国人の日本人に対する反感は根強く、「日本のトーキー技術」はどこの会社でも採用されなかった(221)。しかるに、何非光の長女何琳《かりん》が執筆した『銀海浮沈』［二〇〇四］によると、張芳洲が夢見た上海でのトーキー映画製作は、在上海の日本官憲による何非光逮捕がなければ、あるいは実現したかもしれない、という事実が浮かび上がる。すなわち、何非光の出演作『悪隣』を製作した月明影片公司の任彭年、任彭寿《にんほうじゅ》の兄弟はトーキー技術に関心をもち、日本の技術の導入もしくは日本の会社との合作を考えていた。しかし、中国最初のトーキー『雨過天青』（一九三一年、夏赤風監督）を製作した華光片上有声電影公司が日本と合作していたために受けた反感を見聞していたので、慎重に事を運ぼうと日本留学経験のある何非光に仲介を頼んだ。一九三五年一二月一三日、何非光は日本でトーキー技術を学んだ張芳洲の意見を聞こうと自宅を出て虹口に住んでいた張芳洲の自宅へ向かう。だが張芳洲はすでに引っ越して不在だった。同日夜、何非光は自宅付近で待っていた私服警察によって逮捕、台湾へ「保護送還」されたのである［同前書、三五］。戦後台湾に帰郷した張芳洲は、台湾史に関する台湾語映画一六本の撮影を計画、「台湾電影促進会」を準備中に病死した［呂訴上、一九六一：二一］［葉龍彦、一九九八：一四二—一四三］。

植民地期台湾における台湾人の映画活動の足跡は、映画という「近代」への強い憧れに突き動かされながら交渉と越境を繰り返した、挫折の足跡とみることもできる。本論文の二章と三章で論じる劉吶鷗と何非光は、まさにこの意味において、植民地台湾出身の映画人の越境のありかたを——一本の映画作品を残すこともなく忘却された張芳洲を含めて——象徴する存在だといえるだろう。

第二章

上海へ——暗殺された映画人　劉吶鷗

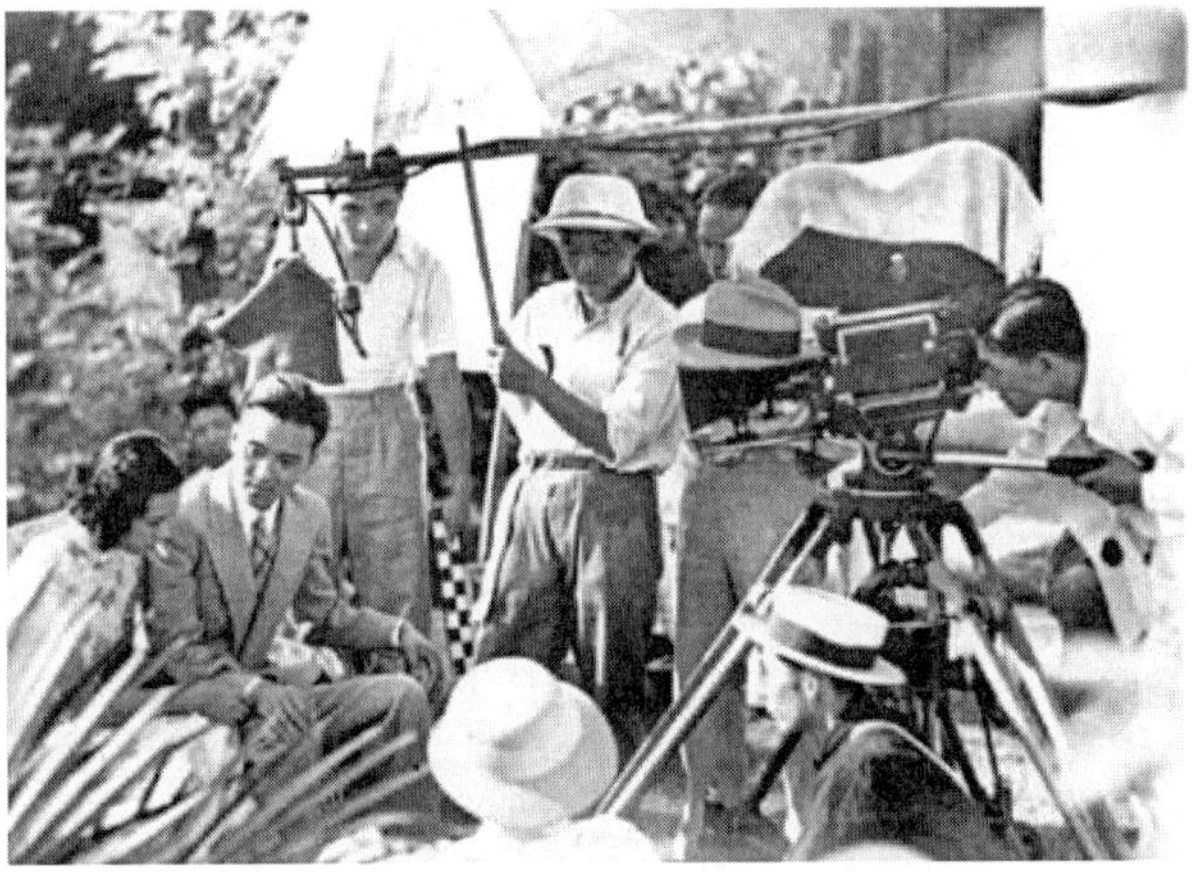

劉吶鷗の脚本による劇映画『永遠的微笑』(1937年，呉村監督)
撮影風景．提供：林建享氏．

第一節　はじめに

日本植民地下台湾の裕福な家庭に生まれ、東京の青山学院に学んだ劉吶鷗《りゅうとつおう》（一九〇五―一九四〇年）は、一九二六年に上海を訪れて震旦大学仏文特別班に学んだ後、上海に居を定めて書店を経営し文芸誌を発行、中国初のモダニズム文学といわれる「新感覚派」[1]の旗手として活躍する。こうした劉吶鷗の文学については、「半世紀も学界から忘却された後」[2]、近年研究者の間で再評価が始まっている。しかし、彼は文学者であったと同時に、きわめて多彩な活動を展開した「映画人」でもあった。すなわち、中国共産党系の映画評論家に先駆けてソ連のモンタージュ理論を中国に紹介し、自ら脚本家・監督・プロデューサーとして映画製作に従事したほか、映画史に残る「硬軟映画論争」の主要なアクターとして国民党「御用文人」とみなされただけでなく、一九三六年には中国国民党映画スタジオの実質的製作責任者に就任、日中戦争勃発後には「孤島」上海を舞台にした日本軍の映画統制と上海映画人との間の交渉におけるキーパーソンとして「漢奸」とみなされた。したがって、劉吶鷗は、一九三〇年代を通じ、上海を中心とした中国の映画をめぐるポリティクスに最も先鋭な形でかかわった映画人のひとりであった。そしてまた、第三章で論じる何非《かひ》光《こう》との関連で付言すれば、「抗日」的か否かというナショナリズムへの対応においてまったく対照的であるにもかかわらず、二つの異なる力のはざまを生きることを選択せざるを得なかった点において、二人の足跡はきわめて相似しているともいえる。

本章の課題は、この劉吶鷗の「映画人」としての足跡を、植民地台湾に生まれた被植民者としての出自に留意しながら、越境と交渉の過程として分析することにある。劉吶鷗は、植民地境界の越境のほか、中国における映画人としても二度の越境を行った。すなわち、上海の商業的映画界から首都南京の国民党映画スタジオへの越境、そして日中戦争勃発後の上海における「対日協力」への越境である。

第一章においては、植民地台湾における台湾人の映画活動を、植民地支配下での映画をめぐるポリティクスのなかで展開された「交渉」として分析した。その結果、植民地下で台湾人が映画活動を行うには植民地権力との交渉が不可欠であったが、解放をめざして行われた交渉は常に妥協を迫られる抑圧の過程でもあったという事実を確認した。

したがって、台湾人の植民地境界からの「越境」は、植民地下における交渉の限界を乗り越えるものとして目指されたといえる。しかし、劉吶鷗が越境した中国にはまた植民地台湾とは異なる映画をめぐるポリティクスがあり、そのうえ彼が越境によって逃れたはずの「帝国」日本もまた中国への侵略という形で越境者を追いかけてくる、という事態が出現した。そこで日本の帝国主義と中国のナショナリズムが激しく衝突するなか、日本においても中国においても「国民」に統合されない植民地台湾出身者には、当然、双方から強い圧力がかかることになった。行論を先取りしていえば、「越境先たる中国のナショナリズム」と越境先に追いかけて「越境してくる日本の帝国主義」との激しい衝突のなかで、劉吶鷗は「国旗を胸の底に持たない人」として映画という「近代」を追求しようと試み、「祖国」と「帝国」が衝突するはざまで圧殺されたと考えられる。本章では、劉吶鷗が映画という「近代」を追求しようとするなかで直面した解放と抑圧の実態を明らかにすることで、被植民者たる台湾人にとって、交渉の限界を乗り越えるものとして目指された越境もまた、解放だけを意味するものではなかったことを明らかにしたい。

先行研究および問題点

先行研究についてだが、「漢奸」として暗殺された劉吶鷗は、先述のように近年になってようやく中国現代文学研究の領域で研究対象とみなされるようになったこともあり、新しい成果が相次いでいる。「新感覚派」やモダニストの文脈で劉吶鷗にも言及しているものとして、夏志清《かしせい》［一九七九］、厳家炎《げんかえん》［一九八九］、Lee, Leo Ou-fan［1999］（李欧梵《りおうぼん》［二〇〇〇］）などがあり、劉吶鷗に焦点をあて彼の文学作品や映画批評を論じたものとして許秦蓁《きょしんしん》［一九九八］、張新民《ちょうしんみん》［一九九九・二〇〇三］、李今《りきん》［二〇〇〇］、Shih, Shu-mei［1996］、彭小妍《ほうしょうけん》［二〇〇一］、三澤真美恵［二〇〇五ａ・二〇〇五ｂ・二〇〇六］があるほか、劉吶鷗の日記や批評を含む全集［康来新・許秦蓁編、二〇〇一］、劉吶鷗国際シンポジウムの成果［国立中央大学中国文学系、二〇〇五］も刊行された(3)。また、劉吶鷗個人ではないが、柳営劉家（劉吶鷗が属する台南柳営の劉一族）については、劉秋峰《りゅうしゅうほう》『柳営劉家伝記』（一九八二年、ただし未公開のため筆者は未見）、許永河《きょえいか》［二〇〇三］などがある。

とはいえ、先行研究では劉吶鷗の文学作品や映画批評などのテクスト分析が主流であり、映画人としての足跡にはあまり関心が向いていない(4)。とりわけ、なぜ彼が「御用文人」と呼ばれながら国民党の下で働くことを選択したのか、なぜ「漢奸」と呼ばれることを承知で日本軍に協力したのか、といった問題についての研究は、管見の限り見当たらない。それは、映画人としての側面が「漢奸」劉吶鷗のいわば「罪業」に関わる部分であり、研究の対象とされにくかった、またそうした研究事情もあって資料状況が整っていない、という二重の制約によるものと思われる。

第一の制約たる「漢奸」の問題については、序章で引用した「対日協力」研究に関する指摘を再び想起したい。すなわち、「大義」と「不義」とを対蹠的に描写する二者択一的な歴史叙述は当該期の錯綜した社会をありのままに把握しようとしない一方的かつ平板な解釈である、という指摘である［並木真人、二〇〇三］。この点、劉吶鷗の場合、「漢奸」としての「不義」のみならず、中国大陸の革命史観における国民党の「御用文人」としての「不義」も付加されている。本章では、映画をめぐるポリティクスを解きほぐしつつ、映画人としての劉吶鷗の足跡を明らかにすることで、植民地下とはいえ裕福な家庭に生まれ、数カ国語を操る知識人であった劉吶鷗が、なにゆえ「御用文人」と呼ばれ「漢奸」と呼ばれることを承知で、越境と交渉を繰り返しながら映画活動に従事したのかを考察してみたい。

それによって、植民地台湾の台湾人が行った交渉と同様に、「御用文人」「漢奸」と呼ばれた劉吶鷗の越境と交渉もまた、二者択一的な歴史叙述ではみえてこない多義性を秘めていたこと、矛盾に満ちてはいるが、同時に切迫した要求に突き動かされたものであったことを明らかにしたい。

　第二の制約たる資料不足についてだが、劉吶鷗が製作した映画が、序章でも述べたように家族を撮影した一種のホーム・ムービーを除いて所在不明で閲覧不可の状態にあることは、映画人としての劉吶鷗を研究対象とする本書にとって重大な制約となっている。しかし、資料的な制約によって、ときには推論に頼らざるを得ないとしても、先行研究においては未使用であった日中双方の公文書のうちに発見した劉吶鷗に関する資料を含め、彼自身の日記や周辺人物の回想録、当時の雑誌新聞などを読み合わせることで、できる限り実証的にその足跡を明らかにしたい。

　国民党―国府の映画統制については、張新民［一九九四・一九九六・一九九八・二〇〇〇］、Zhiwei Xiao［1997; 1999］、汪朝光《おうちょうこう》［一九九七・一九九九・二〇〇二］らの検閲に関連した先駆的研究があり、電化教育（ラジオ・映画を通じた教育を指す）については貴志俊彦［二〇〇三］、消極・積極の両面から映画統制を考察したものとしては三澤真美恵［二〇〇四b］、官営映画事業としての通史としては楊燕《ようえん》［二〇〇二］、楊燕・徐成兵《じょせいへい》［二〇〇八］の研究がある。

　また、日中戦争勃発後の上海については、当該時期の日中映画人関係史に焦点をあてた研究［晏妮、二〇一〇］があるが、日本軍が展開した映画統制については、当事者による回想録［辻久一、一九八七］［清水晶、一九九五］のほか、日中双方の映画史研究に概要もしくは断片的な記述があるのみで［程季華主編、一九六三b：第六章第五節］［杜雲之、一九七二b：第一五章］［加藤厚子、二〇〇三：第三部第五章］、詳細については不明な点が多い。本書では、こうした中国における映画統制についても先行研究においては未使用であった資料を使用することで、新たな事実を解明している。

第二節　日中戦争前の中国における映画の普及と統制

五四運動の影響を受けた白話文による台湾新文学運動、台湾人青年の「民族的覚醒」を伴った中国留学ブームなど、植民地下の台湾人にとって「中国」が日本による植民地統治の現実を相対化するための「対抗イメージ」[5]として重要な意味をもっていたことは先行研究が示すところである〔若林正丈、一九八三ａ〕〔呉密察、一九九三〕〔近藤正己、一九九六〕。この点、一九二〇年代半ばから本格的に台湾に流通し始めた中国映画は、就学もできず識字技術ももたない台湾人観客にとって、安価で手軽に楽しめる対抗イメージとしての「中国」を提供したといえる[6]。前章で述べたように、一九二〇年代半ばから一九三〇年代半ばの映画市場の拡大多様化期には、植民地台湾においても多くの中国製劇映画が流通した。植民地下の台湾がこうした対抗イメージとしての「中国」をスクリーンを通じて享受することができたのは、中国映画界が一九二〇年代に入って産業化し、継続的な作品供給が可能になっていたという条件に支えられている。越境者たる劉吶鷗が映画事業を展開することができた背景には、すでにある程度の市場が確保されながら、中小の映画会社でも再生産に参入することが可能な、中国映画界の急成長があった。そして、当時の中国映画産業の最大拠点は、上海であった。

以下、まずは中国映画産業の最大拠点となっていた上海の都市としての性格を概観したうえで、劉吶鷗の越境先たる中国の映画界がいかなるポリティクスによって構成されていたのか、やがて劉吶鷗が実質的製作責任者に就任する南京政府期国民党宣伝部の映画スタジオ中央電影撮影場を中心に、当該時期中国における映画統制の概要を整理しておきたい。

1　近代都市「上海」の多様な性格

清末の一八四三年に開港し、一八四五年にイギリス租界が設置された上海は、「モザイク都市」[7]「クレオール上海」[8]という言葉に象徴的なように、欧米列強の西洋文化と土着の中国文化とが対抗的に共存する特殊な近代都市として急速な発展を遂げた。イギリスに次いでアメリカ、フランスも租界を設置し、これら列強の資本流入とインフラ整備が、上海を近代都市へと変貌させる起動力となった。それはまた中国の行政システムとは異なる権力機構を成立させ、上海を植民地的な近代都市──「半植民地」「次植民地」[9]という言い方に倣えば「半国民国家」「次国民国家」的ともいえる都市──へと再編成する力でもあった。

これに対して、二〇世紀に入って始動していた中国人による租界参政・回収運動は、華界(租界以外の場所)の自治運動とともに、第一次大戦を契機とした中国ナショナリズムの高揚に伴って本格化する。一九二七年の上海クーデター(四・一二事件[10])と、その後成立した南京国民政府の方針によって、急進的なナショナリズムは抑制されるものの、一九三一年の「満洲事変」、一九三二年の「第一次上海事変」(一・二八事変)は抗日中国ナショナリズムを再燃させる。以後、上海の租界は、中国大陸の動乱を逃れようとする人々にとってだけでなく、植民地台湾の急進的な抗日民族運動家にとっても、国内外の政治勢力に対して一定の「安全地帯」としての役割をもつようになる。そこは、抗日運動を志す植民地人にとっても、日本官憲の力が及ばない「革命のゆりかご」であった[11]。

台湾人青年の大陸への留学熱は、台湾文化協会の文化啓蒙運動の影響もあって一九二〇年代に急激に高まり、一九二〇年末に全島で一九名だった台湾から中国への留学生は、一九二三年一〇月の調査では二七三名に激増する〔台湾総督府警務局編、一九三九＝一九九五：一七四─一七五〕。つまり、上海は国内各地から流入した中国人のみならず、台湾や朝鮮など植民地から越境してきた者も受け入れつつ、抗日民族運動の拠点ともなっていた。

また、「モダン上海」の象徴というべき高層建築が上海で集中して建てられ〔伍江編著、一九九七〕、「夜上海」と呼ばれるネオンに彩られた不夜城の情景が形成されたのも一九二〇年代後半であった〔李今、二〇〇〇〕。上海の経済的発展は、近代教育の普及、メディアの発達をうながし、都市文化を消費する都市中間層を生み、一九二〇年代以後、新文学や映画産業を急速に発展させた。

本章で論じる劉吶鷗が、植民地境界を越境したのも、まさにそうした近代都市文化が急速に花開きつつある一九二〇年代後半の上海、加えて「半国民国家」「次国民国家」的であるがゆえに激しいナショナリズムを内包した空間であった。

2　映画市場の拡大(一一九二〇年代)

東アジアの各地と同様、中国の場合も一九〇〇年代から一九一〇年代にかけてが、民族資本による映画興行と映画製作の揺籃期であったが、(12)この時期の中国における映画産業は大多数が外国人によって占められていた。中国人自身による映画産業が本格化しはじめるのは一九二〇年代に入ってからである。中国における映画市場の拡大は、中国国内の映画館数が一九二七年の約一〇〇館から一九三〇年の約二五〇館と四年間に二・五倍に増加することで確認できる。(13)製作方面では、『孤児救祖記』(一九二三年)などの大ヒットに刺激されて一九二五年前後には百数十の映画製作会社が林立しており、(14)国産の長編劇映画の生産数は先述のように一九二三年から一九二六年の四年間に二〇倍に激増、(15)弘石《こうせき》の指摘するとおり一九二〇年代後半の中国映画産業は娯楽を中心とした「サイレント映画の黄金時代」(16)を迎えていたといえる。こうした国産映画産業の勢いによって「中国映画を軽視していた外国人映画館経営者も考えを改めた」(17)といわれ、中国人経営による映画館も増加したが、国産映画専門館はまだ少なかった。(18)

映画統制を「負の要素」を取り締まる消極的統制と、「正の要素」を広める積極的統制の両面から考える場合、中国における映画の普及初期に認められるのは消極的統制のみである。政府が映画について取締条例を設けた例は清朝末期から確認でき[程季華主編、一九六三a：一一]、各地で映画検閲の必要性が言われ始めるのは一九二〇年代に入ってからである[汪朝光、二〇〇一：二〇三—二二六]。詳細は先行研究に譲るが、中央レベルでの映画検閲機構としては一九二六年二月に通俗教育研究会の戯曲股(映画のための部署ではなく、文字通り戯曲を管轄する部署)に成立した「電影審閲会」があり、教育総長の批准を受けたその「審査影劇章程」による検閲は、残された記録から実効性があったことが確認されている[同前：二二一—二二二][19]。映画取締法規としては一九二八年四月北京政府の内務部と教育部によって提出され国務会議で可決された「検査電影暫行規則」「中央検査電影委員会組織規則」があるが、二カ月後に北伐によって北京政府が倒されたためどちらも執行はされなかった[同前：二二二—二二三]。いっぽう、南京政府成立以前の国民党による映画宣伝、すなわち積極的統制の初期の動きとして知られるのは、一九二四年第一次全国代表大会の際に委託撮影させたニュース映画を全国各地および南洋などで上映したこと[20]、一九二五年国民党黄埔軍官学校の黄埔同学会が創設した血花劇社内に映画部門を併設し、一九二六年北伐の際に自作のフィルムを持参して毎晩それを各地で上映して軍民に見せたことである[方治、一九三四：二]。国民党の宣伝方略に関する鄭士栄《ていしえい》の研究によれば、孫文は当初から宣伝を重視しており、東京に成立した中華革命党の時代に宣伝部を増設していたが[鄭士栄、一九八七：一一四—一一五]、国民党として本格的に宣伝方略と呼べる計画を持ったのは、一九二三年一〇月に葉楚傖《ようそそう》が第一次全国代表大会に提出した「出版及宣伝問題案」のなかに付した「宣伝総計画」である[同前：一六八][21]。しかし、こうした初期の宣伝方略は文字宣伝に関するものが中心であった。国民党の宣伝方略において映画が重視され始めるのは、南京政府成立後のことである。

　つまり、中国における映画普及は一九〇〇—一九一〇年代に大都市を中心に外国資本によって始動し、一九二〇年代に地方都市も含めた映画市場が急速に拡大、一九二〇年代後半には製作も含めた各部門において民族資本による産業化がはたされつつあった。これに対応して、清朝政府や北京政府において映画を統制しようとする動きはあり、国民党内部でも映画は宣伝に利用され始めていたが、南京政府成立以前においては、消極的統制に関しても、積極的統制に関しても、全国的に統一された実効力を伴う制度は登場していなかったのである。

3　南京政府による映画統制と映画界の政治化(一九二八年―一九三七年)

国民党軍による北京政府の打倒、張学良による「易幟《えきし》」(国民政府の支持)によって、中国はいちおうの統一を遂げる。映画統制もまた、国民国家としての南京国民政府の行政権力をもってはじめて全国的に統一され実効力をもつものとなった。

南京国民政府成立後、行政権力をもった映画検閲機関は一九二八年八月一八日市レベルで登場した(22)。国民政府レベルでは、一九二八年九月三日、内政部により「検査電影片規則」(計一三条)が公布され、翌一九二九年一月一日施行とされたが、施行前に内政部と教育部の合同で「検査電影片規則」(計一六条)が定められて、結局一九二九年八月一日に施行された[楊君勱、一九三四]。しかし、これは各級レベルごとに行う検査であったため、執行過程で各地の民情の違いや検査基準の差異によって混乱をきたし、複数の検査機関の存在は検査期間が長く費用もかかることから業者の不満も多く、全国統一検査機構の設置が求められた[汪朝光、一九九七：六二]。そこで、一九三〇年一一月三日に国民政府によって「電影検査法」が公布され、一九三一年一月二九日には「電影検査法施行規則」と「電影検査委員会組織章程」が公布され、同年三月一日教育・内政両部による「電影検査委員会」が組織された[中国教育電影協会編纂委員会編、一九三四](23)。これが、全国的に統一された映画検閲制度の始まりである。検閲規則についても、一九三一年「電影片検査暫行標準」(五款四六条)でさらに細かな検閲基準が示された[汪朝光、一九九七：六二]。その後、一九三三年九月、中央宣伝委員会は検閲(消極的統制)も宣伝(積極的統制)もあわせて指導する「電影事業指導委員会」を設置し、その下に「電影劇本審査委員会」と「電影検査委員会」が置かれることになった〔方治、一九三四〕。ここに「電影検査委員会」をめぐって、教育部・内政部と中央宣伝委員会との間で角逐が起きたとされる〔張新民、一九九六〕〔汪朝光、一九九七〕。だが、一九三四年二月には「電影検査委員会」は「電影事業指導委員会」の指導を受けることが再確認され、一九三四年三月一八日には教育部・内政部は「電影検査委員会」を「中央電影検査委員会」に改組し（もとの「電影検査委員会」は終了）、「中央電影検査委員会」は教育部・内政部の影響力を排除する形で「電影事業指導委員会」に直属することになった〔呉研因、一九三四〕。これによって、映画検閲を管掌する機関は政府（教育部・内政部）と党（中央宣伝委員会）の二本立てから党に一本化された(24)。その後、一九三五年四月に中央宣伝委員会に「電影科」（電影股から昇格）が設置されると、「電影事業指導委員会」の「中央電影検査委員会」と「中央劇本審査委員会」が管掌する検閲（消極的統制）以外の映画事業（指導・宣伝などの積極的統制）は、実質的にすべて「電影科」が担当することになった(25)。次いで、一九三五年一二月、電影科は「電影事業処」に昇格する〔鄭士栄、一九八七：一四二―一四三〕。この段階では、検閲（消極的統制）・宣伝（積極的統制）に関して組織上はまだ「電影事業処」と「電影事業指導委員会」は並存していたが、「電影事業指導委員会」は一九三六年二月に「文化事業計画委員会」が成立したことで解消された(26)。その結果、消極的映画統制のうち、フィルム検閲は従来どおり「中央電影検査委員会」（中央宣伝部直属）が主管したが、映画脚本の検閲については「電影事業処」が推進することになった(27)。

いっぽう、一九二〇年代後半各部門で産業化をはたしつつあった映画界では、前章で言及したようなナショナリズムにもとづく外来映画排斥の傾向が認められる。その代表的な事例としては、一九二九年に聯華影業公司を創設した羅明佑《らめいゆう》が、欧米映画の市場壟断に対し中国資本の映画産業としては初の製作・配給・上映のネットワークを形成して「芸術の提唱、文化の宣揚、民智の啓発、国産映画の挽回」をスローガンに掲げたことや〔聯華、一九三四：二一―二二〕〔羅明佑、一九三〇〕(28)、一九三〇年二月劇中の中国人描写が侮辱的であることから起きた当該米国製映画『Welcome Danger』(邦題『危険大歓迎』、中国語題名『不怕死』)の排斥事件(「『不怕死』事件[29]」)などがある。

しかし、一九三二年一月の第一次上海事変によって映画産業は人材・施設各方面で激しい打撃を受ける(三〇社以上が営業停止、映画館も三九館中一六館が被害)〔程季華主編、一九六三a：一八一―一八二〕。このときの、抗日的映画を求める民衆の要求(『影戯生活』誌には抗日映画を要求する六〇〇通以上の投書があった)〔程季華主編、一九六三a：一八〇〕が、民間映画産業をして、「安内攘外」政策を掲げた国民党ではなく「反帝国主義・反封建主義」を掲げた共産党系文化人に接近させた[30]。したがって、結果からみれば「左翼映画の黄金時代」として知られる一九三〇年代前半の中国映画の方向は、代表的な中国映画史が記述するような「共産党の指導[31]」によるものというよりは、むしろ大衆娯楽商品たる映画の市場要求に規定されたものと考えられる。

たとえば、都市の資産家庭と田舎の貧農という全く異なる階級に分かれて育った姉妹を対比的に描いた『姉妹花』(一九三三年)は何度上映しても客が入るという超ロングセラーのヒット作となるが、同作は左翼というよりは伝統的な文人とみなされてきた中国映画界の重鎮たる鄭正秋《ていせいしゅう》が脚本監督したものである[32]。また、同作について、当時大量のハリウッド映画を中国に輸出していたアメリカ側は「この映画〔『姉妹花』〕の成功は中国には明らかに純粋に中国人の製作した映画のための大きな市場があるという事実を示している[33]」〔傍点引用者〕と分析している。とはいえ、民間映画産業からの打診を受けた共産党員を含む左派知識人が、こうした動向を好機として映画を積極的に政治に利用しようとしたことも、また事実である。

民衆の抗日ナショナリズムに対応した中国映画界の左傾化は、具体的には一九三二年五月下旬に明星影片公司が夏衍《かえん》[34]、鳳吾《ほうご》(銭杏邨、阿英[35])ら共産党員に脚本顧問としての参加を要請したのを契機として、聯華、芸華などの映画会社にも左翼映画人が協力し、一九三三年には多くの左翼映画が公開される状況として出現した〔夏衍、一九八五＝一九九三：七七八〕。また、共産党員が筆名で活躍した映画批評界においては、映画の「意識」(映画の思想性を指す。「形式」との差異を示すために、同様の意味で「内容」という語も用いられた)が正しいかどうかが映画の良し悪しを判断する基準とみなされるようになっていた。こうした思想性を重視する映画論に対して、思想性のみならず「形式」も重視すべきだという映画論が登場して起こったのが「硬軟映画論争」である。[36]後述するように、劉吶鷗もまたこの論争にまきこまれ形式を重視する「軟性映画論」側の主要なアクターとして左翼映画人に敵視されることになる。そして、この論争が展開されている最中の一九三三年一一月一二日、左翼映画を多く製作していた芸華影片公司が打ち壊される事件(いわゆる「芸華事件」)が起こる。共産党系映画人の逮捕などと並び、中国映画界の「左傾」に対する国民党による厳しい弾圧を代表するものとされる。

しかし、南京政府期の映画統制はこうした左右対立の局面だけで構成されていたわけではない。たとえば、消極的統制における検閲内容についてこれまで強調されてきたのは先述のように「左翼映画運動への迫害」〔程季華主編、一九六三a:二九一〕という文脈だった。だが、「初期の映画検閲」に関していうならば、その「主要な任務は神怪、武俠、迷信、色情に関する不良映画を取り締まること」〔杜雲之、一九七二a:一二三〕であった。そもそも民間映画産業が左傾化するのは「満洲事変」「第一次上海事変」を経た一九三二年以後のことであり、国民党が左翼映画の取締を開始したのは、「左翼映画の氾濫により、赤色宣伝の影響を防止するため」〔同前〕に電影検査委員会が中央電影検査委員会に改組(一九三四年三月)されて後のことである。[37]張新民や汪朝光の研究でも検閲取締の対象になったのは必ずしも左翼映画だけでなく、非科学的な迷信の類、荒唐無稽なアクション、公序良俗を乱す低俗な性表現など、近代的国家建設の足かせとなるような「不良映画」も主たる検閲対象であったことを指摘している〔張新民、一九九六〕〔汪朝光、一九九七〕。この点、「不良映画」については、いわゆる「左派」の知識人もまた封建的な意識の再生産につながるものとして危機感を表明していた。[38]

これらは序章に示した【表0—一:映画統制の分析枠組】でいえば「〈我々〉に対する「負の要素」を取り締まる」こ

とにあたる。いっぽう「〈彼ら〉からの「負の要素」を取り締まる」ことについては、中国の国際的なプレゼンスをおびやかす外国映画の検閲および租界における検閲権回収問題をめぐる政府の対応が挙げられる。こうした映画の越境性をめぐる統制においても、国内映画産業保護と反帝国主義という文脈からみれば、民間映画産業と左翼文化人の間のみならず、彼らと政府や国民党系民間団体（中国電影教育協会）との間にも一定の協調があったことが指摘されている[Xiao, 1997]。このうち、租界の検閲権については、批判の矢面に立った映画検閲の管掌部門自身が主権の回復という論理のなかで回収を構想し、政府に外交交渉を要求していた。そこでは「租界もまた我国の領土であり、居民の多くも我国の人民である。映画検閲は我国政府行政のひとつであり、かつすでに電影検査法が全国に施行されている。どうして租界当局が外交交渉を越えて代わりに謀を為し、我国の統治権と司法権の統一を破壊することができようか！」[39]という論理が展開されていた[三澤真美恵、二〇〇四b]。

したがって、列強の帝国主義下にあったとはいえ国民国家の体を成していた中国における映画をめぐるポリティクスは、戦後の代表的映画史で左右イデオロギーの違いによる「我々」意識によって強調されてきた対立的な局面ばかりで構成されていたわけではなく、中国人としての「我々」意識、すなわち中国ナショナリズムにかかわるような場面においては左右両派が足並みを揃えるような局面もあったことには注意が必要である。

積極的映画統制と中電の成立

国民党の映画製作は、南京国民政府成立以前の段階ですでに民間映画会社へのニュース映画製作委託、黄埔同学会血花劇社による映画製作（および北伐の際の各地での上映）という民間委託と独自製作の二つの方式が確認できる。しかし、映画を利用した宣伝に関する管掌部門が党や政府の組織として正式に登場するのは、映画市場が急速に拡大し映画が産業化しつつあった一九二〇年代後半、すなわち一九二八年三月二二日中央常務委員会で宣伝部組織条例が通過し、「編撰科芸術股」の管掌事項に映画が含まれるようになった時点からである[40]〔鄭士栄、一九八七：一二三〕。映画に特化した組織としては、「中央電影文化宣伝委員会組織条例」が一九三一年三月に通過したのが確認できるが[41]、活動状況を示す資料は未見であり、実質的な国民党映画宣伝に関する組織的変遷のうえで画期といえるのは、一九三二年五月に文芸科の下に映画事業を専門に管掌する「電影股」が独立(一〇日に第一九次常務会議で宣伝委員会組織条例修正が通過)したことである。以後、電影股が国民党の映画宣伝事業の実際面を担い、「電影科」「電影事業処」へと組織が拡大、位階が上昇していく。検閲の箇所で「電影事業指導委員会」が検閲組織の一元化を進めたことはすでに述べたが、電影股は電影事業指導委員会の成立(一九三三年九月)後も、電影指導委員会の管轄下には入らず宣伝委員会に直属したまま並立する形で存続している。しかし、この段階では、事業内容を見る限り、電影股は電影事業指導委員会の下請け的な性格をもっていたといえよう[42]。

電影股の事業のうち、重要なものに党独自の映画製作があり、毎月少なくとも一作品を独自に製作したほか、聯華影業公司と提携して国内各地の特約キャメラマン撮影によるニュース映画『中国新聞』を定期的に製作している[43]。この時期、一般映画市場では左翼映画が公開され映画産業の左傾化が表面化していたが、こうした動きに対応して国民党による映画製作も本格化する。すなわち、国民党の映画スタジオ中央電影撮影場(以下、「中電」と略記。後に、劉吶鷗が参加することになる)の完成(業務開始は一九三四年八月)である[44]。中電では、人材の募集や養成も独自に行うようになり[45]、撮影場の人員は一九三三年以前の一〇―一五人規模から、一九三四年の一五―四〇人規模、一九三五年の四〇―一〇〇人規模へと飛躍的に増加している[46]。撮影されるフィルムも、毎月三巻のニュース映画のほかに、教育映画(産業紹介や軍官学校紹介フィルム)、劇映画では共産党討伐と軍民協力を説いた『民衆と軍人』や新生活運動の宣伝映画など、種類も量も共に増えている[47]。

このうち、「満洲事変」調査のために中国を訪れたリットン調査団を撮影したと思われる「国連調査団」などは、国際宣伝を意識して製作された映画といえよう。リットン調査団と「満洲国」については日本側も映画を製作しており、加藤厚子によれば、それらのフィルムは国際連盟日本国事務局を通じて欧米を中心に世界各国へ配布され、一九三二年一二月から翌年初春にかけて「日本の対外宣伝に活発に利用」されたと同時に、国連の外郭団体である教育映画国際協会が設置されたイタリアでは当該映画上映に関して中国に配慮したフィルムのカットや説明の改変もおこなわれたという〔加藤厚子、二〇〇一：一七—一八〕。これに対して、電影股が製作した国際宣伝映画も、アメリカ各都市やアフリカに送られ上映された記録がある[48]。一九三四年度の電影股の工作報告では、「最近我国駐欧米各地大公使館は、国際宣伝の重要性から、中央に対して国内政治建設に関するニュース映画を多く撮影し、欧米各地に配布して上映するべきであると建議した。その進行方法については、すでに外交部と計画中である[49]」とある。一九三五年の段階ではソ連の国際映画祭に参加した『建設中之中国』、ベルギーの国際農村コンクールに参加した『農人之春』など、「国際映画祭や展覧会に参加するため特に撮影された作品[50]」の製作が確認できる。

こうしたなか、電影股は宣伝委員会の再三の提案によって[51]、一九三五年四月に「電影科」に昇格し、ここにいたって電影事業指導委員会と電影科の仕事の分担が明確に規定される[52]。すなわち、従来どおり電影検査委員会と劇本審査委員会が管掌する「検閲」以外の映画事業の実務は、実質的にすべて「電影科」が担当することになった[53]。さらに、一九三五年一二月、電影科は「電影事業処」に昇格する〔鄭士栄、一九八七：一三九—一四三〕。一九三六年度には経費も以前の一・五倍以上になり[54]、トーキー・スタジオも完成（一九三五年七月）[55]、中電の組織も大幅に修正され[56]、技術人員も増える。

南京政府成立後、映画は国民党—国府、共産党の双方によって本格的に政治利用され始めるが、その展開は、一九二〇年代を通じた中国映画の普及拡大、一九三一年の「満洲事変」、一九三二年の第一次上海事変を契機とする民衆の映画に対する「抗日」要求、「事変」で被害を受けた映画界による民衆要求への呼応としての左派文化人への接近、

劉吶鷗が育った台南（新営）の家.「耀舎娘宅」「八角楼」と呼ばれた. 提供：林建享氏.

これに対する国民党―国府の消極的統制の強化、という複数のアクターによる相互の連鎖作用によるものといえる。なかでも、国民党によるオリジナル映画の製作は、欧米映画による中国・中国人イメージの歪曲（先述の『不怕死』事件など）や上記の「満洲事変」をめぐる日本映画による対抗的な国際宣伝といった苦い経験を経て、国内の〈我々〉に対しても、国外の〈彼ら〉に対しても、国民統合のために映画を利用しようとした積極的統制の活性化を示す動きといえる。劉吶鷗が映画活動を開始するのは、まさにこうした中国映画界の政治化、左右の対立が顕著となり始めた時期のことであった。

第三節　「帝国」からの離脱

劉吶鷗は、一九〇五年九月二二日、父劉永耀、母陳恨《ちんこん》の長男として日本植民地下台湾の台南新営郡柳営庄の裕福な家庭に生まれた〔『劉吶鷗全集　影像集』九七〕。親からもらった名前は劉燦波《りゅうさんは》である。他に弟（桜津《おうしん》）一人と二人の妹（瓊《けい》瑛《えい》・瓊蕭《けいしょう》）がいる〔許秦蓁、一九九八：二一〕。劉吶鷗が生れて三年後、一九〇八年に父劉永耀《りゅうえいよう》は日本人建築士を雇ってルネッサンス様式を模した煉瓦建ての「八角楼」を建築した。地元の人に「耀舎娘宅」と称されたその家屋は、現在の我々が写真や映画で見ても[57]、個人宅とは思えない様式と規模を備えており、植民地下の被支配者とはいえ、柳営劉家がどれほどの資産家であったかを想像させる。

柳営劉家は一七世紀半ば鄭成功軍と共に来台し、開墾に成功して地主となったが〔許永河、二〇〇三：四五〕、日清戦争後の台湾割譲に伴う植民地戦争を経てなお大地主として生き残った背景を述べておこう。一八九五年一〇月に嘉義、台南で展開された日本軍と台湾人が組織した抗日軍の戦いにおいて、清代以来の私的武装力を所有していた柳営劉家は抗日軍に参加しなかった〔同前：一〇八—一一四〕。柳営劉家を研究した許永河は、このとき劉家が「静観」する態度をとったのは「北部の抗日軍の惨敗とその帰結をすでに聞き知っており、政権交替の時には、財産や生命を保障することが、劉家の人々にとってあるいは最重要と考えられたためではないか」と述べている〔同前：一一〇〕。果たして、柳営柳家は日本植民地統治下において辦事処参事や庄長などに任じる者を多く輩出し、総督府が奨励した製糖産業にも進出して鹽水港製糖会社の理事や監事になる者もいた。植民地支配を受ける以前から大地主であった柳営劉家は、政変における「静観」によって資産を拡大させたことになる。劉吶鷗が一九〇五年生まれであることから、その父である劉永耀が、柳営劉家の一員として、まさにこうした政変において「静観」する態度をとることを選択し、それによって、上述のように支配民族である日本人の建築士を雇いモダンな邸宅を建てるだけの財力を蓄えたものと推定される。

中学生時代の劉吶鷗（左から二人目）．提供：林建享氏．

柳営劉家から多くの文化人が輩出されたのも、その資産によって熱心な教育が施された結果といえる。劉吶鷗の家族史については、許秦蓁〔一九九八〕や許永河〔二〇〇三〕に詳しいが、柳営劉家には、台湾人留学生による初の政治運動団体「新民会」に参加し日本の高等文官試験に合格した初の台湾人となった劉明朝《りゅうめいちょう》（一八九五—一九八五年）、ドイツに留学しマルクス主義を学んで哲学博士となり帰台後は総督府の糖業政策に抵抗して「地主のマルクス主義者」と呼ばれた劉明電《りゅうめいでん》（一九〇一—一九七八年）、著名な画家 劉啓祥《りゅうけいしょう》（一九一〇—一九九六年）などがいる。劉吶鷗自身も、鹽水港公学校を卒業し、一九一八年から二年間を台南長老教中学校で過ごした後、東京の青山学院に留学（一九二〇年中学部三年に編入、一九二六年同高等学部英文科を卒業）、一九二六年には上海を訪れて震旦大学仏文特別班に学ぶなど、恵まれた学習環境のなかで育った。

台湾のほか、東京、上海にも留学した劉吶鷗だが、職業人としての活動は、一九二八年に上海を拠点とすることで始まった。しかし、彼ほどの資産があれば、台湾はもちろん東京でも、書店を経営し雑誌を創刊することは可能であった。実際、上海で文芸事業を始動する前年、上海、台南、東京を行き来した一九二七年の日記には、いずれの場所に留まるべきか揺れ動く劉吶鷗の心情がつづられている。

母は私が帰郷しなくてもよいと言っている。ならば、私がもう一度上海へ行くことも可能だ。親しい友達がいるわけでもないが、にもかかわらず私の将来の土地だ！　しかし東京は何を以てこれほど私を引き付けるのか？美女か？　ちがう。友人か？　ちがう。学問か？　ちがう。おそらく、あの修養の目であろうか？　台湾は行きたくない場所だ。しかし家の園林を思うと、そんなふうにも言いたくない。ああ！　越南の山水、南国の果実園、東瀛の長袖、どれが私にとって近しいのだろう？〔一九二七年七月一二日「劉吶鷗日記」四四六〕。

上海、台湾、東京という選択肢のなかで、「将来の土地」と直感する上海、「これほど私を引き付ける」東京に比べ、「そんなふうにも言いたくない」と躊躇しつつ「行きたくない場所」とされるのが台湾である。劉吶鷗が最終的に上海に居を構えたことからも、郷愁をいったん脇に置けば、生活拠点としての優先順位は、上海、東京、台湾の順であったと推定できる。では、なぜ彼は台湾に「行きたくない」と思ったのか。

一九二七年の日記の記述にしたがって解釈すれば、劉吶鷗が台湾に戻りたくないと感じていた理由のひとつは、死んだ父に代わって劉家を切り盛りする母親陳恨《ちんこん》と、その母親に決められた結婚に代表される「封建的大家族制」の逼塞感だったことである。たとえば、祖母の葬儀のために帰郷した劉吶鷗は、葬儀の仕方について母親と衝突し、次のように述べる。「彼女が上、私が下、すべて彼女が処理するというわけだ。(中略)性格のない傀儡になるか、そう長いことでもないだろう。『台湾家庭革命』という本でも編集したいものだ」〔四月二三日「劉吶鷗日記」二六八〕、「合わないのも当然だ。年齢差はわずか二十数歳(母子)だが、思想は大家族制度の古代から現代の個人家庭主義までかけ離れている。(中略)ああ！　犠牲にも限度がある」〔四月二五日「劉吶鷗日記」二七二〕。いっぽう、母方の従姉妹であり劉吶鷗より一歳年上の妻黄素貞《こうそてい》についても、その筆致はきわめて邪険である。「自分のことも面倒みきれないのに、親族のようで親族でない人間をどうして面倒みきれようか」〔一月一七日「劉吶鷗日記」六二〕、「ああ！　結婚とは真に地獄の門である」〔五月一八日「劉吶鷗日記」三二二〕、「彼女の馬鹿さ加減は真に私を腹立たせる」〔五月一九日「劉吶鷗日記」三二四〕。日本滞在中に妻が書いた手紙を受け取った際には「あやうく背中に『負担』を背負っていることを忘れるところであった」〔七月一四日「劉吶鷗日記」四五〇〕と洩らしている。こうしたなか、妻の妊娠を知り東京から上海へ向かう数日前の日記には、旅立ちの決意とも思える次の一節がある。

封建的な私、大家族制の私、過渡期の、古い私は去った。秋は秋に任せよう、木の葉は散るのに任せよう、私の真生命は新芽を咲かせるのだ、私は私を生きるのだ〔一九二七年九月一日「劉吶鷗日記」五五六〕。

のちに、子女と共に妻を上海に呼び寄せてからは、よき父、よき夫であったという家族の言葉もあり〔彭小妍、二〇〇一：二二〕、一九二七年の日記における家族に対する冷淡さは、つまるところ「私を生きる」ために自分を束縛するあらゆる「負担」から逃れたいという思いからくるものであったかもしれない。劉吶鷗にとって越境とは、まずもって「私を生きる」ための束縛からの脱出であった。では、「私を生きる」のを阻害する束縛とは、台湾の封建的大家族制だけだったのだろうか。もしそうなら、なぜ彼は東京に留まらなかったのか。

1 「植民地に生まれた人間の不幸」

ここで、やや時代を下って、日本軍の映画統制に関わる中で劉吶鷗と親交を結んだ松崎啓次の回想録から、劉吶鷗の言葉を引用してみたい。回想録は劉吶鷗が暗殺された翌年に、上海での工作を振り返る形式でつづられている。著者の松崎啓次はかつて左翼映画団体「日本プロレタリア映画同盟」(略称「プロキノ」、一九二九年二月二日結成、一九三四年ごろに活動終息)の中核メンバーであったこともあり[並木晋作、一九八六]、東宝からの出向であったとはいえ日本軍への協力は、いわば「転向」を意味するものでもあった。したがって、回想録の記述にプロキノ出身者としての松崎による「反帝国主義」の意図を込めた粉飾、あるいはまた日本人としての無意識の優越感が生む偏見がないとは言えない。しかし、回想録の執筆そのものが、日本軍に協力して殺された劉吶鷗を偲ぶという動機に支えられていた[松崎啓次、一九四一:二九〇]ことから見て、劉吶鷗の発言を意図的に捻じ曲げるような極端な粉飾や偏見はないと思われる。この松崎の回想録によれば、劉吶鷗は「折にふれ、時につれて、君の様に純粋に日本人である人が羨ましい」と語っていたという[松崎啓次、一九四一:二三〇]。以下の引用は劉吶鷗が語った言葉として記されている。

青山学院を終る迄、私は自分が植民地の人間である事も、台湾人である事も、全く考えて見たことさえなかった。併し学校を卒業して台湾へ帰ったとき余り東京に居た時の環境と違うので、私はどんなに煩悶し、悲しく思った事か。日本に居れば、なんにも知らないで居られた私の身分の事が、台湾では、日夜其の事の為に苦しめられ、その事の苦しさの為に、留める母を振り切つて上海へ来たんだ[同前:二二九—二三〇]。

僕は、いつか君に話そうと思って居たのだが、植民地に生まれた人間の不幸を、その不幸を忘れたい為に、この国に来てこの国の文化運動に参加した[同前:一四四]。

ここには、劉吶鷗が東京に留まらず中国へと越境した理由が、「植民地の人間」という「身分」による苦痛、「植民地に生まれた人間の不幸」を忘れるためであったと明言されている。

では、その植民地の人間という「身分」の苦痛、「植民地に生まれた人間の不幸」とは具体的には何を指すのか。管見の限り、劉吶鷗自身の日記や友人への発言のなかに、その具体的な内容を見出すことはできない。しかし、劉吶鷗がちょうど物心付いて鹽水港公学校に入学した一九一二年から一九一三年当時、台湾各地では平地漢民族による武装抗日運動が陸続と再燃するが、前章でみたようにこれらの抗日運動は徹底的に弾圧される。劉吶鷗もまた、台湾南部に生まれ育った以上、植民地下の被支配者たる台湾住民の抗日蜂起が日本人によって完膚なきまでに弾圧された有様を目にしたと推測される。

いっぽう、彼が植民地本国の東京で身を置いたのは、米国メソジスト派キリスト教主義の私立学校である青山学院の英文科であり、教員中には欧米人も多く、日本人のみで構成される学校に比べ日本ナショナリズムの影響は相対的に少なかったのではないか。たとえば、関東大震災で朝鮮人虐殺事件が起きた際（劉吶鷗が中学部から高等学部に進学した年）、青山学院神学部は朝鮮人を「収容・保護」している［青山学院、一九六四：一二八］。こうした事件を通じて、危機に際して植民地出身者が日本人からどのような猜疑と暴力の対象になるかということは、劉吶鷗も感じざるを得なかったであろう。

また、劉吶鷗が滞在した時期の日本は「大正デモクラシー」と称される相対的に民主主義的な空気のなかにあった(58)。あるいは、こうした環境のゆえに、日本留学中には植民地の被支配者という「身分」について、深く考えることを避け得たのかもしれない。しかし、学校を離れて台湾の現実に触れたとき、たとえどれほど日本の「国民」たろうとしても、当然には「国民」たりえない被支配者の「身分」に直面せざるをえなくなったのであろう。

この点で想起したいのが、同じ柳営劉家出身のエリートであった劉明朝や劉明電のたどった軌跡である。劉明朝・劉明電の兄弟は柳営劉家第九代にあたり、第一〇代の劉吶鷗よりそれぞれ一〇歳上、四歳上である。つまり、劉吶鷗にとっては父と同じ代でこそあれ、年齢的にはより身近な親類であったことになる。その劉明朝は先述のように台湾人ではじめて高等文官試験（以下「高文」と略記）に合格し台湾の地方官吏となったが、同じく高文に合格した日本人官吏が次々と警務部長などの重職につき、高文に合格していない日本人官吏ですら本府に採用されるなか、植民地期を通じて本府に採用されることはなく、地方の、それも経済部門（新竹勧業課長などを歴任、最後は高雄税関長）の管理職に終始した［許永河、二〇〇三：一二八］。劉明朝に対するこうした明らかな差別的待遇は、当時の台湾人にとって、まさにアンダーソンのいう中心への、上への巡礼を許さない巡礼圏［アンダーソン、一九九七：一一八］を示すものとなった。いっぽう、劉明朝の弟劉明電は、台湾人で初めてドイツへ留学しマルクス主義を学んだ哲学博士であり、帰台後は父の後を継いで鹽水港製糖会社の株主、嘉義庁参事などの役職に就くものの、一九三五年に起きた「ヒースプラウ事件[59]」では農民側にたって鹽水港製糖会社に対して訴訟を起こす。裁判には数年がかりで勝訴するものの、劉明電自身はマルクス主義思想の持ち主として官憲につきまとわれ、日本人から度重なる脅迫や警告を受け、最後はついに妻子と共に台湾を離れ、日本に移住している[60]。劉吶鷗が日本での留学を終えて台湾に一時帰国した一九二七年当時、劉明朝は公職に就いて四年目、劉明電が植民地権力と対決姿勢をとるのは劉吶鷗が上海の大手映画会社に参加、国民党への距離を縮めていく時期と重なっている。

したがって、劉吶鷗は、植民地権力による抑圧にあえて抵抗せず「静観」することで柳営劉家が特権階級として生き残ったことと同時に、いかに資産を有し高等教育を身につけた特権階級であろうとも、被植民者である以上植民者との間には越境しようのない「我々」と「彼ら」の境界がたちはだかっていることもまた、身近な親類が受ける処遇から意識せざるを得なかったと思われる。

劉吶鷗は、被支配者とはいえ資産階級に属し、植民地本国で高等教育を受けた。しかし、あるいはそれゆえに、植民地台湾にも、植民地本国にも居場所を見出すことができない「植民地に生まれた人間の不幸」、「日夜其の事の為に苦しめられ」る被植民者としての「身分」をはっきりと自覚し、これを逃れるため中国へ越境したと考えられる。

2 「国旗を胸の底に持っていない」人間の居場所

この点に関連して、彭小妍は劉吶鷗の上海行きについて次のように指摘する。「遊興を除いて、上海が彼を引き付けた最も主要なものは、中国人として中国文芸界に参与し発展する潜在力だった——そうでなければ、彼はなぜ東京に定住しなかったのか、東京も同様に飲み食いや遊興に事欠かない場所である」(傍点引用者)［彭小妍、二〇〇一：一二五］。筆者もまた、彼が上海を選んだ理由のひとつは、中国文芸界で自分が発展する可能性だったという指摘には同意する。事業としての文芸活動の展開を考えていた劉吶鷗にとって、上海が北京を含むその他の中国の都市より経済的に発展の可能性をもっていたことは、重要な要件であったろう。絹川浩敏によれば中国においてビジネスとして自立可能な文学が生み出されつつあったのは一九三〇年代半ばであったというが、これを可能にした諸制度(原稿に対して料金を支払う著作料制度、出版機構の発展など)を牽引したのは、早くから商業主義が定着していた上海の出版界であった［絹川浩敏、二〇〇三：三五—五九］。また、丸山昇は上海が文学活動に最適と考えられていた理由を、出版社の集中にくわえ、直接国民党治下にいるより「いちおう西欧型デモクラシーをうたっている租界にいたほうが安全」であり、言論・出版活動も租界のほうが自由だったからであるとする［丸山昇、一九八七＝二〇〇四：一二八］。

劉吶鷗もまた、こうした上海の商業主義や相対的な自由には自覚的だった[61]。しかし、彼が自らを「中国人」として認識していたかどうかには疑問が残る。確かに、この時期、日本による植民地統治の現実を相対化する「対抗イメージとしての中国」は、台湾人青年をひきつけていた。しかし、劉吶鷗の場合、日記にしろ、小説にしろ、彼自身の言葉のなかに「祖国」中国に対するナショナリズムの情熱はほとんど読み取ることができない。こうしたナショナリズムへの情熱の希薄さを端的に表わしていると思われるのが、一九二七年秋に二カ月滞在した北京からの帰路について記した日記のなかの一文である。

　大変早く起きたので、八時半の膠済線に間に合った、あの荷物検査掛は本当に厭になる。人を見もせず、化粧品さえ知らない、まったくのバカだ。二等車は半分以上が兵士で、上腕の袖には「誓死救国、努力愛民」の八文字がある、見れば見るほど可笑しく思われた。同席したのは張氏に雇われた白ロシア兵。車中は本当に疲れたが、幸いに対面席に座っていたのはショートヘアの女性だった[62]［一九二七年一二月四日「劉吶鷗日記」七五四］（傍点引用者）。

　ここで想起したいのは、この日記が書かれた一九二七年、上海クーデター（四・一二事変）が青年知識人に与えた衝撃である。劉吶鷗と共に書店経営に関わった戴望舒《たいぼうじょ》や施蟄存《しちつそん》は、震旦大学時代に共産主義青年団にも国民党にも加入したことがあったが、このクーデター以後「革命がロマンチックな行為でないこと」を知り、政治運動から距離を置いている［施蟄存、一九九九：三二―四一、一八〇］。劉吶鷗も当時彼らと震旦大学の同級生であったが、共産党にも国民党にも加入した形跡はない[63]。植民地台湾において「日本」ナショナリズムによる被植民者という「身分」に苦しめられた劉吶鷗にとって、上海クーデターは「中国」ナショナリズムがもつ暴力性を確認し、政治に期待することの虚しさをより一層印象づける事件だったのではないだろうか[64]。したがって、多くの台湾人青年が「祖国」ナショナリズムから中国へ越境したのとは異なり、劉吶鷗には中国ナショナリズム――それも、人々を「国のために死ぬ兵士」として動員するようなナショナリズム――への情熱は希薄だったのではないか。そして、この植民地からの離脱に「祖国」ナショナリズムの情熱が伴っていなかった点こそ、中国への越境における同時代の台湾人と劉吶鷗とを比較した時の顕著な差異だったと思われるのである。

　彼が中国における他の都市ではなく上海を選択したのも[65]、そこが列強による帝国主義の微妙なバランスのもと「いちおう西欧型デモクラシーをうたっている」空間、言い換えれば特定の国民国家に属さない「半国民国家」「次国民国家」的な空間だったからではないだろうか。劉吶鷗は「中国人種の展覧会場」たる北京と照応させて上海を「世界民族の展覧会場」だと述べ〔一九二七年一〇月六日「劉吶鷗日記」六二八〕、その「魔力」を次のように評する。「魔力の上海。おまえは黄金郷だ！（中略）おまえは断髪して膝を露出した『混種』だ！」〔一九二七年一月一二日「劉吶鷗日記」五二〕（「混種」は「混血」と「雑種」をあわせた造語、「hybrid」の意味で使用していると思われる(66)）。

つまり、劉吶鷗は、上海という「混種」の都市空間——「純血」の「国民国家」的な都市空間と対置される、「混種」すなわち「半国民国家」「次国民国家」的な都市空間——に、文芸事業の可能性と同時に、彼を「国民」として統合しようとする力からの脱出を期待したのではないか、と思われるのである。

この点に関連して想起されるのは、劉吶鷗が中国に紹介した日本の「新感覚派」小説家、横光利一の小説『上海』に関する、酒井直樹の次のような分析である。『上海』では、国籍、ジェンダー、個人の富裕度といったものが、商品交換ネットワークにおける特権や価値に翻訳されている。こうした翻訳を通じて、『上海』は「日本の国民主義と帝国主義の必然的な連関を情緒の水準で証明しようとする小説の試み」となった〔酒井直樹、一九九九：二九八—二九九〕。そして、それは同時に、「国民的同一化から脱出しようとする欲望を分節化する」ことを目指すものであった。

劉吶鷗の小説についても、そこに登場するモダンガールは「次植民地的な世界都市」上海のメタファーとして男性主義的ナショナリズムの想像を揺り動かす、という史書美《し しょび》の指摘がある〔Shi, 1996〕。近代中国においては、非国民化されたコスモポリタニズムが、女性の家父長的コントロールからの解放が付帯条件抜きに表現されうる唯一の場所かもしれず、「モダンガールの自律性獲得における相対的な成功は、世界市民と植民地人の共存を獲得した劉吶鷗のモダニティのビジョンにある種の希望」を指し示す。それゆえに、劉吶鷗のコスモポリタニズムは、次植民地的都会性を受け入れることにおいて、五四以来の中国知識人のコスモポリタニズムから離脱する。だからこそ、劉吶鷗がコミュニケートするような「近代」は、左翼作家連盟（本章注(88)を参照）や国民党のどちらによっても構成される民族主義的知識人にとって退廃的で堕落したものと見えた。彼のモダニティのビジョンは単に西洋的理念の投影というだけではなく、次植民地の「堕落した」形式における西洋の物質性に対する自発的な合意でもあった[ibid.：952]。

そして、この史書美の指摘に酒井直樹の分析視角を接合すると、モダンガールが男性主義的ナショナリズムに対して保持する自律性もまた、彼女をモダンガールたらしめている「若く美しく健康で西洋化された富裕な女性である」という諸条件が、上海の商品交換ネットワークにおいてもつ「物品」としての価値によって保証されている、ということになる。つまり、「モダンガール＝上海」の自律性は、列強の帝国主義がひしめく微妙なバランスのもとで形成された商品交換ネットワークの上で、特権的かつ暫定的に確保された価値にすぎない、といえる。しかし、仮に特権的かつ暫定的に確保された場所にすぎないとしても、劉吶鷗にとって上海とは、植民地台湾や植民地本国、そしてまた中国における「純血の国民国家」的な都市空間（北京）と比較すれば、欧米列強の帝国主義の下、国籍やジェンダーすら商品価値に翻訳する資本主義によって、国民という想像、植民者・被植民者の関係すら解体されうる、という期待（幻想）を抱くことのできる場所だったのではないか。

ここで再び松崎の回想録から劉吶鷗の言葉を引用してみたい。引用箇所は、中国側スパイとして利用された日中混血女性の通訳をした劉吶鷗が、松崎に語った内容である。

> 僕は彼女の言葉を必ずしも全部信用する事は出来ない。が、又全部嘘だとも思わない。なぜなら、国旗を胸の底に持っていない、悲しい人の気持ちを僕は知っているからだ。僕は台湾人だ。が台湾や日本で育った幼少の頃を除いて、ずっとこの上海に住んでいる。僕は日本人に逢って、話の中で、台湾で生まれたというと、必ず浮かぶ或種の軽蔑を感じる。
>
> 勿論、私は支那人達もこの日本人臭い支那人を、或、特殊な目で見ている事を知っている。かうしたものがはっきりと国旗を背負った人達の間に立った場合、どんな風に混乱し、どんな風に、二つの反対の側から、猜疑心を持って見られるかをはっきり僕は知っている。（中略）一旦政府の手に渡れば、彼女達の運命はもう決定的だ。

なぜ僕がその宣告をしなければならないのだ［松崎啓次、一九四一：五三―五四］（傍点引用者）。

「国旗を胸の底に持っていない、悲しい人」、いずれの国民国家にも帰属しえない人間、これこそが劉吶鷗の自己認識だろう。つまり、彼の越境の原点には、「日本人」としても「中国人」としても「国民」として統合されない――そして、統合されまいとする――植民地出身者として、「はっきりと国旗を背負った人達」の間に立つことの苦しみがあった。だからこそ、帝国列強の資本主義による不均衡な搾取の上に形成された近代都市たる上海、断髪して膝を露出した「混種」のモダンガールたる上海、そこに劉吶鷗は「私を生きる」可能性を賭けたと考えられるのである。

第四節　上海での映画活動

一九二八年以後、上海に生活の拠点を定めた劉吶鷗は自ら出資した書店「第一線書店」を経営して文芸誌『無軌列車』（一九二八年九月一〇日―一二月二五日、全八期）を発行、次いで「水沫書店」を創設して文芸誌『新文芸』（一九二九年九月一五日―一九三〇年四月一五日、全八期）を発行し、いずれの雑誌でも旺盛な執筆活動を展開している。劉吶鷗の事業展開と執筆活動について概観すると、執筆活動は民間の大手映画会社の明星に参加して映画活動に重心を移す一九三五年までの間に集中し、このうち小説は前半の一九二八―二九年に、一九三〇年には翻訳を多く手がけ、映画論は後半の一九三二―三四年に多い。つまり、劉吶鷗は一九三二年には文学から映画に活動の重心を移していたと考えられる。では、なぜ彼は文学から映画に重心を移したのか。そしてまた、自ら映画を製作し、民間の大手映画会社でも仕事をしながら、なぜ「御用文人」と呼ばれることを承知で南京の国民党映画スタジオへ向かったのだろうか。

本節では、この二つの問いを軸に、「混種」の魔力を求めて上海に越境した劉吶鷗が、そこでの映画をめぐるポリティクスのなかでいかに交渉し、いかなる交渉の限界に直面して、国民国家としての中国における支配権力の中枢たる国民党に所属する映画スタジオへと越境したのかについて考察してみたい。

1　文学から映画へ

上海で執筆活動を開始した一九二八年、劉吶鷗は映画に関する短いエッセイ「影戯漫想」を発表している。一九三二年以後の映画論に見られるような詳細な分析や理論的試みはないが、劉吶鷗をひきつけた映画の魅力が直感的に語られており、彼がやがて文学から映画に活動の重心を移すことを予感させる。

　人生は時につまらなく醜悪だが、我々は美を求めている。我々は夢想している。我々は筆をとって詩を書く。しかし、文字の能力には限界がある。文字が表現できるのは我々の想像の一片、映像《イメージ》の半面にしかすぎない。我々は時に数千字を用いても頭の中にある美しい夢を明示することができない。かりに表現したとしても、とても微弱で影も形もない希薄なものだ。しかし、映画には文学が到ることのできない天地がある（『無軌列車』第四期一九二八年一〇月二五日『劉吶鷗全集　電影集』二四七―二四八）（傍点引用者）。

毎月のように小説を発表していた当時、劉吶鷗はすでに文字表現に限界を感じ、映画の可能性、とりわけその技術的な可能性に多大な期待を寄せていた。そもそも、劉吶鷗小説の手法的な特徴は、連想ゲームのように次々に続く短い語句によって、退廃的で色情的な題材をスピード感と共に「映画」的に描写する点にあるとされる［厳家炎、一九八九：一四〇］［李今、二〇〇〇：一五八］［李欧梵、二〇〇〇：一八一］。のちに劉吶鷗と共に軟性映画論者とみなされた黄嘉《こうか》謨《ぼ》は、劉吶鷗の小説について「彼の文章は、日本の新感覚派の影響で特異な表現を意識的に用いた事と、一方彼が北京官話を特殊な方法で学んだ事からその表現が我々と違って意表に出る事が多かった」と答えている［松崎啓次、一九四一：二二九］。だが、劉吶鷗が中国に紹介した「新感覚派」小説の手法については「分析力、内容力、理性力を欠き」、「〝新奇〟な形式で流行を追う新市民の心理に迎合しただけ」という見方もある〔李今、二〇〇〇：一六九〕。その新感覚派小説のなかでも劉吶鷗作品の文学的評価は決して高いとはいえない[67]。劉吶鷗と共に水沫書店を創設した施蟄存も「彼が北京語を話すのはとても困難で、多くの閩南語が挟まっていた。中国語の文章にもかなり無理があり、彼の書いた手紙は日本人が書いた中国語の手紙のようだった」と記している〔施蟄存、一九九六：三二〕。つまり、映画という新しい芸術の可能性が強く劉吶鷗をひきつけるなか、活字媒体の、中国語の、小説家としての「文字の能力の限界」が、彼を小説から映画に向かわせるひとつの契機となったのではないかと推測される。

出版事業の挫折

さらに、彼が小説から映画に向かったもうひとつの重要な契機は、国民党の言論統制によって出版事業が一度ならず挫折させられ、そのうえ一九三二年の第一次上海事変によって書店そのものが多大な被害を受けたことが考えられる。

一九二八年、劉吶鷗は友人であった戴望舒や施蟄存と共に四川北路と西宝興路の交差点に第一線書店を開く。しかし、この「中国領土内」に設けられた書店は登記を申請するや「赤化の疑い」ありとして公文書一枚で営業停止となる。次いで、劉吶鷗は出版社形式で水沫書店を「租界」内に開く。そこでは、「科学的芸術論叢書」や、月刊文芸誌『新文芸』を創刊する。「科学的芸術論叢書」の企画・翻訳に携わった人物の中には、馮雪峰《ふうせっぽう》や魯迅《ろじん》も含まれている。馮雪峰は一九二七年には中国共産党に入党、上海で魯迅の知遇を得て、マルクス主義文芸理論の紹介に携わっていた。この時期の劉吶鷗は確実にマルクス主義と接近していた。しかし、『新文芸』は第二巻第一期から「左翼刊行物の姿で登場」した結果、出版社も雑誌も閉鎖の危機に直面する。このときは自ら刊行物を停止して書店を守った[68]。しかし、経営が悪化した上に、水沫書店は「左翼作家の大本営」とみなされ、検閲による弾圧も厳しさを増した。そこで、一九三一年自ら営業停止を宣言し、新たにおこした東華書店の名義に債権を移した。東華書店では実用書籍や古典の類を多くするなど出版の方向性を変えて経済問題を解決しようとしたが、出版業務を開始する前に第一次上海事変で被害に遭うことになった。劉吶鷗と共に書店経営に関わっていた施蟄存は次のように言う。「閘北の戦火が空を照らし、北四川路の秩序は大いに乱れた。劉燦波は狼狽してフランス租界に移り（中略）それから後、劉燦波は文芸事業をやる気がせず、映画の仕事に従事するようになった」［施蟄存、一九九九：五七］。劉吶鷗が水沫書店を二年間継続させるのに支払った資金は一万元以上［同前：五六］、国民党による雑誌の停刊によって蒙った損失は三万元前後とも言われる[69]。したがって、劉吶鷗は一人の芸術家としてこれらの政治的弾圧に遭遇しただけでなく、経営者としても政治的弾圧や戦争被害による経済的損失の責任をとらされてきたことになる。

そして、この時期の劉吶鷗は、出版事業をめぐって左翼文化人と関係をもっただけでなく、自らの思想としてもマルクス主義文芸理論に接近していたと思われる。たとえば、「科学的芸術論叢書」の企画は、もともと劉吶鷗と戴望舒と馮雪峰とが、当時それぞれマルクス主義文芸理論の本を翻訳していたことに端を発するものであり、劉吶鷗は自ら一年近くかけてウラジーミル・フリーチェ著『芸術社会学』[70]を翻訳・出版しようとしていた。共に書店や雑誌の運営に関わった施蟄存によれば、書店経営時代の劉吶鷗は「史的唯物論の観点を運用した文芸論」や「大都会での色情生活を描いた作品」を同時に好んでおり、「彼にしてみれば、そこには何も矛盾は存在しなかった。日本の文芸界の言葉を借りれば、どちらも『新興』であり、どちらも『先端』だった」と解釈している［施蟄存、一九九九：一七八］。一九二〇年代後半から一九三〇年代前半には左翼的な雑誌が中国文壇を席巻しており、「左翼する」ことは中国文壇でも最先端のブームであった［藤澤太郎、二〇〇〇：二］[71]。劉吶鷗も、確実にその流れの中に位置していた。しかし、劉吶鷗の訳書は「ブルジョワ的観点」があるとして「左翼理論界から批判」され、叢書には収められなかった［施蟄存、一九九九：五二］[72]。「史的唯物論の観点を運用した文芸論」と「大都会での色情生活を描いた作品」を共に「新興」として捉えるような価値観も、当時の左翼文芸家によって必ずしも共有されていたとは考えられない。一九二〇年代末の上海という時空間では、劉吶鷗がマルクス主義文芸理論を媒介として政治にかかわっていく可能性が存在した。しかし、国民党による弾圧、日本軍による上海侵略、「左翼理論界」からの批判など、相互に対立する複数の要因が折り重なる地点で、劉吶鷗が出版事業を通して政治にかかわっていく可能性はほとんど閉ざされることになった。

こうした苦い経験をふまえてはじめて、劉吶鷗がその後、映画理論において一貫して映画と政治を切り離そうとし、映画の思想偏重ないし映画の政治化を図る左右の論者と距離をおこうとしていた理由の一端が、理解できるのではないだろうか。

2　左翼からの批判と国民党への接近

一九三一年の国民党の圧迫による出版事業の挫折と一九三二年一月の第一次上海事変による書店の破壊を経験し、劉吶鷗の映画活動は一九三二年に本格的に始動する。出版事業から映画事業への重心の移動は、同じ上海文芸界における一民間人としての事業の方向転換であり、彼自身の「身分」や交渉すべき支配的な権力との関係からいえば越境とは言いがたい。だが、その後の二度の越境に彼が何を賭けたのかという点からみても、劉吶鷗にとって映画人として生きる道を選択したことは決定的に重要な転機であった。

まず、映画理論に関して、一九三二年七月一日から『電影周報』上で開始された「影片芸術論」の連載では、左翼文化人に先駆けてプドフキンやジガ・ヴェルトフらソ連の映画理論を中国に紹介している(73)。同連載の内容から、劉吶鷗は当時の中国にはまだ知られていなかった古い権威に反抗するアバンギャルド映画の革新的な表現技術を紹介しつつ、その表現技術をアバンギャルド作家が否定した「物語性」に再び結びつけるような映画を目指していたと思われる。[74]

次いで、黄漪《こうい》磋《さ》らが創設した「芸聯影業公司」と合作する形で、『民族女児』(芸聯影業公司・聯合電影公司作品、一九三三年製作、劉吶鷗・黄嘉謨脚本監督)を製作している。[75]

そして、一九三三年三月には現代電影雑誌社の名義で劉吶鷗、黄嘉謨、黄天始《こうてんし》らが編集者となって映画雑誌『現代電影』を創刊する[伍杰主編、二〇〇〇：一七五五]。同雑誌上で発表された陸小洛《りくしょうらく》(筆名はRiku、小洛)や蕪邨《ぶそん》による「映画の主題のみならず技術をも検討すべきである」という「二元論」は、鳳吾(銭杏邨、阿英)の「形式は内容の範疇である」という「一元論」と論争となり、これが一九三〇年代最大の映画理論闘争「硬軟映画論争」の前哨戦となった[張新民、一九九九]。[76]その後も『現代電影』誌上では、劉吶鷗が映画の形式面への注意を促しつつ芸術作品においては「いかに描くか」が「なにを描くか」より時には重要であると主張し、[77]映画の娯楽性を強調する黄嘉謨は思想性を重視する左派への批判を展開した。こうしたなか、李今によれば「『春蚕』を評す」「『春蚕』の批判」[一九三三年一一月『矛盾』第二巻第三期]と題する劉吶鷗と黄嘉謨の文章が、映画の思想性に対する左派との対立を明確に示すものになったという[李今、二〇〇〇：一八四]。対立の明確化のなかで一九三三年一一月一二日「芸華事件」が起き、右派による左翼映画への弾圧事件が続く。[78]翌月(一九三三年一二月一日)出版の『現代電影』一巻六期に、黄嘉謨は「硬性影片與軟性影片(硬性映画と軟性映画)」を発表し、思想性、宣伝性を重視する映画を「硬性映画」として批判し、映画は柔らかいフィルムでできた「軟性的」なものであり、「目で食べるアイスクリーム、心で座るソファー」と形容して映画の娯楽性を強調した。ここから「軟性映画」という名称がうまれた。いっぽう、左翼映画人は厳しい反共体制のなかで沈黙を余儀なくされる。しかし、張新民によれば、「芸華事件」は黄嘉謨の娯楽論にも有利な社会環境を提供しなかった[張新民、一九九九：一一七]。すなわち、国民党の大物である陳立夫《ちんりっぷ》が民族主義的な立場から欧米映画の娯楽性を否定し、映画の社会的役割、教育性を強調する意見を発表したことから、[79]映画の思想性を重視する傾向は、

「芸華事件」によっても動揺せずに逆に強化された。これが、左翼映画人による反撃に「一縷の望みを与えた」のである〔同前〕。

「硬軟映画論争」

思想性の重視という線に沿って、左翼映画人は「映画の芸術的価値は社会的価値と同一であり、その価値は表現された思想にある」と主張し、一九三四年六月唐納《とうな》による黄嘉謨批判を皮切りに「軟性映画」への反撃を開始する。これに対して、最初は黄嘉謨が、次いで穆時英《ぼくじえい》が反論を繰り返すが、劉吶鷗自身はこの論争のなかで一度も反論をせず沈黙を守り通した。「芸華事件」以後に発表された「電影節奏簡論〔映画リズム概論〕」〔『現代電影』一巻六期、一九三三年一二月一日、一—二頁〕「開麥拉機構——位置角度機能論〔キャメラの構造——位置とアングルの効果論〕」〔『現代電影』一巻七期、一九三四年六月一五日、一—五頁〕では、一段と政治や社会と距離をとり、ひたすら映画の技術的側面を探求することに没頭していったようにみえる。彼の理論には共産党系・国民党系の映画人がめざした映画による思想性の普及、大衆の動員という発想はなく、科学と結びついた芸術としての映画の表現技術によって、既存の文学の表現を超える領域「未来の詩」が夢見られていた。つまり、劉吶鷗の小説に示された「近代」への期待に帝国主義への批判が欠けているると指摘されるように、劉吶鷗の映画論に示された革新性への期待にも現実の「政治に対する批判」は欠如していたといえよう。にもかかわらず、左翼映画人は劉吶鷗がかつて発表した映画理論を「軟性映画論」として厳しく批判の槍玉に挙げ、戦後の代表的な中国映画史も劉吶鷗の立場を「軟性映画論者」、国民党の「御用文人」として記述する。(80)実際には、劉吶鷗は黄嘉謨とは異なって「軟性映画」という言葉は使用しておらず、映画の娯楽性よりむしろ芸術性を重視していた。なによりも、劉吶鷗の立場は、映画を政治性から切り離そうという意味において、共産党と同様に国民党とも対立するものであった。では、なぜ劉吶鷗の映画理論は、執拗に敵視され続けたのだろうか。

ここで想起したいのは、直接論争に参加した「硬性映画論者」は鳳吾（阿英）、夏衍、塵無《じんむ》などの共産党員にしろ、唐納、魯思《ろし》らの左翼映画評論家にしろ、一九三二年以前には映画製作の経験がなく、映画製作への参加はせいぜい脚本の提供という範囲にとどまっていたという事実である。そのため、映画製作の現場にいる人々の実際的問題には相対的に関心が薄く、左翼映画の製作現場にいた映画監督からは、共産党員や左翼映画評論家の「硬性映画論」は現場を知らない人間による机上の空論として反感をもたれていた可能性も否定できない。たとえば、『都会的早晨』（一九三三年）、『漁光曲』（一九三四年）などの映画を監督した蔡楚生《さいそせい》は「在会客室中（応接間にて）」というエッセイで、友人との対話という形をとりながら映画監督の苦衷を述べ、現場の苦労を知らない批評家の圧力が映画製作者を「転向」させる原因であると漏らしている[81]。そこでは、思想の正しさを追求することには賛同しつつも、厳しい検閲に加え、巨大な資本や設備、スタッフ、技術、流通システムを必要とする映画が抱える現実問題に制限されて苦境に陥っている製作現場の監督が、現場の苦労を知らずに思想の正しさのみを基準に映画を批評する映画評論家に不平を感じているのが読み取れる。また、『小玩意（おもちゃ）』（一九三三年）、『大路（大いなる路）』（一九三四年）などの映画を監督した孫瑜《そんゆ》も、製作の過程を具体的に解説する「電影導演論（映画監督論）」で、次のように述べる。「映画の芸術は撮影の技巧をもって出発点とする。映画芸術独特の表現方法は、キャメラを通じて始めて成立する」。ここにあらわれた映画観は、映画の芸術的価値は表現された思想にあるとする左翼映画評論家の映画観よりも、映画独自の表現形式を重視する劉吶鷗の映画観に近い。実際、劉吶鷗は硬軟映画論争の前から、映画製作に参加している。それゆえ、彼の映画理論は、撮影の現場で何が必要かという製作者の立場から、きわめて実戦的な知識や技術（キャメラや照明の位置、カットの割り方、シーンのつなぎ方、すなわち「映画独自の表現形式」を実践する知識や技術）を中心に展開されていた。

この点で、劉吶鷗の映画理論を黄嘉謨のそれと切り離して批判した塵無が「清算劉吶鷗的理論」で述べた以下の指摘は注目に値する。すなわち、「彼の理論は一部分の落伍ぎみの映画人を動揺させた。いっぽうで彼は自ら脚本を書き映画を監督し、その理論を実践している。したがって、劉吶鷗氏の理論が、中国映画界にひとつの勢力を形成することは決して不可能なことではない。だからこそ、早いうちに劉吶鷗氏の映画理論に清算を加えるのは当然必要なことなのである[82]」(傍点引用者)。つまり、現場の製作者にとって、「効果は芸術の副作用であって、芸術すなわち効果ではない」「『どう描くか』という問題は、『何を描くか』という問題よりも、しばしば重要である[83]」という劉吶鷗の技術的実践的な映画理論――しかもそれは黄嘉謨のような感情的な「反左翼」の論調を伴っていなかった[84]――は、一部には「硬性映画論」よりも説得力をもって受け止められていたのではないか。塵無をはじめとする共産党員は、左翼映画製作者と左翼映画評論家の間の齟齬に気づいており、劉吶鷗の映画理論に現場製作者を引き付ける要素があるのを察知したからこそ、現場製作者が左翼映画評論家から離れていくのを阻止するためにも、劉吶鷗の理論に対して――彼が沈黙しつづけたにもかかわらず――総力をあげて攻撃をかけたと思われるのである[85]。

つまり、劉吶鷗はその映画理論において、一貫して映画の思想偏重ないし映画の政治化ともいうべき傾向と距離をおこうとしていたが、一九三〇年代前半の上海における中国映画をめぐるポリティクスのなかでは、そうした「非－政治的」な態度そのものが、左翼映画人にとって批判すべき「政治的選択」であったといえる。

大手映画会社での映画製作

一九三四年一〇月、左翼映画を中心となって製作していた明星影片公司は政治的圧力によって夏衍ら左翼映画人を排除し、一一月には彼らが指導していた「編劇委員会(脚本委員会)」も解散する[程季華主編、一九六三a：三〇九]。代わって、一九三五年七月明星影片公司に「編劇科(脚本科)」が成立したとき、脚本家として招聘されたのが劉吶鷗、黄天始らであった[86]。ここで劉吶鷗は、当代きっての大スター胡蝶《こちょう》を主演に迎えた大作『永遠的微笑』(明星影片公司作品、一九三五年製作、一九三七年公開、呉村監督)の脚本を担当する。次いで、先述の「芸華事件」で攻撃を受けた後の芸華影業公司で『初恋』（芸華影業公司作品、一九三六年製作）の脚本と監督を担当している。もともと芸華には左翼映画人の田漢《でんかん》や陽翰笙《ようかんしょう》が協力していたが、彼ら二人が一九三五年二月国民党によって逮捕された後、一九三五年後半になって、芸華は劉吶鷗、黄嘉謨、黄天始ら「軟性」映画論者を迎え入れ、これに伴って社内に残っていた左翼映画人が退出すると、製作方針をそれまでの「思想性重視」から大衆娯楽路線へと変更していた［程季華主編、一九六三a：三五四、四九四―四九五］。つまり、劉吶鷗が民間の大手映画会社に招きいれられる背景には国民党による各映画会社への左翼映画人締め出し圧力があったことになる。映画理論においては「非‐政治的」路線を選択して論争では沈黙を守った劉吶鷗であったが、映画製作においては国民党による暴力的な左派の排除によって確保された空席に着いた――前後の文脈からいえば明確に国民党という権力の側に接近したことを示す「政治的選択」をした――ことになる。

ここで想起したいのが、国民党側が文芸政策において展開していたのがソフトな懐柔路線であったという阪口直樹、藤澤太郎らの研究である。国民党側は共産党側に取り込まれる可能性のある層を切り崩していくため、必ずしも思想的には同調しない文化人であっても取り込む傾向があった(87)。このソフト路線によって、時には左翼作家連盟（以下、「左連」と略記(88)）系も含めた職業作家と国民党系活字メディアとの相互依存の関係が成立したという。藤澤太郎は、この時期左翼的な思想を抱くために国民党の弾圧を受け、かといって左連から援助を得られるわけでもなく、孤独と困窮のなかで死んだ無名作家の例を挙げ、作家と国民党系活字メディアの相互依存の背景に、政治的問題よりも切実な経済的事情があったことを指摘している［藤澤太郎、二〇〇〇：二三―二四］。左翼作家ですら国民党系活字メディアに参加していた当時にあって、非左翼の作家にとっては国民党系メディアとの相互依存はより容易であった。左連が思想的に一致した作家によって生まれた組織ではなく、その「団結は、当時の国民政府の文化弾圧政策に抵抗する意図をより直接的に持つ」［小山三郎、一九九三：二四］とされるように、国民党の「御用文人」とされた作家もまた思想的に一致していたわけではなかった。このような国民党の文芸政策を勘案しつつ、一九三〇年代初頭の映画の言説をめぐる状況をみたとき、当時最新の「革新的映画理論」を提唱し、なおかつ「非左翼」である劉吶鷗は、まさに国民党が取り込むべき文化人の範疇にあったといえる。

しかも、映画製作には、出版とは異なる困難が存在した。巨大な資本や流通システムのほか、スタジオ施設や機材、技術人員などを必要とするということである。先述のように、劉吶鷗が水沫書店を二年間継続させるのに支払った資金は一万元以上、国民党による雑誌の停刊によって蒙った損失は三万元前後とされるが、一九三〇年代半ばの映画製作費は一作でも約二―四万元は必要とされた(89)。デパートガールの月給が二〇元程度、新聞記者でも月給四〇―二一〇元程度であった一九三〇年代［菊池敏夫・日本上海史研究会編、二〇〇二：二一、七七］、いかに資産家の劉吶鷗といえども、一作あたり数万元単位の資本が必要な映画製作は、初期段階で大ヒット作でも出ない限り、個人で継続して展開できる事業ではなかった。こうしたとき、大手の民間映画会社で大スターを起用して十分な資本で映画を製作できる機会は、たとえそれが国民党という政治権力への接近を意味するとわかっていても断りきれない魅力をもっていたのではないだろうか。

3　映画理論と映画製作とのズレ

それにしても、劉吶鷗の映画理論と映画製作との間には「政治への距離」において大きなズレがある。なぜ、彼は非政治的な映画を目指しながら、実際の製作の場において国民党という政治権力への接近を自らに許したのみならず、上海の民間映画界を離れ、南京の国民党営スタジオという政治の中心で映画を製作することを選択したのか。

魯迅との確執

この点に関連して、南京の中央電影撮影場における劉吶鷗の発言を、当時彼の部下だった黄鋼《こうこう》の回想記事から引用してみたい。記事は劉吶鷗暗殺の四カ月後に香港の『大公報』に全九回で連載されたもので、この記事の執筆当時、黄鋼自身は重慶を経て延安でニュース映画製作に従事していた[90]。記事のタイトルは『劉吶鷗之路　報告――回憶一個「高貴」的人、他的低賤的殉身〔劉吶鷗の路　報告――「高貴」な人、その卑しい殉死を回顧する〕』である。このタイトルから言っても、執筆された時期から言っても、この文章は「漢奸」劉吶鷗の素顔を暴露するという方向で依頼されたものと考えられる。もっとも、内容を読む限り、タイトルから受けるイメージには反して、黄鋼は劉吶鷗に出会ったとき自身が感じた憧憬の気持ち[91]や、劉吶鷗が熱心な仕事人であったことも記述しており、劉吶鷗を「漢奸」イメージにふさわしく歪曲して語ろうという意図は感じられない。以下に引用するのは、劉吶鷗が黄鋼との会話のなかで洩らした「政治への距離」を感じさせる部分である。

> 彼はいつも未来の「純粋芸術の地」、「自由な」映画製作に望みをかけていた。国家文化事業の前途に対しては、時に軽視するような、非情熱的なため息をもらすこともあった。（中略）国内の文芸出版界の話題になった。「私はああいう雑誌は読んだことがない」と劉は言った。『文叢』『作家』『文季』『文学月報』には賛成できず、『訳文』にいたっては問題外だという。魯迅や、靳以《きんい》〔章靳以〕も、巴金《はきん》も、彼によれば彼らはみな「いやしい」と評価される。なぜなら、これらの人の芸術事業はみな政治に汚染されているからだという[92]。

年少の部下である黄鋼に対して語る劉吶鷗の言葉には、政治を嫌悪し、「政治に汚染された」芸術を軽蔑する直截な表現が溢れている。ここから、彼は政治権力の足下で映画製作の現場責任者に任じながら、かつて自らの映画理論で主張したのと同様「政治に汚染されない」芸術を理想としていたことがわかる。つまり、劉吶鷗の映画製作の軌跡にみられる政治権力との近さは、国民党への思想的同調によるものではなく、「未来の純粋芸術の地、自由な映画製作」のための手段であったと推定できる。

しかし、劉吶鷗は、左連の作家が芸術を政治に直結させることに対する魯迅の批判も読んだはずで、彼自身がすでに国民党宣伝部系の中電に身を置いていた時に、魯迅までもやり玉に挙げているのはなぜなのか。そこには、一九二〇年代後半から一九三〇年代前半、上海文芸界における疑心暗鬼のなかでの劉吶鷗と魯迅との間の確執があったように思う。そして、思想性や実益のみならず、こうした感情的問題も、劉吶鷗が非政治的な映画を目指しながら国民党へ接近した理由の一端を構成していたと思われる。

魯迅は、一九三三年九月七日、新聞『申報』副刊「自由談」において、劉吶鷗が関わった芸聯影業公司の『猺山艶史』を手厳しく批判し、同時にまだ上映されてもいない映画『春蚕』を「もちろんこれは進歩である」と断定的に評価した[93]。しかし、『魯迅日記』を検討した藤井省三によれば、魯迅は「映画の都上海に来てから死ぬまでの九年間に一四〇作以上も観ているのだが、中国映画は一作も観ていない」という〔藤井省三、二〇〇二：二四四—二四五〕。したがって、魯迅の『猺山艶史』批判も、映画を見ての批判ではなく、梗概など活字資料のみに依拠した「思想性」批判であった可能性は高い[94]。こうした映画独自の表現を無視し主題の思想性のみを云々する魯迅の態度は、劉吶鷗にとってまさに嫌悪すべき「政治的」映画批評であったといえる。しかも、魯迅が『猺山艶史』を手厳しく批判したのは、主題の問題だけでなく、「第三種人論争[95]」で対立していた施蟄存・杜衡《とこう》と近い劉吶鷗を「映画界の第三種人」と見なしていたからという可能性もある（施蟄存・杜衡はともに劉吶鷗の水沫書店運営に関わっていた）。当時「第三種人」と見なされた『現代』投稿者の多くは劉吶鷗が不動産業として経営していたアパート（虹口公園付近の三十室余りある「公園房」）に住んでいた。そのために、劉吶鷗は彼らのボスのように見られていたという〔秦賢次、二〇〇五：一九〇—一九一〕。藤澤太郎によれば、施蟄存は国民党への献策を否定しており、杜衡が左連を離れたのも左連内部の「公式主義」批判の帰結であって思想的な転向ではないと見ている。興味深いのは、魯迅が評価した『春蚕』に対する批判を劉吶鷗が発表した『矛盾』第二巻第三期は、まさにそうした「左連の公式主義」に反発する脱左連・非左連の作家たちが、「追悼彭家煌《ほうかこう》氏特集」を組んだ号だったことである（彭家煌は、先述した左翼思想を抱き国民党に弾圧されながら左連からも手を差し伸べてもらえず貧困のうちに死んだ無名作家）〔藤澤太郎、二〇〇〇〕。したがって、劉吶鷗と左翼映画評論家との映画批評基準の対立を明確に示すものとなった『春蚕』批判の背景には、魯迅の映画批評態度に対する批判、彼らを取り巻く文芸界における「ヘゲモニー争い」が存在していたと考えられる。つまり、先に引用した中電在職時の劉吶鷗による魯迅に対する批判発言は、政治的正しさで映画を批評する魯迅、さらにいえば書店経営者として国民党による圧迫の矢面に立った自分の翻訳作品が「科学的芸術論叢書」から排除されたことや、こうしたヘゲモニー争いで自分を政治に巻き込んだ魯迅の影響力に対する不満や憤りに基づくものだったのではないかと推測されるのである。(96)

『永遠的微笑』の評価

映画理論の非政治的な志向と映画製作における政治権力への接近という矛盾を考えるうえで、実際に劉吶鷗が製作した映画がいかなるものだったかはきわめて重要である。しかし、現時点では映画そのものが所在不明で閲覧できない以上、劉吶鷗が製作した映画の内容について分析を行うことはできない。ここでは、劉吶鷗が脚本を書き上海映画界の大手映画会社である明星が製作した『永遠的微笑』に関する評価を一瞥し、参照点を示すこととしたい。

『永遠的微笑』は詳細な撮影台本が残されており、話の筋は次のようなものである。ある歌手が窮地を救ってくれた車夫に恋をし、彼が法律家になる資金援助をするが、必要な資金調達のためにあやまって人を殺してしまい、検事となった元車夫の恋人に裁かれる。男は恩人である歌手を不起訴にしようと考える。だが、女は「あなたは検察官になって一切の凶悪犯罪をなくし、一切の不正義をこの世界から消滅させると言ったのではないの？」と、検察官としての責任を果たすように言う。(97) 完成した映画に対する当時の映画雑誌『電声週刊』の評価はABC評価で「C下」で、(98)戦後中国映画史では国民党が軍事力による「囲剿〔包囲し討伐する〕」だけでなく、「法律」の名において数千の革命人士を虐殺しているときに、「圧迫された人民に向かって、反動的法律でもおとなしく従って、さらに『永遠的微笑』をたたえるよう要求している！」と強く批判している〔程季華主編、一九六三a：四五五〕。この批判は、戦後の左翼知識人がこの映画の思想性をどう捉えていたか判断する材料になる。しかし、男性主人公を演じた龔家農によれば、映画は当代きっての大スター胡蝶を主演に迎えた明星の意欲作で、公開されるや大評判となり、観衆の口コミも手伝って興行成績は同年の最高記録となったという〔黄仁、二〇〇一：一三〕。当時明星所属の監督のひとりだった胡心霊《こしんれい》は、黄仁《こうじん》によるインタビューで「『永遠的微笑』は水準に達した大作であった」と述べている〔黄仁、二〇〇一：一七〕。また、劉吶鷗の遺族が保管していた『永遠的微笑』に関する検閲の記録「審査意見」「電影劇本審査意見」では、セクシャルな場面の削除を求めるいっぽう、「註」として「人物の性格は現代化する必要がある」などの具体的な「意見」が箇条書きで記されている。[99] つまり、『永遠的微笑』に対する評価は媒体や発話者によってまったくバラバラであり、このことは後世の人間が活字資料だけで当該映画の評価を推定することの難しさを示しているともいえる。

では、脚本を書いた劉吶鷗自身は『永遠的微笑』の仕上がりをどう見ていたのか。完成試写後に劉吶鷗が監督にあてた覚書には、セリフの間や、伏線となる背景のショット・サイズ、音楽の使い方など、きわめて具体的な技術的指摘と同時に、自らの脚本に対する解釈もある。[100] それによると、同映画の製作目的は「もちろん商業映画製作会社のため、特に胡蝶さんのためにつくった」と記されている。[101]

『永遠的微笑』は商業的な成功を第一の目的として構想され、さらに国民党の検閲によって改変されていた。したがって、左翼映画製作の現場にいた蔡楚生も述べていたように、巨大な資本や流通システム、設備機材、人員、技術、を必要とし、これらの投資をすべて無駄にしかねない厳しい検閲を潜り抜け、さらに観客に受け入れられなければ資本を回収できないという映画産業の現実を前にして、劉吶鷗もまた、自ら展開していた映画の理論（娯楽性より芸術性を重視）をそのまま製作現場で実践することは困難であったと思われる。

抗日民族統一戦線のなかでの孤立

ここで、劉吶鷗が大手映画会社に参加した一九三五年の上海映画界の動向を見てみよう。日本軍の華北侵略が拡大するにともない、抗日運動の高まりによって(「八・一宣言」、「一二・九青年愛国運動」)、上海文化界でも「救国」を最優先とする統一戦線が目指された(一九三五年一二月一二日「上海文化界救国運動宣言」、一九三六年初「文芸界抗日民族統一戦線」・同年一月「上海電影界救国会」の成立、六月「中国文芸工作者宣言」、一〇月「文芸界同人為団結御侮與言論自由宣言」など)。文学や演劇に次いで映画においても「国防電影」(102)のスローガンが提出され、当初はこれらの動きを牽制していた国民党も抗日の高潮によって「国防電影」への支持を表明する。しかし、文化人の間に存在した過去の論争は、権力闘争のなかで再三蒸し返されることになる。「抗日民族統一戦線の形成は水面下で多くの人を巻き込む舌禍としての論争の、新たな出発点」[坂元ひろ子、二〇〇二:二六九]ともいわれる。

こうした統一戦線内部の分裂を示す事例として、明星影片公司の二スタジオ制が挙げられる。一九三六年春に新スタジオを建設した明星影片公司は、七月に改組を行ってスタジオを一廠と二廠の二つに分離し、一廠にはもとの明星の人脈(張石川《ちょうせきせん》、程歩高《ていほこう》、李萍倩《りへいせん》ら)、二廠には左派の人脈(袁牧之《えんぼくし》、応雲衛《おううんえい》、陳波児《ちんはじ》ら)が陣取る形となった。さらに、かつて解散した編劇委員会も復活して、欧陽予倩《おうようよせん》主宰の下、陽翰笙も脚本を提供、鄭伯奇《ていはくき》、阿英(銭杏邨、鳳呉)も特約脚本家として招聘されるなど、実質的には左派の影響が強まったといえる(103)。その結果、「劉吶鷗のグループは、相変わらず明星公司に呆然と居座っていたが、新たな形勢の下ではすでに孤立させられており、一本の映画も撮れなくなっていた」[程季華主編、一九六三a:四二六]という見方もある。劉吶鷗が脚本を担当した『永遠的微笑』は一九三五年に撮影を終えていたと考えられるため、劉吶鷗は一九三六年前半には芸華で『初恋』を監督していたはずだが、上海映画界全体で左派の影響力が再び増大していたことは確かであろう(104)。

以上の経過を整理すると、①「文字の能力の限界」、国民党の弾圧と日本軍の上海侵略による出版事業の挫折が、劉吶鷗が映画事業に重心を移す契機となり、②文芸界における左翼文化人からの攻撃、映画事業に必要とされる巨大な資本とシステム、検閲のリスクなどが、劉吶鷗をして国民党権力に接近させる契機となり、③一九三六年上海映画界における左派の影響力増大の下で時に孤立させられるという状況があったことになる。ここで、行論を先取りして述べるならば、こうした状況に加えて、後述する国民党映画スタジオに好条件が備わっていたことが、劉吶鷗に南京行きを決意させる契機となったと考えられるのである。言い換えるならば、劉吶鷗にとってのそれぞれの場面における交渉とその限界という経験の蓄積が、彼に出版事業ではなく映画事業を、左翼映画陣営ではなく国民党への接近を選択させ、「混種」の都市である上海を離れて国民国家統合の権力中枢たる南京の国民党に所属する映画スタジオへ越境することを選択させたのだといえよう。

第五節　南京の国民党映画スタジオ

劉吶鷗が、日中戦争勃発前の一時期、国民党映画スタジオ「中央電影撮影場（略記の場合は「中電」）」で職を得ていたことは知られているが、彼がいつ南京へ赴いたのか、そこで何をしていたのか、日中戦争勃発後なぜ離職して上海へ戻ったのかなど、具体的な事実関係は、あまり知られていない。(105) そこで、ここでは日中双方の公文書と、中電で劉吶鷗の部下であった前掲の黄鋼の回想記事をもとに、この時期の劉吶鷗の活動について多少なりとも明らかにしたこと[三澤真美恵、二〇〇五a・二〇〇五b・二〇〇六]を整理しておきたい。

まず、劉吶鷗の南京への赴任時期についてだが、日本外務省外交史料によれば、劉吶鷗が相当以前から「容疑支那人」[106]と接触しており、一九三六年八月初旬（後述するように、スタジオ建設に伴って修正された中央電影撮影場組織大綱が予備案となった時期にあたる）に家族同伴で南京に赴いたことが確認できる。[107] 当該資料によれば、劉吶鷗は以前から「要注意人物」としてマークされており、「密に多数の容疑支那人と交際を続け専ら在留台湾人との交際を避くるの傾向ありて、其の動静相当疑われる処ありたるを以て注意中の処、本名は今回羅剛を委員長とする南京中央映画検閲委員会委員［原文ママ］に任命せられ客月初め家族同伴南京に向け出発し居れる」「今後相当注意の要あり」とある。先に挙げた松崎の回想記でも、劉吶鷗は「国籍を秘して南京の中央撮影所の監督になった」と述べており［松崎啓次、一九四一：一四三―一四四］、在留台湾人との交際を避けていたのも、「国籍を秘」するためであったと考えられる。一九二七年の日記を分析した許秦蓁も劉吶鷗が「多元的な地縁によって生まれる広汎な人縁」を、それぞれのグループに分け隔てて交際していたことを指摘している［許秦蓁、一九九八：三七］。当時、中国在住の台湾人は「日本帝国主義の走狗」として敵視されていたため、台湾人であることを隠す行為は劉吶鷗に限ったことではない。次章で扱う何非光の場合にも、同様の状況で自らを福建人と称していた。しかし、一九二七年当時は中国人グループと台湾人グループに分けて別々にでも交際していた劉吶鷗が、一九三六年の段階では台湾人との交際そのものを避けていたという部分に、国籍に対してより神経質になっていた事情がうかがわれる。劉吶鷗が「漢奸」とみなされることになるのは、彼自身がこうして自ら中国人であると国籍を偽って職を得ていた以上、ある意味では当然のことといえる。だが、もし仮に彼が台湾人であることを秘密にしなければ、国民党の映画スタジオで職を得ることは、きわめて困難であっただろう。たとえば、一九二五年に抗日民族意識から上海の中学に留学した謝東閔《しゃとうびん》は、[108]「台湾人」であるという身分のために、「満洲事変」後の一九三二年には約束されていた中山大学副教授の職を「日本のスパイ」嫌疑のために棒にふり、盧溝橋事件後にはこうした嫌疑から逃れる為に香港へ避難せざるを得なくなっている［謝東閔、一九八八：一〇三、一〇九―一一〇]。被植民者たる台湾人が中国大陸で「他者」とみなされ白眼視された事情については、何非光に関する次章でさらに詳しく述べるが、劉吶鷗が台湾出身であることを秘した背景にも台湾人に対する残酷な白眼視があったことは、注意しておきたい。

いっぽう、南京の中央電影撮影場をめぐる状況も、一九三五―一九三六年ごろに転機を迎える。設備面では、一九三五年七月、最新のトーキー・スタジオが新設される。当時の雑誌は「規模の大きさは全国スタジオの冠たるもの」(「中央電影撮影場一瞥」『良友画報』一一三号、一九三六年一月、三六頁)、「内部設備の完備は全国随一」(「関於南京現有的電影機関及其概況」『電影週報』四期、一九三六年三月二八日、第四版)と、新たな中央電影撮影場の充実ぶりを、写真入りで紹介している。また、組織面でも、一九三六年一月、電影事業処の処長が張沖《ちょうちゅう》の辞職によって張北海《ちょうほっかい》に代わると、組織を改善するためリストラを行い、いっぽうで経費を前の一・五倍以上に増やして設備や技術人員を拡充し、「もう昔のように暇ですることがないというような情況」とは違う、と評されるようになる。[109] つまり、中国映画の中心地たる上海における民間大手映画会社を凌駕するような、当時の中国で最新かつ最大規模の党営スタジオが南京に出現したことになる。これに伴って、中央電影撮影場の組織も「映画技術上の分担性を考えて」大幅に修正される。[110] そしてこの修正された組織大綱によって設置されたのが、劉吶鷗が主任委員として招聘されることになる「編導委員会(脚本監督委員会)」である。

中央電影撮影場のトーキー・スタジオ．出典：『良友』113号，1936年1月，36頁．

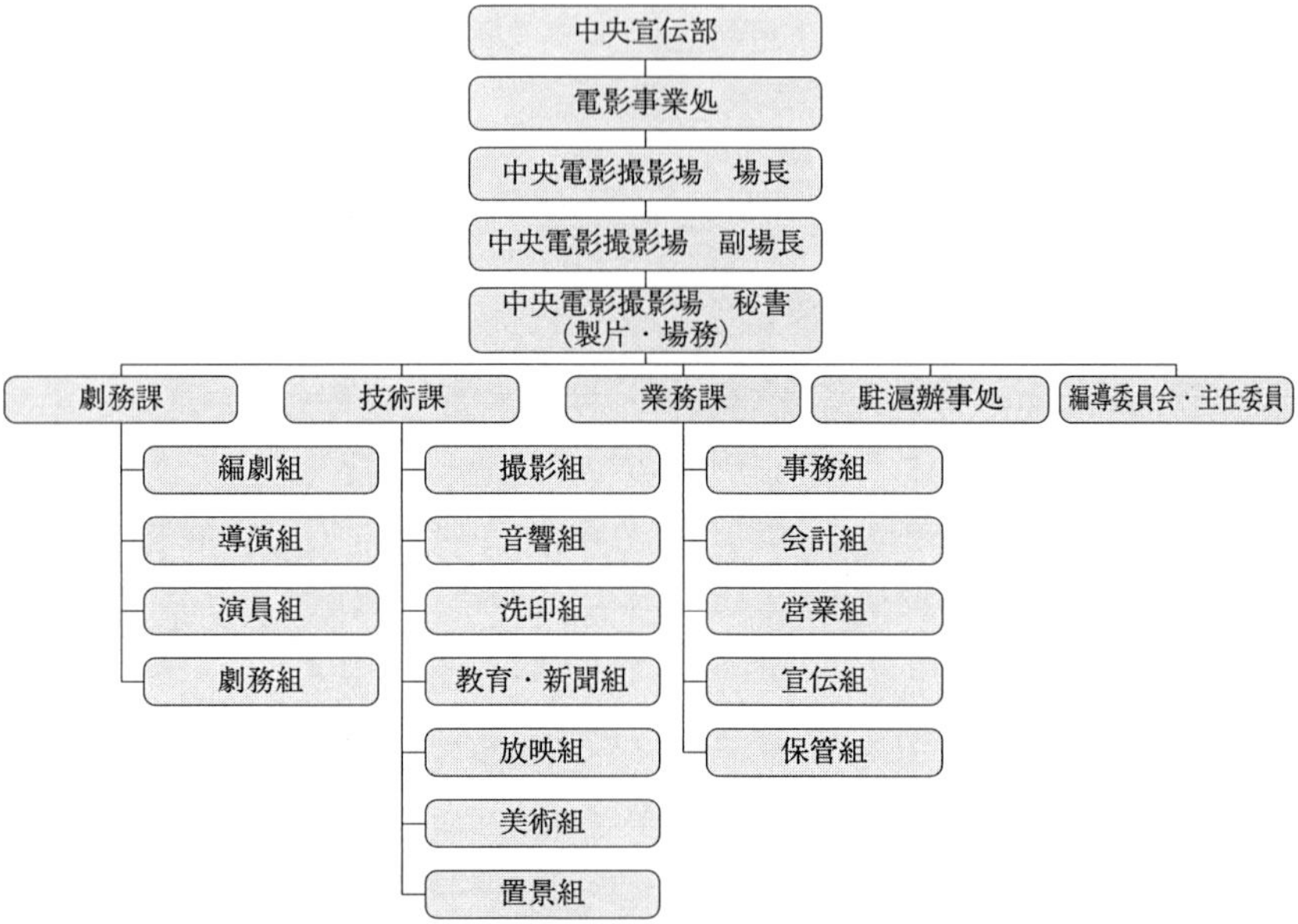

図 2-1　中央電影撮影場組織図(1936 年 6 月 19 日付)
出典：党史館檔案[五・三––一八・八]より.

党史館檔案によれば組織大綱の立案は六月一九日、予備案の認可は八月六日であり[111]、日本の外務省外交史料による劉吶鷗の着任時期の八月初旬とも合致する。また、「修正中央電影撮影場組織大綱」第九条の規定によれば、「編導委員会」の職掌は以下の通りで、劉吶鷗が就任した主任委員は中央電影撮影場における映画製作の実質上の現場責任者であったことがわかる(【図二―二】を参照)。

> 本場は編導委員会を設置する。本場が選抜した映画経験豊かな脚本監督若干名を処長秘書部長の許可を得て招請し、これを組織する。主任委員は劇務課課長を兼任でき脚本の作成、監督の計画、撮影製作の予算審査などは本会によって許可したのちに、処長秘書部長の許可を経て、各主管課で撮影製作を進行する。本会の事務細則は別にこれを定める[112]。

したがって、劉吶鷗は一九三六年、いっぽうに上海映画界における左派の影響力増大の下で次第に孤立させられるという状況があり、いっぽうで設備や人材が拡充したばかりの中央電影撮影場における実質的な製作責任者となる機会を提示されていたことになる。

【表二―一】は国民党宣伝部が日中戦争勃発直後にそれ以前の上海各民間映画会社の映画製作の概況を調査した数値、また【表二―二】は一九四一年に日本で出版された書籍『アジア映画の創造及建設』(前掲)中に「上海某公司発表」として掲載された日中戦争勃発前の「中国映画・普通作品製作費比較」である。ここから、この時期の上海映画界が、中国各地はもとより、南洋方面にまで配給網を確保しており、こうした市場規模の大きさがこの時期の上海を中心とした中国映画界の黄金時代を築いた背景にあったことがわかる。これに対し、【表二―三】は、一九三五―一九三七年の中電の工作状況を示すものである。

この時期、中電の平均製作数は毎月平均三・六本(一九三六年)―七・四本(一九三七年)と、[113] 上海における各映画会社の毎月三・五本を上回っていたことがわかる。[114] だが、その内容は国内外への宣伝用ニュース映画、記録映画が中心であった。映画独自の表現技術を重視しつつも、「創造的芸術家」は「生命要素[物語性を指す]を決して放棄してはならない」(「影片芸術論」『電影週報』一九三二年七月一日―一〇月八日)[『劉吶鷗全集　電影集』、二〇〇一：二七六]と考えていた劉吶鷗にとって、劇映画を製作できない状況は望ましいものではなかっただろう。

こうしたなか、中央電影撮影場は、初めての本格的長編劇映画を製作する。『密電碼』(中央電影撮影場作品、一九三七年公開、張道藩《ちょうどうはん》・張北海《ちょうほっかい》・余仲英《よちゅうえい》・劉吶鷗・黄天佐《こうてんさ》による共同監督)である。毎週の工作状況を記した中央宣伝部の記録上、『密電碼』の名称が登場するのは、「一九三六年八月三一日―九月一二日」である。[115] 国民党の大物張道藩[116]の原作を劉吶鷗が撮影台本におこし数人で共同監督した同映画は、中央宣伝部各週工作報告では「映画を利用して革命情緒を激発する」目的で撮影され、「革命性のある長編劇映画第一作」と認識されていた。[117] 一九三七年二月初旬に完成した後、[118] 公開前には上海新聞界、映画界の大物を集めて祝賀パーティを行っているが、[119] 結果は赤字にならない程度の興行収入にとどまったとみられる。[120]『電声週刊』では「革命宣伝の空気がやや濃厚に過ぎる」「国民革命歌を二度も歌うところ

表 2-1　日中戦争勃発前の上海各映画会社の生産概況

	明　星	華　安	新　華	芸　華	天　一	民　新	月　明	7社総計
毎年の製作本数	8部	6部	8部	10部	3部	3部	2部	40部
1作品ごとの製作費	4万元	4万元	4万元	3万元	2万元	2万元	2万元	21万元
毎年の経費	32万元	24万元	32万元	30万元	6万元	6万元	4万元	134万元

出典：筆者作成.

データ：党史館檔案[五・三—五七・一一]より．原註に次の文言がある。「上海映画界において比較的整備が整っている七社をとりあげたが，平時の経費を把握するのは難しいので各社の生産量から推算した．その結果，上海映画界は，毎年40本，毎月平均3.5本の映画を生産．毎年の経費は134万元で，毎月平均経費は11万1666元である」.

表 2-2　日中戦争勃発前好況時の中国映画配給収入

地　域	収入(元)
上海	10,000
江蘇・浙江	6,000
湖北・湖南	2,000
安徽・江西	1,000
満洲	3,000
華北	2,500
四川・雲南・貴州	3,300
山西・陝西	1,000
広東・広西・香港	3,000
福建	500
南洋方面一帯	5,500
合　計	37,800

出典：前掲，市川彩『アジア映画の創造及建設』196頁．なお，同著では「合計38000」とあるが，ここでは各地域データを優先して合計数を修正した.

表 2-3　中央電影撮影場の工作状況(1935年—1937年)

年　度	工作時間	製作本数	毎月平均製作本数	経費総額	1作品ごとの製作費	人員の総数	技術人員	事務人員
1935年	12カ月	58本	4.6本	145163.51元	2236.67元	148人	48人	24人
1936年	12カ月	44本	3.6本	192543.03元	2735.87元	124人	45人	22人
1937年	8カ月	59本	7.4本	147778.02元	1758.54元	104人	48人	16人

出典：筆者作成.

データ：党史館檔案[五・二—三四・一四]より.

や、会場で三民主義を討論するところなどはあまりに沈鬱で、演説をぶちスローガンを叫ぶ箇所など意義はあっても滑稽にみえる」と「C」評価である。[121] いっぽう、張道藩は、日中戦争勃発後の一九四三年、重慶において映画検閲の強化を建議する際、自分が製作に関わった『密電碼』を検閲の「標準」に合致した映画の具体例に挙げている。[122] こうした認識や評価から想像されるのは、『密電碼』も「純粋芸術」「自由な」映画からは程遠い、「標準」的な宣伝映画だったのではないか、ということである。

劉吶鷗が上海へ越境したことの背景には、「混種」の都市たる上海ならではの「私を生きる」可能性、すなわち植民地主義からの脱出、国民的同一化からの脱出の可能性が賭けられていた。これに比して、劉吶鷗が着任したのは、首都南京の国民党宣伝部直属の映画スタジオたる中央電影撮影場であり、彼には「国民統合のための映画統制」が求められることになった。つまり、南京への越境は、劉吶鷗にとっての「私を生きる」可能性から言えば、国民的同一化からの脱出において一歩後退することを意味する「国民統合のための権力中枢」への越境であった。しかし、あえて「私を生きる」可能性を一歩後退させてもこだわったのが、劉吶鷗が「望み」をかけていたもの、すなわち「未来の純粋芸術の地、自由な映画製作」だった。だからこそ、職場での彼は勤勉であった。再び、黄鋼の回想記事を引用しよう。

> 嘘をいう必要はあるまい。劉吶鷗が私に与えた印象はとてもよいものだった。彼は責任感があり、時間を守り、事にあたって人情で何とかしようとはしない人間だった。映画脚本を撮影台本にするという専門技術において、彼は自分の理論に依拠して脚本を図表化する科学的正確さという長所ももっていた。彼は他人への要求が厳しすぎるところがあったが、自分自身で次のように宣言していた：志と魂が高尚でない人間には、芸術という事業はできない……（中略）
>
> 私も劉吶鷗に映画製作の知識をいくらか学んだ。当時、プロの映画技術者の生活において私はまだ駆け出しだ

った。だが、[知識については]充分満ち足りているはずの劉吶鷗も、学術上の努力をし続けており、毎日暇を見つけては勉強していた。（中略）

劉吶鷗は、自分の職業に対して、アメリカ式に実際的かつ厳格でいることの出来る人間だった。

（黄鋼「劉吶鷗之路　報告二」香港『大公報』一九四一年一月三〇日）

盧溝橋事件勃発後の映画雑誌には、中央電影撮影場で働く現場職員が「平職員は三日五日の休暇を取るのにも大変な手続きがいる」というのに、幹部職員のなかには「この五カ月と言うものスタジオには一歩も足を踏み入れていない」者、「スタジオ内の機材を勝手に持ち出して上海で商売している」者までいる、とその腐敗ぶりを告発している。[123] 同じく一現場職員であった黄鋼が、「漢奸」として暗殺された劉吶鷗について、あえて「嘘をいう必要はあるまい」と断りながら、「彼は責任感があり、時間を守り、事にあたって人情で何とかしようとはしない人間だった」と述べていることは注目していいだろう。映画製作をするための交渉の軌跡を見る限り、実益のためにはあえて政治権力に接近し妥協を繰り返したようにみえる劉吶鷗だが、少なくとも、映画に対する情熱に妥協はなかった、と考えていい。次節では、このことをふまえて、劉吶鷗がなぜ「漢奸」と呼ばれることを承知であえて「対日協力」を行ったのかを考えて行きたい。

第六節　「孤島」上海における映画統制

一九三七年七月七日北京郊外盧溝橋で発生した軍事衝突は、八月一三日上海に飛び火し、日中全面戦争へと拡大した。上海戦の結果、上海の映画産業も多大な被害を受け、主要な映画会社は製作を停止した。一一月に中国軍が上海から撤退すると、上海の抗日映画人の多くは武漢、香港、延安などに離散し、各地で映画製作を継続した。いっぽう上海に残った映画人は、日本軍の支配から比較的自由でいられる場所として、英米仏の支配する租界に拠った。この時期の租界は周囲を日本軍に囲まれており、通行人は日本兵にお辞儀し身体検査を受けねばならないなど自由に出入りができず、一九四一年一二月八日の太平洋戦争勃発後に日本軍によって占領されるまで「孤島」と称された。劉吶鷗は、この「孤島」に拠った映画界を対象に展開された日本軍の映画統制に関与し、それが原因で一九四〇年九月に暗殺されたと考えられている。

本節では、まず日中戦争勃発後の上海映画界と国民党の映画統制を一瞥した後、劉吶鷗がなぜ中央電影撮影場と共に移転せず、離職して上海に戻ったのか、日本軍の展開した映画統制において具体的に何を担ったのか、劉吶鷗暗殺に至る背景としての「孤島」上海の映画をめぐるポリティクスはどのようなものだったのか、といった問題を検討してみたい。

1　戦時下の上海映画界と国民党の映画統制

日中全面戦争勃発後、中国映画の生産中心地である上海では、一九三七年七月二八日に上海市文化界救亡協会、七月三〇日に電影界工作人協会および中国電影界救亡協会、八月四日には上海電影編劇導演人協会が成立するなど、映画界でも一致抗日の運動が高まった［程季華主編、一九六三b：五―六］[124]。しかし、中小映画会社はすでにこの段階で影響を受け製作停止に追い込まれていた[125]。さらに八月一三日に戦火が上海に飛び火すると、明星、聯華などの大手映画会社を含む上海映画界は決定的な被害を受け、ほとんどの映画会社が製作を停止するにいたった［程季華主編、一九六三b：八―九］。先に述べたように、映画統制はまがりなりに国民国家としての体裁を整えた南京政府期の行政権力をもってはじめて全国的に統一され実効力をもつものとなった。したがって、日本軍の侵攻によって華北、華中など重要な映画市場における行政権力を失うと、国民党の消極的映画統制を構成する検閲取締は、日中戦争勃発前に比べて大きく後退することになった。ここでは、こうした事態を象徴する事例として、一九三八年の中央電影検査委員会が発給した検閲査証をめぐる混乱について述べる。いっぽう、積極的映画統制については、中国軍が上海を撤退する以前、上海映画界からの要請に応じた一元的な映画統制機関の設置案があったことについて検討を加える。

消極的映画統制——検閲体制の混乱

中国軍は一九三七年一一月に上海から撤退したが、上海に残った中央電影検査委員会の役員は継続して検閲を行っていた。国史館所蔵外交部檔案によれば、この中央電影検査委員会上海辦事処の検閲を経た検査証書が、中央電影検査委員会広州辦事処で承認されないという事件が起きている(126)。これは、在上海のアメリカ映画会社からの陳情を受けたアメリカ大使館から外交部にあてた問い合わせの書簡によって確認できる。すなわち、一九三八年一月上海辦事処の所員が正式に中央電影検査委員会を代表するものか否かに関する問い合わせ、続いてその代表性が確認された後の四月に上海辦事処で発給された検査証書が広州辦事処で承認されず再検閲を求められた件に関する問い合わせである。いっぽう、この件について確認を求められた国民党宣伝部は外交部に対して中央電影検査委員会上海辦事処が発給した検査許可証は広州を含め全国に適用できることを回答している。しかし、上海における国民党宣伝部中央電影検査委員会は日本軍の捜索の対象になっており、一九三七年一二月には在所不明のまま日本軍によって「接収」されていた[市川彩、一九四一:二四九—二五〇]。また、日本軍は在上海の内外映画関係者を集めて日本軍の映画検閲を受けるよう圧力をかけていたため、中央電影検査委員会上海辦事処は表向きに活動することは出来なくなっていた。したがって、この事件は、映画の消極的統制(検閲・取締)において、その主管組織たる中央電影検査委員会の辦事処が相互に連携がとれず、実質的に工作停止に陥っていたことを示している。同時に、こうした国内検閲体制の混乱によって、外国映画の取締に支障をきたし外国政府からの苦情が寄せられていたことから、国家としての統一的な対外対応も困難になっていたことがうかがわれる。状況を打開するため、既存の上海と広東の中央電影検査委員会辦事処は撤収、広州に行政院所管の非常時期電影検査所が設置され、重慶には同所の駐渝辦事処が準備される。[127] だが、広州の非常時期電影検査所は日本軍の侵攻によりまもなく撤退している。[128] したがって、戦時下の消極的統制は実質的に機能しない状態に陥っていたといえる。

積極的映画統制――一元的な映画統制機関の設置案

こうした直接的な方法による消極的統制が後退するいっぽうで、南京政府期の映画統制を推進してきた国民党宣伝部は、民間映画業者への指導などの間接的な方法を通じて、[129] 国産および外来の映画が国民統合や国家イメージに負《マイナス》に働くことを間接的に抑制しようとした。これはいわば、積極的統制の強化によって消極的統制の弱化を補う策と捉えることができる。なかでも、日中戦争勃発直後に計画された国家による一元的な映画統制機関の設置案が民間映画会社の要請・同意の下に構想されていた点は、戦時下の中国映画人の危機感を如実に示すものといえる。

これまで代表的な映画史では、一九三七年の日中戦争勃発直後、上海映画界では抗日気運が高まっていたにもかかわらず、国民党政府は一面で妥協的な和平路線をとっていたため「愛国映画工作者の抗戦映画運動には不支持政策をとった」とされてきた［程季華主編、一九六三b：九］。たとえば、多くの映画創作人員や職工が署名して国民党政府に嘆願書を出し、最低生活費用さえあれば「すべての映画創作人員と職工は国家のために実際的な仕事をなす」ことを示し、映画会社の幹部もまた彼らの会社を接収し、抗戦に従事させてほしいと願い出たにもかかわらず、国民政府はただ口頭でこれを受け入れることを示しただけで何も実現させなかった。そのために、多くの愛国的映画工作者が映画という手段を放棄せざるをえなかった、という記述がある［同前］。しかし、党史館檔案によれば、実際には国民党宣伝部はこの提案に応じるための青写真「戦時電影事業統制辦法」(五期五〇次中常会で通過)を作成しており、危機に陥った民間映画会社への融資や有能な映画技術者の吸収など、小規模ながらその一部は実行に移されていたことがわかる。[130] 同案ないし同案にいたる計画を起草立案したのが、当時国民党宣伝部直属の映画スタジオ中電で実質的現場責任者であった劉吶鷗ではないかと思われるが、この点については後述する。そして、この「戦時電影事業統制辦法」の立案説明書によれば、これまでいわれてきた「愛国的映画工作者による嘆願」の具体的な内容は「上海同業公会の代表が毎月一万五千元の維持費によって社長以下すべてのスタッフと機材を中央の統括支配にゆだねたいという請願」であった。

この映画界の請願に応じて、党宣伝部は一元的統制機関の設置を計画する。その理由は、「映画は一切の活字宣伝を凌駕する普及力という機能を備えている」にもかかわらず、中国の映画界は「戦時に対応できないばかりか、その存在さえ危うい」状況にある。いっぽう「敵側は五〇〇万元を投じて偽満の映画事業を統制する準備」をしており、このまま「映画産業が滅びるのを座視するわけにはいかない」というものであった。この一元的映画統制機関設置案では、中央電影撮影場と軍事委員会政治訓練処電影股(のちの中国電影製片廠)が上海の各映画会社を合併してひとつの総機関となし、同機関の収入が不足の場合すべての費用は中央が指定する基金もしくは保管委員会により経営、実務については中央電影事業処が責任機関として工作の指揮と分配にあたることになっていた。しかし、その後上海戦の影響によって、この計画は資金面で実施困難となり、「戦時電影事業補助辦法」によって代替されることになった。[131] 同案は、上海の抗戦前の生産状況と現在の状況を調査したうえで、毎月一本八千元の予算で長編映画を二本、一本三千元の予算で短編映画を五本生産することが可能であるという「上海映画界が抗戦映画を撮影するのを中央が補助する計画」に基づき、「戦時抗戦に関する題材」(長編五項目、短編一五項目の具体的な題材リストが付されている)を撮影する場合に限って各映画会社に融資を行うための方案である。国民党軍は一一月に上海を撤退するが、一九三九年一月付の「中央宣伝部工作報告」によって、一年の期限付きではあるが明星影片公司に一万元、民新影片公司に四千元など、民間映画産業の救済措置として融資が行われていたことが確認できる。[132] また、「電影従業員之救済辦法」によって、戦火で失業した映画人のなかから優良技術者を中央電影撮影場に雇い入れるなどの措置も行われていた。

以上、抗日を目的とした一元的な映画統制機関の設置案は、上海映画界と中央宣伝部双方の合意のもとに計画されていたことから、もしこの計画が戦火によって中断されなければ、映画統制を消極・積極両面において一元的に管掌する国家映画統制機関が成立していた、という意味できわめて興味深い。しかも、後述するように、この「非常時期」の「電影事業計画」を起草立案したのは、他ならぬ劉吶鷗だったと推定される。

同時に、もうひとつ重要なことは、これが上海映画界の請願と中央宣伝部による承諾という双方の合意のもとに計画されていることである。南京政府期、時に対立する状況にあった国民党と民間映画界は、日本との全面戦争という危機的状況の出現によって、対立を超えた国民統合と国家プレゼンス強化をめざしたのだといえる。それはまた、大衆娯楽産業としての映画が戦争によって自由な市場と競争原理を失ったとき、個人はもちろん、大手映画会社ですら、映画が必要とする巨大な資本とシステムを提供する権力に接近する以外には活路を見出せなかった、という隘路を示しているともいえる。

2 「対日協力」

上海が戦闘に巻き込まれるなか、中央電影撮影場はいっぽうで戦場にカメラマンを派遣しつつ、いっぽうで撤退に備えるなど、あわただしい空気に包まれた。職員の多くは解雇され、軍隊に応募する者、婦女工作隊に参加する者など、去就が問われることとなった。[133]

黄鋼の回想によれば、劉吶鷗の場合は、引きとめられたにもかかわらず、自ら離職を願い出ている（黄鋼「劉吶鷗之

路　報告四」香港『大公報』一九四一年二月一日)。彼は、劉吶鷗が上海へ戻る理由を知りたい、何かしら最後のアドバイスを得たいと思ったが、「何も得られはしなかった。彼は懐疑と失望を装って心の奥底の真意を覆い隠していた」(同前)。しかし、その回想記事のなかに劉吶鷗が中電を離れた理由の核心が隠されているように思われる。

［電影事業処からの］あとの電話で、劉吶鷗は次のように言った。まず「国家非常時期電影事業計画」のすべてを起草立案したのは自分である、だがあれは何の役にも立たない、と。なぜなら、将来正式に戦闘が始まったら政府はどこまで撤退するかわからない。沿海都市を離れて、内地のあんな条件下では映画などできるはずがない、というのが彼の見方だった。第二に、放映機器の問題について、完全に銀行に保管して置くべきだ、取ってくる必要はないと主張した。全国巡回放映網の方法は、彼が言うには、うまくいかないということだった。なぜなら、戦争が全国各大都市に深刻な空襲を与えて、空襲の後の都市では電力は停まってしまう、それで何を上映するというのだと言うのだった(村落や小都市の観衆のことを、彼は完全に忘れていた)。最後に、第三番目として、防空の教育短編映画などを撮る必要はないと言った。防空知識の何たるかがわかる人間ならば、さっさと戦争の危険区域から逃げ出すだろう。ならば、文字も知らないような庶民に向かって、本気で映画を使って教育をするつもりなのか、と。

このような不合理な意見を、劉吶鷗は軽蔑するような、だが婉曲な口調で、言い終わって、受話器を置いた。それが、彼が応対した最後の仕事といえただろう。

(黄鋼「劉吶鷗之路　報告六」香港『大公報』一九四一年二月四日)

戦時下の映画事業計画を起草したのが劉吶鷗である以上、彼は誰よりも今後の中央電影撮影場、ひいては国民党―国府の映画事業計画に知悉していたことになる。この記事に出てくる「国家非常時期電影事業計画」に該当する史料は未見であり、時期と名称から考えて「戦時電影事業統制辦法」のことではないかとも思われる。(134) 仮に劉吶鷗が起草したのが「戦時電影事業統制辦法」、あるいはそれにいたる原案だったとすれば、そこには極めて中央集権的な映画統制機構の青写真が描かれており、劉吶鷗の映画論からいえば決して受け入れられないであろう項目「映画製作の重点は宣伝におき、一切の国防および非常時に関係のない長編劇映画は撮影を停止する」が含まれている。またもし仮にこの「戦時電影事業統制辦法」が劉吶鷗の起草によるものではないとしても、編導委員会主任委員の地位にいた劉吶鷗ならば、当然その内容を知っていたはずである。しかも、劉吶鷗の見通しでは、政府が内地に撤退してしまえば、映画を撮影することは不可能、というものであった。「南京への越境」が、ナショナリズムへの情熱とは無縁の、手段的な合理性にもとづいていた以上、設備を失い人材が減り資金も危うい中央電影撮影場は、もはや運命を共にする意味のない場所に思われたのではないだろうか。劉吶鷗を「積極的な仕事人」と評価していた黄鋼も、彼には「民族を愛護する心」が欠けていると感じていた（黄鋼「劉吶鷗之路　報告五」香港『大公報』一九四一年二月三日）。劉吶鷗は、中国は日本に勝てないと思っていたふしがあり、[135]映画の製作もままならない内陸部に撤退して戦闘に巻き込まれるより、暫定的ながら列強の帝国主義による「安全」が確保された租界（「孤島」）、収入の当てもある上海に戻ることを選んだ、ということだろう。彼は上海で不動産業を営んでおり、その収入は相当な額であったともいわれる。[136]そしておそらく、治安と資本が確保できる上海に戻ってこそ、映画も製作できると考えていたのではないだろうか。

黄鋼が劉吶鷗と共に上海へ戻るわけにはいかないと決意したのが八月九日、[137]その直後に日本軍の上海市街区への侵攻が始まっている。劉吶鷗が上海へ戻った時期は不詳だが、[138]一一月八日の日本軍による占領まで、中国軍の激しい抵抗が続くなか、あえて脱出を試みずに上海に留まったことは事実である。[139]黄鋼の回想記事には次のような一節がある。

「将来、きみはやはり映画をやるのかね？」と彼〔劉吶鷗〕は私にたずねた。
「絶対にやります。この気持ちは一生変わりません」と私は答え、「あなたは？」と彼にたずねた。
「私も変えるつもりはない」と彼は応えた。

（黄鋼「劉吶鷗之路　報告五」香港『大公報』一九四一年二月三日）

劉吶鷗は映画に従事しつづけることを明言した。そして確かに、彼は「漢奸」と呼ばれながら映画に従事しつづけたのである。

日本軍の映画統制に対する協力

上海における日本軍による映画工作については、一九三九年三月、中支那派遣軍参謀部第四課長高橋坦大佐(当時の階級、以下同)が東和商事社長の川喜多長政に対し、日中共同出資の映画会社における日本側代表への就任を要請したことを嚆矢とする見方が根強い([加藤厚子、二〇〇三：一九六]など)。この日中共同出資の映画会社は一九三九年六月に中華電影股份有限公司(以下、中華電影と略記)として成立し、華中・華南における日本軍占領地域での映画配給を独占した。これにより日本は配給の統制を通じて抗日的内容を持つ映画を市場から排除することが可能になった。だが、中華電影の発足以前にも、上海映画界に対する工作が進行していたことは、日中双方の映画史研究で断片的な記述ではあるが指摘されている[程季華主編、一九六三b：九六—九九][杜雲之、一九七二b：六〇][辻久一、一九八七：五五—六二]。これらの記述で指摘された映画工作と目される主要な動きは、(A)日本軍検閲体制への協力要請、(B)光明影業公司の買収、(C)上海映画人への接近、の三点に整理できる。

(A)まず、日本軍検閲体制への協力要請だが、国民党軍が上海から撤退する以前においては、租界で映画上映する際、まず国民党宣伝部中央電影検査委員会、ついで工部局電影検査委員会の二重検閲が必要であった。これが、「孤島」となってからは、表向きは工部局電影検査委員会による検閲のみ、裏では国民党宣伝部中央電影検査委員会の検閲も継続しているとされた。中支那方面軍特務部金子俊治少佐は国民党の検閲が行われているとされた事務所(カールトン戯院付近、白克路)を発見するが、すでに閉鎖した後であったため、「無形のフィルム検査処を接収する建前」をとった[市川彩、一九四一：二四九—二五〇]。そのうえで、新華の張善琨《ちょうぜんこん》を始めとする上海の内外映画関係者を「キヤセイ・ホテルに招き、意見の交換を行い」〔同前〕、「虹口東和劇場での日本側フィルム検閲を受けさえすれば、検閲通過後には日本占領地区で広範に上映を許可する」〔程季華主編、一九六三b：九七〕と宣言し、日本軍の検閲体制を受け入れさせようとした。

（B）は、一九三八年春に沈天蔭《しんてんいん》が創業した光明影業公司が、実は密かに日本側の資本を得て成立したのではないかという疑惑に端を発し、一九三八年九月上海で公開された同社製作の『茶花女〈椿姫〉』が日本に送られ上映されたことを間接的な証拠として、同社に対する日本の資金提供による買収疑惑が問題化したことを指す。

上記の日本軍検閲体制への協力などをはじめとして、日本軍による上海映画界の大物（張善琨や金焰など）への接近、「対日協力」への説得が（C）である。

これらの映画統制を中心となって進めていたのが、（A）で国民党の「無形のフィルム検査処」を接収した中支那方面軍特務部金子俊治少佐であり、そのいわば日本側の映画専門家として（B）（C）に関わったのが東宝の松崎啓次、そして金子と松崎に協力して実際に上海映画人と接触したのが劉吶鷗だと考えられる。このことは、自身が一九三九年七月以後上海軍報道部で映画検閲の業務に従事した辻久一が、関係者への聞き取り調査をもとに明らかにしており、松崎自身の回想録とも合致する。松崎は「陸軍省のS中佐」[140]の紹介で金子に出会い、金子の紹介で劉と出会っている。

いっぽう劉吶鷗と金子は、一説には劉吶鷗が日本の国籍をもつ台湾人であることから中支那方面軍特務部に引っ張り込まれたといい、一説には上海戦で不動産に被害を受けた劉吶鷗が日本軍による家屋の処分を予想して自ら中国通で知られる金子に接近したともいわれる〔辻久一、一九八七：一三二〕。また、劉吶鷗と共に日本軍の映画統制にかかわった黄天始は、戦後に著した未発表の手稿において「劉吶鷗の原籍は台湾であり、任命を引き受けるしかなかった」と述べている[141]。いずれにせよ、劉吶鷗と金子のつきあいは長いものではなく、上海戦の前後とみられる。金子は特務部でも中国通をもって任じ、崑山花園に住居を構え、日常は中国服を着て情報統制を進めようとしていた。一九三七年一一月一四日付上海方面における「特務部業務分担表」によれば、金子は諜報班「対支宣伝」と宣伝班「対内宣伝」を兼任している〔稲葉正夫編、一九六七：三八三〕。いっぽうの松崎はかつて日本プロレタリア映画同盟（略称「プロキノ」）の結成当初からのメンバーの一人で、上海に赴任当時は東宝の第二製作部部長で記録映画『上海』（一九三八年、亀井文夫監督）、『南京』（一九三八年、秋元憲監督）の製作にあたっていた。辻によれば、「中華電影内における松崎の立場は微妙なものであった。一応役員の身分であったが彼の日本における前歴、つまりプロキノに在籍したこと、戦争の勃発によって急速に軍に接近したことなどが、川喜多をはじめとする国内の各社から派遣されてきた日本人とどことなく肌が合わないところがあったようだ。一種孤独な立場にあったと見えた」〔辻久一、一九八七：一三四〕という。

しかし、彼らの映画統制が具体的にどのように進行し、そのなかで劉吶鷗がどのような仕事を担当したのかという事実関係については、先行研究と呼べるものがない。そこで、以下では、当事者の一人である松崎の回想録を中心に、周辺資料を照合して、劉吶鷗が関わった日本軍の映画統制が開始された時期と内容について整理を行う。

先述の黄鋼は重慶で「劉吶鷗が日本の映画検閲に関わり、日本人と隊伍を組み、さらに富裕になっている、そんな報道を新聞で読んで」おり、上海からやってきた文化人に「劉吶鷗の手によって我々が上海に残した文芸と新聞界の戦士が、きわめて悪辣な謀略の被害にあっている」ことを聞いている（黄鋼「劉吶鷗之路　報告八」香港『大公報』一九四一年二月六日）。したがって、劉吶鷗は南京の中電を離れた後、租界が「孤島」となった一九三七年一一月の段階で、日本軍の検閲体制への協力要請に協力していた可能性が高い。しかし、この点について事実確認できる日本側の資料は未見である。

また、上海における映画統制において劉吶鷗と行動を共にした松崎の回顧録によれば、松崎が「陸軍省のS中佐」から「支那映画の調査の為」に上海に赴くよう打診を受けたのは一九三七年一二月中旬から下旬、上海に到着して金子少佐と会うのは前後の記述から判断して一九三八年一月末か二月初めと見られる。また、その記述を整理すると、松崎の上海での任務は、時期と内容によって次の三つに分けられる。すなわち、(一)映画製作のための調査：一九三八年二月—三月頃、(二)調査の実効性を確認するための映画製作：一九三八年三月中旬—、(三)日中の映画提携を実践する会社の設立準備：一九三九年一月—一九三九年六月である。

第一の任務は、映画製作のための調査で、S中佐の紹介状を持って特務部を訪れた松崎を待っていたのが、金子少佐であった。そして、この松崎の調査アシスタントとして金子少佐が松崎に「映画の字引」として紹介したのが劉吶鷗である。一カ月後、調査を終えて帰国した松崎は、この段階では「再びこの土地に戻って来る事が有り得るかどうか」予測のつかない状況であった[松崎啓次、一九四一：二四二]。松崎によれば、「上海映画界の誰が他所へ移り誰が残っているか、残っている映画人の今後の態度はどうか」などについて実際に材料を収集したのが劉吶鷗、営業方面については劉の友人である黄天始が調査に協力した。

第二の任務は、上記の「調査が正確であるか、否かを二三本映画を作る事で実証」することであった[同前：二四三]。第二の任務は、松崎が東京に二週間滞在したのみで上海に戻ったことから、一九三八年三月中旬ごろに始まったとみられる。同任務について、松崎は「この巧妙なる組織が殆んど劉君一人の手で編み出された事を私は特記したい」[同前：二四三]としている。これらの映画製作を通じて「俳優の条件、セットの費用、フィルムの状態、仕事の能率」を「正確に調査と実際を見比べつつ若干の修正を行うことに成功した」[同前：二四四]というが、作品名がない。しかし、関連資料をつきあわせると、この任務が、先行研究で指摘された日本軍による映画統制の(B)、すなわち中国映画史では日本軍による上海映画界に対する「陰謀」として知られる光明影業公司の買収疑惑(買収によって中国の映画会社を日本軍の映画工作に利用したのではないかという疑惑)に相当すると思われる。

光明影業公司の買収疑惑について、市川彩の『アジア映画の創造及建設』によれば、「光明公司の調達した資金の出所は、かねてから問題となっていた所、其の調達先が日本の東宝映画ではないかという疑惑を生じ、抗日派の間に囂囂たる非難の声が揚り、上海映画界に一大波乱が巻き起こり、各監督、主演者の手許や出演者に脅迫状が舞込み、事態は紛糾の極に達した」［市川彩、一九四一：二五〇］とある。また、矢野目直子によれば、同事件は『茶花女』の日本公開時に「日支提携」などの宣伝が大きく行われたことから光明の資金の出所が日本軍ではないかとの疑惑がうかび、一九三八年一二月一日上海の新聞『毎日訳報』副刊に「『茶花女』の日本行きについて」という短評が発表されたことで表面化した［矢野目直子、一九九七b：一五］。さらに、同事件は共産党員の阿英（鳳吾、銭杏邨）が主編を務める『文献』の「日本侵略中国電影的陰謀特輯」冒頭でも激しく非難されている。『文献』には、沈天蔭自身はもちろん、資金提供者である沈天蔭の友人李祖萊《りそらい》および林一育《りんいちいく》ら三人がそれぞれに公表した「釈明文」が採録されており、[142]当時この事件がどれだけ中国の映画人に依って注視されていたかを物語る。光明影業公司製作の『茶花女』が日本に送られ上映されたことについて、沈天蔭は作成したプリントの数と所蔵場所を示して釈明しているが、『文献』は「この『茶花女』事件が引き起こされたことで、我々は日本のいわゆる『映画国策』に注意することになった。なぜなら、我々の常識から判断して、二国が国交断絶している現在、これは決して偶然の事件ではないからである」とみている。[143]果たして、市川著には光明が劉吶鷗らによって創設されたと記されており、[144]中国側に非難された『茶花女』の日本での配給は松崎が所属する東宝であること、同じ製作会社である光明の別の作品『大地的児女』が劉吶鷗のプロデュースによるものであることを松崎自身が認めていること、[145]また辻久一による戦後の聞き取り調査からも、光明公司の買収疑惑に劉吶鷗が関与したことは間違いないだろう。[146]これらの記述を総合すると、事件の経過はほぼ次のように推測できる。すなわち、日本本国の陸軍省新聞班から松崎に対して上海での映画製作の指令が下り、これにもとづいて劉吶鷗と黄天始が沈天蔭に接触、資金を提供して一九三八年二―三月に光明影業公司を設立、映画製作停止状況のなかで職を失っていた監督や俳優を集めて四作品を製作、そのうち好評であった『茶花女』を日本に送って公開した、というものである。そして、会社設立当初からの出資元をめぐる疑惑が『茶花女』日本公開でさらに高まり非難にさらされた沈天蔭は、出資者を問い詰められても「対日協力者」として知られている劉吶鴎・黄天始らの名前を出せず、友人（李祖萊、林一育）に言い含めて名前を借り釈明文を公開したものと思われる。

そして、第三の任務が、日支合弁の映画会社設立の準備[147]、すなわち中華電影設立に関わる準備であった。前後の関係から、この第三の任務は一九三八年夏ごろに始まっていると考えられる。松崎はこの映画会社設立準備について「興亜院や、軍や、維新政府との緊密な連絡が必要であった」〔松崎啓次、一九四一：三二〕と述べており、成立した中華電影の布陣（一九三九年六月創立時には維新政府の要人が役員に就任。汪精衛政府成立後の一九四〇年一二月には改組して汪精衛政府宣伝部所管の国策会社としての役割を担った）からも、これが「親日」新政権樹立工作の流れと関連して行われていたことがわかる。そして、この時期の組織作りのための人材探しが、中国映画史で指摘された日本側映画統制の（C）に相当するものである。ここでも劉吶鴎は、「孤島」上海に残留した映画人を新会社に呼び寄せる計画に基づき〔同前：二七、二五四〕、「我々の正式の使者として」〔同前：二五四〕「遮二無二租界へ突撃」し、「彼らしい方法で、次から、次へ成功」〔同前：二七—二八〕した。松崎らが「唯じっと忍耐して、彼を待って居ればよかった」〔同前：二八〕ということからも、新会社設立準備における人材集めの実務は劉吶鴎が担当していたことがわかる。こうして劉吶鴎が接触した人物として具体的に松崎著で名前が挙がっているのは、上海映画界の「キング・オブ・スター」と言われた金焰、実際に呼び寄せた人物としては劉吶鴎の中央電影撮影所時代の同僚で『農人之春』（一九三七年）などの文化映画で知られる監督の黄天佐（黄謙）などがいる。また、川喜多に取材した辻は、川喜多が張善琨と接触できた背景には劉吶鴎・黄天始らの努力があったとしている。

以上の事実関係をあわせてみると、「孤島」上海における日本軍の映画統制で、実際に中国人と接触する場面は、ほとんど劉吶鴎が担っていたと考えられる。かつて植民地主義からの脱出を図るために越境してきた「混種」たる上海租界が、彼を追いかけてきた「帝国」日本によって占領地のなかの「孤島」となったとき、劉吶鴎はその「孤島」

において「中国」の映画人たちが交渉する相手、すなわち「帝国」日本の代理人に任じたことになる。劉吶鷗が自分自身の選択として「帝国」日本の植民地に生まれた「国籍を秘して」、すなわち「中国人」として、南京という国民国家統合の権力中枢たる国民党の映画スタジオの実質的製作責任者に任じていた以上、こうした「対日協力」が「漢奸」行為とみなされるのは当然である。「政治に汚染される」ことを軽蔑していた劉吶鷗は、このときすでに「帝国」日本と「祖国」中国のはざまにある「孤島」において政治の泥沼のなかに頸まで浸かっていた。では、「漢奸」とみなされた劉吶鷗自身は、「帝国」日本との間で、どのような交渉を試みていたのだろうか。

「中華電影」の成立後

先述の通り、一九三九年三月に高橋坦大佐からの接触を受けた川喜多長政は一九三九年春に上海に到着する。それまで現地の映画工作を進めてきた金子俊治少佐は、川喜多の到着以前に内地へ転出しており、川喜多を迎えたのは松崎啓次、劉吶鷗、黄天始・黄天佐兄弟らであった〔辻久一、一九八七：六四〕。中華電影の実質的責任者であった川喜多は、よく知られているように、就任の条件として「会社の組織や人事の決定は一切会社経営者に一任して軍はこれに容喙しないこと、会社の経営方針は軍の根本方針に反しない限り経営者に一任すること」の二つの原則を提出し〔同前：四八〕、容れられた。その背景には「私が行かなければ、代わりにだれかが行く。もしその人が、日中関係について信念も理解もなかったら、一部の軍の思うままに動いて大失敗するだろう」という川喜多の懸念があった〈川喜多長政「私の履歴書　二二」『日本経済新聞』一九八〇年四月二三日〉。

川喜多の父、大治郎は陸軍中央幼年学校を首席で卒業後、陸軍大学校を卒業し日露戦争では金鵄勲章を受けたエリート軍人であったが、日露戦争後に清国政府の招きを受けて北洋軍官学校の高等兵学教官として赴任したところ、その熱心さが逆に日本人の目に売国奴と映ったため日本の憲兵によって射殺された〈川喜多長政「私の履歴書　一―三、一五」『日本経済新聞』一九八〇年四月三日―五日、一七日）。川喜多自身も東京府立四中を卒業後、中国へ留学し北京大学で学ぶが、折からの抗日気運もあってドイツに留学しなおしたという経験をもっている。さらに、映画界に入ってからは、川喜多が経営する東和商事で配給した日独合作映画『新しき土』（一九三七年、A・ファンク監督／伊丹万作監督）の中国での上映が激しい抗議を受け、自ら脚本にもかかわって北京で製作した中国語の劇映画『東洋平和の道』(148)（一九三八年、鈴木重吉監督）が、日本帝国主義の宣伝映画とみなされ、北京の中国人に見向きもされなかったという苦い経験をする。(149)

こうした経歴から、川喜多は中華電影を「日本的国策の押しつけをやめ、武力侵略の加担者とならず、日本と中国の民衆のために、その友好と平和を一日も早く回復するのを目的とする会社」［辻久一、一九八七：四八］にすることを信念としていた。そのため、日本人の手で映画を作ることを考えず、「孤島」上海の映画界における大物プロデューサー張善琨と提携し、上海映画人の作った映画を中華電影で配給する、という形式で日中の提携関係を築こうと考えた。だが、中国事情に詳しく中国語の流暢な川喜多の出現とこの方針は、それまで日本軍と中国人の間で「漢奸」と呼ばれながら映画工作に従事してきた劉吶鷗にとって、自らの存在意義が失われることを意味するものであった。(150)辻久一による次のような観察は、象徴的である。「この頃、中華電影を尋ね、黄天始、黄天佐の兄弟の顔を見ても、劉の姿に接することは少なかった」［同前：一〇五］、「金子少佐を失ったことによって、松崎と劉が主導権をにぎる機会は去ったという失望感もあったにちがいない」［同前：一三四］。それゆえ劉吶鷗は「ハミルトンハウスの本社にも、閘北のスタジオにも、あまり姿を見せなかった」［同前：一三四］という。

劉吶鷗にとって、一九三九年六月の中華電影成立は、それまで彼が日中の間で進めてきた仕事の成果であったが、それは同時に、金子の転出と川喜多の出現によって、その成果が自分の手からすり抜ける結果ともなった。なぜなら、劉吶鷗は中華電影の製作部次長（部長は松崎）に就任したものの、中華電影の製作部は「文化電影製片廠」として占領

『祖国を追はれて(Under Exile)』(1940年，ゲルトルート・ヴォルフソン監督)の撮影現場．右から2人目が劉吶鷗．提供：財団法人川喜多記念映画文化財団．

地区で上映するニュース映画やドキュメンタリーのみを扱い(151)、中国人の劇映画は作らない方針だったからである。しかるに、松崎の回想録には、劉吶鷗が中華電影の成立のために奔走したのは「最も健康な方法で思う存分映画の仕事がして見たかった」[松崎啓次、一九四一：二四四]、「新中国に相応しい新しい映画を作り出す機関としての、映画会社の組織が去来するようになった」[同前：二四五]からだ、とある。だとすれば、劉吶鷗が「帝国」日本との交渉で得ようとしていたのは、南京への越境に賭けたのと同様「未来の純粋芸術の地、自由な映画の製作」だったことになる。

中華電影設立を間近に控えた頃、劉吶鷗は彼らの呼びかけで重慶から戻ってきた黄天佐と会社組織の検討の合間にシナリオを検討していたという[同前：二六〇]。彼は「映画の話をしていると」何もかも忘れて「話は活気を帯び元気になった」[同前：二四七]。時には、「[シナリオの材料を集めるために雇った]若い学生達数名をテーブルの周囲に集めて、眼を輝かせながら、例の少し甲高い声で叫ぶように語り続けていた」[同前：二六八]。それだけに、劇映画を製作しない中華電影の方針がどれだけ劉吶鷗に焦燥感を与えたか、想像にかたくない。

或る日劉君は私を捕まえて言ったものだ。「我々の会社が映画を作らないのは間違っている。重慶側の宣伝に対して我々の側から猛烈な宣伝戦を開始する、その事が必要であればこそ、映画会社を作る事を、各方面の人達が応援したのではなかったか。我々の会社が業者たちの一種の配給機関になってしまって、それでいいのか」。（中略）劉君は彼の数度の忠告にもかかわらず動かない私に、軽い失望を覚えたのであろうか。もう再び、其の忠告を繰り返さなかった。(中略)彼としては一日も早く自分を漢奸と罵った奴等を見返すだけの仕事をして見せたかったに違いない［同前：二七三―二七五］。

中華電影は劇映画を撮らなかったが、在上海ユダヤ人難民の生活を描く記録映画『祖国を追はれて(Under Exile)』(ゲルトルート・ヴォルフソン監督)に中華電影の機材とスタッフを貸し出して製作協力をしている。(152) その撮影スナップに、会社やスタジオでは見かけないはずの劉吶鷗の姿が映っている。小脇に書類をはさみ、両手をポケットに突っ込んだ劉吶鷗はキャメラとレフ板の間、撮影スタッフのほぼ最前列に陣取って、口元を引き締めてじっとキャメラの先にある撮影対象を見つめている。その視線の先に、彼は「未来の純粋芸術の地」「自由な映画製作」を見ていたのだろうか。しかし、『祖国を追はれて』は「日独伊三国同盟」の調印(一九四〇年九月二七日)によって撮影中止となる。劉吶鷗が暗殺されるのはその少し前、九月三日のことである。

3　暗殺の背景

劉吶鷗暗殺の二カ月ほど前、一九四〇年六月二八日、汪精衛《おうせいえい》政府系の新聞社「国民新聞」社長を務めていた穆時英が暗殺された。穆時英は劉吶鷗の小説スタイルや映画理論を発展させた気鋭の作家であり、二人は親しい友人同士であった。(153) 穆の死後、劉吶鷗は中華電影製作部次長の職分のまま、穆の後を継いで国民新聞の社長を引き受け、汪精衛が穆時英ら「和平殉難同志」のために南京で開いた追悼大会の翌日の九月三日、中華電影スタッフとの会食を終えて京華酒店のロビー階段を下りてきたところをピストルで射殺された。(154) 中華電影は先述のように日本の国策会社であり、国民新聞は汪精衛のもとで特務工作を担当した李士群《りしぐん》の管轄下にあった［馬光仁主編、一九九六：八八〇―八八五］［金雄白、一九六〇：三五八］。したがって、劉吶鷗暗殺のニュースは、抗日統一戦線の側からは「漢奸に対する制裁」、汪精衛政権の側からは「和平運動者の殉死」とみなされた。(155) 同年一〇月二七日重慶で行われた国民党文化工作委員会で史東《しとう》山《さん》はスピーチの最後に次のように語ったとされる。「我々映画製作者の中から祖国を売る反逆者が続出しつつある。彼等反逆者の代表者として、劉吶鷗は我々の手で射殺された。この事は、反逆者に対する厳しい教訓となるであろう」[松崎啓次、一九四一：二二六]。

しかし、施蟄存は劉吶鷗が日本人との関係を通じて賭場から利益を得ており、上海マフィア青幇の経済利益を侵害したために殺されたのであって、政治とは関係がないと語っている。(156) また、松崎も劉吶鷗が俳優学校開設準備資金のために金銭上のトラブルに巻き込まれたことが暗殺の原因と噂されていたと記述している[松崎啓次、一九四一：二七六]。いっぽう、辻久一は劉吶鷗暗殺の要因は彼が先述の『茶花女』事件に関わっていたことに由来するのではないかと述べている[辻久一、一九八七：六一—六二]。そしてまた、穆時英については、重慶政府の密命を帯びていたが「汪精衛派の理論に熱意を持ち、重慶側と手を切ろうとした」ために暗殺されたという説があるように、劉吶鷗についてもそうした可能性を完全に排除することは出来ない。

右の各説には、それぞれに根拠があり、現段階ではどの説が事実に近いかを判断することは難しい。また、本書の目的は劉吶鷗暗殺の「犯人探し」をすることではない。とはいえ、暗殺の背景を検討することは、劉吶鷗がどれほど複雑なポリティクスのなかで交渉を行っていたのかを知ることにつながる。そこで、以下では、各説をふまえて、暗殺に関連すると考えられる一九三七年以後の劉吶鷗をめぐるアクターと事実関係を整理していきたい。

劉吶鷗が活発に日本側の映画工作に関与し始めたのは一九三七年末から一九三九年初頭にかけてであるが、この時期の租界は、「重慶の軍統と中統の工作人員」が「いよいよ活躍しはじめた」[金雄白、一九六〇：七九]まさにその時期であり、「日本軍のために働く」者はみなテロの標的とされ「(昭和十四年)一月だけでも四十件以上」[晴気慶胤、一九五一：四六—四八]のテロ事件が起きていた。この時期、重慶側テロへの対抗テロ組織「七十六号」(一九三九年二月上旬、当初呉佩孚《ごはいふ》工作を行っていた土肥原機関に丁黙邨《ていもくそん》と李士群が現れ、特務工作による「和平救国運動」への援助を申し出たことが契機とされる）もまだ始動しておらず、テロ対策の日本側責任者である上海憲兵隊もお手上げの状況下であった。

そうした状況下、すでに「漢奸」と呼ばれ始めていた劉吶鷗が、テロが渦巻く租界の「何処にでも」出没して「次から次へ成功」することができた事実は、注目に値する。ここで想起されるのは、よく知られているように上海の映画界が青幇と密接に結びついていたことである。劉吶鷗が上記の状況下で仕事をするならば、青幇に接近することは必要不可欠な手続きであったはずである。しかし、劉吶鷗の経歴から考えて、青幇が進んで彼をテロから庇護するほどの関係を、劉吶鷗自身が以前からもっていたとは考えにくい。したがって、この青幇との関係は、盧溝橋事件以後、劉吶鷗が「対日協力」を始めるなかで形成されたと思われる。

そのように考える第一の理由は、日本軍の謀略のなかに青幇の懐柔という項目が挙げられているからである[157]。そして、こうした謀略を現地上海で担っていたのが、映画統制の責任者金子少佐の属する中支那方面軍特務部である[158]。当時の上海では、特務部と上海憲兵隊の間で情報が共有されないことも多く[159]、テロ対策の日本側責任者である上海憲兵隊にとって対応困難な租界であっても、特務部が別ルートで青幇と接触し、劉吶鷗がそのルートを利用して個人的なテロ対策の庇護を受けることができたとしても矛盾はない。

第二の理由は、光明影業公司の設立そのものが、青幇との相互扶助の形で行われた可能性があることによる。『茶花女』事件に巻き込まれた光明影業公司の代表として沈天蔭は先述のように激しい非難にさらされたが、沈天蔭はもともと芸華影片公司でプロデューサーをしていた。芸華影片公司が戦火で製作停止したために芸華をはなれたが、光明影業公司を設立した際、路頭に迷っていた芸華のスタッフを雇い入れ、芸華のスタジオを租借して撮影をおこなっていた。つまり、光明の成立と製作には芸華の窮地を救う側面があったといえる。そして、この芸華影片公司の社長が、青幇の厳春堂《げんしゅんどう》であった。

この点、一九三五年の「芸華事件」に関する瀧下彩子の次の指摘は示唆的である。すなわち、「一九二七年の上海クーデター以後蔣介石《しょうかいせき》の信任を得た杜月笙《とげつしょう》が台頭し、かつての〝兄貴分〟黄金栄《こうきんえい》の配下たちを圧迫」、「両者の対立は日増しに深刻になって」おり、これが左翼映画の根拠地である明星影片公司（杜月笙の庇護下にあった）ではなく芸華影片公司（社長の厳春堂は黄金栄の門徒）が「藍衣を着用した暴徒」の襲撃を受けた「芸華事件」の背景である、というものである〔瀧下彩子、二〇〇三：七九―八〇〕。しかも、党史館檔案によって、第二次上海事変後の上海映画界救済処置として明星、天一、聯華など民間映画会社に融資が行われた際、芸華の厳春堂に対しては「敵側に業務を捕捉された〔以経理人嚴春堂為敵所捕業務〕」ことを理由に融資を中止した事実を確認できる。[160]「敵側」に「業務を捕捉された」というのが具体的に何を指すのかは不明だが、一社だけ融資を中止された経過からみて、「敵側」すなわち日本を利する業務内容があったのではないか。ここからも、光明の成立に芸華の厳春堂が関係していた可能性が補強される。これが第三の理由である。

以上三つの理由から、劉吶鷗が資金提供をもちかけ、かつて芸華にいた沈天蔭と協力して芸華の窮地を救うために新たな映画会社を設立したとするなら、それによって青幇の厳春堂による庇護を獲得した可能性がある、と考えられる。劉吶鷗はこの時点で、日本軍と上海映画人との間をつなぐパイプ役であった。しかし、このことはまた、中国を深く理解し中国語も流暢な川喜多長政が登場し、上海映画界の大物プロデューサーであり重慶とも密接に連絡を取っていた青幇の幇員でもある張善琨が直接パイプをもったとき、[161]日本軍にとっても青幇にとっても劉吶鷗の利用価値はなくなっていた、ということを意味する。

ようやく成立した中華電影が劇映画を製作しないことに、劉吶鷗が失望と焦慮を感じていたことは先述のとおりである。それは日本にとっても「孤島」の中国映画人にとっても自分の利用価値がなくなったという自覚によってさらに強くなったであろう。だからこそ、彼はまったく別の方法、すなわち俳優学校の創立という形で劇映画の製作を実現する方法を模索しようとしたと考えられる［松崎啓次、一九四一：二七五］。劉吶鷗が社長に就任した国民新聞は先述のとおり汪精衛政権の特務工作を担当した李士群系であったが、李士群は「七十六号」の資金源として敵地の物資をやみ売りする興亜公司という貿易会社や滬西で最大の賭博場を経営していた［晴気慶胤、一九五一：二一四―二一五］。したがって、劉吶鷗はこれらの経営に関与して青幇から資金を得ていた可能性もある。失望と焦慮のなかで劉吶鷗が無理な資金集めを行い、そこにトラブルが発生したのだとすれば、松崎説と施蟄存説の両方が合致することになる。

しかし、金銭トラブル以上に重要ではないかと思われる事実もある。当時、劉吶鷗が準備中だったのが、蔣介石の前妻・毛福梅《もうふくばい》に関するシナリオだったことである。劉吶鷗がこのシナリオの材料収集に学生を雇っていたことは先述のとおりだが、劉吶鷗の死後、松崎はこれらの学生の姿を見ていない。「彼が殺された後、その学生達は何処へ去ったのであろう。彼の机や、彼の書斎を整理してみたが、そのシナリオの覚え書は出て来なかった」[162]。松崎自身はこのシナリオと劉吶鷗の暗殺とを結びつけて考えてはいない。しかし、興亜院の調査によれば「［一九三八年二月に設置された軍事委員会政治部の］政治工作員の多数は上海の光華、大夏、復旦大学の学生であって、思想傾向は左傾的色彩を帯びるもの多く、また共産党員が多数偽装して応募したのであった」[163]とされ、劉吶鷗が集めた学生のなかに重慶側工作員が潜入していた可能性も大きい。また、汪精衛政権の重要人物であった周仏海《しゅうふつかい》は蔣介石に対して「敵対の立場にありながら、公私を問わず蔣先生と尊称し、六年間を通じて全面和平のために百方奔走し、しかも重慶中枢の命令に対しては、いかなる危険をもかえりみず服従していた」［金雄白、一九六〇：八〇］。さらに、先述の通り蔣介石の信任を得て台頭した青幇の杜月笙は、当時「抗日的上海社会の事実上の支配者」［外務省外交史料館日本外交辞典編纂委員会、一九九二：六一〇―六一一］であると考えられていた[164]。つまり、一国の領袖たる蔣介石の前妻を「支那の悲劇的運命」としてスキャンダラスに映画化することが重慶側に伝わったとすれば、これを阻止するためにシナリオを作成中の劉吶鷗を暗殺しようと考えるアクターは複数存在したはずである[165]。

以上の検討を通じて、劉吶鷗が交渉を行った場、「孤島」上海の映画をめぐるポリティクスが、いかに錯綜した利害関係のなかにおかれていたか、その一端が明らかになったと思う。したがって、劉吶鷗の暗殺も、単純な二者間関係の結果ではなく、上述の複数のアクター間において利害が相互に絡み合うなかで、ある者が示唆し、ある者が黙認し、ある者が直接手を下した結果として起こったと考えられる。なかでも、この一九四〇年九月という時期を考えあわせると、川喜多と張善琨の結びつきによって劉吶鷗の存在意義が弱まり、日本側からも「孤島」中国人側からも必要とされなくなっていたという前提のもと、中華電影の劇映画を製作しない方針に焦れた劉吶鷗が俳優学校設立のためにどこからか「相当の資金を持ち出して」きたことと、劉吶鷗が材料を収集し蔣介石の前妻に関するシナリオを書き始めていたことが、暗殺の直接の契機となったのではないか、というのが筆者の見解である。

第七節　小　括

本章では、劉吶鷗の映画人としての足跡を三度の越境と、それに続く交渉として分析してきた。その結果、明らかになったのは、植民地下での交渉の限界を乗り越える方法として目指された越境もまた、解放だけを意味するものではなく、むしろ境界の両側からの抑圧を呼び込んでしまうという事実であった。そして、「御用文人」「漢奸」と呼ばれた劉吶鷗の越境と交渉もまた、植民地台湾の台湾人が行った交渉と同様に、きわめて多義的であったことである。以下、まずは三度の越境について振り返ってみたい。

植民地「帝国」から中国上海への「第一の越境」は、まずもって封建的な束縛からの離脱、「植民地に生まれた人間の不幸」からの解放を意味していた。とりわけ、後者の「不幸」は植民地支配過程での「静観」によって勢力を保持した特権によっても、留学によって得た高学歴によっても超えることのできない植民者―被植民者間の境界によって定位された「身分」による苦しみからの脱出であった。しかし、この時期の他の台湾人青年とは異なり、劉吶鷗の中国への越境には明確な「祖国」ナショナリズムは伴っていなかった。さらに、越境直後に起きた上海クーデターは、劉吶鷗にとって中国のナショナリズムが内包する暴力を確認し、政治に期待することの虚しさ、抵抗と抑圧という政変に際しての「静観」を是とする意識を強化したと思われる。また、中国のなかでも上海を選択した背景には、そこが列強帝国主義下にあったとはいえ、相対的に「西欧型のデモクラシー」がうたわれ、事業展開に適した「Commercialism の時代」を象徴する場所でもあったこと、国籍やジェンダーすら商品価値に翻訳する資本主義によって国民という想像、植民者・被植民者という構造すら解体されるのではないかという期待があったことが考えられる。つまり、劉吶鷗は「半国民国家」「次国民国家」的な「混種」の都市への第一の越境に、植民地主義からの解放、文芸事業の発展、国民的同一化からの脱出を期待していたといえる。

これに対し、中華民国の政府を率いる国民党の映画スタジオ中央電影撮影場への着任、すなわち南京への移転は「第二の越境」と呼びうる意味をもつ。なぜなら、それは「混種」の都市で映画を製作する民間の映画人としての立場を離れ、「国民国家」の中心たる南京において政府を率いる政党のための映画統制に従事すること、政治権力側の映画人になることを意味したからである。ナショナリズムへの情熱をもたないはずの劉吶鷗が国民党に接近した背景には、国民党の弾圧による出版事業の挫折、左翼理論界からの批判、魯迅との確執、映画事業特有の巨大な資金とシステムを個人として担うリスクなどがあった。劉吶鷗は、手段的な合理性から政治的妥協を選び、そのひとつの帰結として中央電影撮影場へ着任したと考えられる。つまり、「国民国家統合の権力中枢」たる南京への第二の越境は、第一の越境に賭けた国民的同一化からの脱出を放棄することであったが、設備と資金と、もはや弾圧を恐れる必要のない政治権力を獲得することで「純粋芸術の地」「自由な映画製作」への希望を賭けて選択されたと考えられる。

日中戦争勃発直後、劉吶鷗は南京を離れ、「孤島」上海における日本軍の映画統制に従事する。これが「第三の越境」である。第二の越境では「中国人」として「国民国家統合の権力中枢」に接近した劉吶鷗は、今度は「帝国」日本の代理人として「孤島」に残った中国映画人に「対日協力」を促す交渉を行うことになった。いわば越境先に追いかけてきた「帝国」日本の側に再び戻っていったことになる。つまり、第三の越境は、国民的同一化からの脱出のみならず植民地主義からの脱出をも放棄するものであった。それでも、「漢奸」と呼ばれながら、彼がそこに賭けたのは、映画製作の継続であった。しかし、彼自身の目論見に反して、劉吶鷗は「帝国」日本の映画統制に利用されるだけに終わり、自らの望む形で劇映画の製作をすることはできなかった。

以上の検討から劉吶鷗の越境にみられる特徴を挙げるとすれば、彼の越境の原点には「植民地に生まれた人間の不幸」を忘れたいという思いがあったが、他の多くの台湾人青年とは異なって、彼には「祖国」ナショナリズムに対する憧憬は希薄であった。そして、映画製作の実践においては政治権力に接近する選択をしながら、一貫して「純粋芸術」「自由な」映画製作に期待をし続けたこと、であった。このうち、ナショナリズムの希薄さを形成した要因には、劉吶鷗が幼少時代に身近に見聞したと推測される植民地台湾における武装抗日民族運動に対する徹底的な弾圧、柳営劉家の親類が直面していた植民地権力による抑圧など、植民地における日本のナショナリズムの暴力に対する嫌悪、それによって醸成された政治への忌避などが考えられる。それは、「植民地支配がもたらした精神的外傷」と呼ぶこともできよう。さらにまた、国家権力による上海クーデターや出版事業への弾圧は、そもそも情熱を抱いていなかった中国ナショナリズムに対して、さらなる失望を与えるものであったといえよう。「純粋芸術」「自由な」映画製作に向けた情熱については、出版事業での挫折と「文字の能力の限界」を超える映画というメディアへの期待が契機となっている。

とはいえ、彼が小説家として、映画理論家として、短期のうちに注目を浴びたのもまた、植民地台湾における財力と、植民地本国での教育で得た実践的な外国語能力に依存していたからであるのもまた事実である。つまり、劉吶鷗は、植民地台湾における被支配者として「精神的外傷」をこうむったと同時に、植民地・植民地本国における「近代」を存分に享受しうる階層にあったため、それを資本として封建的大家族制や日本の植民地主義から脱出し、上海における文化人としての地位を確立したという側面ももつ。そして、「植民地支配がもたらした精神的外傷」によってナショナリズムへの情熱をもてなかったために、国民国家の枠組みを越えた価値創造を映画に求め、「未来の純粋芸術の地、自由な映画製作」という目的のために、「政治に汚染される」ことを手段として選択した。そのひとつの帰結が国民党の「御用文人」たる党営映画スタジオの製作責任者という立場であり、もうひとつの帰結が日本軍に対する「対日協力者」という立場であった。あるいは、ナショナリズムへの情熱をもたない彼にとっては、手段的な合理性から国民党と組むことと日本軍と組むことの間に、「日本人」としての葛藤も「中国人」としての葛藤もなかったのかもしれない。しかし、「国旗をもたない人」という自己認識をもつ劉吶鷗にとって、そこには「はっきりと国旗を背負った人達」の間、「帝国」日本と「祖国」中国との間に立つことの苦しみがあった。

戦後「漢奸」として断罪された汪精衛およびその周辺の「和平派」が単純な日本の傀儡でなかったことは、先行研究や回想録などでも指摘され始めている。だとすれば、劉吶鷗についても、汪精衛ら「和平派」による自律的な交渉との連携、重慶政権の承認の下での日本軍への協力の可能性、あるいは劉吶鷗個人における「協力のなかの抵抗」[167]という文脈も、完全に否定するわけにはいかない。しかし、もしその「抵抗」が一般にいわれるような「ナショナリズムにもとづく抗日意識」という意味であれば、私見では劉吶鷗に関してその可能性は非常に低いと思われる。なぜなら、これまで見てきたように、彼の映画活動の軌跡からはナショナリズムへの情熱を認めることができないからである。ただし、ここで注意しなければならないのは、劉吶鷗にとって、情熱を抱くことのできないナショナリズムとは、人間を「誓死救国、努力愛民」といったスローガンで動員すべき「数《マス》」とみなし、芸術を政治の足下に抑圧するもの、として感知されていたのではないか、ということである。

かつて魯迅は「第三種人」文学者に対して次のように述べた。「階級のある社会に生まれながら、超階級の作家になろうとし、戦闘の時代に生まれながら、戦闘から離れて一人で立とうとし、現在に生まれながら、未来にあたえる文学をつくろうとする、そういった人間は、実際には心が描いた幻想であって、現実世界にはいない」(168)。ナショナリズムが人々を強く支配した時代にあって、むしろそうした国民国家の枠組みを脱しうる価値の創造を映画という芸術に求めること、それは確かに「幻想」であったかもしれない。しかし、植民地台湾でも、「帝国」日本の本国でも、「祖国」中国でも、当然には「国民」に統合されない、あるいは統合されまいとする劉吶鷗自身にとっては、ナショナルな枠組みを脱しうる価値の創造は、極めて切迫した要求だったのではないだろうか。

その場合、国民国家の枠組みを脱しうる価値とは、具体的にどのようなものだったのか。その答えは、「漢奸」と呼ばれながら留まった日本占領下上海の中華電影において、撮影されることなく消えていった劉吶鷗による二つの企画のなかに求められるように思われる。ひとつは、日本軍に協力することで避難民の生活を保護したために「漢奸」として暗殺された日本留学経験のある何讃《かさん》という実在の人物の映画化であり〔松崎啓次、一九四一：二六〇―二六六(169)〕、もうひとつは先述した蔣介石の前妻・毛福梅の目からみた近代中国の変遷を描くというシナリオであった〔同前：二六八〕。それは、ナショナリズムの観点からみれば「汚名化」されざるをえない男の物語であり、一国の「英雄」の物語からは「忘却」されるべき女の視角である。劉吶鷗が「漢奸」の非難を浴び、暗殺の危険にさらされながら、映画に賭けようとしたもの、それは「国旗を胸の底に持たない、悲しい人間」だからこそ掬いあげることのできる、「国民国家」の語りのなかで汚され、ねじふせられ、忘れられてしまう人々の声を語ることだったのではないだろうか。

劉吶鷗は越境によって、植民地下の台湾では不可能な文芸事業を行うことができた。それは確かに被植民者が主体的に「近代」を追求した過程といえる。このうち、文学者としての側面は、今日では再評価の対象となっている。いっぽう、同じく「近代」を追求する行為であった映画人としての側面は、「御用文人」「漢奸」という汚名と共に無視されてきた。だが、こうした「不義」の行為もまた、劉吶鷗にとっては、抑圧的な権力の下で解放としての「近代」を追求する方法であった。言い換えれば、「国旗を胸にもたない人」として「未来の純粋芸術の地」「自由な映画製作」を求めて繰り返された越境と交渉は、彼にその資源を与える解放の側面をもつと同時に、逆に彼を「政治に汚染された」立場に陥れていく抑圧の側面ももつ多義的な過程であったといえる。こうした矛盾がとりわけ顕著なのが「漢奸」と呼ばれることを承知で選択した第三の越境と、その後の交渉である。暗殺は、劉吶鷗にとってこの越境が、境界の両側――すなわち越境先に追いかけて「越境してくる日本の帝国主義」と「越境先たる中国のナショナリズム」――による挟み撃ちを招来してしまったことを象徴的に示す帰結であったといえるだろう。

では、植民地台湾出身の映画人が自ら「はっきり国旗を背負った人」たろうとして越境と交渉を行った場合、そこにはどのような帰結が待っているのだろうか。次章では、劉吶鷗とは対照的に、ナショナリズムに情熱を抱いて「抗戦」映画に従事した植民地台湾出身の映画人、何非光の越境と交渉についてみていきたい。

第三章

重慶へ——忘却された映画人 何非光

『新生命』(1941 年完成・未公開，何非光監督)．提供：財団法人国家電影資料館．

第一節　はじめに

日中戦争勃発後、国民党率いる中華民国国民政府は共産党の合法的存在を承認し、第二次国共合作によって抗日民族統一戦線を結成した。しかし、開戦から半年たらずで華北および上海や首都南京をふくむ華中の沿海都市は日本軍の占領下におかれ、翌一九三八年一〇月には事実上の首都機能がおかれていた武漢も陥落、政府諸機関は重慶に避難することになった。この戦時下の重慶で軍事委員会所属の映画製作機関「中国電影製片廠（以下、「中製」と略記）」の監督として活躍したのが、本章で論じる何非光《かひこう》（一九一三―一九九七年）である。

何非光は日本植民地下の台湾に生まれ、東京留学を経て上海で俳優として映画界に入り、日中戦争勃発後は重慶で合計四本の劇映画を監督した。抗戦勝利後も、香港、台湾、上海の各地で映画を製作しており、当該時期の中国映画人のなかでも最も多作な監督の一人だったといえる。

しかし、中華人民共和国の成立後、一九九〇年代半ばに到るまで、何非光も彼の作品も、データとして記載される以外、ほとんど言及されることはなかった。それが作為による忘却であったことは、一九八五年出版の『抗戦電影回顧（重慶）～重慶霧季芸術節資料匯編之一』に付された七〇名を超す「抗戦時期在重慶的電影家（抗戦時期の重慶における映画人）」［范国華ほか編：二三三―二八三］リストに何非光の名が記載されていないことをみれば明らかである。なぜなら、何非光こそが重慶で最も多くの「抗戦」劇映画を監督した映画人だったからである。一九八〇年代には大陸の映画雑誌、一九九〇年代には台湾の新聞のそれぞれで「死亡記事」が出たこともあったが[1]、存命中だった何非光はその誤報を振り返って、怒るどころか「自分を覚えている人がいたのかと感激した」と語っている［黄仁編、二〇〇〇：一五」。

忘却の終わりはすなわち想起の始まりであった。一九九五年の北京「抗戦電影学術研討会《シンポジウム》」と一九九六年広州における「中港台電影研討会」という映画人の集いに何非光が公式に招聘された。さらに一九九八年一一月出版の『重慶與《と》中国抗日電影学術論文集』には陸弘石《りくこうせき》による何非光へのインタビューや陳紅梅《ちんこうばい》による何非光作品に関する論文も収録され、半世紀以上の忘却の後、何非光はようやく中国の公的な言説のなかで再評価され始め、出身地である台湾でも、二〇〇〇年には何非光に関する初の資料集『何非光　図文史料彙編』が出版された。編集にあたったのは、台湾において何非光の存在にいち早く着目していた映画史研究家の黄仁《こうじん》である。黄仁は一九九五年に「中国大陸で成功した三人の台湾出身映画人を回顧する」という新聞記事で劉吶鷗《りゅうとつおう》、羅朋《らほう》と並んで何非光を取り上げ（「懐念三個走紅中国大陸的台湾影人」『聯合報』一九九五年一〇月二五日、三七頁）、一九九七年には「在中国影壇最有成就的台湾人（中国映画界で最も功績のある台湾人）」を雑誌『電影欣賞』（九〇期、一九九七年一一—一二月、一〇四—一一三頁）に発表している。『何非光　図文史料彙編』は何非光の名を冠した初の書籍であり、何非光自身が残した原稿三篇、前掲の陸弘石による何非光インタビューの採録(2)、何非光の妻と息子による追悼文のほか、何非光を論じた香港の羅卡《らそう》による「何非光側影《プロフィール》」と中国の戴中孚《たいちゅうふ》による「何非光與《と》抗戦電影」が収められている。そして、二〇〇四年には何非光の長女何琳《かりん》による評伝『銀海浮沈：何非光画伝』が刊行されたのであった。

それにしても、「抗戦」映画監督として知られた何非光が、なぜ半世紀近くもの間、中台の双方において忘却されてきたのか。ここには、「漢奸」としてタブー視された劉吶鷗の場合とは微妙に異なる、戦後中台における「国史」的な記述の問題が関係している。

日本の敗戦後、中国大陸に成立した共産党の中華人民共和国と、台湾に後退した国民党の中華民国との対峙は、ともにそれぞれの地域の住民を「中国人」として塑像する国民形成政策を実施しながらも、そのこれまでの帰結には異なるところがある。(3) ジョエル・ロマンの言うごとく「沈黙のうちに封印された内戦〔市民戦争〕の覚醒を回避する巨大な集団的記憶喪失〔健忘症〕によって初めて、国民は全体として維持される」〔ロマン、一九九七：三二〕（〔〕内は日本語訳書の補足）ならば、文字通りの内戦を通じて、両地域に創出されたアイデンティティはそれぞれに異なる集団的記憶喪失を要請した。その結果として、何非光は、とどまった中国大陸では「台湾特務」「日本のスパイ」「反革命の罪人」として不断に批判闘争の対象とされ、故郷台湾では「共産党支配下の大陸にとどまった者」として無視された。つまり、何非光は、「抗日」を構成していた二つの勢力が分裂し対立するなかで、それぞれにとって「敵」側と結びついた記憶を呼び起こす存在、それぞれの「国史」的な記述にとって都合の悪い存在として、国民国家という枠組みの隙間に滑り落ちたと考えられる。

ここで、何非光が重慶で監督した作品に関して、「国史」的な文脈に沿った中台双方の中国映画史における記述を比較してみると、評価の基準は三つに大別できる。まず中国の程季華《ていきか》主編『中国電影発展史　一、二』（一九六三年初版、一九八一年再版。以下、略記の際は「程著」(4)）、台湾の杜雲之《とうんし》『中国電影史　一、二、三』（一九七二年初版、以下略記の際は「杜著」(5)）が、共に肯定するのは各作品における「抗日」の要素である。これに対し、程著においてのみ肯定され杜著においては無視されるのが重慶での何非光監督作品のうち前期の二作、『保家郷』（一九三九年）と『東亜之光』（一九四〇年）が「一九四〇年九月以前の共産党的色彩の強い政治部第三庁が指導していた時期の中製の作品である」という点である。いっぽう、程著で否定され杜著で肯定されるのが、重慶での何非光監督作品のうち後期の二作、『気壮山河』（一九四三年）と『血濺桜花』（一九四四年）にある「国民党および蒋介石《しょうかいせき》の宣伝」の要素である。(6) これらの記述からうかがわれるのは、重慶の中製における何非光の作品は、共産党色の強い初期、共産党色が脱色された後期、両方の時期にまたがっていることである。つまり、共産党と国民党とが複雑な合作と分裂を繰り広げた時期に中製で活躍した何非光の作品は、中国側にとっても台湾側にとっても、歴史的に記録すべき「我々」の記憶であるのみならず、

「我々」の側にあってはならない排除すべき「他者」の要素をもはらんでいるということである。

周知のように、この二つの映画史が書かれた一九六〇―七〇年代の中国では反右派闘争から文化大革命にかけて思想統制が行われ、台湾でも国民党の権威主義的体制のもとで戒厳令が敷かれ特務による思想取締が続いていた。上記の評価は、そうした状況下で「国史」的な記述に都合の悪い要素は排除し、それぞれの文脈に必要なデータのみを選択的に記述した結果と考えられる。このほか、何非光が映画界から締め出されていた時期、「国史」的な文脈に沿った個人の回想記には、選択的な記述というより明らかに歪曲といえる記述もある(7)。

しかし、すべてを「内戦」に帰してしまうと、重要な問題が抜け落ちてしまう。すなわち、国共の対立に還元できない日本の帝国主義・植民地主義の問題、ナショナリズムそれ自体の抑圧的な側面、何非光が身をおいた各地の映画をめぐるポリティクス、何非光の個人的文脈と作品との関係である。

これらの問題は、一九九五年以後の想起の文脈においてもほとんど言及されていない(8)。中台における何非光を想起する言説には、全体として何非光の作品を再評価しようとする傾向があり、その際の評価基準は政治的なものから技術的なものに移っているのが確認できる(9)。それは、忘却に対する異議申し立てともいえる。しかし、政治的規制は完全に後退したとはいえない。技術的側面を強調することは、実際のところ両岸の政治体制がいまだ未決状態にあることからくる政治的文脈を回避する戦略とみることもできる(10)。つまり、後退したのはあくまで国共の対立にもとづく政治的規制の部分のみであって、「忘却」を問題化し、「想起」する作業もまた一九九〇年代後半の両岸における新たなアイデンティティ・ポリティクスのなかに位置付けられざるを得ないものといえよう。

本章の課題は、そうした「国史」的記述が排除し、想起の言説においても回避されている問題を意識しながら、何非光の「抗日」映画人としての足跡を、越境と交渉の過程として分析することにある。具体的には、何非光の映画人としての足跡と彼の身体に刻印された日本の植民地主義との関係を明らかにすること、そして「国史」的に肯定される「抗日」的な映画活動を追求するための越境と交渉もまた解放だけを意味するものではなかったことを示すことである。それによって、被植民者による「近代」への主体的な参加がもつ多義性を、ナショナリズムの抑圧的な側面も含めて論じることができるのではないかと思う。その際、何非光における越境とは、「植民地帝国」から上海への第一の越境に加え、映画人としての越境をもさす。第二の越境は、国共が「一致抗日」のために共存した重慶を拠点とした中製への参加である。それは何非光にとって俳優から監督への転身の契機、すなわち芸人と文人の境界を越えることをも意味した。そして、第三の越境は、中製における「反共高潮〔左派排斥の高まり〕」後に国民党に入党し、さらに国民党の中央訓練団に参加したことであり、この行為によって何非光は重慶に潜在していた国共の境界を越え、国民党の側に就く事を明示したとみなされた。しかし、注意したいのは、当時の何非光には、国共の対立が戦後あれほど深刻化するとは予想できなかったことである。つまり、最初の二つの越境は彼自身が意識的に選択した側面が強いが、第三の越境は、後述するように、当時の彼自身の文脈ではいずれ消失する境界に関わる選択と理解されており、にもかかわらず、左派からは重大な越境とみなされたという側面が強いと思われる。

以下、第二節では上海への越境以前、第三節では上海での俳優としての映画活動と出演作品について述べ、第四節では何非光が監督としてデビューすることになる中製を中心に当該時期の映画統制を一瞥した後、第五節において国共両党の対立が潜在した中製における複雑なポリティクスを含め監督としての映画活動と監督作品について論じることとする。このうち、戦時下の映画統制や中製を含めた重慶映画界については、先行研究が少ないが、前章ですでに言及したものの他に、范国華《はんこくか》・査全仁《さぜんじん》・黄必康《こうひっこう》・鄒斉魯《すうせいろ》・韓世熹《かんせき》・饒成徳《じょうせいとく》編〔一九八五〕、重慶市文化局電影処編〔一九九二〕、第七届中国金鶏百花電影節執委会学術研討部編〔一九九八〕、三澤真美恵〔二〇〇七〕、厳彦《げんげん》・熊学莉《ゆうがくり》等〔二〇〇九〕、汪朝光〔二〇一〇〕などがある。[11] 本書では先行研究を参照しつつ、新たに明らかにした内容も含めて概要を整理したい。それは、第二章の劉吶鷗を論じるなかで触れた南京政府期以後の映画統制を補う部分でもあるが、何非光との関連に着目して言及するため、包括的な検討は別稿に期したい。また、日中戦争以降の香港、台湾、上海における何非光の映画製作についても言及はするが、本書では「抗戦」映画監督として活躍した重慶までを中心に扱う。本章の表題を「重慶へ」とするゆえんであり、その後の何非光については今後の研究に待つところが大きいことを、断っておきたい(12)。

なお、本章では閲覧することのできた何非光の出演作および監督作についても検討を加えるが、これまでの何非光作品に関する記述が政治的評価もしくは技術的評価のどちらかに偏ってきたことに鑑みて、これらの映画も何非光自身の個人的な文脈に沿って再考する必要があると考える。そこで着目するのが、彼が植民地下台湾で育った幼少期から、重慶で監督として活躍するにいたるまでの、あらゆる経験の総和としての「身体」である。なぜなら、後述するように、何非光が俳優や監督として活躍していく契機には、彼が好むと好まざるとにかかわらず、成長の過程で身に付けた(あるいは身に付けさせられた)言語、身振り、知識、感情といったものが深く関わっているからである。そこに、日本の植民地主義および帝国主義が、深く関わっていることはいうまでもない。したがって、本章で何非光の身体という場合には、生物学的な意味での身体にとどまらず彼が身に付けた知識や感情といったものも含めて考えている。日本の植民地主義および帝国主義との関連から、主体としての何非光の身体に着目することによって、政治的文脈と技術的文脈とを結びつけて、出演作および監督作を論じる方向を探ることは本章での方法論的試みでもある。

第二節　植民地主義への抵抗

まず、何非光の略歴をみておこう。何非光は、一九一三年日本植民地下台湾の台中に生まれた。親からもらった名前は何徳旺であり、何非光は役者デビュー後に自らつけた名前である。[13] 一九二七年中学校中退後、初めて東京に留学、その後一度台湾に帰郷したのち上海に渡り、医院の内弟子を経て俳優となる。数本の映画に出演し、個性的な悪役俳優として一定の成功を収めるが、抗日を題材にした『昏狂』（任彭年《にんほうねん》監督）に出演した一九三五年、台湾に「送還」される。[14] 一九三六年再び東京を経由して一九三七年上海に戻った後、西北影業公司に参加するが、太原での撮影中に日中戦争が勃発する。対敵宣伝工作に応募すると、映画界での経験を買われて国民政府軍事委員会南昌行営政治訓練処電影股に配属される。その後、同電影股の指導下にあった「漢口撮影場」が「中国電影製片廠」に改組されて重慶に移転する。何非光も中製の人員として重慶へと移動し、一九三九年中製が重慶で最初に撮影した劇映画『保家郷』によって監督デビューを果たす。ここから戦後の一九四九年上海で撮影中止を言い渡されるまでの一〇年間が、何非光が映画監督として活躍する時期である。その後、理由もわからぬまま映画界から閉め出された何非光は、香港脱出の機会を捨てて解放軍文工団に参加、朝鮮戦争勃発の際には志願して前線に赴く。しかし、彼の期待に反して、帰還後の陳情は聞き入れられず、映画界への復帰はかなわなかった。その後の何非光については本章の「小括」で言及するが、一九五九年六月には「反革命罪」で公民権を剥奪され、[15] 労働改造として一九六一年まで強制労働をさせられた。一九六一年に公民権を回復するが、文革でも再び批判を浴び、自身が「牛棚《ニウボン》」と呼ばれる檻に八カ月の間監禁された他、家族も迫害を受ける。一九七九年一月一日の「台湾同胞に告げる書」（中国の対台湾政策が、武力解放路線から平和統一路線に転換したことを示す）の発表によって台湾出身者への待遇が改善されるにいたって、上海法院はようやく一九五九年の判決について再審査要求を認め、何非光の「無罪」を宣した。だが、映画人として公的機関への参加が認められるのには、それからさらに一五年を待たねばならなかった。

1　台中：一九一三―一九二七年

何非光が「抗日」映画の脚本を書いた動機は、何だったのか。そこには、単に抗日戦争のさなかに製作されたからということにとどまらない問題、彼にとっての故郷の記憶が関係している。この点について、彼は「中製」が重慶に移転した後、ある新聞記事を読んだことを回想している。その記事は、日本人が中国東北で中国人を「壮丁」として引っ張って彼らを「聾啞」にする注射を打ち、婦女を「慰安婦」として連れ去った、という内容だった〔陸弘石、二〇〇〇：六〇〕[16]。「この記事を見て、私はすぐに台湾を思い出した。なぜなら、私の両親から日本人が台湾にやって来たときに行った焼殺、生き埋めといった逸話を聞いたことがあったからだ」〔同前〕。これが、何非光が監督デビュー作『保家郷』の脚本を書く動機となったという。何非光が一九一三年生まれであることから、彼の両親はちょうど青年時代に日本の苛烈な台湾征服過程と台湾住民の激しい抵抗を体験したはずである（〔大江志乃夫、一九七八・一九九二〕を参照）。たとえば、一般住民もゲリラもすべてひとまとめにして殺戮、民家に放火、その犠牲者数不明という一八九六年の雲林での虐殺事件は英字紙に報道され国際問題にまでなった〔許世楷、一九七二：一二〇―一二二〕。こうした日本による台湾植民地化の生々しい記憶は先述のように父母の語りを通じて何非光に伝えられたと考えられる。したがって、『保家郷』には中国農村における日本軍の横暴と村人の抵抗が描かれていると同時に、台湾植民地化の記憶も刻み込まれているといえよう。

何非光の父何日新《かにっしん》は台中で「土礱間〔精米業者、高利貸しを兼ねる〕」を営んでおり、劉吶鷗の実家のような大資産家とは比較にならないものの、それなりに裕福だとみなされていた。何非光は一一人の兄弟姉妹のうち、男兄弟七番目の末っ子であった[17]。何日新は教育熱心で、四番目の息子何金周は台北医専、五番目の息子何木生は台北商業学校に学び、六番目の息子何徳発《かとくはつ》は著名な社会運動家張深切《ちょうしんせつ》[18]と共に日本、中国に留学したという〔何琳、二〇〇四：一〇〕。末っ子の何非光にも、幼少から私塾で『三字経』、『千家詩』、『論語』を学ばせ〔陸弘石、二〇〇〇：五五〕、学齢に達すると地元の公学校（総督府の設立した台湾人向けの初等教育機関）に通わせている。公学校で同級生だった陳徳三《ちんとくぞう》は当時の何非光について「何徳旺君本人は色白で、背丈も普通並より高く、服装も整然として、動作も機敏で、話上手で、貴公子の氣氛〔原文ママ〕を人に持たせた」、「何徳旺君の家庭環境は当時は台中市でも金持の中間に数えられ、……彼は繁華街に住んで居たし、映画館（台中座、大正館）に何時でも行けたので、時々チャンバラ劇の真似をしたりして居た。殊に非常に稀だったと思ふが、小刀を出してケンカ相方を脅かすと云って怖がられて居た。映画俳優の素質の所持者だったとも思われる」[19]と語っている。何琳著でも、何非光は親戚仲間でも有名なわんぱく小僧であったとされる。だが、学業も「学年末には優等賞組」[20]に入るほどで、一九二七年に地元の名門校である台中一中に入学している。

この台中一中は、第一章で触れたように台湾人の土着地主資産階級が総督府の進める学校制度に満足できず自前で創立した初めての中学校であった。もともと台中は、抗日啓蒙運動の一環として展開された台湾文化協会[21]の会員が最も多く文化活動も盛んな場所であった[22]。何非光と同じ一九二七年に台中一中に入学した著名な文学者の巫永福《ふえいふく》はその独特の校風を「台湾人が建てた学校で学生もそれを誇りにしていた」[23]と、母校の民族主義的傾向の強さを回想する。しかし、何非光が東京への留学を決意するのは、その台中一中で「ちゃんころ」「ばか」と言われて喧嘩となり、「自主退学」となったことが直接の原因という[24]。何非光が退学した同じ一九二七年には同校でいわゆる「台中一中事件」（同中学宿舎の日本人炊事夫と学生との間に発生した問題に、学校側が宿舎の自治権を認めず学生の発言権を一切停止し、寮生は舎監の命令に絶対服従すべきという一方的な通告をし、警察権力を行使して父兄会を召集。これに反発した学生がストライキを行ったところ、強制的に学生二百余名を退寮させた事件[25]）が起きている。この事件で学生ストライキの指揮にあたったのは、上海留学中に「上海台湾青年会」「台湾自治協会」などを組織し、当時すでに気鋭の抗日運動家として知られた張深切である。事件当時、学寮に生活していた巫永福によれば、彼ら一、二年生はまだ幼いため事件には巻き込まれなかったという。埔里出身の巫永福は自宅が遠いため帰宅できず学寮に残っていたが（一年生二人、二年生一人）、何非光など地元の通学組は「登校しなかったと思うね。上級生が止めるもの」と語る。だが、何非光の六番目の兄何徳発は、このストライキの指揮にあたっていた張深切と親友だった。[26] したがって、巫永福と同学年の一年生とはいえ、血気盛んな何非光が、兄の親友が指揮するストライキに参加するなかで上記のような喧嘩となり「自主退学」になった可能性も考えられる。

いずれにせよ、彼が台湾を離れるきっかけになった事件の背景には、台湾人学生と日本人学生・学校側との民族的な対立が存在していたことは明らかである。すなわち、少年期において何非光にはすでに「被植民者」としての被抑圧体験が深く刻みこまれていたのである。

2　東京：一九二七―一九二八年

台中一中を自主退学した何非光は東京に出て、大成中学に入学する。何非光が留学した一九二七年の日本は、コロムビアやビクターなどのレコード会社が相次いで設立され、ラジオでは甲子園の全国中等学校野球大会実況放送が始まり、三越百貨店でのファッションショーや中村屋のカレーライス販売など新しい風俗が次々と登場していた［国文学編集部、一九九四：一四四―一四五］。何琳によれば、当時の何非光は、留学を契機として、ハイネやゲーテ、ユゴーのほか、川端康成や芥川龍之介の文学に親しみ、豆腐屋のアルバイトを通じて仲良くなった友人と一緒に浅草の映画館に通っては、時代劇のほか、グリフィスやエイゼンシュタイン、チャップリンの映画に熱中して「映画ファン」になったという［何琳、二〇〇四：一〇］。しかし、この日本留学中に何非光は六番目の兄何徳発が亡くなった知らせを受け取る。

何非光にとって、長男の何金英は二〇歳も年が離れており亡父に代わる父のような存在であったが、六番目の兄である何徳発は何非光とは年も近く兄弟の中でも最も親しい間柄だったという。何徳発は、先述のように抗日民族運動家の張深切と親友で、共に日本、中国に留学した知識人であったが、警察から「赤化分子」とみなされ、「旅券」は取り上げられ、常に監視され、尋問され、拘置されるうちに、精神的にも肉体的にも参ってしまい、ついに発狂した。何徳発は、ある日発作的に書籍に火をつけて火事を起こしたため、監督人である長男は警察から厳格に弟を監視するよう責められ、弟を鉄鎖で太い木製の柱につなぐしかなかったという。何琳によれば、何徳発は発狂後に拘束された結果病死したとされるが〔同前：一一〕、陳徳三によれば、何徳発は病死ではなく自殺という。[27] いずれにせよ、抵抗運動によって植民地権力から迫害を受けた結果としての死であったことは間違いない。

同じ一九二八年、長男の経営する精米業も、重税と大型精米所による市場の壟断によって倒産に追い込まれる。仕送りを絶たれた何非光も仕方なく日本から台中に戻ることになった。何非光にとって、植民地本国の首都東京はモダンな魅力に満ち、新たな文学や映画に触れる場であったが、こうした植民地本国の文化的経済的繁栄を支えるために日本が植民地で行っている厳しい思想弾圧と経済政策が、彼の最も親しかった兄を死に追いやり、家業を倒産させ、学問を続ける道を閉ざしたのであった。

3　台中：一九二八—一九三一年

何琳著によれば、夫と息子を失った何非光の母王氏趁《おうしちん》は、[28] 男子末っ子の何非光が、六番目の兄のように抵抗運動に身を投じて危険な目に遭う前に早く落ち着かせようと結婚話を進めていた〔同前：一二—一三〕。しかし、何非光はこの旧式の見合い結婚を逃れるため、叔父の家に越して従兄弟と一緒にくらすことにした。ちょうどこの時期の何非光と映画との関わりを確認できる記事が『台湾民報』に掲載されている。[29] 最初期に中国上海へ越境して映画事業に関わった張芳洲《ちょうほうしゅう》（本書第一章参照）の呼びかけで、台湾で映画製作会社を設立する計画が紹介されており、その発起人の一人として何非光（当時の名は何徳旺）が名前を連ねているのである。記事によれば、社名は光亜影片で、台湾の娯楽界で映画が大人気であるにもかかわらず「ほとんどが中国映画の輸入に依っており、それゆえ演じられる内容も台湾人の生活とは多少異なるところがあるのは避けられない」ことから、「台湾において台湾人の生活に最も合った映画を撮影し」「台湾の材料をスクリーンに写して世界各地に紹介」する計画であるとされる。そこには、「中国」とは異なる「台湾」独自の文化や生活に根ざした映画を志向する意識が感じられる。それは、この時点ですでに中国に越境した経験のあった呼びかけ人たる張芳洲の志向だったかもしれないが、わずか一七歳の何非光が、九人の発起人のうちの一人として名を連ねていることは注目に値する。騒ぎを起こさず落ち着いて欲しいという母親の願いとは裏腹に、何非光は人一倍好奇心が強く、行動力も旺盛な若者であったことが察せられよう。しかし、映画会社そのものについての続報はなく、おそらくは出資者が集まらずに計画のまま流れてしまったのであろう。

次いで、何非光は張深切が一九三〇年に組織した「台湾演劇研究会」に参加する。張深切は先述の台中一中事件を契機として治安維持法違反で服役し、四年間の獄中生活から釈放されたところだった。張は「文芸の大衆化は演劇から始めねばならぬ」という持論から演劇研究会(30)を組織した〔黄英哲、一九九八：二一一―二三九〕。何非光の死んだ兄と張深切は親友であったうえ、何非光と同居していた従兄弟もこの研究会に参加したため、何非光自身も同研究会に参加することになり、台中「楽舞台」での公演では脇役の日本人警官を演じた〔同前：一二三〕。この活動のため、何非光は警察から「不良少年」としてマークされるようになったという。また、何非光が初舞台にして、台湾人社会における「他者」の表象ともいえる日本人警官役を演じていたことは、後の映画界での活躍ぶりを予告するような興味深い偶然といえる。

また、何非光の中国への最初の越境は、この研究会できっかけを与えられたともいえる。同研究会で知り合った頼《らい》炳南《へいなん》には上海に住む姉がおり、そのつてを頼って国際都市上海へ行こうと考えたからである。家族が反対するなか、長姉何玉燕《かぎょくえん》が「東京に留学させる」という口実で資金を出して何非光を出発させてくれることになった。だが、張深切の演劇活動にかかわったためか、三カ月待っても中国行きの「旅券」が許可されないので、何非光は結局旅券なしで上海に渡る〔何琳、二〇〇四：一五〕。当時、台湾から中国へ渡航する場合、日本人は不要だが、台湾人は必ず旅券の申請が必要だった。(31) これが、後に何非光が台湾に強制的に「送還」される根拠のひとつとなる。台湾演劇研究会の公演が一九三〇年一一月であるから、何非光がはじめて上海に渡ったのは一九三一年前半と推測される。

以上、上海への越境を決意するまでの何非光の足跡には、植民地教育の現場での台湾人学生への嫌がらせ、抗日民族主義者たる兄を死に追い詰めた植民地警察の思想弾圧、それなりに裕福だった家業を倒産に追い込んだ植民地経済の重税と搾取、植民地の弾圧と搾取によって間接的に絶たれたともいえる留学生活、そうした八方ふさがりのなかで映画や演劇に主体的な活動の場を見出そうとしたにもかかわらず、それがさらに「不良行為」として監視される植民地の不自由、さらにはそこから逃れる方法としての越境に必要な旅券の発給妨害など、まさに植民地主義の暴力が陸続と刻印されている。少年時代の何非光に刻み込まれたこれらの体験は、彼をして植民地帝国日本からの脱出を願わせるに、充分だっただろう。

したがって、その後の何非光の「抗戦映画」への参加は、大陸における「抗日」戦争の影響だけに由来するものではなく、台湾の社会に深く根ざした形で展開されていた「抗日」の流れの中にあるものだったといえる。

第三節　上海における「他者」

第一章で述べたように、台湾文化協会の啓蒙的な文化活動によって、一九二〇年代後半には台湾人青年の中国への留学は一種ブームの様相を呈しており、なかでも上海は台湾人学生たちにとっては比較的自由に抗日活動を行える拠点のひとつであった[32]。若林正丈によれば、「半植民地」状況にあった中国の都市上海においては日本官憲の監視は決してゆるいものではなかったが、それでも彼らの発言には「台湾（および東京）では発表不可能な日本帝国主義の植民地支配に対する激しい糾弾を伴うのが常であった」〔若林正丈、一九八三a：二五九〕。また、台湾人の団体でなく、中国側の革命組織に加わる者も多かったといわれる。幼少時代から植民地主義に抵抗し続けた何非光が、兄の死、東京への留学とその挫折、抗日民族運動家である張深切の台湾演劇研究会での活動を通じて、抗日ナショナリズムを醸成していったことは想像に難くない。しかし、管見の限りでは、何非光がこうした革命組織に加わった形跡はない。

何非光が上海で掲げた当面の目標は、父の遺志（息子のなかから医者を輩出する）を果たすべく医学を修めることであった。当時まだ一七歳になっていなかった彼は、頼炳南の姉頼金鑾《らいきんらん》を頼って上海を訪れるが〔何琳、二〇〇四：一六〕、この頼金鑾の夫が何非光より四歳年上の羅朋《らほう》（第一章でも触れたが、台湾出身で、一九二〇年代後半から中国映画界で活躍した二枚目俳優。羅朋は一九三三年『小玩意（おもちゃ）』出演の際に監督の孫瑜《そんゆ》がつけた芸名。当時の名は羅《ら》克朋《こくほう》）であった。何非光は、羅朋の紹介で台湾出身の漢方医簡連春《かんれんしゅん》に弟子入りする。とはいえ、上海は映画の都である。東京時代に豆腐屋で知り合った友人とよく映画を見に行ったように、上海でも羅朋宅で知り合った聯華影業公司の美術担当高威廉《こういれん》と仲良くなって、仕事の休みにはしばしば一緒に映画を見に出かけていた〔同前：一八〕。

そんな時、前出の張深切が、上海の何非光を訪れる。張深切の自伝『里程碑』によれば、張は一九三二年一月に上海に到着、同郷の何非光、張芳洲を探しあて、彼らと一緒に共同租界に部屋を借りて同居している[33]。第一章で述べたように、張芳洲は祖国のために働く志をたてて一九二三年夏中国にわたり、上海の明星影片公司を経て、一九二六年頃に上海から台湾への映画輸入ルートを確立した人物である〔王白淵、一九四七：二二〕。一九二九年に彼が創設を呼びかけた映画会社の発起人に何非光が名を連ねていたことから、二人は同好の友人であったといえる。もっとも、この時期の何非光は漢方医の内弟子で、映画界との接触はせいぜい偶然に参加したエキストラ出演程度であった。いっぽう、張芳洲は、この時期すでに中台間の映画輸入ルートを確立しつつも、日本で学んだトーキー技術を持ち込もうとした上海で相手にされず、失意のなかにあった時期だと思われる。張深切の自伝には大志を抱いて故郷を離れた彼らの青春の日々が活写されているが、なかでも印象的なのは、第一次上海事変の進行中、北四川路のアパートに残った張深切と何非光が[34]、鳴り響きはじめた銃声の中で必死に抗日ビラや書籍書簡を引き裂いて隠す一夜の恐怖と緊張感である。

何非光自身が上海で政治運動に参加した記述はないが、彼のそれまでの経歴からいっても、こうして張深切と行動を共にしていたことからも、何非光の越境には、当時中国へ渡ったほかの台湾青年と同様、植民地主義への抵抗意識、ナショナリズムに対する情熱が備わっていたとみていいだろう。

1　植民地出身者という「他者」

日本植民地主義への強い抵抗意識をもって上海へと越境した何非光であったが、「当時は自分が台湾人だとは言えなかった」という。その原因のひとつは中国に渡る台湾人が持っていなければならないとされた「旅券」を持っていなかったことにあったが、もうひとつは台湾人に対する偏見があったためである[35]［陸弘石、二〇〇〇：五六］。

中国に越境した台湾人が、「日本人の手先」として蔑視や敵視の対象となってきたことについてはこれまでも言及してきたが、何非光について論じる際に、この問題はきわめて重要な意味をもつと考えられる。そこで、ここでこの問題について少し整理をしておきたい。

当時中国大陸に渡った台湾人は「台湾籍民」と呼ばれたが、なかには条約上の特権を求めて外国籍を取得した「籍民」もいた[36]。外国籍の特権を背景に悪事を働く「台湾流氓」「台湾呆狗」などと呼ばれたゴロツキ「籍民」集団は、台湾総督府の対岸への勢力拡大を企図した政策や台湾軍の謀略などと結びつくこともあり、正業についていた台湾籍民までが大陸の中国人に「日本帝国主義の走狗」として白い目で見られることになった〔若林正丈、一九八五：一六二―二一九〕[37]。こうした敵視の状況は、地域的には、台湾総督府が一八九〇年代から独自の教育機関を設置するなど硬軟を織り交ぜた策略を展開していた厦門、福州などの地域において顕著であり〔梁華璜《りょうかこう》、一九九三：七七―七八〕、時期的には第一次世界大戦勃発後、厦門、福州へ来る台湾人の総数が増えてから「台湾流氓」「台湾呆狗」もまた当地のゴロツキの一大勢力にのし上がったとされる〔若林正丈、一九八五：一八九〕。一九一九年には福州における排日貨運動を弾圧するために日本領事館警察が「台湾呆狗」を利用して、逆に反日熱が高まるきっかけとなり〔若林正丈、一九八五：一九〇〕、また一九三二年一月には台湾軍が「台籍浪人」を買収して日本人夫婦を殺害させ出兵の口実を作ろうとした謀略事件が起きている〔中村孝志、一九八二〕。長年「台湾籍民」について研究してきた梁華璜は、次のように言う。「同一民族が仇敵視するようになったのは台湾籍民〔梁華璜論文では中国大陸において日本領事館が統制した一般台湾人を指す〕のせいであり、その「罪悪」は戦後にいたっても国民政府や中共の統治態度にまで反映している。これを日本帝国主義の五〇年にわたる台湾統治が残した罪と言わずして、何と言うのか」〔梁華璜、一九九三：七七〕。実際、一九二五年に上海の中学に留学した謝東閔《しゃとうびん》[38]によれば、当初「同級生は台湾の地理歴史について知識がなく、台湾人は別の人種だと思い込んで、好奇心を感じていた」という〔謝東閔、一九八八：六〇〕。しかし、一九三〇年に台湾に帰る父親を厦門まで見送りに行った彼は、そこで日本の「陰険な『対岸政策』」を目の当たりにする〔同前：八五〕。前章でも述べたが、彼はその後「台湾人」であるという身分のために、「満洲事変」後の一九三二年には約束されていた中山大学副教授の職を「日本のスパイ」嫌疑のために棒にふり〔同前：一〇三〕、盧溝橋事件後にはこうした嫌疑から逃れる為に香港へ避難せざるを得なくなることになる〔同前：一〇九―一一〇〕。したがって、植民地出身者への敵視は、日本の中国への侵略が露骨になるにつれて、厦門、福州のみならず上海などの他地域でも、激しくなっていったと思われる。

日中戦争全面化に伴い、特に台湾籍民の多かった福建では、籍民を軟禁状態で集中隔離する「墾務所」が設置されたが、近藤正己によれば、その原因は「かれらが日本のスパイ視されていたからとみて間違いはない」[近藤正己、一九九六：四五三]という。当時の中国各地における日本領事館からの報告でも、台湾籍民が中国人から国外退去するよう脅迫を受けた事例が報告されている(39)。

中国大陸で「日本帝国の植民地に生まれた被植民者」として生きることの困難が、ひとり台湾人である何非光だけの困難でなかったことは、上海で最も有名な男性スターの一人だった朝鮮人の金焔《きんえん》の逸話からも知ることができる。金焔は、俳優になる前の少年時代、天津の南開大学の運動会で競技中に、ある中国人が「あいつが速いからって不思議はない。日本人の走狗《イヌ》だから」と叫ぶのを聞いて途中から引き返し、その中国人をなぐりつけた結果、退学するはめになったという[ウェールズ＆キム、一九八七：一三九]。後に「中国のゲーリー・クーパー」といわれるような大スターとなってからも、「国籍から言ふと日本人」であるとして、「抗日の火の手が熾んだった頃」には、映画界でも「仇国の国民金焔を追放しろ」という議論がなされたという(40)。何非光はまだ端役しかもらえない時期に金焔に師事したこともあった[張深切、一九六一：四一七]。そこには同じ「被植民者」としての共感があったのではないだろうか。

植民地出身者は、日本の植民地支配による弾圧を逃れ、自由をもとめてやってきた大陸中国でも、日本の帝国主義がもたらす迂回した不条理な差別に出会わなければならなかった。

2　俳優として映画界へ

何非光は、植民地主義への抵抗から上海に越境したと考えられるが、当初の目的は父の遺志を果たすべく医者になることだった。それが、どのように俳優としてデビューすることになったのか、また、なぜ有名になりかかったところで台湾に「送還」されることになったのか。その経緯を見ておこう。

何非光が内弟子に入った診療所には聯華影業公司の俳優である蔣君超《しょうくんちょう》が患者として来ていた。映画に関心をもっていた何非光は、蔣君超と知り合ったことで聯華のスタジオに見学に行き、撮影中の『人道』（一九三二年、聯華製作、卜《ぼく》萬蒼《ばんそう》監督）にエキストラ出演を果たす。これが、何非光が映画に出演した最初だった。その後、旧正月の休みに蘇州に遊びに行った際、たまたま映画『続故都春夢』（一九三二年、聯華製作、卜萬蒼監督）のロケ隊に遭遇し、乗馬の腕前を買われて、スタントマンとして参加した。後日、知り合いの蔣君超がその報酬として聯華から二〇元をもって診療所にたずねてきたが、それは内弟子として毎月六元の小遣いしかない何非光にとっては、大変な大金だった。[41]そして、このエキストラ出演が契機となって、一九三三年の或る日、蔣君超が映画『除夕』（一九三三年、聯華製作、姜起鳳《きょうきほう》監督、蔣君超は主演の一人を演じた）の悪役をやらないかと話を持ちかけた。内弟子に入っていた医師の簡連春（羅朋と同郷の台湾南投出身）など周囲に相談の上、何非光は機会を摑むべく、ここから本格的に俳優業に挑戦することになる。「何非光」の名も、このときから使用するようになった。

『除夕』の撮影が半月ほど経過したところで、何非光は演技の才能を認められて聯華の契約俳優（三年契約、一年目は月三〇元、二年目は四〇元、三年目は五〇元、一本撮影するごとに別に報酬がでる）となる［陸弘石、二〇〇〇：五八］［何琳、二〇〇四：二三］。同じ頃、ちょうど月明公司で有名になり出した羅朋も、孫瑜の誘いで聯華に参加、何非光と同僚になった。何非光の聯華での出演作には『母性之光』（一九三三年、卜萬蒼監督）、『風』（一九三三年、呉村《ごそん》監督）、『小玩意（おもちゃ）』（一九三三年、孫瑜監督脚本）、『天明（夜明け）』（一九三三年、孫瑜監督）、『人生』（一九三四年、費穆《ひぼく》監督）、『暴雨梨花』（一九三四年、馬徐維邦《ばじょいほう》監督脚本）、『体育皇后（スポーツの女王）』（一九三四年、孫瑜監督脚本）、『再会吧、上海』（一九三四年、鄭基鐸《ていきだく》監督脚本）などがある。このうち、『母性之光』の演技によって、何非光は個性的な悪役俳優として名前が知られるようになった。『体育皇后』や『再会吧、上海』でも主役に匹敵する重要な悪役を演じている。このほか、聯華以外の会社でも、聯星影片公司では『涙痕』（一九三三年、魯史《ろし》監督）[42]、月明影片公司では『悪隣』（一九三三年、任彭年監督)、『昏狂』(一九三五年、任彭年監督)、明星影片公司では『華山艶史』(一九三四年、程歩高《ていほこう》監督)に出演している。また、これらの映画の合間に聶耳《じょうじ》が脚本監督ならびに製作をした新歌劇『揚子江暴風雨』では群衆の一人としてボランティア出演している[何琳、二〇〇四：三二]。このころ『江南正報』の記者となっていた張深切は、友人である何非光、羅朋らが話す映画界の裏話が大いに記事に役立ったと回想している[張深切、一九六一：四六七]。

その後何非光は聯華を離れるが、一九三六年に何非光自身が東京から上海の映画雑誌『電声週刊』に投稿した手紙には、聯華で劇務担当者とのトラブルがあり「聯華を離れ、以来仕事が思うようにならず、生活もままならない」状況に陥ったことを認めている(43)。そのうえで、聯華で重役と揉めたのは覚悟の行動であって、そうしなければ「丸太人形のように、スクリーンの上で面の皮を厚くして、酔生夢死の意味のない人間として生活する」ままであっただろうと述べ、自分が聯華を離れたことに道義的な意味があったと暗示する。一九三五年末にいったん台湾に帰郷したことについても、戦後のインタビューにおける何非光の説明と、この投稿における説明とは微妙に食い違っている。この投稿では、聯華を離れた後、「生活もままならない」状況にあったために「福建の原籍に帰郷した」という『影戯年鑑』「消息欄」記載の記事を「適切なもの」と認めている。いっぽう、戦後の何非光はインタビューに答えて、この帰郷は日本領事館による強制的な「送還」によるものと説明している。何琳によれば、何非光の「保護送還」事件によって母親の病態が急変したとあるが、筆者が甥の何敏璋《かびんしょう》氏にインタビューしたところによれば、一九三五年の帰郷は、「反逆児として家出同然で出かけた」何非光は、心配をかけた母親の具合が悪いことを知って一時帰宅したのではなかったろうか、と記憶していた(44)。ただし、掲載された手紙でも「福建の原籍に帰郷」と書いているように、台湾人として強制的に「送還」された事実を隠すために、自分の意志で帰郷したと記述した可能性もあり、この帰郷が自由意志であったのか強制的な「保護送還」であったのか、現時点では確定できていない。ここではひとまず、何非光の説を中心に、その状況を整理しておきたい。

何非光が聯華を離れたのがいつかは特定できないが、出演作を見る限り一九三三—一九三四年までは在籍していたと見られる。また何琳によれば、この時期、月明影片公司の任兄弟がトーキーに関心をもち、何非光を媒介に密かに張芳洲と連絡をとろうとしていたところだったという。張芳洲が日本で学んだトーキー技術を上海で生かそうと意気込みながら、結局相手にされなかったことはすでに述べた。ここで、トーキー技術そのものの需要はあったにもかかわらず、張芳洲が相手にされなかった当時の状況を説明しておこう。

当時、トーキーにはレコード式とフィルム式の二種類があったが、後者は技術的にも難しく費用がかかるため、一九三〇年に製作された中国映画史上における初のトーキーは、明星影片公司『歌女紅牡丹』（張石川《ちょうせきせん》監督）、友聯影片公司『虞美人』（陳鏗然《ちんこうぜん》監督）のいずれもレコード式トーキーだった。もっとも、部分的なトーキー化ということでは、これに先立って、聯華の『野草閑花』（一九三〇年、孫瑜監督）が劇中歌「尋兄詞」のレコードを当該場面にあわせて使用する方式を採用している［孫瑜、一九八七＝一九九六：一五九七—一六〇一］。一九三一年には、フィルム式トーキーの製作が試みられるが、同年公開された『雨過天青』（大中国・曁南合作、華光片上有声電影公司の名で出品、六月公開（夏赤鳳《かせきふう》監督））、『歌場春色』（天一公司、一〇月公開（李萍倩《りへいせん》監督））はいずれも外国人との「合作」によってこの技術的困難を克服したものである。このうち、前者は日本のトーキー・スタジオで製作されたことがわかったため、折からの抗日運動によって観客からも映画業界からも反感を買うことになった［程季華主編、一九六三a：一六四—一六六］。いっぽう後者は巨費を投じてアメリカから技術者を中国に招いて撮影し、南洋にも進出して大変なヒットとなった。一九三二年以後、明星、聯華などの大会社も天一の成功に刺激されてフィルム式トーキーの製作に挑戦するが、規模の小さい月明の経営者にとっては、アメリカ人技術者やその技術を直接学んだ中国人技術者の招聘は資金的に困難だったのではないかと思われる。張芳洲のもつトーキー技術が日本で学んだものであるがゆえに敬遠されていたとしたら、月明公司がこれに関心を持ちつつ、またこれを警戒せざるを得ない状況があったことも理解できる。

こうした状況下、何非光は月明の依頼を受けて張芳洲の居場所を探そうと知り合いの台湾人を訪ね歩いているところを在上海日本領事館特高課の私服警察に捕らえられ、台湾に「送還」されたという〔陸弘石、二〇〇〇：五六〕。捕らえられたのは一九三五年一二月一三日、理由は「旅券なしで上海に五年も住んでいるのは違法である。母親の請求で台湾に保護送還する」というものであった〔何琳、二〇〇四：三五―三七〕。一九三五年に公開された何非光出演作は、抗日を題材にした『昏狂』、国民党にとっても不都合な労働闘争を描いた映画『涙痕』（製作は一九三三年だが、検閲による改竄を経て一九三五年に上映された）であった。つまり、何非光は、中国に滞在する台湾人が所持しているべき旅券もないまま、日本政府にとっても中国政府にとっても好ましくない映画に出演し、顔を売ってしまっていたことになる。ようやく映画界で成功のきっかけを摑んだばかりだった何非光は、当時の失望を振り返って「植民地人としての苦しみは、余人にはわかるまい」と語っている〔陸弘石、二〇〇〇：五六〕。また、前年には何非光が出演した抗日的かつ民族主義的色彩が濃い映画『悪隣』（一九三三年）が上海租界当局によって上映を禁止されるという事態も起きている(45)。

3 「他者」としての「悪役」

『母性之光』（1933年，卜萬蒼監督）で南洋鉱山主の役を演じる何非光．提供：財団法人国家電影資料館．

俳優としての彼は、まず「悪役」として名をあげた。ここでは、上述の一九三五年以前の出演作のほか、一九三七年に再び中国に戻ってからの何非光出演作もあわせて検討してみたい。何非光が得意とした「悪役」には、大きく分けて二つの系統がある。『母性之光』（一九三三年、卜萬蒼監督）や『悪隣』（一九三三年、任彭年監督）、『体育皇后（スポーツの女王）』（一九三四年、孫瑜監督）にみられるような「好色な西洋的ブルジョワ階級」と、

『熱血忠魂』（一九三八年、袁叢美《えんそうび》監督脚本）、『日本間諜』（一九四三年、袁叢美監督脚本、何非光助監督）に見られるような帝国主義の手先として中国人民を殺戮する「日本軍人」の二系統である。

「好色な西洋的ブルジョワ階級」の代表例としては、まず出世作『母性之光』の南洋鉱山主の役が挙げられよう。この映画の何非光は、粋なスーツを着こみ、背丈ほどもある花束をヒロインに贈り、口髭をなでつけて葉巻をふかし、目を眇めてシャンパンを勧める。外部からやって来たモダンな優男に、ヒロインは心を奪われる。しかし、この優男はヒロインを妻に迎え入れて南洋に戻ると、妻の忠告も聞かずに労働者をこき使い、夜は愛人のもとへ通う。そうした冷酷さと好色さは、汗にまみれて鉱山で働くヒロインの父と対置して描かれることでより強調される。同年の『悪隣』でも、何非光はスーツに口髭にステッキに葉巻という出で立ちで登場する。善良な村人が伝統的な中国服を着ているのに対し、地縁の薄さ、外来者性が際立つ彼は「人を殺すに血を見るまでもない陰謀家」と形容される。主人公にガールフレンドを紹介しながら陰でその女性と関係しているという好色漢の設定も、『母性之光』で妻を顧みずに愛人のもとに通う鉱山主役と共通している。翌年の『体育皇后〔スポーツの女王〕』でも、何非光はヒロインを誘惑するブルジョワのプレイボーイを演じ、貧乏だが理想に燃えるヒロインのコーチと対置される。これらの映画で何非光が演じた役柄は、明らかにひとつの類型を示している。

先述の張深切の記述に見るとおり、同じ台湾出身で上海映画界の二枚目俳優として売れていた羅朋と違い、何非光は当初なかなか売れずに悩んでいた〔張深切、一九六一：四一七―四一八〕。そこで彼が見出した活路が、自分の身体性を悪役として生かすことだったのではないだろうか。上記のような「好色な西洋的ブルジョワ階級」は、何非光が近代都市東京を経由して身に付けた「モダンボーイ」的な立ち居振舞いを、ある種の魅力として発揮できる役柄だったといえよう。中製で何非光の同僚であった王珏《おうかく》の言葉を借りれば、何非光は袁叢美と並んで、「伝統的な悪役――汚い格好のコソドロや老獪ではなく、スーツを着た粋な悪役」の代表として、いわば「悪役の『国際化』を行った」の

である。(46)

しかし、日中戦争の勃発は、スクリーンの上で必要とする悪役の需要を変えた。当時彼を「日本軍人」役に起用した袁叢美監督はインタビューで次のように語っている。「何非光は悪役、日本軍人を演じさせたら、いちばん上手かった。今日にいたるまで、彼ほど上手い者はいない！　何非光は日本教育を受けていたから、日本のことをわりあいよく理解していた、だから映画を撮る時も容易だった。劇中で彼は日本語も中国語も喋るが、日本語のほうは非常に上手かった」［袁叢美・薛恵玲、二〇〇〇：八四］(47)。

袁叢美監督の発言は、「悪役、日本軍人」を演じさせたら何非光ほどふさわしい者はいなかったという理由が、日本の教育を受け、日本語を流暢に話し、日本人のような仕草ができるという何非光の身体性にあったことを示している。また、当時の映画雑誌にも重慶映画界には多くの人材が集まっているが、なかでも何非光は「あらゆる戦争映画で××人役を頼まれ『標準××人』のあだ名まである」こと、すなわち日本人役として「走紅［人気を博している］」ことが伝えられている(48)。

何非光が演じた「日本軍人」役には二つの特徴がある。ひとつは、上下関係のなかに示される過度の礼儀、もうひとつは残虐さである。何非光は甥の何敏璋に「中国は日本と違って過度の礼儀が要らないから生活しやすい」と語っており(49)、監督デビュー作『保家郷』でも直立不動の姿勢、九〇度に腰を折り曲げるお辞儀など「過度の礼儀」を示す動作が強調されている。『日本間諜』で何非光が演じるのは、日本軍のなかでは偉そうにしていたのが、捕虜になったとたんにぺこぺこ頭を下げる隊長で、ここでは過度の礼儀が、前半の尊大さとの落差によって滑稽に表現されている。過度の礼儀を滑稽さに読み替えるパターンは監督作の『気壮山河』でも、部屋の中を思案しながら歩き回る日本人将校と、その後ろをまったく同じ仕草で付いてまわる数人の部下という形で踏襲される。

いっぽうの「残虐さ」で、非常なリアリティを感じさせるのは何非光の監督デビュー作でもある『保家郷』の、子

『日本間諜』(1943年，袁叢美監督脚本，何非光助監督)で日本軍人役を演じる何非光．提供：財団法人国家電影資料館．

供や宝石を強奪し、村人を槍で突き殺し、あるいは縛り付けて焼き殺す一連の場面である。中国東北の農村に、突然日本軍が襲撃し、村人を拉致する。はじめは怯えて戦うことを拒み村の内部で対立していた農民が、やがて一致団結して日本軍に立ち向かうという物語だ。当時の左派映画人にとってソビエト映画のモンタージュは圧倒的な影響力をもっており[50]、何非光も本作において上記の残虐な行動をたたみかけるようなモンタージュを用いて迫力ある場面に仕上げている。なかでも強烈な印象を与えるのが、木に縛り付けた子供に向かい日本刀を突きつけてニヤリと笑う日本軍人を自ら演じたミドルショットである。代表的な中国の映画史で「過度に敵の威力を強調」[程季華主編、一九六三b：四二]と評されているのもこうした迫力ゆえだろう。

何非光が演じた役柄のうち、「好色な西洋的ブルジョワ階級」は中国のプロレタリア階級の敵であり、「帝国主義の手先である残忍な日本軍人」は民族解放を目指す被抑圧者としての中国人民の敵である。つまり、スクリーンの上での何非光の身体は、「団結すべき我々」が誰なのか、その境界線を示すための「彼ら」を表象しているといえよう。特に、抗日映画の製作現場では、何非光のように「標準日本人」を演じられる役者が求められていたのであり、彼自身もそうした要求に対して「私は日本人を理解している、私ならきっとうまく演じられる。そのうえ、私の演技を通して観客の日本人侵略者への恨みをもっと深くすることができる」[陸弘石、二〇〇〇：六〇]と応えたのである。したがって、「好色なブルジョワ」「日本軍人」という二系統の役柄は、大陸出身の標準中国語が堪能な役者たちのひしめく中で、いかに「何非光という役者」を売っていくかを考えた彼自身の戦略の結果であったともいえよう。つまり、いっぽうに中国映画市場の「団結すべき我々」の境界を示す「彼ら」を求める欲望があり、もういっぽうにはその

「我々」の欲望に適合するものとして自らを差し出した何非光自身の「承認」への欲望があり、そこには両者が共振する空間があったと見ることができる。なぜ映画の観客たる「我々」と何非光はこのような形でしか出会うことができなかったのか。あるいは、なぜ何非光は単純に「我々(中国人)」のスターとなりえなかったのか。そこには何非光の言葉・身振りがはらむ微妙な違和の総体としての「他者性」という問題が存在する。そしてその「他者性」とは、彼が望んで身に付けたものというよりはむしろ、日本の植民地台湾に生まれ、日本の教育をうけ、近代都市東京を経由するなかで、否応なく何非光の身体に刻まれたものであった。

第四節　日中戦争期中国の映画統制

何非光は台湾に帰郷した後、二度目の東京留学を経て一九三七年に中国映画界に復帰する。しかし、直後に日中戦争が勃発し、何非光も抗戦に参加しようと武漢を経て重慶に入って公営の映画機関に所属することになる。そして、戦争は中国における映画をめぐるポリティクスも一変させ、公営映画機関もまた国共双方の人間が集うこととなった。以下では、戦時ニュース映画の製作、何非光が所属することになる中製の成立と、配給・上映ネットワークの確保、そして戦時下の香港映画界への委託製作状況を中心に、当該時期中国における映画統制の概況を見ておこう。

日中戦争勃発後の中国の消極的映画統制は、第二章で見たように中央が発給した検査証書が地方で不承認になったり、南京政府期に禁じていた映画が再び上映されたりするなど、重慶周辺をのぞいて実質的には機能せず、大きく後退したことが確認される。しかし、こうした事態を補うべく、資金難や機材不足のなかで熱心に展開されたのが、積極的映画統制であった。

『中国新聞』「特号：対日抗戦実録・空軍戦績」メインタイトル（左上），空中の飛行機から撮影（右上），戦利品の紹介（左下），蔣介石による閲兵（右下）．出典：“WAR IN CHINA, CHINESE GOVERNMENT, AUGUST 1942”, NARA at College Park　所蔵資料〔RG428〕．

1　戦時ニュース映画の製作

南京政府期に本格化した国民政府・国民党による宣伝映画製作は、日中戦争の勃発後も継続された。たとえば、一九三七年七月七日に盧溝橋事件で戦端が開かれると、第二章で言及した中央電影撮影場（略称は「中電」）は早くも一二日に前線にキャメラマンを派遣し「抗戦ニュース映画」を撮影している[51]。この第一回撮影分は二七日に南京に到着して全国各地および国外へ配給された[52]。【表三―一：キャメラマン派遣の地域と経路（一九三七年八月―一九三九年一月現在）】を見ても、中電が各地域に積極的にキャメラマンを派遣していた状況がわかる。

では、日中戦争期に製作されたこれらのニュース映画は、どの程度の技術で、どのような場面を撮影していたのか。何非光の監督作品を他の映画と比較しつつ考察する上でも重要な問題だが、これに答えることは、実はそれほど容易ではない。日中戦争勝利後、「中電」（国民党による接収によって上海で最大規模の映画製作機関となり、一九四七年四月に「中央電影企業股份有限公司」に改組、改称）のスタジオ、機材などは、一九四九年に共産党によって接収された。中電が所蔵していたフィルムも同時に接収されたと推定されるが、現在のところ所在は不明である。

表 3-1　キャメラマン派遣の地域と経路(1937 年 8 月-1939 年 1 月)

	區域	工作人員	工作の経路
第 1 期 1937 年 8 月- 1938 年 5 月末	東戦場	羅敬浩，余建中	京，滬，杭，杭富線，京杭線，蘇嘉線，京無線，長江沿いの各地
	西戦場	洪偉烈，汪洋，呉本立，韓仲良	平漢線，平綏線，同蒲線，沿河線の各地
	北戦場	童震，葉烱	津浦線，隴海線，六楊線
	華南	程澤霖，黄天鵬	粵漢路，広九龍路，閩省沿海各地
	康蔵	黎錫勲	康，蔵，青の各地
第 2 期 1938 年 6 月- 1938 年末	皖贛	連城	長江沿いの各地
	南潯線	童震	九江，南昌の間
	平漢線	宗惟賡，葉烱	鄭州，信陽の間，隴海
	華南	黄天鵬	広東，広西およびその沿海岸
	晋豫陜	汪洋	西安，洛陽，柳林，離石
	康蔵	黎錫勲	甘牧，康定
	航空委員会	程澤霖	中電が派遣したキャメラマン一名が長期にわたって航空委員会の空軍動態を専門に撮影
第 3 期 1939 年度	湘鄂	童震，連城	粵漢北段および長江沿いの各地
	豫晉陜	宗惟賡，葉烱	平漢平綏および黄河沿いの各地
	粵桂	程澤霖	国民党軍の広州での反撃工作に随行
	華北	汪洋	華北の占領地区に潜入し，鹿主席に随行して工作
	成渝	陳嘉謨，王楽天，黎錫勲，王雨声	四川省の動態を専門に撮影

出典：1939 年 1 月付「中央宣伝部工作報告」党史館檔案〔5.2-34.14〕より．人名・地域名は原文のまま記した．なお，『電声週報』(959 号，1937 年 7 月 23 日，1236 頁．960 号，1937 年 7 月 30 日，1280 頁)で報道されたキャメラマンの派遣(盧溝橋事件直後の 1937 年 7 月の段階ですでに羅敬浩や，宗惟賡，陳嘉謨が派遣されている)が記載されていないなど，同表には明らかな記載漏れも確認できる．

一九五八年に成立した中国電影資料館に所蔵されている可能性もあるが、同館では所蔵フィルムの目録を公開していない。いっぽう、中国電影製片廠、中華教育電影製片廠、中国農村教育電影公司に関しては、一九四九年に国民党が台湾に撤退する際、それらの機関が所蔵していた機材やフィルムも台湾に転置したが、その後二度にわたる倉庫の火災によって台湾に移送されたフィルムは焼失した。目下のところ、日中戦争期に製作された国民政府・国民党の公営機関によって製作された中文字幕付きの国内向けニュース映画として筆者が確認できたのは、米国公文書館に所蔵されていた中電製作の『中国新聞』[53]「特号：対日抗戦実録・空軍戦績」(無声、中文字幕)一本のみである。[54] 確認できた一本のみで、当該時期のニュース映画の質や傾向を判断することは難しいが、同フィルムの技術面に関して特筆すべきは、飛行中の機内から別の飛行機を撮影するなど空中シーンが含まれていることである。高速で移動する飛行機を捉えたショットでは対象が小さすぎて焦点があわない箇所もあるが、その他の場面では画角やショットサイズも安定している。編集についても八枚のインサート字幕を用い、単なる「動く写真」の羅列ではなく、空軍の活躍を伝える一本のニュース映画として説得力ある構成がなされている。爆撃した機体や、戦利品、日本人捕虜などのショットを積み上げることで空軍の戦績をできる限り大きなものに見せ、整然と行進する兵士、キャメラに視線を向ける蔣介石などのショットを挿入することで緩慢なモンタージュにリズムを与えてもいる。したがって、当時の資材情況を勘案しつつ同フィルムを見る限りでは、日中戦争期に中国人によって製作されたニュース映画は一定の水準に達していたと思われる。なによりも、戦火に脅かされ生活に苦しむ中国の人々にとって、十数機もの中国軍の飛行機が滑走路に並び、革のブルゾンを着込んだ中国人兵士が近代的な飛行機を自在に操る様子、さらには中国の空軍が敵機を撃墜、軍艦を撃沈した証拠をスクリーンの上に目撃することは、「神聖的民族抗戦」の「最後勝利」を想像することにおいて、[55] きわめて大きなインパクトをもっただろう。つまり、これらのニュース映画は、戦時下中国の観客が見たいと切望する内容のリアリティを備えていた点において、「「我々」に対する「正の要素」を宣伝する」のに十分有効だったのではないだろうか。

2　中製の成立

右のような戦時ニュース映画も含め、占領地域以外の中国における戦時下の映画製作は公営の映画製作機関を中心に行われた。よく知られているのは、中央電影撮影場(党宣伝部所属)、中国電影製片廠(軍事委員会所属)、西北影業公司（第二戦区所属）、中華教育電影製片廠（教育部所属）、中国農村教育電影公司（農業部所属）である［鍾雷、一九六五：四六―五〇］［杜雲之、一九七二b：二七］［程季華主編、一九六三b：一二九］。このうち、西北影業公司が活動していたのは抗戦初期に限られる。また、後者二機関の実際の映画製作状況は詳しくわかっていない(56)。前者三機関が一九三八―一九四〇年に製作した映画フィルム尺数を比較すると、中国電影製片廠（略称は「中製」）が二三万七二〇〇尺（六四・五九％）、中央電影撮影場が一〇万八〇〇〇尺（二九・四一％）、西北電影製片廠が二万二〇〇〇尺（五・九九％）となる(57)。ここから、抗戦下の積極的映画統制において中製が占めた重要性がうかがわれる。

　中製の直接の前身は一九三五年に軍事委員会南昌行営政治訓練処電影股が設立した漢口撮影場とされるが［張駿祥・程季華主編、一九九五：一三五四―一三五五］［杜雲之、一九六五：四八］(58)、軍事委員会による映画宣伝活動は北伐期にまでさかのぼることができる(59)。軍事委員会に映画を専門に管掌する部門ができたのは一九三三年九月に政治訓練処に電影股が設立されてからのことである。当初は人員が一八人、毎月の経費も二八〇〇元に過ぎず(60)、古い映画の収集、従軍キャメラマンによる戦時ニュースの撮影、無声映画上映機器二台を使用した巡回上映を行っていた［胡睦臣、一九六〇：六六二］。一九三五年春に機材を追加購入し、トーキー映画の設備を備え、漢口の住宅を製片廠にあてることになった［同前］。一九三七年の抗戦勃発後、この漢口の武漢電影製片廠が、中国電影製片廠に改組され、軍事委員会政治部第三庁の所管となるのだが、何非光が参加したのは改組前のことだった［陸弘石、二〇〇〇：六〇］。

　当初はニュース映画、記録映画を中心としていた中製は、一九三八年二月に周恩来《しゅうおんらい》が中国共産党を代表して軍事委員会政治部副部長に着任し、第三庁の庁長に郭沫若《かくまつじゃく》が、三庁の主任秘書に陽翰笙《ようかんしょう》が就任して以後、上海から逃れてきた抗日左派映画人を多く吸収し、劇映画にも積極的に乗り出していった。人員は一九三八年二二〇人、一九三九年二五一人、一九四〇年には四六六人に増加している（「工友および兵士」(61)を含んだ人数）。

　中製は漢口にあった一九三八年一月から一〇月の間に、三本の劇映画のほか、『抗戦特輯』『抗戦歌輯』『電影新聞』

『抗戦標語卡通』など五〇作品前後の短編記録映画を撮影している。また、重慶に移転後一九四〇年までの間に何非光の監督作『保家郷』(一九三九年)、『東亜之光』(一九四〇年)を含む七本の劇映画、[62]大型記録映画『民族万歳』のほか、さらに多くの短編記録映画のシリーズを撮影した。

一九四〇年までの中製は、左翼映画人の影響が相対的に強かったが、第一次反共高潮(左派排斥の高まり、一九三九年一二月―一九四〇年三月)の後、一九四〇年九月に政治部が改組され、一一月に郭沫若が第三庁長から文化工作委員会主任委員に異動すると、もと第三庁の左派映画人も文化工作委員会へ異動となり、中製は組織、人事ともに改編され、左派の色彩は完全に脱色された〔程季華主編、一九六三b:一一八―一一九〕。その後は、機材補充が困難で、経費も充分でなかったため、中製の編制上のスタッフは二〇〇人近くいたが、製作本数は少なかった。太平洋戦争勃発後に何度かの交渉を経て、ようやくアメリカから一部分の機材を獲得し、映画製作を復活させた〔胡睦臣、一九六〇:八九六―八九八〕。一九四一年以後に撮影された劇映画は何非光監督作『気壮山河』(一九四三年)、『血濺桜花』(一九四四年)を含む五本である。[63]また、一九四四年にはアメリカとの合作で長編記録映画『中国之抗戦』を製作した。[64]

しかし、戦時下の資材不足は深刻で、重慶では映画人も演劇を中心に活動することが多かった。[65]軍事委員会政治部には「抗敵演劇隊」一〇隊と「抗敵宣伝隊」五隊が組織され、中製内部にも「中国万歳劇団」が付設された。中央宣伝部の電影戯劇事業処には「実験劇団」、三民主義青年団中央党部には「中央青年劇社」、中電には「中電劇団」が設置されたほか、国立戯劇学校による劇団や子供たちによる「孩子劇団」などもあった〔杜雲之、一九六五:五三〕。こうした演劇のなかには、日本人捕虜が自分の経験をもとにした舞台公演もあった。何非光の監督二作目『東亜之光』は、そうした日本人捕虜たちによる舞台から着想したものである。

3 配給・上映ネットワークの確保

製作された映画も配給・上映されないことには、宣伝として実際に機能することはできない。この点、南京政府期すでに、国民党中央宣伝委員会は配給・上映網を掌握することの重要性に気付いており、日中戦争勃発前の一九三五年には、民間映画産業による既存の配給網や映画館に頼らない、独自の全国的な配給・上映網の構築を本格化させていた。その背景には、映画館を利用した上映方法では、「映画館に入る経済力を持つ民衆のみが鑑賞でき、内地の貧困民衆には見る機会がない」[66]という懸念があった。そこで、各省市党部および各地軍隊党部に「電影放映站〔映画上映拠点〕」を設置し、独自の全国的な配給・上映網構築を目指したのである(詳細は三澤真美恵［二〇〇四b］を参照)。

日中戦争勃発後、民間の映画配給・上映網が戦火の拡大によって機能しなくなった際、この国民党独自の配給・上映網はさらに拡充されていくことになった。すなわち、一九三九年には都市部の映画館を「発行站〔配給拠点〕」とし各機関や学校などを「放映站〔上映拠点〕」とするいっぽう、辺境地区では各地方政府および駐留軍による配給・上映を行い、さらに専門の「流動放映隊」(第一隊は一九三八年九月に出発)を組織して内陸地を含む各地で活発な上映活動(都市部では安価で、内陸の郷村では無料で提供)を展開したのである［三澤真美恵、二〇〇七］。

【表三―二：「抗戦映画」の上映場所と観客数(一九三七年八月―一九三八年末)】を見ればわかるように、こうした上映活動は相当の規模で展開されており、しかも無料上映における観客数が有料上映の観客数を大きく上回っていることから、南京政府期に考慮された「内地の貧困大衆」を射程にいれた国民党独自の配給・上映ネットワークは、既存の民間映画産業ルートでは地理的、経済的に映画にアクセスできなかった人々に対して、宣伝を展開できたといえる。そこで対象とされた「大衆」とは、都市部の貧困層も含め、近代教育を受けられず識字技術を習得できない、すなわち活字メディアにもアクセスできない人々とも重なっていたであろう。

当該時期には映画製作と同様、映画の配給・上映も多元的に展開されていたことが確認できるが、国内のみならず、海外向けの映画宣伝も精力的に試みられていた［三澤真美恵、二〇〇七］。たとえば、中電や中影が製作した映画は、国

表 3-2 「抗戦映画」の上映場所と観客数(1937 年 8 月-1938 年末)

	有　料		無　料	
	上映場所	人　数	上映場所	人　数
第 1 次	蘇州, 浙江, 安徽, 山東, 陝西, 河南, 甘粛, 湖北, 湖南, 江西, 四川, 雲南, 広東, 広西, 貴州など	547,724	蘇州, 浙江, 安徽, 山東, 河南, 湖北, 江西, 四川など	1,073,568
第 2 次	湖北, 湖南, 江西, 河南, 甘粛, 四川, 雲南, 貴州, 広東, 江西, 陝西など	398,840	湖北, 湖南, 江西, 河南, 山東, 安徽, 四川など	879,037
第 3 次	湖北, 湖南, 江西, 陝西, 四川, 雲南, 貴州, 甘粛, 広東, 広西など	567,329	湖北, 湖南, 江西, 陝西, 河南, 四川, 雲南, 貴州, 広東, 広西, 甘粛, 青海, 康県など	864,711
第 4 次	湖北, 湖南, 江西, 河南, 甘粛, 四川, 雲南(雲), 雲南(滇), 広西など	383,340	湖北, 湖南, 四川, 雲南, 貴州, 甘粛, 青海, 広西, 広東, 陝西, 江西, 山西, 康県など	998,600
合　計		1,897,233		3,815,916

出典：1939 年 1 月付「中央宣伝部工作報告」謄写版，党史館檔案〔5.2-34.14〕の「電影撮影場工作，抗戦以来之工作報告」(1937 年 8 月-1938 年末)中，「付表 2：抗戦片映時観衆統計表」より作成．有料上映は各地映画館の報告を集計したもの，無料上映は流動放映隊および各宣伝団体の報告によるもの．

内での外国人記者を対象にした試写会で上映されたほか、国外の駐英米仏蘇各大使館に送付されて来賓招待上映会などに使用され、さらに海外の一般大衆向けに各都市映画館でも上映されている。また、精選したフィルムを焼き増しして米国の大手映画会社MGMに販売、ソ連とは新作フィルムの交換契約を結ぶなど、経費をかけずにより広い範囲へ多様な配給・上映ネットワークを構築しようとする努力もみられる[67]。【表三―三】は一九四〇年六月―一九四一年二月一五日の国際宣伝上映の場所と映画内容を示したものである。この表から華僑の多い南洋では中国の「抗戦映画」を有料で上映することが可能だった状況もわかる。したがって、何非光の監督した映画も、こうしたネットワークを通じて広く国内外で上映されたものと考えられる。

当時の映画雑誌によれば、何非光の監督デビュー作『保家郷』は重慶で「毎回満員、空前の盛況」を博しただけでなく[68]、英語、フランス語、ロシア語版のプリントが海外で上映され「熱烈な」反応を得たという[69]。

表3-3　中央電影撮影場国際宣伝工作統計表(1940年6月-1941年2月15日)

地　　名	映画のタイトル	備註
アメリカ メキシコ ペルー キューバ ドイツ フランス トルコ オーストラリア ロシア	勝利的前奏, 我們的南京, 新階段, 総理逝世15週年紀念, 精神総動員週年紀念, 精神総動員開始典礼, 新生活運動5週年紀念, 活躍的西線, 黄自教授歌唱遺作集, 敵機2次轟炸重慶, 剋復台児荘, 空軍戦績, 中国新聞第62・65号, 国歌片頭など	宣伝的性質および交換
フィリピン 香　港 タ　イ クアラルンプール シンガポール トレンガヌ ペナン サンダカン	敵機2次轟炸重慶, 奉移成吉思汗霊櫬, 前程萬里, 中華児女, 中原風光, 新階段, 中国新聞第62・63・64・65・66・67・68・69・71・72号, 精神総動員週年紀念, 総理逝世15週年紀念など	営業的性質

出典：1941年3月付「中央宣伝部工作報告」謄写版，党史館檔案〔5.2-60.85-6〕より．映画のタイトルは原文のまま記した．

4　香港映画界への委託製作

抗戦中、重慶政府の委託を受けた香港の民間映画会社としてよく知られているのは、一九三八年末に中製が重慶に移転したあと、香港に左派映画人が、映画陣地の拠点として香港に「大地影業公司」を設立したことである〔程季華主編、一九六三b：八〇〕。しかし、この「大地影業公司」は『孤島天堂』などを製作したあと、一九三九年末に国民党によって停止させられたため、香港の左派映画人が再び「新生影片公司」を組織して『前程万里』を撮影した、とされてきた〔同前：八四〕。

だが、党史館檔案によれば、新生影片公司とは国民党の資金によって官民合作の形で設立した会社であることがわかる[70]。すなわち、当初は党中央から臨時経費として五万香港ドルを引き出して会社設立基金とする予定であったが[71]、五万香港ドルの臨時経費が党中央で許可されなかったため中央電影撮影場から一万元が支出される形で新生影片公司を設立したもので、『前程万里』も国内では「中央電影撮影場支社」名義、海外では「各地の状況を斟酌して」「新生影片公司」名義で配給されることになっていた[72]。その後も『自由魂』『献身祖国』を撮影中であったが、太平洋戦争勃発後の日本軍の香港占領によって製作中止となった[73]。内地では製作状況が悪化し、ニュース映画や教育短編映画に重点が置かれる状況下で、製作環境が整った香港における「大地影業公司」「新生影片公司」などの官民合作による映画会社は重慶にあった国民政府の映画政策にとって重要な拠点であったことは間違いない[74]。

香港の映画会社への委託製作の重要性は、一九三九年当時の宣伝部予算表に占める委託製作費が突出している点からも確認することができる[75]。実際、『孤島天堂』は香港、重慶、南洋の各地で大成功を収め、劇中人物が「中国は滅びるものか！」と言う場面では、観客は感動のあまり立ち上がって拍手し［杜雲之、一九七二b：三七］、『前程万里』は重慶における内外映画の一切の記録を塗り替える大ヒットとなるなど[76]、劇映画がもつナショナルな感情の喚起力は広く知られていた。また、劇映画は興行収入が期待されることから、非営利の巡回上映を主たる目的として製作されるニュース映画や教育映画に比して、高額の投資を行うことができたともいえる[77]。後述するように、何非光も中製が資材不足で製作停止状況に陥った時期、香港に赴き民間の映画会社である南洋影片公司で『新生命』（一九四一年）を監督している。だが、完成後に香港が日本軍に占領されたため、抗日題材を扱った同作品は公開できなかった[78]。

以上、中製を中心に日中戦争期中国の積極的映画統制を一瞥した。南京政府期と比較した場合の最大の特徴は、消極的な統制が実質的に麻痺状態に陥るなか、これを補うべく積極的な映画統制が多元的に展開されたことである。戦時ニュースや国際宣伝映画の製作、香港映画界への委託製作など、分業体制で製作本数を確保しようとする動きといえる。また、既存の映画市場を失うなかで、独自の映画配給・上映網の重要性が高まり、国民党宣伝部系のみならず軍政系、教育部系も含めてネットワークの拡充が目指され、中国側の資料を見る限りでは一定の効果を挙げていたように思われる。しかし、当該時期の中国政府による映画宣伝活動に協力したアメリカ戦略諜報局（Office of Strategic

Services）の報告には「中国の宣伝は、疲弊し、生気がなく、非効果的である。これは中国における中国の宣伝に対する過酷な批評だが、宣伝と大衆の態度を対照すれば、それは明らかである」[79]との評価もあり、戦時下の広大な中国大陸においてこれらの宣伝がどれだけの効果をもちえたのか実態を知るためには、今後の研究に待つところが大きいといわざるをえない。

第五節　重慶での映画活動

何非光は台湾に「送還」された後、一九三七年に中国に戻り、再び映画人としての活動を再開するが、その間どこで何をしていたのか。まずは、重慶に向かうまでの足取りをたどってみたい。

1　東京での演劇活動を経て重慶へ

何非光は台中に帰郷したものの、映画のことはあきらめきれなかった[80]。台中では、同様に上海から帰台していた羅朋、張深切、張芳洲と共に八月一七日夜、「台中ムンパレス」で雑誌『台湾新文学』が主催した座談会「中国映画界を語る」に出席したほか[81]、天外天劇場にて「台湾演劇映画研究会」第一回例会にも参加したことが確認できる[82]。甥の何敏璋氏は何非光がこのとき台中の劇場「楽舞台」で台湾語の芝居を上演したのを記憶している[83]。しかし、第一章でも述べたとおり、台湾において映画製作は産業として成立しえず、台湾人が主体的かつ継続的に映画を製作できる環境はなかった。また、上海の映画界も前述のようにトーキーへ転換しつつあり、台湾語を母語とする何非光にとって、標準中国語を操ることに長けた話劇俳優も多い中国では、俳優としての前途は明るいものとはいえなかった。そこで、何非光は中国映画界で需要の高いトーキー技術を日本で学ぶことを考え［陸弘石、二〇〇〇：五六］、新聞の消息欄で大成中学の同級生だった李石樵《りせきしょう》が楊肇嘉《ようちょうか》の学費補助を受けて画家として成功、日本の美術展で一等を受賞したのを知り、彼に手紙を書いて東京へ向かった［何琳、二〇〇四：三八—三九］。

何非光が二度目に東京留学をしていた一九三六年は、当時の『特高外事月報』によれば、「厳重なる警察取締」により「不振の状況に陥」っていたプロレタリア文化運動が「漸次台頭の気勢を示すに至」っていた時期である。(84) この二度目の留学時期、何非光は先にも引用したように、上海の映画雑誌『電声週刊』に東京の演劇事情などについてときおり寄稿しており、それによると、帰郷後に友人達の励ましによって東京に留学し、日本大学映画科で映画技術を学びつつ、中国人留学生らが組織する「中華留日戯劇協会」に参加していたという。(85) 何非光自身は八月中旬に台中で上記の座談会に出席していることから、参加したのは早くても九月以後であろう。(86) また、戦後のインタビューによれば、学業以外に「日活映画株式会社」トーキー映画製作講習所でも映画を学んだという。(87)

一九三五年前後、中国における左翼文化運動の高まりを受けて、東京の中国人留学生の間でいくつかの演劇組織が成立し、一九三六年初め、三つの劇団「中華同学新劇公演会」「中華国際戯劇協進会」「中華戯劇座談会」が連合して「中華留日戯劇協会」が成立する。(88) 戦後の何非光自身の記述によれば、彼は東京で「留東学生演劇会」という組織に参加し、『復活』（トルストイ原作・田漢改編）リハーサル中に魯迅死去のニュースを聞いて、東京在住の中国人留学生らと共に追悼会を開いたという［何非光、一九八一年］。(89) 魯迅死去のニュースが伝わったのが一〇月九日、各種左翼団体や学生団体の共催による追悼会は一一月三日に行われ、郭沫若も警察の監視にもかかわらず危険を冒してこれに参加、激情的な挨拶をしている。(90)

『復活』公演は「中華留日戯劇協会」の名義で一九三七年一月一一—一三日に神田一橋講堂で行われたが、これは中国人留学生による各劇団の連合公演であるだけでなく、東京の左翼演劇集団「新協劇団」「新築地劇団」の協力も得ており、それまで以上に厳しい警察の弾圧に付きまとわれていた。「新協劇団」「新築地劇団」の活動は当該期『特高月報』にもしばしば記載されており、同公演そのものに関する記載はないものの、一九三六年度『外事警察概況』には「昭和一一年中における外事警察上の事項にして特記すべきもの」のうちに「各地における学生を中心とする反日運動亦日を逐ふて旺なり」とある。[91]「中華留日戯劇協会」の第一回公演から参加していた顔一烟《がんいちえん》によれば、『復活』公演は当初一九三七年元旦に予定されポスターも貼られていたが、警察の検閲によって脚本に難癖を付けられ延期せざるを得なくなり、公演当日には劇場費用未納を理由に閉め出され、切羽詰った学生たちは親の形見である指輪や時計、着ていた外套までをも質屋で現金化し、ようやく公演が実現したという［顔一烟、一九八九：一四二―一四三］。

この公演は六、七人の監督チームによって演出され、何非光もまた映画界での経験を買われて監督の一人として演出にあたったという［陸弘石、二〇〇〇：五七］[92]。このころ何非光が同居していた画家李石樵は作家の張文環《ちょうぶんかん》、詩人の呉《ご》坤煌《こんこう》らとも交際があり、柳書琴《りゅうしょきん》の研究によれば、彼ら台湾人留学生も中国人留学生と共に「中華留日戯劇協会」に参加したという［柳書琴、二〇〇一：二七〇］。つまり、一九三六―一九三七年の東京には、台湾人留学生も排除されることなく、「抗日文化運動」という文脈のもとで、中国人留学生と共に活動する状況があったことが確認できる。共に困難な状況を乗り越え、「万雷の拍手」［顔一烟、一九八九：一四三］を浴びた彼らは、「反帝」「抗日」という文脈において日中の国境や中台の状況の違いを越えうる可能性を感じることができたのではないだろうか[93]。しかし、これらの活動の後、何非光ら留学生は、立て続けに特高に逮捕される［陸弘石、二〇〇〇：五七］［柳書琴、二〇〇一：二七〇］[94]。何非光自身は一週間ほど拘束されただけで「中国人学生と関わるな。台湾へ帰れ」といわれて釈放された。ところが、彼は台湾には戻らず、帰台した李石樵が送ってくれた七〇元を旅費にあて上海に渡った［陸弘石、二〇〇〇：五七］。

『電声週刊』に寄稿した記事にも明らかなように、何非光はもともと上海映画界に戻る予定で東京に留学していた。だが、他でもないこの時期に上海に戻った背景には、警察から台湾へ帰るよう圧力を受けたことのほかに、いっぽうに日本の国策映画への出演強制、いっぽうに中国の西北影業公司からの招聘があったようだ。『電声週刊』(九四四号、一九三七年四月九日)には、日本の映画会社が何非光に日満親善映画への出演を強要し、何非光が「漢奸」にはなりたくないとしてこれを拒否したという記事がある。[95] 会社名は明らかにされていないが、川喜多長政の製作による『東洋平和の道』の製作班が同年秋に北京入りして、台湾人の張我軍《ちょうがぐん》や江文也《こうぶんや》がそれぞれ脚本と音楽に関わっていることから[辻久一、一九八七:三九―四四]、何非光が同作の出演依頼を受けた可能性もあろう。同記事には何非光が学んだのは「東京帝大映画科」であるという明らかな誤りもあるが、何非光が「台湾原籍」であると記載されている。上海での何非光は、劉吶鷗とは違って頻繁に同郷の台湾人と交際しており、映画界の友人たちも何非光が虹口方面に詳しいことはよく知っていたとされる。それでも、何非光自身の投稿記事では原籍を「福建」としていたことから、何非光は台湾籍であることを公開したくなかったのではないか。何琳著によれば、何非光が二度目に上海に越境した際には、台湾人であることが明らかにされたことによって映画界人士の多くが彼を敬遠したとされる[何琳、二〇〇四:四一]。しかるに、その後の映画雑誌の消息によれば、しばらく営業停止していた西北影業公司が活動を再開するため上海で機材と人材の確保をおこなっており、同社の招聘を受けた何非光が留学を切り上げ帰国する旨が伝えられている。[96] 記事の入稿から掲載までを一カ月程度と考えれば[97]、一月の『復活』公演から三月初旬までの間に何非光の身辺で上述のような動きがあったことになる。

　こうして、何非光は再び映画界に復帰すべく、上海を経て西北影業公司のある太原に向かった。初めて自ら手がけた脚本『塞北風雲』で主演するためである。この映画の監督は石寄圃《せききほ》で、『何非光　図文資料彙編』にはモンゴル王を演じるために剃髪中の何非光の写真がある[黄仁編、二〇〇〇:二〇―二一]。何琳によれば、この脚本はかつて何非光が上海で見たプドフキンの『アジアの嵐』(一九二八年)に啓発されたものという[何琳、二〇〇四:四二]。何非光が自ら脚本を書いたことは映画雑誌の消息欄でも取り上げられている。[98] しかし、一九三七年七月、ちょうど五台山寺廟でロケ中に、盧溝橋事件が勃発し、撮影は中止となった。何非光も新聞紙上で八路軍が日本語のわかる青年の対敵宣伝工作への募集をしているのをみて申し込みに行ったところ、映画の仕事に就くよう薦められ、空爆のなかを軍の専用列車で武漢に向かい、軍事委員会南昌行営政治訓練処電影股(一九三八年の改組で軍事委員会政治部の「中国電影製片廠」となる[楊燕、二〇〇九：六二])に参加して抗戦の大後方である重慶に入ったのである。

2　監督何非光をめぐるポリティクス

何非光は重慶に移った中製で『保家郷』(一九三九年)、『東亜之光』(一九四〇年)、『気壮山河』(一九四三年)、『血濺桜花』(一九四四年)の四作品を監督(脚本も担当)した。中製での作品全体を見渡したとき、それまで監督脚本の経験のない何非光が重慶に移った中製の第一作でいきなりデビューし、最終的には抗戦期の中製において劇映画を最も多く監督したことは注目に値する。当初、特に強い人脈も持たなかった何非光が、いったいどのようにしてチャンスを摑み、俳優から監督へと転身し、多くの作品を手がけることになったのだろうか。

「文人」と「芸人」との境界

日中戦争勃発直後、中製には一時期多くの左派映画人が参加したことは、よく知られている。その直接の背景は、先述したように、抗日統一戦線の形成のなかで軍事委員会政治部第三庁に郭沫若、陽翰笙らが配され、上海から逃れた左派映画人が吸収されたことにある。もっとも、鍾雷によれば、「左連」勢力は日中戦争勃発以前に上海の映画や演劇の世界に浸透していたと見て、次のように言う。「抗戦期間に至ると、大後方の映画および演劇の世界はさらに大量の左派分子によって制御壟断され、およそ「同路人[同じ路線の人間]」でない者はみな、台頭あるいは表現する機会を得ることが難しかった」[鍾雷、一九六五：五四]。いっぽう、中製の俳優で当時何非光の同僚だった王玨によれば、中製の行政方面は軍人が、技術方面は上海映画界の徒弟制度で育った技術者が多く、実際のところ中製全体として左派の勢力が強いという印象はなかったという。しかし、左派は「もっぱら政治のほうに関わって」おり、「編導委員会〔脚本監督委員会〕」は左派で固められていた。左派の多くは「文人や作家」であり、「彼ら〔左派文化人〕の考え方は「友人でなければ敵」というもの」だった。(99) つまり、初期の中製は組織全体に左派が多かったわけではないが、映画内容を決定する脚本監督という部門に左派が集中していたことになる。

何非光は、デビュー作となった脚本『保家郷』を審査してもらうために、いかにこの編導委員会の場で苦労したかをインタビューで次のように語っている。「当時、私の考え方は幼稚で、一カットごとに詳しく説明してしまった。その上、私の標準中国語がまたヘタときている。彼らは聞くのが煩わしく、ある監督など居眠りをしていた。また、ある監督は足を組んだまま こう言った。君の脚本は良いことは良い。だが、将来どう映画的に処理するつもりかね?と。涙がこぼれたよ――見下していたのさ!」〔陸弘石、二〇〇〇:六二〕。こうした状況について、王玨は次のように解説する。「編導委員会には二〇人くらいの人間がいたように思うが、大部分は文人だとか作家だった。それにひきかえ何非光は単なる悪役俳優だった」、「たしかに、知り合ったときの何非光の標準北京語は多少のなまりがあった。しかし、〔編導委員会でのことは〕そのせいじゃない。彼らは「自分たちは文人で彼は役者にすぎない」と考えていた。そのせいだ」。(100) つまり、イデオロギーの問題としての「左派映画人」の仲間意識のほか、「芸人」(101) を見下す「文人意識」があったということになる。編導委員会にいたインテリ左派のすべてに、こうした優越意識があったわけではなかろう。だが、それまで俳優だった何非光が、「我々文人」の一員として脚本を提出してきたことに、「見下す」態度をとった人間がいたことは、想像できないことではない。編導委員会における何非光は、「我々文人」にとっての「他者」たる「彼ら芸人」を表象する存在でもあったといえよう。

それでも、何非光は委員会で脚本を通過させることに成功した。まず、脚本内容そのものが、スタジオ建築中の現場を撮影場所にしたオール・ロケ、短いエピソードをつなぐ形式によるオールスター・キャスト、「全民抗戦」というテーマ、という条件的にも内容的にも時宜を得たものだったことがある。(102) 次いで、事前に編導委員会の上司たる郭沫若に直接かけあって、脚本の内容を聞いてもらい、主題歌を書いてもらう約束を取り付けてあった［陸弘石、二〇〇〇：六二］。また、技術者の友人と共に脚本を仔細に検討して撮影予算も算出している［何琳、二〇〇四：四九］。脚本の通過は、こうした努力と根回しの賜物であった。さらに、「この脚本で監督に転身したいと意気込んでいた」(103) 何非光は、詳細な撮影台本（全四〇〇―五〇〇カットの画面構成、演技や照明、衣装、美術、撮影場所などの検討を含む）が仕上がっていることを郭沫若に伝え、郭の支持によって中製の廠長だった鄭用之《ていようし》の許可を得て、ようやく監督デビューを果たすのである［何琳、二〇〇四：五〇］［陸弘石、二〇〇〇：六一］。

陽翰笙との確執

王玨によれば、仕事上の事柄に「時には男女関係のことで相手に難癖をつけることも」あり、「何非光に酷い仕打ちをしたのは陽翰笙だったようだ」という。当時、何非光は武漢で知り合った女優の朱嘉蒂《しゅかてい》と付き合っていたが、陽翰笙はこれを快く思っていなかった。(104) 日中戦争以前のことだが、北京出身の朱嘉蒂は上海図書館で勤務中に知り合った作家から陽翰笙を紹介され、陽翰笙から「進歩思想」を学習していた。抗戦が勃発すると朱嘉蒂は上海救亡演劇隊に参加、その後延安に向かおうとしたところを、陽翰笙が引きとめたという経緯があった。ここで想起されるのが、戦後の一九五九年に反革命罪で公民権を剝奪された何非光が一九七九年に法廷で無罪を獲得した後になっても、陽翰笙が何非光のことを「生活において腐敗しているだけでなく、国民党の特務とも関係があった」［陽翰笙、一九八六b：六三］と雑誌掲載の回想録に記したことである。この点、一九四四年から重慶で中製の技術課に勤務していた藍為潔《らんいけつ》は、仕事場の「茶飲み話」に何非光に関する「スキャンダル」が最もよく登場したとしながら、次のように述べている。「何非光は才気があり、見識もあり、話も上手で、社交の場では実に風采に富んでいた。だから、彼に接近しようとする人は少なくなかった。映画に出たいと焦っている女優なら、なおさら何とかして彼に接近しようとしただろう」［藍為潔、二〇〇七：七二］(105)（先述のように朱嘉蒂と何非光が親しくなったのは、何非光が監督デビューする前のことである）。

陽翰笙と何非光との確執が、はたして朱嘉蒂をめぐる感情のみに起因するのかは不明だが、何非光としては、左派の中核であった陽翰笙に敵視されていることを知っていたからこそ、彼よりも地位の高い郭沫若の支持を取り付ける必要があったと思われる。郭沫若とは、先述した「中華留日戯劇協会」（中国人と台湾人とが共に参加した）を通じて日本で知り合っていた可能性もある。また、一九二六年に広東台湾革命青年団（前掲の張深切もメンバーの一人）の張《ちょう》月澄《げっちょう》が書いた『毋忘台湾〔台湾を忘れるなかれ〕』（広州で発行され台湾に「密送頒布」）と題するパンフレットに、郭沫若は序文を寄せ、台湾人は革命をやる気がなく、祖国を忘れてしまっていると思っていたが、それが誤解であることがわかったと率直に述べている［若林正丈、一九八三ａ：二六八］。つまり、何非光と郭沫若との間には複数の接点があったことが考えられるうえ、なによりも郭沫若が当時の中国知識人のなかでは例外的に、「抗日台湾人」の存在を早くから知り、彼らに同情を寄せていたという事情も、何非光が彼を頼ったことの一因だったのではないか。

だが、中製においては「郭沫若は名義上の責任者で、実権を握っていたのは陽翰笙だった」(106)。陽翰笙は、目をかけていた朱嘉蒂を何非光に奪われただけでなく、仕事においても頭越しに何非光の脚本監督デビューを決められた形になった。戦後の陽翰笙の叙述には、こうした経緯からくる何非光に対する敵意があったと考えられる。

また、何琳によれば、当時、中製の副廠長の座を巡って王端麟《おうたんりん》と袁叢美が対立関係にあり、王端麟は多くの監督が映画を撮れないなかで経験のない何非光が映画を撮ることに反対し、袁叢美が何非光を支持したため、その後中製では「袁叢美と何非光の一派」という言い方がうまれたという［何琳、二〇〇四：五〇］。それでも反対派が何非光のデビユーを最終的に黙認した背景には、「どうせオール・ロケで何の力も発揮できないだろう」「黙って見ていて笑いものにしてやろう」という空気があった(107)。こうした公私をめぐる複雑な対立のなか、何非光は「監督としての最初の一歩で、二本目が撮れるかどうかわからない」という背水の陣で臨み、チャンスをものにして「みなの注目を浴びた」(108)。何非光は、自分を見下す「左派文人」によって画された境界線を、文字通り必死の努力で突破したといえる。王玨は言う、「何非光が映画を撮りたいと言って、それが抗日映画の題材で、オール・ロケでやれるというなら反対する理由はなかった。ここが何非光の賢いところで、重慶に移動後のまだすべてが安定していないあの時期に機会を捕らえた、ということが重要だった。つまり、編導委員会で『保家郷』が審査を通ったということが、とてつもなくすごい突破口だったのだ。なにしろ、委員会はほとんど左派で固まっていたから。時期がよかった。そこを逃さなかったのが彼の聡明なところだ。しかも、次の作品は『東亜之光』で、彼にしか撮れないものだったわけだから」。重慶への越境は、結果的に、何非光にとって芸人と文人の境界を越えることをも意味したことになる。

「留日派」

『東亜之光』は、日本人捕虜を起用したセミ・ドキュメンタリーともいうべき劇映画である。重慶の日本人捕虜は和平村、博愛村などの「村」をつくって住んでいたが、鹿地亘と青山和夫ら「在華日本反戦同盟」の説得によって、自分達の経験をもとに舞台劇を公演した。日本人捕虜は反戦活動に参加すると部分的な自由を得ることができたとされる(109)。何非光はこの公演を見て同作の映画化を思いつき、捕虜収容所に通い、日本語で直接捕虜と言葉を交わして一カ月あまりをかけて素材を集めた［藍為潔、二〇〇七：四五］。そして、その大量の素材をきわめて短期間のうちに、ノンフィクション形式のまとまった脚本に完成させた。中製の廠長の鄭用之はこうした何非光の才気を称賛し、すぐさま撮影許可の指示を出した［同前］。『東亜之光』でキャメラマンを務めた羅及之《らきゅうし》は(110)、ニュース映画の手法を取り入れてリアリティを与え、「構図もライティングも、みな過去の国産映画の技術水準を遥かに超えている」と称賛を浴びたという〔同前：四七〕。

この時期の重慶では対敵宣伝のためにも日本に関する知識をもった「留日派〔日本留学組〕」が重視されていた。この点、日本軍の残虐さを自ら演じて見せた『保家郷』はもとより、日本人捕虜を起用した『東亜之光』もまた、何非光が日本に関する知識を遺憾なく発揮した企画といえる。その物語は、日本人捕虜が捕虜収容所の教育に薫陶を受け、中国の人々を殺戮してきたことを深く後悔し反戦活動に従事するというもので、『東亜之光』撮影時の捕虜収容所の所長、副所長も「留日派」だったため特に何非光に便宜をはかってくれたという〔陸弘石、二〇〇〇：六三〕〔藍為潔、二〇〇七：四五〕。つまり、日本人捕虜からも「日本明解の人」(111)と評価された何非光は、植民地に生まれ、東京を経由して得た日本に関する知識を、俳優としてのみならず、監督としての業績に結びつけていったといえる。

だが、何非光が監督として成果を挙げたのは、必ずしもそうした日本に関する「知」だけによるものとはいえない。当時の重慶は日本人の目からは映画製作は「いまや死滅状態」(112)とみなされていた。香港から広西、雲南を経由して運輸していた生フィルムが輸送中の空襲のために到着せず、そのために撮影が停滞することもしばしばであった(113)。また、映画で使う衣装も新聞で寄付を募って準備するなど(114)不足していたのは生フィルムだけではなかった。「一晩に十回も防空壕に避難(115)」するほどの絶え間ない空襲と物資の欠乏のため、「中製、中電の作品は準備から上映まで、一般的には一年以上」〔羅卡、二〇〇〇：七〇〕かかるような有様だった。何非光も一作目の『保家郷』撮影中に社屋が焼け(116)、二作目『東亜之光』の撮影中も主要な役柄を演じた捕虜の変死(117)、爆撃によるスタジオや機材の破壊、出演中の捕虜の逃走などさまざまな困難に見舞われた〔陸弘石、二〇〇〇：六三〕〔藍為潔、二〇〇七：四五〕。こうしたなか、同時期に撮影された『長空万里』（一九四〇年、孫瑜監督）が「撮影はとぎれとぎれで、三年ほども(118)」かかったのに対し、何非光は『東亜之光』を八カ月で完成させている〔同前〕。しかも、完成した監督第二作『東亜之光』（一九四〇年）は、きわめて高い評価をうけた(119)。したがって、何非光には、日本に関する「知」だけでなく、困難な状況のなかで映画製作をやり遂げる、監督としての技量が備わっていたといえよう。キャメラマン羅及之の評伝を書いた藍為潔は一九四四年から重慶で中製の技術課に勤務しており何非光とも直接面識があったが、何非光について「才能と智恵のあるタイプ」で「仕事の能率がよい」監督だったと評している［藍為潔、二〇〇七：四四］。

国民党に入党

しかし、中製は資財の欠乏のため、少数の記録映画を除き、劇映画の製作は一九四三年末までほぼ三年間停止状態に陥る。いっぽう「第一次反共高潮［左派排斥の高まり］」によって中製を追われた左派文化人は、演劇界に拠点を移して活動を継続した。王珏の発言にもあったように、中製としても製作配給上映が困難となった映画より、演劇のほうに宣伝活動の重点を置く傾向があった。しかし、何非光の場合は、自分を敵視する陽翰笙が映画界から演劇界へ移ったこともあり、演劇界には居辛かったのではないか。

台湾の国史館所蔵侍従室個人檔案には何非光に関する「人事調査票」が所蔵されており、それによれば何非光は「第一次反共高潮」後の一九四一年三月に国民党に入党している(120)。こうした状況から、陽翰笙は戦後の回顧録で、組織改変後の中製の状況を記すなかで「何非光はもともと進歩的なふうを装っていたが、今度こそ真の姿を現した」と評している［陽翰笙、一九八六b：六三］。つまり、何非光は組織改変後の中製に残り国民党に入党したことで、第三の越境、すなわち右派に転向したとみなされたことになる。藍為潔によれば、何非光の重慶における後期作品については、いずれも「まったく反応がない」状況だったというが［藍為潔、二〇〇七：七三］、あるいは上記のような事情も、何非光監督作への反応が薄かった背景にあったのだろうか。

とはいえ、この時期、何非光と親しかった王珏は、彼らの左右のイデオロギーに対する距離感を次のように語っている。

何非光は袁叢美と親しかったし、私とも親しかった。兄弟みたいなもんだった。もちろん、ほかにも王豪やら陳天国——彼は文革の闘争で死んだがね——やら、みんな仲がよかった。つまり、我々はとにかく一致団結して抗戦にあたる、ということで気持ちがひとつだった。それはイデオロギーとか関係ないんだ。政治に関わるやつらは、口では国共合作といいながら、頭のなかはイデオロギー一色だ。我々文芸工作に関わる者は、政治とは関わりたくはないと思っていた。政治は理解すればいいのであって、政治をやる必要はない。それは政治家がやることだ。だから我々は政治をやる者とは近づかなかった。だが、彼等のほうでは、我々が彼等に近づきたがらないのを見て、すぐにレッテルを貼りたがった。たとえば、当時の私は容姿もよかったし、彼等も私と話をしたがった。ところが、何かというとすぐにイデオロギーを話し出す。私はそうなると話をしなかった。すると、「おい、我々共産党が君と仲良くやろうというのに、なぜ君は無視するんだ」と言ったものだ。しかし、私の考えでは、抗戦が第一で、イデオロギーなどに関係したくなかった。なぜ抗戦のさなかに政治に関わらなきゃならないんだ。(121)

王玨が「我々」という時、それは特に国民党シンパを指すわけではないことに注意したい。「我々」に共有されていたのは、「抗戦第一、イデオロギーは二の次」という意識であった。(122)

香港での映画製作

中製が劇映画の製作を停止していたこの時期、何非光は、香港に赴いて民間映画会社「南洋影片公司」で抗戦を題材とした映画『新生命』を監督している。何琳によれば、何非光は最初、上海から香港へ疎開した司徒《しと》慧敏《けいびん》に脚本を依頼するが、司徒慧敏は南洋の社長邵邨人《しょうそんじん》は日本人と付き合いがあることを理由に依頼を断り、何非光にも南洋での仕事に気をつけるよう注意したという。(123) だが、何非光は南洋がこれまで多くの広東語抗戦映画を製作しており、抗戦映画を撮影することは契約時に確約済みであったことから、同社で二本の映画を監督することを引き受けた。一作目の『新生命』は知人の話を下敷きに自分で脚本を書き、二作目の脚本については夏衍に依頼した。しかし夏衍は梗概を送ってきたきり音沙汰がなくなってしまったため、困った何非光は重慶から来ていた胡風《こふう》に改めて脚本を依頼した。胡風はこれを承諾して『祖国揺籃曲』という台本を準備することになった［梅志、一九九八：四六五、四六八］。

以上の経緯で興味深いのは、香港で何非光が脚本を頼もうと声をかけた顔ぶれが、司徒慧敏、夏衍、胡風など、いずれも左派だったことである。重慶での彼は、文人（監督）と芸人（俳優）との間の暗黙の境界に苦しめられ、中製で実権を握っていた陽翰笙との確執によって左派文化人から疎まれ、しかも「反共高潮」後の中製に残って国民党に入党したことから右派とみなされていた。しかし、彼は植民地台湾での「自主退学」事件の時期から、上海での俳優時代、東京での演劇活動をみても、一貫して植民地主義・帝国主義に抵抗する姿勢が鮮明であり、思想的には「反帝反封建」を旗印にしていた左派に近かったのではないか。だからこそ、陽翰笙のいる重慶を離れた香港で、左派文化人との合作を望んだのではないだろうか。ここで、最終的に脚本を引き受けたのが、魯迅と共に左連の公式主義を批判した胡風であったことは示唆的である。いっぽうの司徒慧敏、夏衍は上海で共産党の電影小組に参加していた。上海での陽翰笙は、中共上海文委書記の職にあり、電影小組の成員でこそなかったが、芸華や聯華で脚本を書き、電影小組とも密接に連携していた［夏衍、一九九三：七八七―七八八］。司徒慧敏、夏衍が何非光との合作をためらった背景に、陽翰笙との友情、何非光に貼られた右派のレッテルが関係していた可能性もあろう。

あるいは逆に、何非光が国民党員でありながら共産党員に接近したことを、戦後中国での批判闘争のなかでいわれたように「国民党の特務」であったがゆえの行動と読むことも可能だろう。しかし、私見ではその可能性は薄いように思われる。その第一の理由は、一九四三年に何非光自身が記入し当該時期には軍事委員会委員長侍従室が管理した

「人事調査票」上の経歴欄にも、後述する「中央訓練団党政班」修了時の成績調査票にも、国民党の党務に関する記載は一切なく、職務は先述の「編導委員〔脚本監督委員〕」のみとなっていること。(124) 第二の理由は、もし仮に何非光がこれらの内部資料にも記載されない「国民党の特務」であったならば、戦後映画界からの締め出しを受けた後、公安局が奇跡的に許可した出国の機会を、決して逃しはしなかったはずだからである。ところが、実際には、本章の「小括」で言及するように、何非光は香港行きの船のチケットを手にしながら、あえて中国にとどまり解放軍に参加し、さらに朝鮮戦争では前線にも赴いているのである。当該時期の内部資料の記載と戦後の何非光の行動から、何非光が日中戦争期の香港で司徒慧敏、夏衍、胡風らに接近したのは、抗戦劇映画の脚本はかねてから「反帝反封建」の主張が明確な左派文化人に依頼すべきという信条による選択の結果だったと筆者は考える。

さて、『新生命』が完成し、胡風が『祖国揺籃曲』の脚本に取り掛かっていた一九四一年一二月、香港が日本軍に占領される。折から先述の『東亜之光』が上映中だった香港に留まることは、何非光にとってきわめて危険だった。なぜなら、『東亜之光』は「虜囚」となった日本軍人が「反戦」を訴える映画であり、劇中には彼らがデモ行進をして募金を求める場面まで挿入されていた〔藍為潔、二〇〇七：四六〕。果せるかな、占領後しばらくして南洋影片公司の邵村人が何非光を尋ね、「占領軍のお偉いさんが『東亜之光』を見て、激怒している」と内情を知らせに来た〔同前：四九〕。当初は流暢な日本語で日本軍を煙に巻いた何非光も、この情報を得て、急ぎ仮名を使って香港を脱出した。無事に重慶に戻ってからも、「香港ではもう少しで命を落とすところだった」と羅及之《らきゅうし》(『東亜之光』『血濺桜花』のキャメラマン)に述べたという〔同前〕。なお、占領下の香港を脱出する際、共に連れ帰ったのが、後に何非光の妻となる朱嘉蒂の妹朱家衛《しゅかえい》であった。(125)

「中央訓練団」への参加

何非光が香港で撮影した『新生命』は抗戦映画とあって公開できず、これを土中に埋めて香港を去るしかなかった。何非光が重慶へ戻ったのは一九四二年上半期と思われるが、新たな映画『蔣委員長記念章』の企画は、フィルム欠乏を理由に編導委員会からは撮影許可が下りなかった[126]。中製が劇映画の製作停止状況にあったこの時期、何非光は国民党の「中央訓練団」党政訓練班に入るよう指示される。中央訓練団とは、その機関紙たる『中央訓練団団刊』によれば、一九三八年七月七日に武昌に成立した国民党中央執行委員会訓練委員会に直属する党政の訓練機関であり、前身は黄埔軍官学校の珞珈山軍官訓練団とされる[127]。第一期党政訓練班では二八九人が訓練を受けているが、そのほとんどが各省市党部委員、各省の民政庁長、教育庁長、行政警察専員、市長、県長、大学教授など、いわゆるエリート層である。その後も、党政訓練班では「全国各種主要幹部人員をみな入団させ訓練を受けさせる」計画とある[128]。前掲の「人事調査票」によれば何非光が訓練を受けたのは第二五期もしくは第二六期党政訓練班のいずれかと思われるが、何非光に関する人事調査票ファイルのうち「中央訓練団党政訓練班学員工作報告書提要」には「第二五期」と記入され、別紙の「中訓団党政班畢業学員服務成績調査表」には「第二六期」と記入されているため現時点ではいずれが正しいか判断できない。一期から二五期までに党政訓練班で訓練を受けた人員の総数は、すでに一万七千人を超え[129]、一九四三年には別に「高級班」も設置されていたため[130]、党政訓練班で訓練を受ける者の層は広がっていた。それでもこの党政訓練班に召集されたことは、国民党の「主要幹部人員」たりうると目されたことを意味した。だが、同時に中央訓練団への召集を受けた史東山が入団を拒否したことは［何琳、二〇〇四：七四］、何非光に党政訓練班への入団が国共の対立において重要な意味をもつこと、すなわち左派からみれば、「彼ら」国民党の側へのいっそうの接近を意味することを教えただろう。

それでも彼が入団したことの背景には、「承認」への強い欲求があったのではないだろうか。台湾人であることは、植民地台湾でも、植民地本国東京でも、国際都市上海でも、抗戦根拠地重慶でも、当然には「国民」として統合されないことを意味した。何琳著では、彼の心情を次のように記述している。「心の底でいつも排斥される孤独感を感じ、彼はまるで左派とも右派とも遊離した独行者だった」、「今回の訓練命令は、意外なことに彼にある種の人に信頼されているという感覚を与えたのだった」[同前]。何非光はまた、このとき初めて妻に自分が台湾人であることを告白している[同前]。妻にすら言えない禁忌であったという事実そのものが、抗戦期の重慶において「台湾人であること」の重さを物語っている。もちろん、王玨をはじめ周囲の知人はみな何非光が台湾出身で日本に留学していたことを知っていた。だが、「全面抗戦の時期」に彼らは「そんなことをわざわざ話題にはしなかった」[131]。逆に言えば、そこには何非光が台湾出身であることを「話題にはしない」という暗黙の了解があったともいえる。何非光自身、周囲が自分の出自を知っていることを承知のうえで、上掲の「人事調査票」に、籍は「福建泉州」、連絡先は「厦門思明路×号」と記入している[132]。「台湾人であること」が、たとえ周知ではあっても記録には残したくない事実だったことの証左であろう。

第二五期の訓練期間は一九四三年四月一一日—五月一六日[133]、第二六期の訓練は一九四三年六月第一週に開始されており[134]、それまでの党政訓練班と同様のカリキュラムとすれば約一カ月で訓練を終えたはずである[135]。その後、中製では一九四三年末から一九四五年の終戦までに四本の劇映画を完成させる。史東山も一九四五年に『還我故郷』を一本監督しているが、この時期中製で製作した四本中の二本が何非光の監督作品である。また、何非光の二作品でキャメラマンを務めた姚士《ようし》泉《せん》も何非光と同じ党政訓練班二六期で訓練を受けている[何琳、二〇〇四：七四]。つまり、党政訓練班への参加は、結果から見て、鄒任之《すうにんし》(『東亜之光』で何非光に協力した日本軍俘虜収容所の所長)が何非光に言ったように「中製で仕事を継続するのに有利」[同前]に働いたのである。

とはいえ、ここで再び確認しておきたいのは、王玨の発言や何非光の経歴からも理解できるように、何非光にとって国民党に入党し「中央訓練団」に参加するという選択は、イデオロギー的な観点から共産党を否定することを意味するものではなく、「全面抗戦」の文脈のなかで中国人ナショナリストとして承認されることを選んだ、という意味合いが強かったのではないか、ということである。先の王玨の発言からも、当時の何非光にとって当面の課題は「全面抗戦」であり、勝利の後にやってくるのは、共産党の指導にせよ国民党の指導にせよ、民主的かつ統一された「中国」だと期待されていたことが察せられる。劉吶鷗が上海に足を踏み入れた途端に目にした国共両党が血を血で洗う上海クーデターや国民党の徹底的な思想統制と弾圧、左翼文化人の公式主義がもつ冷酷さといったものを、何非光として知らなかったわけではなかろう。それでも、何非光は「中国人」を信じていた。抗戦勝利後、何非光は上海、香港、台湾の各地で映画を監督する。そのときの彼は、きっと自分の期待が現実になりつつあると感じていたはずだ。しかし、実際には、上海、香港、台湾を彼が自由に行き来できたのは、抗戦勝利後ほんの僅かの期間であった。

一九四九年、国共内戦の戦火が迫りつつある上海で、台湾への脱出を呼びかける友人の警告があったにもかかわらず、彼は三分の二まで撮影の終わった映画『人獣之間』をあきらめることができなかった。妻の朱家衛は、このとき上海にとどまった何非光の言葉を次のように記録している。

「みんな同じ中国人じゃないか。兄弟喧嘩は長く続かない、すぐ仲直りするさ。私はすぐに故郷[台湾]に帰れるだろうし、そうしたら故郷に映画スタジオを作る夢を実現するつもりだ」[朱家衛、二〇〇〇：九〇]。

3　「他者にも顔がある」という語り

何非光は重慶、香港、台湾、上海の各地で合計一二本の映画を監督した。すなわち、『保家郷』(一九三九年、重慶：中製)、『東亜之光』(一九四〇年、重慶：中製)、『新生命』(一九四一年、上海：南洋、未公開)、『気壮山河』(一九四三年、重慶：中製)、『血濺桜花』(一九四四年、重慶：中製)、『蘆花翻白燕子飛』(一九四六年、香港：大中華)、『某夫人』(一九四六年、香港：新時代)、『出売影子的人』(一九四七年製作翌年公開、上海：中電二廠)、『同是天涯淪落人』(一九四八年、上海：大華)、

『天山之歌』（一九四八年、上海：西北電影企業公司）、『花蓮港』（一九四八年、台湾：西北電影企業公司）、『人獣之間』（一九四九年、上海：西北電影企業公司）である（製作年度の後に記したのは製作地）。そのうちの一本『新生命』は日本軍の香港侵攻に伴って土中に隠され、戦後掘り返した時には上映不可能な状態になっていた。また、他の一本『人獣之間』は内戦の只中で撮影停止となり、ついに完成することはなかった。ここでは抗戦下の重慶で製作された何非光作品を中心に、検討を加えてみたい。

戦時下において何非光が撮ることができたのは、ただひとつのジャンル、すなわち抗戦のための政策宣伝映画であった。政策宣伝映画においては、製作側（中製においては「編導委員会」）の意図をはずれることは許されない。たとえば、国民政府檔案には公営機関で製作する政策宣伝映画に関する文書もわずかだが残されており、そこには製作許可にともなって演出方法についても具体的な指示が書き込まれているのが確認できる。[136]では、政策宣伝映画においては、監督の個としての表現、監督独自の語りはありえなかったのだろうか。[137]何非光が重慶で監督した作品を見渡すとき、そこには宣伝映画にもかかわらず、何非光ならではの個性、彼独自の語りが滑り込んでいることに気付く。それは、「我々」と「彼ら」の対立を描きながら、「彼ら」を顔のない抽象的な存在として描くのではなく、感情をもった「顔のある存在」として描く語りである。それが最も特徴的にあらわれているのは『東亜之光』（一九四〇年）と『血濺桜花』（一九四四年）だろう。

『東亜之光』は、「主要な役柄は、日本の反戦兵士自身が現実を演じているために、フィクションとは思えない」として、「戦争映画の空前の奇跡」という極めて高い評価をうけている。[138]物語は、日本人捕虜が捕虜収容所の教育に薫陶を受け、中国の人々を殺戮してきたことを深く後悔し、反戦活動に従事するというものだ。

いっぽうの『血濺桜花』は、日本留学中に友人になった中国人男女と日本人男女のうち、男性は共に空軍学校に合格し同級生となるが、戦争によってそれぞれ敵同士となって相闘うことになる悲劇を描く。劇中、日本人男性は中国で捕虜となり、改心した結果として日本の横暴を暴露する宣伝ビラを日本に播きに向かい、日本人の妻はその宣伝ビラをみて反戦活動に従事するが逮捕された挙句に死亡する。[139] 印象的なのは、それぞれの身近な家族が戦争で苦しむ状況と並行して描こうとしている点で、夫が戦争に行ったために妻子が貧困と病に苦しめられる日本人の苦衷までもが克明に表現されていることである。

　これらの映画ではいずれも「敵」としての日本人が血も涙もない存在として描かれるのではなく、固有の顔を持つ者として描かれている。なぜそれが「抗戦映画」たりうるのか。最終的に日本人兵士が自らの過ちを認めて中国人に共感し、反戦のために一致団結する意志をもつにいたるという結末によってである。そこには「我々」と「彼ら」の差異を一方的に強調して「彼ら」を排除するのではなく、「彼ら」がもし「我々」と共に抑圧される者としての課題を分有するならば連帯が生まれる、という語りが見て取れるだろう。まずこうした「彼らにも顔がある」という描き方のうちに、何非光の「他者性を刻まれた身体」が映画の語りにおいても明瞭にあらわれていることを確認しておきたい。当時、上海の中華電影で香港の日本軍が入手した『東亜之光』を見た辻久一は、「製作条件はだいぶ物的制限を受けているようで、気の毒に思えた」としながら、「作品の出来は五〇点くらい」で演出技法の点でも「これなら上海の監督たち〔占領下の上海に残った映画人を指すと思われる〕の方がだいぶ上」といいながら、次のように述べている。

『血濺桜花』(1945年)撮影中の何非光監督(右)とキャメラマン羅及之(左),重慶の中国電影製片廠にて．提供：財団法人国家電影資料館．

> 　しかし一場面、私がドキリとした場面があった。それは、長江を遡行する日本の砲艦程度の船が

重慶側の船に攻撃を加えるのだが、その弾薬に、稚拙な文字で「MADE IN U.S.A.」とはっきり書いてあったことである。

何非光監督は、日本の戦力がアメリカに頼っていることを知っている。かつまた、自分の陣営がアメリカ、イギリスの援助を受けていることも知っている。そのアメリカが、日本を援助してアジア人同士を戦わせているというよりも、日本に侵略の凶器を与えていることを、一個の弾薬の映像にズバリと象徴させたことに感銘した。当時、重慶側にいて、このようなアメリカ批判を露骨にすることは、かなり勇気を必要としただろう［辻久一、一九八七：一二七］。

映画というメディアにおいて、第三の「彼ら」たる欧米も含めて彼我の関係を俯瞰する語りを具現できたのは、幼少時から「被植民地者」として「彼ら」の側に押しやられ、スクリーンの上でも「彼ら」を演じることで居場所を得た何非光の身体化された経験を抜きにしては考えられない。

ただし、政策宣伝映画に滑り込んだ何非光の監督としての語りには、その物語構造に微妙な問題がはらまれていることも指摘しておかねばならない。つまり、「我々」と「彼ら」の連帯が、常に「我々」の論理に「彼ら」を回収するという形でなされる、という物語構造がもつ問題である。こうした政策宣伝映画の物語構造がもつ問題については、当時の日本側が李香蘭《りこうらん》(山口淑子)を主演にして製作した一連の映画を想起すると理解できよう。よく知られているように、李香蘭・長谷川一夫主演の「大陸三部作」(140)は、「中国人の日本人侵略者に対する敵対心を取り上げ、それを『誤解』という形に鋳直し」、日本人男性の「忍耐と思いやり」が中国人女性の「誤解」を解いて、恋愛という形に成就するという物語構造を持っていた［ハーイ、一九九五：二四四］。つまり、「我々」と「彼ら」との対立が、恋愛における「じゃじゃ馬ならし」［同前：二四八］のドラマを通じ、「我々」の側の論理に回収されるという構造である。

ひるがえって、何非光監督作を見直す時、そこにはたしかに上記「大陸三部作」と相似した構造が確認できる。すなわち『保家郷』では農村内部の対立から一致抗日へ、『東亜之光』では中国人民と日本人捕虜との対立が戦争終結にむけた団結へ、『気壮山河』ではビルマ華僑の娘と中国人兵士の対立（娘の恋慕を兵士が拒絶する）が一致抗日へ、『血濺桜花』では中国人兵士と日本人兵士の対立が戦争終結にむけた団結へという形で、当初の二項対立はドラマによって回収されている。

しかし、たとえ物語の構造は相似していても、発話の位置が異なれば当然その意味は同じではありえない。中国を侵略しながら「大陸三部作」を製作した日本映画界と、植民地出身であるがゆえに当然には「我々」たりえない何非光が日本の空爆を受けながら映画を製作していた中国重慶の映画界とは、まったく状況が異なることを忘れてはならない。政策宣伝映画としての物語構造は相似であっても、侵略する側の論理に回収するのと、侵略される側の論理に回収するのでは、その伝えんとする意味内容はまったく逆になるからである[141]。何非光映画における二項対立の回収は、中国の観客が、延々と続く日々の戦いの中で常に奪われてきた自己のイメージを、スクリーンの上で奪回するための方途であった。何非光が描出したのは、抑圧される者としての課題を分有できるなら、いかなる「彼ら」をも「我々」の仲間に取り込む力強さをもった、主体的に秩序を回復する「我々」のイメージである。そして、それこそが、戦時下の中国で最も必要とされた「我々」のイメージだったのだと言えよう。

では、「抗戦」というポジションを離れたとき、何非光の映画はどのような展開を見せるのだろうか。一九四八年に台湾で監督した『花蓮港』[142]を検討してみよう。これは何非光にとって唯一の、故郷台湾で撮った作品であり、東台湾の美しい自然と台湾先住民族の民謡が散りばめられている。物語は山地の衛生改善を目指す平地漢民族青年医師と台湾先住民族少女の「ロミオとジュリエット」的悲恋が軸になっている。エスニック・グループの違いゆえに対立する先住民族と漢族。そうしたなか、恋愛というドラマを通じて、先住民族の少女は漢族の青年の主張する「衛生的」かつ「進歩的」な世界観に同調する。しかし、先住民族と漢族の対立は二人の恋を許さない。ラストシーンは、旧習

『花蓮港』(1949 年，何非光監督)製作時の記念写真．一列目中央のパナマ帽をかぶっているのが何非光．出典：『電影欣賞』90 期，1997 年 11-12 月，111 頁(提供：朱家衛女士)．

のひとつである童養媳《トンヤンシー》[143]として義兄と結婚させられることを知った少女の自殺を契機として、旧習と対立を悔い改める双方の人々の姿である。こうして、エスニック・グループの対立は少女の自殺というドラマを通じて回収される。しかし、二・二八事件後の台湾は国民党率いる中華民国国民政府による住民弾圧の真只中にあった。そのような政治的背景を想起しつつ『花蓮港』を見ると、二項対立の回収という物語構造それ自体としては抗戦期の何非光監督作と同様でありながら、発話の位置が逆であることが明らかになる。つまり、『花蓮港』は当時の現実において先住民を抑圧する側にあった政府が秩序を維持するための論理を支えるイメージを描いてしまっているのである。これは、戦前の何非光監督作が、日本側「大陸三部作」と同様の政策宣伝映画としての物語構造をもちながらも、抑圧される者の位置から発話することで回避されていた限界が、抑圧する者の位置から発話することであらわになってしまったのだといえよう[144]。

だとすれば、彼の監督としての語りは、彼自身を忘却した「国史」ないし「革命史」的な語りを越える可能性をもちえなかったのだろうか。抗戦後の何非光監督作、台湾に招かれ『花蓮港』を監督する前に香港で監督した『某夫人』(一九四六年)が、その回答を与えてくれるように思う。

『某夫人』は、政府や党の政策宣伝映画ではない。引退した軍閥将校に嫁いだ役者出身の女性が、戦乱の中で離散した元夫や秘密を知った秘書にその出自をネタに脅されるという階級批判を含んだサスペンス(娯楽映画)である。ようやく戦争を生き延びた女性が、今度は階級(「卑しい身分」とされる役者出身であることを知られてはならない)とジェンダー（「貞女」の観点から結婚歴があることを知られてはならない）によって不断に痛めつけられる。この映画では、対立は回収されない。対立は対立のまま残され、彼女は「身分や出自がなんだというの！」と叫び、寒風のなかを身ひとつで飛び出していく。「我々」は、彼女のメッセージを聞きながら、ただ取り残されるだけである。

この映画では、何非光は、「我々」が彼女の痛みに対して徹底的に非力であるという、その非力さにおいて語ろうとしている。他者としての彼女に対して、国民国家や政党の文脈に回収されない語り方を探すこと。『某夫人』は物語の構造からも、発話の位置からも、前後の何非光監督作とは明らかに異なっており、政策宣伝を離れた何非光の新たな語りの可能性を示しているといえよう。

しかし、こうした語りは果たして観客を見出しえたのか。見出しえたとしたら、どのような意味においてなのか。この点は、「戦後」の何非光が上海で監督した作品群の発掘公開に期待しつつ、当時の東アジア史の流動的な状況に即してあらためて検討しなくてはならない課題である。

第六節　小　括

本章では、「国史」的記述が排除し、想起の言説においても回避されている問題、すなわち国共の対立に還元できない日本の帝国主義・植民地主義の問題、ナショナリズムそれ自体の抑圧的な側面、何非光が身をおいた各地の映画をめぐるポリティクス、何非光の個人的文脈に留意しながら、「抗戦」映画人としての何非光の足跡を越境と交渉の過程として分析した。

以上の分析から明らかになったのは、「国史」的な記述では肯定される「抗戦」映画を追求するための越境も交渉も、決して解放のみを意味するものではなかったことである。何非光が最初に越境した上海は、前章でみたようにある種の「非－国民国家的空間」として、植民地出身者である何非光にも主体的に映画に参加する場が開かれていた。それは確かに植民地台湾では得られない解放の契機であった。しかし、同時にその空間における「自由」は列強の帝国主義が競合する隙間に生じたものであり、ひとたび彼の映画活動が日本を含む各国の帝国主義にとって「負の要素」とみなされた場合には、その身体を拘束し、出演作を上映禁止にするといった抑圧を伴うものであった。さらに、重慶への二度目の越境では、必死の交渉の果てに監督デビューをはたすが、そこにも芸人に対する文人の抑圧、「一致抗日」のスローガンとは裏腹なイデオロギーの対立による抑圧が潜在していた。日中戦争初期の中製での交渉相手は編導委員会の左派文人であったが、「反共高潮」によって左派が排斥された後、何非光は国民党へ入党している。何非光は「同じ中国人」である以上「兄弟喧嘩は長く続かない」、したがって国共の境界に関わる選択は越境とは意識されていなかった可能性が高い。しかし、この越境によって彼は日中戦争後期の中製でも映画を製作しつづけることにおいて便宜を得たとも考えられ、この越境こそが中華人民共和国成立後の忘却という時差を伴った長い抑圧につながるものであったといえよう。

そしてまた、何非光の「抗戦」映画人としての身体に着目した場合、そこにはまさに日本の植民地主義・帝国主義をはじめとする東アジアの現代史における重層的な暴力の痕跡が刻み付けられていることも、明らかになった。少年期においてすでに逃れるすべのなかった日本植民地主義。青年期の映画俳優としての飛躍の好機を「保護送還」によって無理やり奪った日本帝国主義。その帝国主義に痛めつけられた中国人による、植民地出身者への敵視や蔑視。「他者」を欲望し、「他者性」を貪欲に消費しようとした当時の中国映画界。何非光の出演・監督作品は、こうして彼の身体に刻み付けられた言語や身振りや知識や感情といったものと不可分に結びついている。

俳優としての何非光の身体は、スクリーンの上で「団結すべき我々」が誰なのかを画定する「彼ら」として消費された。しかし、植民地に生まれ、越境をつづけた何非光は、自らに刻み付けられた「他者性」をむしろ一種の資本として監督となった。何非光の映画には、故郷を失い移動しつづけた身体が否応なく備えてしまう「他者性」と、その「他者性を備えた身体」をあえて取引の道具としようとした痕跡が見られる。その痕跡はまた、彼に加えられた「暴力」の痕跡に対応しているといってもいいだろう。監督としての何非光が映画を通じて語ろうとしたのは、まさにそのような暴力に直面するなかで、〈彼ら〉は決して一様に排除すべきものでなく、抑圧される者としての課題を分有できるならば、〈我々〉と〈彼ら〉は連帯できるのだ、という語りだった。それは抗日戦争のさなかで中国の人々が主体性を取り戻すための語りでもあった。ただし、何非光の語りには、国民国家としての秩序回復を目指して「我々」の論理に「彼ら」を回収しようとするプロパガンダ映画としての限界があり、戦後二・二八事件後に台湾に招かれて監督した『花蓮港』にはその限界が如実に表れている。いっぽうで、何非光は『某夫人』という前後の監督作とは明らかに異なる映画も撮っており、そこにはプロパガンダを離れた何非光の新たな語りの可能性が示されていた。

こうした分析を踏まえて、最後にあらためて何非光の「忘却」という問題を考えて見たい。最初に確認したいのは、一九四九年以後何非光作品は国共のどちらにとっても歴史的に記録すべき「我々」の記憶のみならず、「我々」の側にあってはならない排除すべき「彼ら」の要素を含んでいるがゆえに、「国史」的な記述にとって都合の悪い部分が排除され、データとしてのみ記載され、一九九五年以後に至ってようやく一人の監督の作品として論じられるようになった、ということである。したがって、国民党政権率いる台湾において、一九四九年以後「彼ら」の側である大陸に残った何非光を想起するのが、一九八八年の蔣経国《しょうけいこく》の死去後、李登輝《りとうき》時代になって民主化がさらに進んでからのことであるのは理解できる。[145] また、共産党政権率いる中国において、抗戦下で国民党に入党し、[146] 国民党中央訓練団党政班で訓練を受け、さらに内戦中に「彼ら」の側である台湾に渡って『花蓮港』を監督した何非光が批判され映画界を追われたのも理解できる。何非光のみならず、台湾籍民の多くが、戦後中国で政治闘争が起こる度に、「日本のスパイ」「台湾の特務」として迫害を受けたことはよく知られている。

しかし、ここにひとつの疑問が残る。大陸において何非光は、一九五九年の有罪判決にもとづいて服役し一九六一年には公民権を回復、さらに一九七九年には上海市虹口区人民法院でこの一九五九年の判決についても無罪であったと証明され、名誉回復を果たしているのである。つまり、公的に名誉が回復されたにもかかわらず、その後も一五年以上にわたって忘却が続いた——一九八一年に再版された程季華主編『中国電影発展史』での記述も修正されず、一九八五年出版の『抗日電影回顧（重慶）〜重慶霧季芸術史料匯編之一』の七〇名を超す「抗戦時期在重慶的電影家」リストにも記載されなかった——のはいったいなぜなのか、という疑問である。その直接の原因は、先述した中製時代の公私にわたる陽翰笙およびその周辺との確執であろう。陽翰笙は戦後、中国文化界の重要ポストを歴任するが、その回想録のなかで故意に事実を歪曲しつつ何非光を反動派として断罪する記述をしている〔何琳、二〇〇四：一二九〕。映画界の重鎮となった陽翰笙による何非光に対する評価が、「中国電影家協会」をはじめとする映画機関が何非光の入会を拒絶しつづけた背景にあったことは容易に想像がつく。そのことは、一九九五年に中国電影芸術研究所の研究者が何非光の入会に尽力する過程でも確認されている(147)。

公私にわたる人間関係の対立が、何非光の名誉回復後も「他者」として排除された直接の原因だとすれば、その間接の原因は何非光の監督としての語りの独自性に求められるように思う。すなわち、共産党の指導下にあった「中製」で撮られた映画に何非光が滑り込ませた「彼らにも顔がある」という語りである。彼我の対立における「彼ら」が「日本軍」であり、抗日プロパガンダ映画が最終的に「日本鬼子」の打倒を目指すものなら、何非光がそこに滑り込ませた「彼らも鬼ではない、顔のある人間である」という語りは、表現が行き過ぎれば「日本情結（日本コンプレックス）」となる。何非光監督の『東亜之光』や、何非光が助監督にあたった『日本間諜』（陽翰笙脚本）は、左派勢力が強い時期の中製作品であり、共産党にとって「進歩的」な映画人の指導によるものとされてきた。だが、『日本間諜』

は当時の国民党中央宣伝部からすら「日本の遊郭描写が行き過ぎ」であるとして修正を要求されていた[148]。それは、「進歩的」なはずの第三庁の指導にも「日本情結」という思想的な「誤り」が滑り込んでいた可能性を示唆する[149]。陽翰笙も含め、「抗戦時期在重慶的電影家」リストに載っている映画人も文革期には無傷ではいられなかったことを思えば[150]、上記のような「指導の誤り」を否定するためには、重慶映画人のなかでもさらに「我々、進歩的」な映画人と、「彼ら、反動的」な映画人との境界を再画定する必要があり、何非光はいわば「我々、進歩的」な映画人の安全を確保するためのスケープゴートとして「彼ら」＝「他者」として排除されたのだといえよう。したがって、日中戦争下の中製における陽翰笙との対立、そして共産党指導下「中製」の政策宣伝映画に何非光が滑り込ませた「彼らにも顔がある」という語り、これが、何非光が名誉回復後も一五年以上にわたって「忘却」されつづけた理由だったと推定される。

そして、何非光の長女である何琳の著作によって我々は、映画界からの締め出し、作為による忘却のただなかで、何非光が繰り返し「我々中国人」の中に歩み入ろうとして、文字通り命がけで交渉を行っていたことを知る。詳しくは何琳の著作に譲るが、以下要約的に戦後の足取りを記しておきたい。

台湾帰郷の機会を見送って『人獣之間』の撮影を続け、ついに停止命令を受けたことは先述した。その後、何非光は「上海電影戯劇工作者協会」(一九四九年六月成立)や「上海電影製片廠」(一九四九年一一月成立)に応募するものの参加を許されず、逆に公安局への出頭を命じられて何度も何度も「自伝」「革命認識」「歴史認識」を書かされる。こうした状況に中国での将来を悲観して一度は香港への脱出を考え、公安局に出国を許される。だが、「共産党が指導する国家に自分の居場所がないはずがないと、彼は信じていた」[何琳、二〇〇四：九二]。結局、香港行きの船には乗らず、街で出会った解放軍の友人に説得され、家族を残して解放軍の文工団に参加し、朝鮮戦争が勃発するや志願して前線に赴いた。

一九五一年四月、何非光は自分に対する疑いが何であれ、「中国人」として前線で命を賭けたこと（知人のカメラマンは彼の目前で戦死している）で、「台湾の特務」「日本のスパイ」「反動軍官」という噂も過去も、すべて消滅したと思った〔同前：九四〕。しかし、軍から電影局への紹介状を手に会いに行った陽翰笙の「歓迎する」という言葉とは裏腹に、何非光に届いたのは「君に相応しい職はない」という電影局からの通知だった。同年、香港資本の大光明影業公司が上海で製作を行うに際して何非光を製片部秘書兼監督脚本家として雇い入れるが、上海電影局は「彼は〈我々〉の側の人間ではない」として、大光明に圧力を加え、その結果何非光は何も仕事をすることができなかった。

そこで、何非光は上海を離れ再び人民解放軍西北軍区後勤部文工団の教員として家族を連れて蘭州に赴き、しばらくは平穏に暮らす。だが、そこにも上海から「何非光は特務である」という密告書が届き、一九五四年「退職者」リストに挙げられて上海「台湾民主自治同盟（台盟）」への異動を命じられる。だが、上海ではその台盟からも入会を許否され、妻の収入に頼りながら、知人の紹介で上海の私営地方劇団に雇われ監督を務める。ここで何非光が脚本演出した芝居のひとつ『三毛学生意〔三毛《サンマオ》商売を学ぶ〕』が大好評となって北京公演に招かれ、周恩来の賞賛を得て映画化が決定した時、彼はようやく映画に復帰できると思った。しかし、文化局は何非光にこの映画の監督をさせることを許さなかった。

一九五八年になって、かつて何非光が参加した文工団の副団長劉宝徳が西安電影製片廠に着任するに当たって何非光を推薦し、西安電影製片廠からも着任するよう連絡がくる。ついに映画界に復帰できると荷造りをしていた出発前夜、何非光は突然逮捕され、一九五九年六月「反革命罪」で公民権を剝奪される。何非光には上訴の権利はなく、上海虹口区街道里弄の監督による労働改造として、一九六一年まで強制労働をさせられた。家族が住む路地で人々に罵られ、「人としての基本的尊厳を傷つけられ」ながら二年間の強制労働を終えた一九六一年に何非光は公民権を回復し、今度こそ過去はすべて洗い流されたはずだと思った。だが、実際には映画界からも社会からも相手にされず、やはり妻の収入に頼る他はなかった。「遅くなりましたが、任務に向かいます」と書き送った西安電影製片廠も彼の着任を拒否した。

一九六六年に始まった文化大革命では、家に踏み込んだ紅衛兵によって、過去の映画のスチール写真や監督メモなどすべての資料が廃棄され、八カ月もの間上海のスタジオに設けられた「牛棚」と呼ばれる檻に監禁された。家族もまた批判闘争からは逃れられず、長女の婿は迫害死し、次女も死線をさまよい、長男は農村に下放されて進学の機会を奪われた。何非光自身も批判闘争の対象となったが、すでに一九五九―一九六一年に労働改造を経て「死老虎（死んだトラ）」と見なされていたため、迫害死にまではいたらなかった。

一九七六年に文革が終了し、一九七九年に「台湾同胞に告げる書」が発表されると台湾出身者への待遇が改善された。同年、何非光とその家族は一九五九年の判決について再審査を要求、上海法院は要求を認めて一九五八年の判決を棄却し何非光の「無罪」を宣した。名誉を回復した何非光は「上海文史館」に公職を得た。しかし、映画人として公的な場に登場するのを許されるのには一九九五年まで待たねばならなかったことは先に述べた通りである。

八〇歳を過ぎた人生最後の日々、彼が望んでいたのは台湾に、故郷に帰ることだった。彼の健在を知った台湾の新旧の友人たちは、一九九七年何非光の映画回顧展とシンポジウムを企画し、何非光の帰郷を計画した。欧米に行くよりもはるかに面倒な数多くの手続きがひとつひとつ済み、一一月には何非光の台湾帰郷が叶う予定だった。しかし、何非光は八四歳の誕生日八月一四日に突然倒れて入院し、九月六日にこの世を去った。心待ちにしていた帰郷まで、あと二カ月であった。

終章

1946年台湾省電影撮影場の全体写真．前列右から4人目が場長の白克(「戦後」台湾で初の台湾語映画を監督した外省人，1964年に白色テロの犠牲となって銃殺された)，右から7人目が李書(李松峰から改名．植民地期から活躍する台湾人キャメラマン)，最後列は当時留用された日本人スタッフ7人のうち，右が相原正吉(撮影部)，左が戸越時吉(録音部)．出典：林賛庭編著『台湾電影撮影技術発展概述　1945－1970』台北：行政院文化建設委員会・財団法人国家電影資料館，2003年，19頁．提供：財団法人国家電影資料館．

二・二八事件を背景にある台湾人一家の悲劇を描いた『悲情城市』(一九八九年、侯孝賢《ホウシャオシェン》監督)、白色テロの時代に少年たちが族群間の抗争を繰り返すなかで起きた少女刺殺事件を描いた『牯嶺街《クーリンチェ》少年殺人事件』(一九九一年、楊徳昌《エドワード・ヤン》監督)など、「戦後」の深刻な歴史をうかがわせる一連の台湾映画が、一九九〇年前後にあいついで日本に紹介された。香港映画とも中国映画とも異なる手触りをもったこれら台湾映画への興味を契機として、筆者は台湾映画の歴史をたどるべく台湾における映画史を学び始めた。そこでの初発の問いは「これほどの傑作を生み出すようになった台湾映画の歴史はいかなるものか」であった。しかし、台湾映画の歴史を探ろうとして直面したのは、台湾に映画が伝来したのは日本による植民地統治下の台湾であり、台湾人によって製作された映画はほんの数本、現存するフィルムもほとんどなく、台湾人による映画興行や映画受容の様態を示す資料もまたわずかしか残されていない、という事実であった。そして、「植民地期台湾の映画史」を語ることの困難さは、そのまま日本による植民地支配とその後の容易ならざる脱植民地化の傷跡を再確認することにつながった。同時に、植民地期台湾における台湾人による映画活動がさまざまな制約を受けて挫折するいっぽうで、台湾を離れ中国に越境して映画活動を行った人々の存在と、彼らが半世紀近くも忘却されていた事実にも気づかされた。

植民地期の台湾で、さらには越境先の中国で、彼らは映画という「近代」に強く惹かれ、時には文字通り命がけで映画を追求した。その足跡を明らかにすることを通じて、被植民者という立場におかれた人々の映画史を語ることができないだろうか。これが、本書の出発点である。そしてまた、植民地期台湾の歴史記述をめぐる、中国や韓国に比して戦争や植民地支配の問題が意識されにくいという状況や、各地の排外的ナショナリズムがねじれたままに結びつくような状況にいかに応答するかという関心から、次の二点を問題意識とした。第一に、「被植民者も近代化に主体的に参加した」という文脈が植民地支配を肯定するために強調される現状に鑑み、「近代」を追求する被植民者が直面した抑圧的な諸側面を具体的に示す必要があること。第二に、戦争や植民地支配について批判的な言説ですら、国民国家の枠組みにおいて周縁化された地域・住民の被害を黙殺する場合があるという事態に鑑みて、帝国主義や植民地主義のみならず被抑圧者側のナショナリズムのもつ抑圧的な側面をも批判の射程に入れる必要があることである。

そして、上記の問題意識にもとづいて、植民地期台湾人映画人の活動、戦後長い間忘却されてきた彼らの足跡を、「交渉」と「越境」の過程として分析した。その際、「近代」としての映画を方法的概念として導入することで、各地における錯綜したポリティクス(個人のレベルと社会のレベルに遍在する権力関係)を解きほぐすことを目指した。そこでの作業仮説は、彼らの交渉と越境が必ずしも個人の文脈に還元できるものではなく、彼らを取り巻く構造的問題——被植民者としての生い立ちや身分、巨大な資本とシステムを必要とする映画メディアの特質、「近代」それ自体にビルト・インされた資本主義の矛盾——が、個人の思想や生き方の違いを超え、彼らの映画活動を規定していたのではないか、というものであった。

各章での検討を通じて、被植民者による「近代」への主体的な参加には常に抑圧が伴われていたこと、植民地主義や帝国主義だけでなく被抑圧者のナショナリズムもまた抑圧的な側面をもっていたことを、具体的に示すことができたと思う。以下、各章での内容を要約しながら「交渉」と「越境」という本書における分析概念に即して全体を整理していきたい。

第一章では植民地期台湾における台湾人の映画活動について検討し、被植民者たる台湾人が主体的に映画という「近代」に参加しようとしたとき、巨大な資本とシステムを必要とする映画の特徴のゆえに「合法的」な活動のなかにとどまらざるを得ず、恣意的な「法」の下で圧倒的に不利な形で支配者との交渉をせざるをえなかった、構造的な問題を明らかにした。

こうした問題を論じるための基礎作業として行ったのが、映画の普及と総督府の映画統制に関する見取り図を示すことであった。そこで浮かび上がってきたのは、商業映画による大衆の把握が進むにつれて、総督府による映画活動のみならず台湾人による非営利の啓蒙的な映画活動も相対的に影響力を失ったことである。植民地台湾には植民地本国たる日本のみならず世界の各国から映画が移輸入されていた。これらの映画は、営利・非営利、民族や言語などによって分節的に形成された多様な経路で消費された。そうした多様な経路のなかには、植民地権力を維持・強化する目的で行われた総督府による映画上映もあれば、台湾人独自の文化空間を創出するような映画上映もあった。このうち、総督府による映画上映は、映画がいまだ十分に普及せず内容の如何にかかわらず「動く写真」として珍重された一九一〇年代までは、観客にとって数少ない映画という娯楽、映画という「近代」へのアクセスの機会を与えるものとして、台湾人の映画受容空間においても支配的な位置を占めていたと考えられる。

だが、一九二〇年代半ば以後、民間映画市場の急速な拡大によって総督府の映画活動がもっていた影響力は相対的に減退する。おりしも中国大陸では無声の娯楽映画が黄金期を迎えており、これを背景に台湾人による映画の配給上映会社が次々に生まれ、台湾には続々と中国映画が輸入されはじめたのである。それらの中国映画は、台湾人にとってきわめて親しみやすい魅力に満ち、「祖国」中国への民族主義的な憧憬を与えるものであった。加えて、台湾人の映画受容空間には、それ以前から各国製の映画を「台湾語」弁士の説明によって土着化して受容するという特徴が形成されていた。そこでは、風俗習慣の似通った中国映画の映像に、自分たちの母語である台湾語の説明が付加され、「〈我々〉の映画」といえるものが即興的に創出されていた。

本書では、こうした事態を「臨場的土着化」という概念で把握した。「臨場的土着化」にとって決定的に重要だったのは弁士の存在である。複製された「情報」としての映像作品（コンテンツ）がもつある種の「冗長性（redundancy)」に、弁士の説明《パフォーマンス》が「可変性」を与え、そこに観客の反応が加わることで、その場限りの「〈我々〉の映画」――場(イベント)としての映画のアウラ――が立ち上がる、といってもよい。そう考えれば、臨場的土着化は、植民地に固有、映画に固有な現象ではなく、他の文化現象にも適用可能な概念かもしれない。ただし、映画がもつ複製芸術としての「冗長性」は科学技術と産業システムによって支えられているため、科学技術の進展に伴って人間の役割が後退すれば「臨場性」「可変性」が失われていくという傾向をもつ。日本の場合、トーキー映画が普及する一九三〇年代以後、字幕によって弁士が退場したことは二〇世紀におけるその顕著な事例といえる。ところが、植民地台湾においては、トーキー映画の登場以後も(さらには「戦後」に至っても)台湾語弁士が活躍し続けた。それは、中国製のトーキーもまた彼らの母語である台湾語とは異なる標準中国語を用いていた、という事情による。

ここでいったん戦後の状況について付言するならば、一九五〇年代に台湾語トーキー映画(映像作品としての「〈我々〉の映画」)が登場したことによって、映画市場は弁士を通じた「臨場的土着化」を必要としなくなったといえよう。本書が扱う範囲から逸脱するが、その後の台湾映画市場において新たに出現したのが、日本映画や中国映画の人気作品を台湾語映画としてリメークするという現象であったことは興味深い。それは、可変性を備えた弁士による「臨場的土着化」から、「冗長性」を備えた土着的コンテンツの製作による「クレオール化」への移行といってよいだろう。そしてまた、それは市場を通じて「大衆の要求に合わせる」映画の再生産システムが機能している状態での「混成的土着化」[三澤真美恵、二〇〇四a]の帰結であり、日本映画を換骨奪胎して自らの台湾語映画の血肉にしてしまうという形での台湾映画市場「脱植民地化」プロセスの一段階だったのではないか、という仮説を筆者は抱いている。(1)

こうした戦後の事情をも勘案しつつ整理するなら、映画の場合にはそもそも市場を通じて「大衆の要求に合わせた」再生産がなされるオートポイエーシス的システムがあり、システムが起動している場合には、媒介現象としての「臨場的土着化」もまた(大衆がそれを必要としている以上)コンテンツという形での「クレオール化」へと移行していくといえる。逆にいえば、そのシステムがうまく起動していない場合、十分に「大衆の要求に合わせた」再生産ができていない場合に必要とされるのが、映画受容の「場」における「臨場的土着化」という媒介現象なのであり、その意味において「抵抗」の意味合いを備えることができる(またそれを奪用して「抑圧」に利用することもできる)のではないかと思われる。

さて、こうした「臨場的土着化」によって、植民地期の台湾映画市場で各国製の映画が広く享受されると同時に、映画の魅力にとりつかれた一部の台湾人によって、台湾の民族資本による映画製作の試みも本格化する。しかし、結果的にみれば、台湾人による映画製作は植民地期のさまざまな制約によってついに産業化することなく、実験的な試みに終始した。その背景には、「臨場的土着化」によって、台湾の映画市場における「〈我々〉の映画」に対する需要が代替的に供給されていたという事情があった。また、台湾における映画の市場規模は、台湾人によって製作された映画が民族的共感によって支持されても、その製作費を回収し再生産に向かうだけの大きさを備えていなかった。この点を、本書では製作・監督・脚本(張雲鶴《ちょううんかく》)、撮影(李松峰《りしょうほう》)、出演(張如如《ちょうじょじょ》、陳華階《ちんかかい》、黄梅澄《こうばいちょう》など)まで台湾人が担当した『血痕』(一九三〇年公開)を事例として、当時の興行収入や興行日数などから明らかにした。つまり、「臨場的土着化」は各国製の映画を受容の場で「〈我々〉の映画」に変換するリスクの少ない民族的主張の表出とみることもできるが、いっぽうではより大きなリスクを伴う民族的主張というべき「台湾人によって製作された映画」の創出には抑制的に働いていた可能性も否定できないのである。

そしてまた、植民地権力に対する抵抗姿勢を最も明確に打ち出していた台湾人による非営利の映画上映活動に関しては、映画受容空間における総督府の支配力が相対的に減退していた一九二〇年代にあってすら、厳しい弾圧が行われていた。一九二六年に蔡培火《さいばいか》が中心となって始まった「台湾文化協会(以下、「文協」と略記)」の「活動写真部」による非営利の映画上映活動は、映画という娯楽を通じて台湾人大衆を「啓蒙」しようとする点において、総督府による映画上映に対抗する意味あいをもっていた。だからこそ、文協の弁士による説明は臨検による中止の可能性にさらされ、フィルムは植民地本国よりも厳しい検閲にあい、合法のはずのフィルムの仕入れさえ妨害されたのだといえよう。文協は、これらの抑圧に対して活動継続のために各種の交渉を行い、例外的とはいえ、時には活動領域を拡大することもあった。そして、彼らの活動は、抗日民族的な風刺に満ちた台湾語による説明によって、台湾人観客から圧倒的な支持を受けた。そこには、総督府の映画上映によっては決して満たすことのできない需要を確認することができる。文協の映画活動はまさに植民地下の台湾人が求めていた「〈我々〉の映画」と呼べる映画上映空間を創出していたことが、活動の盛況を報じる記事から伝わってくる。しかし、文協は一九二七年一月に左右に分裂し、その映画活動も停止してしまう。左傾化した文協を離脱した蔡培火は、同じく文協を離脱した蔣渭水《しょういすい》らと同年七月に組織した「台湾民衆党」の宣伝に映画を利用し始めるが、路線の違いから一九二八年一月に「台湾民衆党」とは別に文化啓蒙団体「美台団」を組織して映画上映活動を行う。当初は多くの観客を集めたその活動も、一九二九年にいったん休止して一九三三年に再開すると、人々の支持を失って挫折した。それは、非営利、営利の双方の映画受容空間において、文協が活動を開始した一九二六年当時とは異なる状況が展開されていたことによる。非営利の経路を通じて、美台団の魅力を相対的に減じた要因は、左右に分裂する以前の文協の映画上映や、各地の青年読書会などが独自に開催した中国映画上映会における抗日的な「左派」弁士の先鋭化した解説だったと思われる。だが、左派弁士は「抵抗」を強く打ち出して、一九三一年の徹底弾圧後には姿を消す。こうしたなか、蔡培火が苦労して交渉を行ったことにより美台団は一九三一年以後も活動を継続した。だが、それはより妥協的に「法」に従属し、「抵抗」を弱化することによってようやく可能となった活動だった。それゆえに、美台団の上映会では一九三一年以前に活躍していた左派弁士を凌駕するような抗日的な風刺を行うことはできず、それでは左派弁士の風刺を楽しんだ経験をもつ観客の期待に応えることができなかったと思われる。もうひとつの重要な要因は、商業的な映画市場の拡大である。すなわち、一九二〇年代後半には、中国映画をはじめとした各国製の映画が、台湾語の説明で「土着化」して続々と地方にまで提供されるようになっており、こうした商業的な映画市場の拡大こそが、一九二六年の文協による映画活動に対する熱狂的なまでの支持と、一九三三年に再開された美台団による映画活動に対する不人気を決定付けたと思われるのである。なお、商業的な映画市場に観客を奪われるという事態は、総督府の映画統制においても確認することができる。だが、総督府は一九三七年日中戦争の勃発後、商業的な映画市場そのものを一元的に統制していくことで再び影響力を回復する。そのため、日中戦争勃発後になると、台湾人が主体的な映画製作や非営利の映画上映活動はほとんど不可能な状況となった。

台湾人の主体的な映画活動空間が圧縮されていくなか、植民地期において台湾人が出資した最後の劇映画が『望春風』(一九三七年)である。製作者の呉錫洋《ごしゃくよう》は第一劇場の館主であり、同作のために台湾第一映画製作所を創設した。製作にあたって呉錫洋は同作の目的を「皇民化」「内台融和」として説明した。だが、本書では同作のストーリー、当時の観客にとっての同作の意味、彼の発言がおかれた前後の文脈などの分析を通じて、彼の説明は実は日中戦争勃発前後の緊迫した社会状況のなかで自らの主体的な語り——支配-被支配の構図を逆転する語り——を手に入れる「交渉」のための手札だった可能性を指摘した。同時に、注意しなければならないのは、仮に呉錫洋自身は交渉を通じて主体的に映画を製作することができたのだとしても、結果としてその映画は「被支配者としての女性イメージ」を再生産してしまったのではないか、という点である。台湾人エリート男性にとっての植民地下の民族による支配-被支配の構図の逆転が、同じ台湾人である女性の「皇民化」と自己犠牲によって担保される以上、民族的な構図は完全には逆転されえないことになる。さらに、出演者が全員台湾人であり、台湾人が製作した初めての台湾語トーキー映画となるはずだったにもかかわらず、最終的に「日本語弁士」によるサウンド版となった。科学技術が〈我々〉の映画」を可能にする時代が来た時、台湾はすでに「皇民化」運動の時期にあった。呉錫洋は「皇民化」「内台融和」を掲げることで主体的な語りの空間を確保したが、それゆえにまた「〈我々〉の映画」にとって決定的な重要性をもつはずの母語を犠牲にせざるを得なかったのではないか。ここにも台湾人映画人が近代を追求しようとした「交渉」が必然的にもたらしたダブルバインドの状況があった。

しかし、総督府の映画統制が覆いかぶさるように展開され、上述のように台湾映画人による映画上映や映画製作の空間が圧殺された戦時下においても、台湾人の母語による文化空間を保持し続けたのが、「臨場的土着化」を通じた大衆の映画受容の場であった。そこでは、学校や新聞紙上で禁止された台湾語による弁士の説明が、許されていた。なんとなれば、識字技術を必要としない映画が大衆に訴えかける力を利用し、日本語を解さない台湾人大衆を把握しようとするとき、総督府は台湾語の弁士を禁じることはできず、むしろこれに頼るしかなかったからである。

映画上映にせよ、映画製作にせよ、その活動は自らを合法的な主体として植民地権力に従属させることによってはじめて「交渉による抵抗」となりえたが、「抵抗」を強く打ち出せば植民地権力の弾圧によって駆逐され、「交渉」によって生き残れば「抵抗」は弱化せざるをえず、それでは商業的な映画市場で生き残ることはできなかった。政治的リスクのきわめて高い抵抗的な映画活動においては、観客大衆にあたえる解放の力も大きかったが、その交渉にかかる抑圧の力もまたきわめて大きかったのである。以上に見てきたように、植民地期の台湾においては、被植民者たる台湾人が主体的に映画にかかわろうとするとき、植民地権力との交渉は不可欠であったが、解放をめざして行われた交渉は常に妥協を迫られる抑圧の過程であった。それは、巨大な資本とシステムのために「合法的」な活動を強いられる映画活動を植民地統治下で展開しようとするとき、越えることのできない構造的な限界であった。

こうした植民地統治下の合法的な交渉の限界に苦しんだ台湾人のなかから、中国大陸へ、とりわけ上海へ越境する一群の人々がいた。越境が被植民者にとって主体的な選択であったことは確かだが、第一章で明らかになったのは、越境とは植民地支配による構造的な抑圧に迫られた選択でもあったことである。そして、上海が彼らの越境先として最も身近な場所であったのは、地理的、民族的な近接性はもとより、「いちおう西欧型デモクラシーをうたっている租界」[丸山昇、一九八七＝二〇〇四：一二八]に象徴されるように、言論・出版活動における自由が相対的に認められていたからだと考えられる。また、当該時期の上海は、台湾人が憧れた「自前の近代化」を映画産業において実現している場でもあった。ここに、台湾人のなかから、越境先たる上海において、映画という近代を主体的に追求しようとする映画人が誕生する。それが、本書の第二章で論じた劉吶鷗《りゅうとつおう》であり、第三章で論じた何非光《かひこう》である。

彼らの中国における映画活動を跡付ける前提として、本書では中国国民党・中華民国国民政府による映画統制についても序章に示した枠組に沿って分析した。一九八〇年代以前の公的な映画史で強調されたのは左右イデオロギーの対立にもとづく消極的統制、すなわち国民党による「左翼映画運動への迫害」ないし「赤色宣伝の影響防止」という検閲・取締であり、一九九〇年代以後の先行研究が解きほぐしたのは左右対立の図式に収まらない複雑な局面であった。この点、本書が重視したのは消極的統制と積極的統制とが表裏一体で進められていたという事実である。

なかでも、日中戦争勃発後に上海映画界からの要請に応じる形で構想された一元的な映画統制機関の設置案は、個人のレベルと政治的経済的な構造のレベルとの関係に着目する本書にとって示唆的な意味をもつ事例である。なぜなら、それは危機的状況の出現によって国民党と民間映画界がそれまでの対立を超えた国民統合と国家プレゼンス強化をめざした動きであると同時に、大衆娯楽産業としての映画が戦争によって自由な市場と競争原理を失ったとき、個人はもちろん、大手映画会社ですら、映画が必要とする巨大な資本とシステムを提供する権力に接近する以外には活路を見出せなかった、という隘路を示しているからである。

そして、日中戦争期における中国映画統制の特徴をきわめて単純化していえば、消極的統制が後退する中での積極的統制への重心の移動であったといえる。そこでの積極的統制には後退した消極的統制を間接的に代替しようとする側面もあった。つまり、独自の配給・上映網を構築し、戦時ニュース映画や劇映画を製作し、これを内地の貧困層や動員された兵士を含む大衆に届けることで国民統合を図るいっぽう、国際宣伝に特化した映画を世界に向けて発信することで、窮地に立った中華民国の国際的なプレゼンスを強化しようとしたのである。南京政府期の欧米映画による中国・中国人イメージの歪曲や満洲事変をめぐる日本映画による国際宣伝といった苦い経験を経て、戦時下の中国国民党・中華民国国民政府は映画の大衆性・越境性の双方を自らにとっての「正の要素」を広める試みとして多元的に進めたといえよう。劉吶鷗や何非光の中国における映画活動もまた、右のような映画をめぐる政治的経済的な構造のなかで展開されたのである。

劉吶鷗は、被植民者とはいえ植民地・植民地本国における「近代」を存分に享受しうる資産階級出身だったため、それを資本として上海における文化人としての地位を確立したともいえる。しかし同時に、そうした資本をもってしても越えられない被植民者としての「身分」のゆえに、植民地でも植民地本国でも、そしてまた越境先の上海においても、彼はいずれの国民国家にも帰属しえない人間として「はっきりと国旗を背負った人達」の間に立つ苦しみを抱いていた。劉吶鷗の残した日記からは、同時代に中国大陸に越境した台湾人青年とは異なり、ナショナリズムに対する情熱が希薄であったことが顕著に伝わってくる。彼が文芸事業の拠点を上海に定めたのも、まさにそこが、帝国列強の資本主義によって暫定的に「非-国民国家的な空間」となっていたためであり、そこに「私を生きる」可能性を賭けたのだといえよう。だが、上海での出版事業は国民党政権の言論統制による弾圧と日本軍による上海への侵攻という、ナショナリズムと帝国主義の暴力が交差する地点で挫折し、劉吶鷗は左翼文芸を通じて政治にかかわっていく契機を逸する。以後は出版から映画へと活動の重心を移し、政治化する映画界のなかで非政治的な映画理論を展開していく。だが、劉吶鷗もまた、巨大な資本とシステムを必要とする映画を追求しようとする以上、政治権力との交渉を避けることはできなかった。その結果、映画理論において頑ななまでに政治とは距離を置いたのとは裏腹に、映画製作においては独立した映画製作者から大手映画会社の監督・脚本家へ、さらには国民党の映画スタジオでの実質的な製作責任者へと、次第に支配的な政治権力へと接近していくことになった。もっとも、劉吶鷗にとっては政治権力への接近もまた、「未来の純粋芸術の地、自由な映画製作」を追求するための選択であったとみられる。この「未来の純粋芸術の地、自由な映画製作」を追求するための選択が、映画人としての二つの越境、すなわち「御用文人」とみなされることになる国民党宣伝部に所属する中央電影撮影場(中電)の実質的な製作責任者たる編導委員会の主任委員への着任であり、「漢奸」とみなされることになる日本軍による映画統制への協力につながったと考えられる。しかし、国民党映画スタジオや日本の国策映画会社の同僚の回想録からは、映画製作のためにあえて妥協とみえる越境を繰り返した劉吶鷗が、だからこそ映画製作の現場では妥協のない情熱を傾けていた様子も浮かび上がってくる。また、この時期の中国における映画をめぐるポリティクスがいかに錯綜したものであったかは、劉吶鷗暗殺の背景からもうかがうことができる。劉吶鷗は暗殺が日常的に行われるような危険な状況のなかで、文字通り命がけで「未来の純粋芸術の地、自由な映画製作」を追求していたといえる。ナショナリズムの文脈においては、彼の行為はまさに「個人的願望に拘泥し国家や民族を裏切る「不義」」[並木真人、二〇〇三：二八]であり、「御用文人」「漢奸」という汚名と共に語るに値しないものであろう。だが、ナショナリズムが人々を強く支配した時代にあって、むしろそうした国民国家の枠組みを脱しうる価値の創造を映画という芸術に求めること。それは、植民地台湾でも、植民地本国でも、「祖国」中国でも、当然には「国民」に統合されない、あるいは統合されまいとする劉吶鷗にとって、きわめて切迫した要求であったと思われる。

「国旗を胸にもたない人」として「未来の純粋芸術の地、自由な映画製作」を求めて繰り返された越境と交渉は、劉吶鷗に映画という「近代」を追求することを可能にさせる解放の側面をもつと同時に、「政治に汚染された」立場に彼を陥れていく抑圧の側面ももつ多義的な過程であった。こうした矛盾がとりわけ顕著なのが「漢奸」と呼ばれることを承知で日本軍の映画統制への協力を選択した最後の越境と、その後の交渉である。暗殺は、劉吶鷗にとってこの越境が、境界の両側——すなわち越境先に追いかけて「越境してくる日本の帝国主義」と「越境先たる中国のナショナリズム」——から「挟み撃ち」にされる事態を呼びこんだことを象徴的に示す帰結であったといえよう。

いっぽう、何非光は劉吶鷗とは対照的に、ナショナリズムに対する強い情熱を抱いて中国大陸へと越境し、「抗戦」映画監督となった台湾人である。しかし、国民国家的な語りにおいて肯定されるはずの「抗戦」映画監督何非光による越境の足跡からは、たとえ自ら「はっきりと国旗を背負った人」たろうとしても、植民地出身者にはそれがきわめて困難であった状況、つねに「他者」として自らを意識せざるをえず、それゆえに「我々」の側の承認を求めて交渉を繰り返さざるを得なかったことが明らかになった。

何非光は、劉吶鷗のような資産階級の出身ではないが、比較的裕福な中産階級に生まれた。しかし、台中一中退学事件や植民地官憲による兄何徳発の迫害死、重税と搾取による家業の倒産などによって、少年時代から明確に抗日意識をもっていた。越境先の上海で俳優となってからも、抗日的かつ民族主義的色彩の濃い左翼映画に出演するが、そのために日本の植民地主義によって台湾に「送還」されてしまう。その後、東京での映画技術の習得と、中国人留学生との演劇活動を経て、再度中国映画界に復帰した何非光は、日中戦争勃発を機に「抗戦」映画人として活動すべく重慶へと越境する。それは、国共合作下の映画スタジオとして最大規模をもつ中国電影製片廠(中製)において、左派文人との交渉を経て芸人(俳優)から文人(監督)の側へと越境することをも意味した。さらに、「反共高潮(左派排斥の高まり)」によって中製から共産党系の文人が排除されるなか、彼は中製に残って国民党に入党、香港から帰還後には中央訓練団に参加する。「一致抗日」の重慶に越境したにもかかわらず、何非光が左右イデオロギーのはざまで国民党側への越境を選択することになった背景には、日本の侵略に痛めつけられた中国人が植民地出身者を「日本人の走狗」として白眼視し、「我々」とは違う「他者」とみなす状況のなかでの「孤独感」があった。何非光は「心の底でいつも排斥される孤独感を感じ」「左派とも右派とも遊離」［何琳、二〇〇四：七四］していた。こうしたなかでの中央訓練団への参加要請は「ある種の人に信頼されているという感覚」を与えるものであり、中央訓練団への参加は何非光にとって「我々中国人」の一員として「承認」されることを意味していたのである。しかも、何非光の理解では「同じ中国人」である以上「兄弟喧嘩は長く続かない」として、国共の境界は抗戦勝利と共に消滅するものと捉えられていた。しかし、この越境が直接の原因となって、何非光は戦後中国大陸において共産党の敵である「彼ら」国民党側の人間として、「他者」として断罪されることになる。

何非光の映画作品についていえば、俳優としては「他者性」を「悪役」として生かしたこと、監督としては「彼らにも顔がある」という独自の語りを政策宣伝映画に織り込んだことに、その特徴が認められる。たとえば、戦時下の重慶で何非光が監督した「抗戦」映画においては、日本人を「彼ら」という敵として描きながらも、「我々」と「彼ら」の差異を一方的に強調して「彼ら」を排除するのではなく、「彼ら」にも顔があり、「彼ら」がもし「我々」と共に抑圧される者としての課題を分有するならば、そこには連帯が生まれるという文脈が存在している。それが「抗戦」映画たりうるのは、いかなる「彼ら」をも「我々」の仲間に取り込む強さをもった、主体的に秩序を回復する「我々」のイメージが強調されていたからであり、それこそが戦時下の中国で必要とされた「我々」のイメージであったからだといえよう。そして、幼少時から他者性を刻み付けられてきた被植民者としての何非光の経験を抜きにして、こうした「彼らにも顔がある」という語りを考えることはできないだろう。ただし、戦時下の中製で製作された映画には他者の存在を「我々」の論理に回収するという政策宣伝映画としての物語構造の限界があり、戦後の台湾で製作された『花蓮港』では、発話の位置が抑圧される側から抑圧する側へ転じることで、その限界があらわになってしまったことには注意しなければならない。また、それゆえに政策宣伝というジャンルを離れ、香港で製作した『某夫人』が「我々」の論理に回収できない他者の存在、他者の痛みに対する「我々」の徹底的な非力を描いたことは、何非光の監督としての新たな語りの可能性を示すものとして重要と思われる。

何非光は、劉吶鷗とは異なりナショナリズムに情熱を抱き「抗戦」監督として活躍したが、にもかかわらず戦後の中国・台湾の双方で断罪され忘却された。それは、さしあたって、国共内戦によって国民国家そのものが分裂し、中国と台湾の両地域において、何非光がそれぞれの「国史」的な記述にとって都合の悪い存在となったからであるといえよう。また、何非光がとどまった大陸において、「反革命罪」に関する有罪判決が撤回された後、一五年以上も映画界から排除されつづけた背景には、公私にわたる陽翰笙《ようかんしょう》との対立が深刻な影響を与えていたことが明らかになった。そして、その陽翰笙も含め「抗戦時期在重慶的電影家」リストに載っている映画人も文革期には無傷ではいられなかったことを思えば、中製の政策宣伝映画に何非光が滑り込ませた「彼らにも顔がある」という語りは、「日本情結（日本コンプレックス）」として共産党指導下の中製における「指導の誤り」を指摘される危険な語りであった。したがって、何非光が「我々」の安全を確保するためのスケープゴートとして「彼ら」＝「他者」として排除された間接的な要因は、何非光の監督としての「彼らにも顔がある」という語りにあったと考えられる。

以上、本書での検討を通じてまず明らかになったのは、被植民者たる台湾人が主体的に映画という「近代」に参加しようとしたときの可能性と限界である。巨大な資本とシステムを必要とする映画のメディアとしての特徴ゆえに、映画活動は「合法的」な活動のなかにとどまらざるを得ず、植民地下で活動を展開する場合には恣意的な「法」の下で圧倒的に不利な形で支配者との交渉をせざるをえなかった。そして、そうした交渉の限界を突破するものとして目指されたのが、越境であった。しかし、劉吶鷗と何非光の映画人としての足跡を検討することで浮かび上がってきたのは、越境先においても、巨大な資本とシステムを必要とする映画を追求しようとする以上、映画活動を行う当該地域における支配的な政治権力との交渉は避けられないという事態である。いっぽう、植民地下の台湾における総督府、越境先の中国大陸における国民党・国民政府による映画統制の展開からは、政治権力による映画受容空間の掌握は必ずしも常に支配的であったとは限らず、大衆の支持による商業的な映画市場の拡大との角逐によって相対的にその掌握力が減退させられていた状況もうかがわれる。つまり、映画を追求する個人が支配的な政治権力から相対的に自律した形で活動を展開しうる契機は映画市場における「大衆の支持」にあり、劉吶鷗や何非光が越境した当初の上海では、そうした契機が感じられたはずである。しかし、一九三七年以後の植民地台湾、日本軍に占領された上海、大後方の重慶においては、民間映画産業が停頓し、映画市場の政治権力による掌握が強化される状況が出現した。そこでは、映画製作が必要とする巨大な資本もシステムも、支配的な政治権力を抜きにして入手することは困難であった。そして、上海にあった劉吶鷗は映画を製作するために日本軍という政治権力と交渉し、重慶にあった何非光は対立しつつ合作する国共両政党の政治権力と交渉することになった。巨大な資本とシステムを必要とする映画を通じた自己表現という主体化は、政治権力との交渉というある意味での従属化を必然的に伴うものであったといえるだろう。

とはいえ、映画を追求することに伴う主体化と従属化は、被植民者たる劉吶鷗や何非光に限ったことではない。映画という「近代」にビルト・インされた資本主義の矛盾の故ともいえる。しかし、その交渉と越境の過程において、劉吶鷗の場合は日中ナショナリズムの間、何非光の場合はさらに国共イデオロギーの間という「はざま」を生きることを迫られたのは、彼らが植民地台湾においても、植民地本国たる日本「内地」においても、また「祖国」中国においても、当然には「国民」に統合されない被植民者であったからにほかならない。「普遍的価値」としての「近代」を構成するプロセスは常に「他者」を、〈彼ら〉を必要としていたのである。「文明」という「普遍的価値」が「野蛮」という「他者」を必要とするように、「国民」もまた「非‐国民」という「他者」を必要とする。そして「国民（ネーションネス〉を構成するということは、我々の時代におけるもっとも普遍的で正統な価値となっている」〔アンダーソン、一九九七：二〇〕。

結果として、劉吶鷗は日中ナショナリズムの境界を日本の側へ越境したことで暗殺され、何非光は国共イデオロギーの境界を双方にとっての敵側へ越境したと見なされ断罪された。中国・台湾の「国史」的記述において彼らの評価を決定付けた、それぞれの最後の越境の背景に、彼らが植民地出身者であることが大きく関わっていたことは、戦後日本が被植民者であった台湾人の「戦後」を「彼らの問題」として看過してきた経緯からも、(2) 重く見るべきである。

映画という「近代」を追求した被植民者の主体性も、「戦後」の「国史」的記述を支えてきたナショナリズムも、決して「自信に満ちた記憶」としてのみ捉えられるものではないことは、本書での検討によって明らかになったと思う。それでも、たとえそれが「自信に満ちた記憶」として捉えられなくても——否、むしろだからこそ——、重要なことは、多義的で矛盾に満ちた交渉と越境とを繰り返しながら、彼らが映画という「近代」を文字通り命がけで追求したという一面の事実、そして「近代」を生きるとはまさにそのような「危機」を生きることに他ならなかったという事実である。

ここで再び、植民地主義・帝国主義・ナショナリズムの暴力が折り重なる地点で、劉吶鷗と何非光が映画を通じて語ろうとしたことを想起したい。

劉吶鷗が撮ろうとして準備していたのは、日本軍に協力することで避難民の生活を保護したために「漢奸」として暗殺された日本留学経験のある人物何讃《かさん》の物語と、蔣介石の前妻・毛福梅《もうふくばい》の目からみた近代中国の変遷、すなわちナショナリズムの観点からみれば「汚名化」されざるをえない男の物語であり、一国の「英雄」の物語からは「忘却」されるべき女の視角であった。いっぽう、何非光が抗戦期の映画に共通して描いたのは、〈我々〉と〈彼ら〉の差異を一方的に強調して〈彼ら〉を排除するのではなく、〈彼ら〉がもし〈我々〉と共に抑圧される者としての課題を分有するならば連帯が生まれるという語りであった。また、戦後の香港で何非光が撮った『某夫人』では、「他者」としての主人公に対して、国民国家や政党の文脈に回収されない語りが模索されていた。劉吶鷗の企画と何非光の映画に共通する語りを見出そうとするのは、うがった行為かもしれない。だが、本書を終えるにあたり、あえて二人に共通する語りを探るならば、それはおそらく次のように要約できるのではないだろうか。

〈我々〉の文脈において汚され、ねじふせられ、忘れられてしまう〈彼ら〉の声に耳をすませ、対話を試みよ。

ここには、「漢奸」として暗殺された劉吶鷗、「台湾特務」「日本のスパイ」「反革命の罪人」として断罪され続けた何非光の、我々への伝言、かつて被植民者たる台湾人を「彼ら」の側に画定し、現在また植民地支配責任を「忘却」し続ける「我々」への伝言が、遺されているように思えてならない。

注

序章　注

(1)　台湾・中国という用語に関して、本書では、松田康博による以下の定義を採用する。「台湾とはおおまかに言って日本が一八九五年に清朝から割譲を受け、一九四五年に中華民国が接収した台湾地域、および台湾に撤退した以後の中華民国政府が実効支配を続けている全領域のことを意味する。また中国大陸あるいは大陸とは、おおまかに言って台湾を除く中国を指し、中国とは中華人民共和国、中華民国、およびそれ以前の歴史上の中国を包摂した概念である。中華民国政府とは、中華民国国民政府(一九二五年に成立し、二八年に国際的に承認された南京政府)以降の中華民国政府[一九四八年以後の正式名称]を指しており、その実効支配領域の変化や国際的承認の多寡を問わず、便宜上国府と表記する[略称は、華とする]」[松田康博、二〇〇六：一九]。なお、本書において政権政党を強調する際には、国府を「国民党政権」などのように記す。

(2)　『台湾民報』第一号(一九二三年四月一五日)の「創刊詞」では「我們処在今日的台湾社会、欲望平等、要求生存実在非趕緊創設民衆的言論機関、以助社会教育、並喚醒民心不可了」とある。また、『台湾民報』六〇号(一九二五年七月一二日)から紙名の脇に「台湾人唯一之言論機関」という文言が「毎星期日定期刊行」の文言と「対聯」風に印刷されている。

(3)　若林正丈[二〇〇八]によれば、清朝期に漢族優勢の社会が確立され、性質を異にする族群(漢族と先住民族)に加え、準族群(漢族内の「漳州人」「泉州人」「客家人」)間に境界が形成されたという[同前：三三]。日本植民地期には、清朝時期に形成された多重族群社会の基礎構造の上に、「内地人」「本島人(台湾人)」「蕃人」の差異が制度的に導入されるなかで「族群意識」を伴う多重族群社会が誕生する。そこでの「本島人、台湾人」はともに「福佬(閩南)人」「客家人」を越えるカテゴリーで、「本島人」は統治者側からみたカテゴリー、「台湾人」は抗日台湾ナショナリズムの言説により形成されたカテゴリーである[同前：三七]。いっぽう、現代台湾における多重族群は、先住民族か後代の移住者か(「原住民族」と「漢族」)、漢族のなかでの一九四五年以前からの居住者かそれ以後の居住者か(「本省人」と「外省人」)、本省人のなかでの「福佬人」か「客家人」かという三重の基準によって差異化されるが、多文化主義が「基本国策」となるなかで、台湾は「原住民族」「福佬人」「客家人」「外省人」という多様な族群によって構成されるという「四大族群」論が主流となっている[同前：三三六]。

(4)　「中国人」という漢語が頻繁に用いられるようになったのは二〇世紀に入ってからのことであり[吉澤誠一郎、二〇〇三：四八]、それは「日本人」という呼称などと同様に、近代的かつ多義的であることは先行研究の示すところである[同前][坂元ひろ子、二〇〇四]。本稿では、さしあたり「中華人民共和国、中華民国、清国、およびそれ以前の歴史上の中国を包摂した概念」[松田康博、二〇〇六：一九]としての「中国」に生まれ育った人々を総称して「中国人」と呼称する(中国における「国土」「国民」の近代的再編については[茂木敏夫、一九九二]を参照)。

(5) 先述のように台湾は多重族群社会であり、植民地期においてもそのアイデンティティのあり方は多様であった。したがって、植民地支配からの解放イメージもまた多様であった。しかしながら、第一章で論じる台湾人社会での映画消費に見られるように、「帝国」日本に対する「対抗イメージ」として最も流通していたのは「祖国」としての中国のイメージであったといえる。呉密察はこうした植民地期台湾人の中国に対する感情を「「反日本」の一種の精神武装」[呉密察、一九九三：五二]だったとみる。

(6) 台湾住民の国籍選択は、当初は住民全体を戸籍に登録したうえで日本国籍を付与する原則で行われようとしたが実務的な事情から果たし得ず、国民としての公権を伴わない臣民の地位のみを意味する国籍という法的概念をもちこむことで、清国籍残留希望者のみを申告させ、その他の住民にはすでに日本国籍が付与されているものとみなす方針に途中から転換された[浅野豊美、二〇〇八：第一章]。ただし、実際には二年の猶予期間が経過したのちも編入漏れがあった[栗原純、二〇〇二]。

(7) 台湾は明治憲法(大日本帝国憲法)の施行後に日本に割譲されたが、明治憲法には新領土の編入に関する規定がなく、新領土に憲法が施行されるか否かが問題となった。その後、明治憲法施行以後の新領土(台湾、朝鮮、樺太および租借地たる関東州、委任統治地域たる南洋群島)は当然には憲法が施行されない実情から「外地」と称され、憲法が当然に施行される明治憲法施行以前からの領土(本州、四国、九州、北海道、沖縄、小笠原諸島その他の島嶼)に対する呼称「内地」とは異なる法域を形成した[外務省条約局法規課、一九五九][山崎丹照、一九四三]。

(8) 台湾では朝鮮とは異なり「国籍法」(一八九九年法律第六六号)が施行されていたが[外務省条約局法規課、一九六四：九二]、同法は「自由意思による国籍離脱は認めていなかった」[遠藤正敬、二〇〇一：二八一]。いっぽう、中華民国憲法は一九二九年の改正により外国人は原国籍を喪失せずとも中国への帰化を認めていた[同前：二八七]。また、台湾出身で日米への留学を経て中華民国の官僚となり外交畑を歩んだ黄朝琴の事例や、同時に中国、オランダ、イギリス、および日本の国籍を保持したインドネシア華僑の郭春秧の事例[林満紅、二〇〇一](当時中国に渡った台湾人は「台湾籍民」と呼ばれたが、条約上の特権を求めて後天的に日本国籍を取得した「台湾出身でない台湾籍民」もいた。郭春秧の場合はこれにあたる。「台湾籍民」については第三章第三節で改めて説明する)などから、台湾人や華僑が中国籍を取得すること、さらには日本植民地統治下にあった朝鮮人が中国籍を取得することは、技術的に可能だった[遠藤正敬、二〇〇一：二八七]。しかし、華僑の多重国籍状況を黙認していた外務省とて「理論的には、日本国籍を申請した華僑いわゆる台湾籍民は日本国籍を採用すべき」と考えていたし[林満紅、二〇〇一：一〇〇]、領域主権の及ばない中国で抗日独立運動を展開する朝鮮人についても「わが国籍法は国籍積極衝突を許さぬ建前になっているから、日本から見ればこれらの者といえども依然として日本国民である。中国や満洲国でいかに帰化人なることを主張して日本の管理権を排除しようとしても、わが領事裁判権の行使上わが方は未だかつて一歩たりとも譲ったことはない」として属人的管轄権の下に彼らを取り締まる必要から日本国籍離脱を防止する方針をもっていた[遠藤正敬、二〇〇一：二八八]。加えて、台湾人には「戸籍法」が適用されず(これが「内地人」と「外地人」を区別する標識であり、それゆえに朝鮮人や台湾人はこの「戸籍法の適用」を受けない者であることを根拠として、戦後の戦傷病者戦没者遺族等援護法・軍人恩給法の対象から排除されることになる)、代りに「戸口規則」(一九〇五年総督府令第九三号)が適用されたが、その条文には「届出」するべき事項のひとつとして「国籍ノ得喪」が挙がっていた。したがって、劉吶鷗や何非光ら当該時期の台湾人にとって、中国籍を取得することは技術的に可能だったとしても、日本国籍を離脱することは実質的にほぼ不可能であったと考えられる。

(9) 台湾では一九四五年の日本敗戦以後を「戦後」と捉えることにはある種の困難がつきまとう。なぜなら「台湾人は、異民族である日本人の植民地統治と砲声轟々たる戦争の中から抜け出はしたが、明白に識別しがたいもう一つの植民地体制の中に、砲声はあまり響かないが依然戦争であるような戦争の中に、再び組み込まれていった」[呉密察、一九九三：六五]からである。日本の敗戦により、台湾は中華民国台湾省に編入されたが、台湾住民は対外的には国共内戦と東西冷戦が結びついた「戦時体制下」におかれ、対内的には白色テロ(共産党摘発を口実に多くの政治的異見者が逮捕処刑された)の恐怖におびえることとなった。「「戦後」という言葉は、日本人しか遣わない。日本人が勝手に遣って、勝手に独占しているだけ。アジアの人々にとっては、ちっとも「戦後」ではない」[劉進慶、二〇〇六]という痛烈な批判が台湾出身の研究者から発せられる所以の一端である。劉進慶は一九三一年生まれ、一九五六年に台湾大学卒業後、銀行勤務を経て日本に留学し、一九七二年に『戦後台湾経済分析』により東京大学で経済学博士の学位を取得した。同時期には、台湾から東大への留学生団体の会長として台湾の政治犯の救援活動などに従事し、一九七三年に滞在延長の手続きに際して国民党政府によりパスポートを没収された。一九七五年東京経済大学の助教授に就任、二〇〇二年に定年退職するまで勤務、二〇〇五年一〇月に死去した[同前]。

(10) 一九四七年二月二七日夕方に起こったヤミ煙草の取締に伴う暴行をきっかけとして、それまでの国府に対する不満が一気に爆発し全島的な反政府運動となり、これに対する弾圧の結果、多くの人命が失われた事件[呉密察、二〇〇二：六〇四]。

(11) 台湾ナショナリズムの勃興については、植民地期に「台湾は台湾人の台湾たらざるべからず」[台湾総督府警務局、一九三九＝一九九五：五]とのスローガンを掲げた啓発会(一九一九年設立)にその萌芽をみることもできるほか、「戦後」における台湾独立運動を原点とする見方など諸説ある。詳細は先行研究を参照されたい(呉叡人[Wu, 2003]蕭阿勤[Hsiau, 2000]など)。

(12)「戒厳法」(一九四九年―一九八七年)、「国家総動員法」(一九四七年―一九九一年)、「動員戡乱時期臨時條款」(一九六〇年―一九九一年)などにより、数十年にわたって文字通りの「戦時体制下」におかれることになった[林果顕、二〇〇八]。

(13) 総統府直轄の中央研究院に台湾史研究所籌備処が設置されたのは一九九三年、同処の台湾史研究所への昇格が二〇〇四年、また台湾省文献委員会の国史館編入が二〇〇二年である[谷ヶ城秀吉、二〇〇八：一二五]。

(14) それゆえ、台湾人の主体性を強調する台湾史叙述の成立基盤を提供する台湾ナショナリズムが、多重族群社会たる台湾において外省人や先住民族、そして近年増えつつある新たな移民に対して排他的、抑圧的となる局面についても、批判はある(陳光興[一九九六]など)。同時に、いまだ国際的な地位が未決である「遅れてきた台湾ナショナリズム」を既存の国民国家のナショナリズムと一律に批判することへの反論もある(呉豪人[一九九八・一九九九]など)。

(15) たとえば、一九三七年三月一日連合社告の形で公表された台湾の日刊紙における漢文欄の廃止の背景には、軍部からの圧力があったが[河原功、二〇〇三]、総督府はこれを全面的に否定し、総督府自身が圧力をかけたことも認めず、あくまでも新聞社の「自主決定」を装っていた[何義麟、二〇〇三b：二四一]。

(16) たとえば、日中韓3国共通歴史教材委員会編集『未来を開く歴史――東アジア3国の近現代史』[二〇〇五]は「自国中心の排外主義」を超えた「歴史認識の共有」という意図にもとづき、一国史観を脱すべく各国の状況を並列に配置しようとしている。にもかかわらず、三つの「国」の歴史のすりあわせという難事業は、畢竟「国際社会」における地位が未決状態の台湾をサバルタンの位置に置くしかなかったように思われる。同書の台湾に関する記述は断片的であり、年号の記載についても初歩的な誤りが複数認められる。たとえば、「一九二〇年には、形式的に日本人と台湾人の共学制を実施」[同前：五九]、「アジア太平洋戦争が始まると、日本は「皇民奉公会」をつくらせ」[同前]とある。だが、実際には台湾における中等教育以上の「共学制」は一九二二年の第二次台湾教育令の施行後であり、「皇民奉公会」の成立はアジア太平洋戦争勃発以前の一九四一年四月である[遠流台湾館編著、二〇〇〇]。

(17) 筆者は韓国・朝鮮語を解さないため、二〇〇二年四月一〇日「植民地勉強会」での板垣竜太氏による同論文についての報告を参照した。

(18)「植民地公共性」は、並木[二〇〇四]のみならず、尹[二〇〇二]、松本[二〇〇五]らの議論でも、前提とされている。

(19) もし仮に植民地期において「植民地公共性」の完成と「植民地性」の喪失の同時達成」という事態が起きていたならば、「日本人」として戦時動員された台湾人・朝鮮人が「戦後」になって「日本人ではない」ことを理由に戦傷病者戦没者遺族等援護法・軍人恩給法の対象から排除されることはなかったはずである。だが、現実には旧植民地人は援護法・恩給法から排除された。なぜなら、「外地」は戦時体制期においても「異法域」であり続け、

「朝鮮人・台湾人・内地人」は本籍地により峻別され続けたからである(［岡本真希子、二〇〇八：八一〇］参照)。この意味でも、「たとえ本国と同一の制度を植民地に移植したとしても、植民地における意味も同じになるとは限らない」［同前：一八］ことを明らかにした岡本真希子［二〇〇八］の研究は重要である。

(20) 民衆史の立場では階級性・階層性の有無の他に、「近代性の内面化」の有無をもって、民衆と大衆という概念を弁別しているようである。だが、農村もまた資本主義経済に組み込まれていた以上、「近代から切り離された民衆世界の自律性」［趙景達、二〇〇八：二二］は分析のための概念としてはありえても、実態としては考えにくいのではないか。こうしたことからも、本書では、民衆と大衆の差異は、「近代性の内面化」の有無ではなく、「民衆運動」の主体か「消費」の主体か、という点にあるものと捉えている。

(21) 試みにCiNii(国立情報学研究所論文データベース・サービス)で「植民地　映画」をキーワード入力しても、一九九〇年代以前にはほとんど関連論文が検出されない。「植民地」の代わりに「台湾」「朝鮮」「満洲」などを入れても、戦前に関する論文についてはほぼ同様の結果で、「中国」に関しては一九五〇—六〇年代に同時代の「新中国」における映画に関する状況報告が多く見られるのが特徴的といえる。NDL-OPAC(国立国会図書館)で和書・博士論文を対象に検索しても、ほぼ同様の傾向が確認される。また、戦前には魯迅の翻訳で中国にもその映画理論が紹介され、自身も当時の中国に赴いてその映画状況を日本に紹介した岩崎昶においても、その著書『映画史(日本現代史体系)』［一九六一］『日本映画私史』［一九七七］に戦争映画に関する記述はあっても、植民地や占領地に関する記述はない。全五巻におよぶ田中純一郎『日本映画発達史』［一九八〇］なども同様である。

(22) この他、川崎賢子［二〇〇六］は台湾こそ対象にはしていないが、「一九三〇—一九四〇年代における朝鮮・満洲国・中国占領地域」など「外地」における「映画メディアの製作配給拠点の形成と変容」［同前：二四四］をたどっている点で帝国史の視点を共有しているとみられる。だが、前掲各書と同様に日本側資料に依拠しているため、描き出される「ネットワーク」も一方向的なものとなっている。

(23) 歴史科学協議会編集委員会「特集にあたって(特集／植民地主義再考)」『歴史評論』二〇〇六年九月号(第六七七)、木畑洋一［一九九九］を参照。また、駒込武［二〇〇〇ａ］は、「帝国史」研究という言葉で表現される近年の新しい植民地研究の動向に共通する特徴として以下の四点を挙げている。「第一に、日本と朝鮮、あるいは日本と台湾という二項間の関係にとどまらず、複数の植民地・占領地と日本内地の状況の構造連関を横断的に捉えようとすること、第二に内地の状況が植民地支配を規定した側面のみならず、植民地の状況が内地に与えたインパクトを解明すること、第三に従来の経済史を中心とした帝国主義史研究の成果をふまえながらも、政治史や文化史(あるいは、政治史としての文化史)の領域を重視すること、第四に「日本人」「日本語」「日本文化」というカテゴリーを自明なものとみなさず、その形成と変容の歴史的プロセスに着目すること」[同前：二二四]。

(24) 日本の映画政策史研究として代表的なものに、福田喜三[一九七四]、奥平康弘[一九八六]、牧野守[二〇〇三]があり、戦時下の国策映画を受容の側面から考察したものに古川隆久[二〇〇三]がある。本書もまたこれらの先行研究に多くを負っているが、いずれも植民地には言及していない。

(25) 「中心‐周辺(center and periphery)」は資本主義世界経済における不等価交換による不均等の固定化を論じる際の用語として知られる([ウォーラースティン、二〇〇六]を参照、同書での訳語は「中核‐周辺」)。ここでは、帝国史の視角のひとつとして帝国意識との関係で指摘される概念を指す。ひとつの「帝国」には指導的立場に立って政策を実践する地域である「中心」と、その「中心」によって指導される「周辺」が存在する。この「中心‐周辺」との間には、「支配‐被支配」「優越‐劣等」「差別‐憧憬」というさまざまな従属的意識が形成されるだけでなく、それぞれの内部においても更なる「中心‐周辺」関係が階層的に存在し、中心から離れるにしたがって、その従属的意識が拡大再生産されるという考え方である[木畑洋一、一九九九]。

(26) たとえば、垂水千恵[二〇〇二]は台湾出身の文化人呂赫若の視線を論じることで「帝国史」研究の課題のひとつである双方向的な視点の可能性を示している。また、鷲谷花[二〇〇七]は「東宝国民劇・木蘭従軍」の分析を通じて「周辺」から「中心」への逆流を論じているといえよう。

(27) 映画は一九〇〇年前後には東アジアを含む世界中に伝播したが、映画に関する批評的・歴史的・理論的な探求が本格的に展開されるようになるのは一九二〇年代以後であり[武田潔、一九九八]、映画理論の専門化は第二次世界大戦後のこととされる。戦後の映画理論研究におけるパラダイム転換については諸説あるが、大まかに言って一九六〇—七〇年代に存在論的アプローチや作家主義から方法論的アプローチへ、すなわち言語学、記号論、精神分析、フェミニズムによる構造主義的なイデオロギー分析やテクスト分析に移行し、それがさらに一九八〇—九〇年代にかけて分野的ないし分野横断的アプローチへ移行したとみられている[斎藤綾子、一九九八][Casetti, 1999]。

(28) ヨーロッパ規模での「長期の一六世紀(一四五〇—一六四〇)」[ウォーラースティン、一九八七：四九]に始まる近代のみならず、アジアについてもモンゴル帝国によって開かれたユーラシア規模の世界経済を枠組みにして、その内実が形成された一六世紀を近代の起点と捉える見方がある[宮嶋博史、二〇〇四：一八〇]。

(29) 中華帝国などの古典的な世界帝国とは異なる近代の帝国を、山室信一は以下のように定義し、国民国家でもあり帝国でもある「国民帝国」という概念で捉えた。すなわち、「国境を越えた民族が資本と軍事という二つのパワーによって、そこで獲得した空間を、みずからとは異なる政治社会としてあくまで〝外部〟にとどめおきつつ、なお自らの主権領域として〝内部〟化していくという相反するベクトルによって形成された超領域政治体(supra-territorial body politic)」「主権国家体系の下で国民国家の形態を採る本国と異民族・遠隔支配地域から成る複数の政治空間を統合していく統治形態」[山室信一、二〇〇三:八九]。本書における「帝国」もまた、古典的な世界帝国ではなく、あくまで上掲のような特徴をもつ近代の「帝国」を指す。

(30)『鉄路の白薔薇』(一九二三年)などで知られるフランスの映画監督アベル・ガンスの言葉。

(31) たとえば、一九〇六年第二二回帝国議会貴族院における「六三法」(第一章で後述)撤廃に関する議論で台湾総督府側が持ち出したのは「新領土の住民の民度の遅れ」という論理であり[陳培豊、二〇〇一:八〇]、一九三〇年代になって植民地における地方制度改正が議論された際にも問題とされたのは「民度」であった[岡本真希子、二〇〇〇:一六九—一七〇]。そこには「「一視同仁」の仁徳政治の実施を否定するのではなく、将来に向けて約束」しながら、進んだ本国と遅れた植民地との間の「民度」の違いを理由として「現在進行形としての差別統治を正当化する」論理があった[陳培豊、二〇〇一:八〇—八一]。

(32)「全国宣伝会議」第五次会議の決議中、(一)規定国際宣伝方案の(5)、(三)規定芸術宣伝方案の(2)(4)(5)に宣伝映画の上映、芸術宣伝工作への補助、映画検閲条例の制定に関する項目がある(「全国宣伝会議集会紀」『中央週報』五三期、一九二九年六月一〇日、五頁)。

(33) ネグリ=ハートによれば、「ヨーロッパの近代」の核心部には葛藤があったとされる。すなわち、ヨーロッパの「近代」の構成過程をたどると、一方に人間性と欲望を歴史の中心に据えたラディカルな革命的プロセスとしての内在的・構築的・創造的な力があり、もう一方にはそうした新たに出現した運動がもつ力を奪い取り既存の秩序回復を目指す超越的権力を見出すことができる。つまり、「近代」とは、両者の絶え間ない抗争によって生じた危機によって定義づけられる、という[ネグリ=ハート、二〇〇三:第二部]。

(34) たとえば、党史館檔案のうち「文化工作会専檔案」の「公民営電影」ファイルなどは「現在移動中のため」閲覧不可であった。

(35) 二〇〇三年、現存しないと思われていた植民地期台湾の映画フィルム一七五巻および映画検閲脚本一三八冊が新たに発見され、国立台湾歴史博物館(二〇〇七年成立)に収蔵された[呉密察・井迎瑞、二〇〇八]。筆者は国立台湾歴史博物館(申請当時は同準備処)から依頼を受け科学研究費助成金(萌芽)「植民地期台湾映画フィルム史料の歴史学的整理分析」(二〇〇八—二〇〇九年度)を得て、現在同資料の整理と分析を進めている。同資料に関する研究成果については、別稿に期したい。

(36) 党史館檔案は雑誌・小冊子など保存状態のよい一部の印刷物を除いて電子複写が禁じられているため、以下党史館檔案の引用はすべて筆者の筆写による。

第一章　注

(1) 田村志津枝[一九九三・二〇〇〇]は日本において先駆的に台湾映画の歴史を紹介した意義は大きいが、典拠が不明な箇所が多く、先行研究として参照するには難がある。

(2) 浅野豊美によれば、「法域」という概念は台湾領有時にはまだ生まれておらず、後藤新平の指示によって岡松参太郎が作成した意見書で、初めて「法域」という言葉が登場した[浅野豊美、二〇〇八：一一一―一一三]。同様に、「内地」という語も当初は外国人の治外法権が存在しない「内地」、すなわち「居留地」の反対概念だった[同前：六五]。「法域」は、帝国内部の各地域間における合理的法秩序維持の要求にもとづいて「共通法」が立案される(共通法規調査委員会、一九一二年立案開始)なかで形成された[同前：二九七―二九八]。

(3) 「明治憲法は「凡テ法律ハ帝国議会ノ協賛ヲ経ルヲ要ス」と定めていたが、台湾の実情はこの条項を遵守するわけにはいかない状態にある、と政府は認識していた」[春山明哲、一九八〇：三]。そこには、「憲法の要請と統治の必要というジレンマ」[同前]があった。春山の整理によれば、この「六三法違憲問題」をめぐっては、①帝国議会のメンバー、②高野孟矩(台湾総督府法務部長と高等法院長を兼任したが、総督府批判のために非職処分とされ、裁判官に身分保障を与えた憲法第五八条を武器に抵抗の支援に集まった人々、③在台日本人植民者(日本人植民者の台湾における無権利状態への不満などをはじめとする理由)、④法曹界と法学者(穂積八束、美濃部達吉ほか)といったグループが論争に参加した(高野孟矩事件については、小林道彦[一九八二]を参照)。なお、春山明哲は「台湾総督の委任立法権と武官専任制は、本国の政府・議会と台湾総督府の関係を軸とする「統治権力のあり方」と、本国の人民に法制度上与えられている権利・義務を植民地人民に与えるかどうかという「統治政策の内容」という二重の意味」で、「日本植民地主義の政治的特徴を解明する手がかり」と見ている[春山明哲、一九九三：三二]。また時限立法たる「六三法」は、のちに一部を修正した「法律第三一号」(一九〇六年、同じく時限立法、延長二度)、勅令による内地法の台湾への延長施行を原則とし、総督の律令権を制限した「法律第三法」(一九二二年施行)に代えられたが、台湾総督の委任立法権は植民地期を通じて保持された[王泰升、一九九七：一〇一―一五八]。

(4) 向山寛夫は以下の四点において匪徒刑罰令は「極めて苛烈な刑罰法規であった」という。①科罰が多く死刑であること、②犯行の個々の具体的行為だけではなく、多くの場合に匪徒の犯行の前提になる大衆の結合状態を直接に処罰の対象にしていること、③未遂の場合もなお「本刑」を科すること、④近代刑法上の有力な原則である刑罰不遡及の原則を否定して匪徒刑罰令制定前の匪徒の犯行にも適用されること、である[向山寛夫、一九八七：二三三]。

(5) 保甲制度は関係法規(保甲条例施行規則、保甲条例施行細則標準)によって「保甲制度本来の人民自治の互助自衛組織を換骨奪胎されて完全に警察の補助機関になり、とくに武力抗日運動鎮圧のための組織として甚だ貢献した」、また保甲の役員が区長の職務の補助執行者になる途を開いたため「保甲制度は行政にとって甚だ便利な制度であり、保甲内の不良分子の教化、学生の日本留学の抑制、浮浪者の就業誘掖、公債購入と貯金の勧誘、道路の築造と補修、納税の促進などの業務を負担させられた」[向山寛夫、一九八七：二三三―二三九]。

(6) このことは一九二八年にわずか八名だった浮浪者収容所への移送者が、思想運動の取締強化と共に一九二九年には九一名に急増していることからもうかがわれる[王泰升、一九九九：二六八]。なお、当時の浮浪者収容所における収容者の日課は刑務所の日課とほぼ同様で、収容所の所員の多くも司獄官から選抜されていた[同前：二六二]。

(7) 松本克平[一九七四]によれば、高松豊次郎は一八七二年福島県生まれ、打綿工場での操作中に左腕を失ったのを契機として労働法確立をめざす。明治法律学校を経て、片山潜の労働運動の協力者として全国各地で労働演説を行う。この間に高松は映画の上映機材を購入し、これを「有益なる平民寄席」に利用しはじめ、「社会パック活動写真」という映画製作にも従事する。高松が台湾に向かった背景には伊藤博文や後藤新平の要請があったとされ、台湾においては、映画のほか舞踊、歌舞伎なども招致している[高松豊次郎、一九一四]。同様に渡台興行した松旭斉天勝によれば「台北以外は総督府の買い切りで、本島人の宣撫工作に一役買った」という(石川雅章『松旭斉天勝』桃源社、一九六八年。松本克平[一九七四：九]より重引)。また、「本島人同化開発」を目的として一九〇七年台湾人俳優を養成する「台湾正劇練習所」を創設して「本島語」を使用した演劇の上演も行っている[高松豊次郎、一九一四：二―四]。

(8) その内訳は、基隆港基隆座(一九〇九年一〇月竣工、定員八〇〇名)、台北市朝日座(一九一〇年一二月竣工、定員一二〇〇名)、新竹街新竹座(一九〇八年六月竣工、定員七〇〇名)、台中市台中座(一九〇八年一〇月竣工、定員一〇〇〇名)、嘉義市嘉義座(一九〇九年三月竣工、定員八〇〇名)、台南市南座(一九〇八年八月竣工、定員一〇〇〇名)、打狗港打狗座(一九〇八年六月竣工、定員八〇〇名)、阿猴街阿猴座(一九〇九年五月竣工、定員七〇〇名)である[高松豊次郎、一九一四：五―六](附録写真中「全島八箇所の劇場」を参照)。このうち一九〇六年に開場していた朝日座のように既存の劇場を高松が買い取って改修したことが確認できるものもある。

(9) 台湾は(序章の注(3)に示したように)多重族群社会であり、先住民族と漢族との間、漢族内の本省人と外省人との間、さらに本省人内の福佬人と客家人との間に、それぞれ性格を異にするエスニックな境界が重層的に存在する。このうち、歴史的に最も古くから台湾に居住するとされるのが、オーストロネシア(南島)語族の先住民族である。一九八四年一二月に結成された「台湾原住民権利促進委員会(のち原住民族と改称)」が中心となって「正名運動」が展開された結果、「番人」「蕃人」「高砂族」「高山族」「山地同胞」など従来他者から与えられ呼ばれてきた呼称を廃し、「正名」としての「台湾原住民族」の呼称を獲得し、現在ではそれが台湾を構成する「四大族群」のひとつとして認知されている（［若林正丈、二〇〇八：第七章］［孫大川、二〇〇四］を参照）。

(10) 一八九五年―一九〇六年までの間、総督府は台湾先住民族に対して基本的には懐柔と放任の政策を採っていた。台湾先住民族が居住する山地区域の付近に撫墾署と隘勇線とよばれる警戒線を設け、隘勇とよばれる自警団を置き、台湾先住民族が山から下りないようにした。一九〇六年以後は弾圧政策を採るようになり、隘勇線を山地に向かって前進させ、鉄条網を張り、それに高圧電流を流すことまでした。一九〇九年には隘勇線は総延長四七〇キロメートルに達し、ほとんどの台湾先住民族を山地に押し込めてしまった（［遠流台湾館編著、二〇〇七：一七〇―一七一］を参照）。

(11) 「台湾紹介活動写真」『台湾日日新報』一九〇七年五月一一日、同一二日、同一四日、同一五日、同一六日付の記事。

(12) 「通信彙報」『台湾教育』一六八号、一九一六年六月。

(13) 台湾教育会は「明治三〇年［一八九七年］台南において同地方の官吏教育者および本島人有志を収めて会員と為し、台南教育会を創立したるに始まる」「現今の台湾教育会は明治三四年［一九〇一年］三月本島教育に関係ある有志者が、国語学校に会合して国語教育研究会を起こしたるに胚胎し、後国語研究会と称し、更に規模を拡張して台湾教育会と改め、事務所を台北に置き、台中及び阿緱両地に同会支会を設置するに至れり。現行台湾教育会規則に依れば、台湾教育会は台湾教育の普及改進を図るを以って目的とし、台湾総督を総裁となし」とある（『台湾教育』一五九号、一九一五年七月、四二頁）。こうした経緯と会員構成から、台湾教育会は台湾総督府による教育政策の実行機関たる官製民間組織とみてよい。

(14) 台湾警察協会は「警察の改良進歩、警察官吏の教養及相互救済の途等を講ずる」ために創設された本国の警察協会にならって、一九一七年下村宏民政長官を会長として創設された官製民間組織（得能佳吉「台湾警察協会ノ創立ニ就テ」『台湾警察協会雑誌』一号、一九一七年六月、三頁）。

(15) ここでいう通俗教育とは、「直接に道徳教育を施すもの」ではなく、「講演会を開き、或は幻燈、活動写真を使用」するなど通俗的な形式をもって、「一般の男女」をして、学術技芸に関する知識を「通俗平易に会得」させる教育とされる（「内外彙報」『台湾教育会雑誌』一一二号、一九一一年七月、七二頁。「大阪時事新報」社説を「通俗教育に就いて」として紹介）。また、「文部省に於いては、社会通俗教育が一面に於て学校教育其のものより却って多大の効果あるを認め」（「社会通俗教育奨励」、『台湾教育会雑誌』一九一〇年七月、一〇三号、四七頁）とあり、「学校教育」とは別ものとして捉えられている。

(16) 『台湾教育』一五九号、一九一五年、一二九頁。遅くとも一九一四年一二月には台湾教育会に「通俗教育部」が設置されていたことが確認できる（『台湾教育』一五九号、一九一五年七月、一二九頁）。詳細は三澤真美恵［二〇〇二：一二五―一三二］を参照。

(17) 東宮行啓については、若林正丈［一九九二］に詳しい。

(18) 二〇〇三年台湾で発見された映画フィルムのなかに、台湾教育会が撮影した「嘉南大圳」建設に伴う灌漑事業・農事改良を宣伝する『幸福の農民』(一九二七年)も含まれていた。同映画は、呉密察・井迎瑞編[二〇〇八]に収められている。また、同作が宣伝する内容と実際の灌漑事業・農事改良との間の矛盾に関しては、三澤真美恵[二〇一〇a]を参照。

(19) 一九〇七年一月一〇日付『台湾日日新報』。

(20) 高雄州衛生課による映画上映会は一九二〇年に確認でき(『台湾警察協会時報』四一号、一九二〇年一〇月、六八頁)、遅くとも一九二三年には警察協会活動写真部が設置されている(『台湾警察協会雑誌』九五号、一九二五年五月、一七六頁)。詳細は三澤真美恵[二〇〇一:一九五—二〇五]を参照。

(21) 一九一三年三月には『台湾教育会雑誌』一三一号誌上で「台北の活動写真」(竹月生)と題して映画興行における社会教育上の悪影響が批判されている。

(22) 「演劇観物其ノ他興行取締ニ関スル件」(一九二〇年中警保第一九七七号警務部長ヨリ各郡主警察署長へ依命通達)台中州警務部編『台中州警察法規』一九三〇年(追録加除一九三一年迄)条文中の記載。

(23) 若林は同中学校設立に向けての郷紳層と総督府側との交渉過程を論じるなかで、その「遠景には辛亥革命が、近景としては「漢を以って蕃を制する」日本帝国主義の対高山族征服戦争があった」と指摘する[若林正丈、一九八三b:三四]。

(24) 一九一二年—一九一三年、台湾各地で数件の抗日事件が相次いだ。これらをあわせて「苗栗事件」という。事件の首謀者の羅福星は一九一二年に国民党部の命を受け、秘密裏に革命党を組織し、本部を苗栗に置いた。台湾各地にも拠点ができたが、一九一三年に警察は全島で大規模な捜査を行い、大部分の党員が逮捕された。羅福星の事案の他、同じ時期に前後して、陳阿栄による南投事件、張火爐による大湖事件、李阿斉による関帝廟事件、頼来による東勢角事件などが起き、総督府は臨時法院を設置しこれら五件の類似事件を苗栗で同時に審理した。このため、苗栗事件と呼ばれる。逮捕された一二一一人のうち、死刑判決を受けた者は二二一人、有期懲役は二八五人、行政処分を受けた者は四人だった[遠流台湾館編著、二〇〇七:一六八—一六九][許雪姫総策画、二〇〇四:一三三四—一三三五]。

(25) 駒込武はこうした羅福星の思想の特徴として、①伝統的な天命思想と近代的な自由平等の理念が日本帝国主義批判を媒介に結びついていること、②東アジア地域における日本帝国主義の支配体制を総体として批判する視点を獲得していたことの二点を挙げ、その思想によって総督府の「安寧」が確実に脅かされていた、と指摘する[駒込武、一九九六:一三五—一四四]。

(26) 事件の地名(現在の玉井)から「噍吧哖事件」、首謀者の名から「余清芳事件」ともいう。西来庵は余清芳が密謀を行った場所。余清芳は宗教を利用して噂を広め、台湾にはすでに「神主」が出現しており、まもなく「大明慈悲国」を建国して日本人を追い払い租税を軽くするだろう、一揆に参加した者は褒美を受けることができると宣伝した。その秘密裡の宣伝行為は警察に察知され、余清芳は山地に逃げて噍吧哖一帯の警察派出所を攻撃した。総督府は軍隊と警察を動員して山狩りを行い、余清芳らを逮捕した。

台南の臨時法廷で行われた裁判では、一九五七人が「匪徒刑罰令」で告発され、一四一三人が起訴、八六六人が死刑、四五三人が有期懲役になった。日本の国会議員が判決の過酷さを非難し、九五人が処刑されたのち、それ以外の死刑囚は無期懲役に改められた[遠流台湾館編著、二〇〇七：一七二―一七三]。

(27) 一九三〇年一〇月二七日未明、台湾中部にある霧社を中心にタイヤル族がマヘボ社のモーナ・ルーダオを指導者にして日本人一三四名(他に日本人と誤認された漢族二名)を殺害して蜂起した。台湾総督府は警官隊についで、台湾軍の出動を要請し、飛行機、機関銃、毒ガスなど近代兵器を用いてこれを鎮圧した[近藤正己、一九九六：二六二]。翌年四月二五日には能高郡警察課長らが日本側の鎮圧行動に協力していた「味方蕃」を使嗾し、捕獲収容されていた「保護蕃」を襲撃させた。この第二霧社事件で、無防備の一九五人が殺害された[許雪姫総策画、二〇〇四：七八九―七九〇]。さらに生き残り「保護蕃」は川中島に移住させられ、そこでは生きる望みを失った人々が次々に自殺に追い込まれていった。警察は執拗に、蜂起から約一年経ってなお蜂起に積極的に加わった抗日分子三九名を逮捕した。警察の激しい拷問に耐えかねた一人は脱走の後に殺害され、残りの全員が警察の監視下で「病死」している[鄧相揚、一九九八＝二〇〇〇：八七―八九]。

(28) 第三一回帝国議会開催中の衆議院(一九一四年一月二一日)では小林勝民衆議院議員によって苗栗事件が取り上げられ、これに対し原敬内務大臣は書面で①「新附の人民を皇化に浴せしめ富源を開拓して産業を発達さしめ」る、②事件を辛亥革命の影響を受けた一部の島民によるものとみて今後警戒する、という二点をもって回答している[向山寛夫、一九八七：四〇七]。また、西来庵事件後では、小林勝民衆議院議員は第三七回帝国議会開催中の衆議院(一九一五年一二月一三日)で再度台湾統治に対する監督強化を求め、一木喜徳郎内務大臣は書面で「台湾の統治に就ては政府は常に深甚の注意を払い鋭意経営の実を挙ぐるに努む。然れども民情を異にする島民の教化は短日月を以て能く其の完きを期し難く一部無智迷信の輩にして時に不穏の挙措に出ずる者あるは誠に遺憾とする所なり、政府は将来之が教化に竭すと共に取締を厳にし帰嚮を愆る者なかしめむことを期す」と回答した[同前：四一三―四一六]。

(29) 「内外彙報」『台湾教育会雑誌』一一二号、一九一一年七月、七三頁。「読売新聞」所載の記事を「通俗教育の一要綱」として紹介。

(30) 本章第一節に示したように、台湾固有の苛烈な法規が可能であったのは「六三法」による総督の特別立法権にあった。そこで、土着地主資産階級に属す伝統的読書人の代表ともいえる林献堂を中心に、一九一八年夏、東京で「六三法撤廃期成同盟」が結成された。だが、その主張は「内地延長主義」による「同化」の方向と相似であり、ある意味で台湾の独自性を否定してしまうことにもつながりかねなかった。それゆえ、林呈禄らの主張にしたがって、一九二〇年以後は「台湾議会設置請願運動」へと移行した。[遠流台湾館編著、二〇〇七：一七五][若林正丈、一九八三ａ：第一篇]を参照。

(31) 一九二〇年の年末に始まった台湾議会の設立を要求する運動。一九三四年に停止するまで前後一四年にわたり帝国議会に一五回の請願を行った。運動の先駆けとなったのは、一九一四年から一九一五年にかけての台湾同化会の運動と六三法撤廃運動(本章注(30))であった。この運動は当初は台湾文化協会が主導し、台湾文化協会が分裂してからは、台湾民衆党に引き継がれた。だが、台湾民衆党が一九三一年に強制的に解散させられてから運動の支持基盤を失った[遠流台湾館編著、二〇〇七:一八〇、一九五][若林正丈、一九八三a:第一篇]を参照。

(32) なかでも、一八集まで作られた『火焼紅蓮寺』(一九二八―一九三一年、鄭正秋脚本、張石川監督)は台湾でも大ヒット。会社を休んで同映画の巡回興行を見に来る人までいたという(一九九八年一二月一一―一二日、国家電影資料館資料組の洪雅文・薛恵玲・王美齢による陳勇陞氏へのインタビュー。筆者も同行。陳勇陞氏は一九三二年生まれ、台湾漢族、彰化育ち。父が「光華影業公司」を経営、叔父が弁士だった関係で、幼少時から映画上映空間のなかで育つ。自身も十代で弁士となった)。

(33) 監督は張石川、脚本は鄭正秋。本章「小括」で言及する張芳洲が輸入配給した[王白淵、一九四七:二二]。

(34) 監督は卜萬蒼。「改革従来弊端開映上海影片」『台湾新民報』四〇一号、一九三二年二月六日、八頁。

(35) 『台湾公論』二巻三号、一九三七年三月、二〇頁。「新華影業公司」(台北市永楽町)による映画広告。同頁の広告では、中国のシャーリー・テンプルといわれた胡蓉蓉主演の『圧歳銭』(一九三七年、ただし広告では『歳銭新』のタイトル)など五本の中国映画が並ぶ。一頁二段広告で、上段には「福星影片営業公司」による新作中国映画八本の広告が掲載されている。

(36) 楊逵「中国の傑作映画『人道』を推す」『台湾新聞』一九三五年九月五日[『楊逵全集 九』二〇〇一:三五三]。

(37) G・Y生「台湾映画界の回顧(上)」(『台湾新民報』四〇〇号、一九三二年一月三一日、一五頁)によれば一九二二年頃に郭炳森が南洋から上海影戯公司作品「古井重波記」なる中古映画を輸入して各地で好評を博したのが始まりといい、呂訴上によれば一九二四年廈門聯源影片公司が南洋での巡回上映を終えたフィルムを台湾に持ち込んだのが始まりとされる[呂訴上、一九六一:一七一―一九]。

(38) このうち①については、一九二三年夏に中国にわたった張芳洲が、上海の明星影片公司にいた経験を生かし、一九二五年頃に上海から台湾への映画輸入ルートを確立したという王白淵の記述がある[王白淵、一九四七:二二]。

(39) 「トーキー検閲に悲鳴をあげる　目ざましい躍進に映画室増設の要」『大阪朝日新聞台湾版』一九三四年一一月二一日付。

(40) 「出版物その他の検閲をスピード化　警務局保安課の検閲係を昇格して課にする?」『大阪毎日新聞台湾版』一九三五年八月二五日付。

(41) 検閲手数料の規定は「活動写真フィルム検閲規則」によれば、台湾では日本映画は一メートルあたり〇・四銭(「内地」内務省の場合一メートルあたり一・六銭、したがって台湾では四分の一。

しかし、日本映画はすべて検閲済みであることを考えれば、二重取りともいえる)に対し、輸入映画は一メートルあたり二銭、内務省検閲済は一メートルあたり一銭。内地で検閲を受けることが少ない中国映画の場合は日本映画の五倍の手数料であった。

(42) その理由は第一に、一九三六年興行会社純益金の九四%が台北で計上されており(「州庁別営業成績」[台湾総督府殖産局、一九三八:一二四—一三七]のデータにより試算)、一九三五—一九三六年台北の興行界における変化は、始政四〇年記念博覧会に付随した催事の増加のほか、最新設備を備えた最新型映画館の新築ラッシュ(第一劇場、国際館、タイゲキ、大世界観)が挙げられること。第二に、このうち台湾劇場株式会社の「営業報告書」によれば、混合劇場(演劇や映画など各種興行娯楽を混合して上演する劇場)のみ所有時の利益金約一、二〇〇円(一九三三年上半期)に比して、映画常設館「タイゲキ」併設後は利益金が約九、八〇〇円(一九三六年上半期)と約八倍に伸びていること(『台湾劇場　営業報告』マイクロフィルム、蔵版:東京大学経済学部、製作:雄松堂出版、撮影:高橋情報システム、一九九五年。同資料は、李承機氏のご教示による)。第三に、一九三六年に福岡—台北間の航空路開通によって映画配給上の便宜が増し、新築映画館のいずれもが「タイゲキ」と同様に好調であったことが確認できること。始政四〇年記念博覧会の影響を差し引いて考えるのは難しいにせよ、以上の三点から、一九三六年の演劇興行会社純益金の伸びは、台北の新築映画館を中心とした映画興行純益金の伸びを、すべてとはいえないが、一定程度は反映したものと考える。

(43) 「南台中に劇場建設計画　劇場主盛に妨害す」『台湾民報』二一六号、一九二八年七月八日、一一頁。「屏東郡当局黙認・楽機関独占街民與興行者不平」『台湾民報』二三五号、一九二八年一一月一八日、四頁。「地方通信・高雄　劇場許可問題、市民皆甚注目」『台湾民報』二六九号、一九二九年七月一四日、七頁。「糾紛不開的南台中劇場問題・内地人股東欲望過著台湾人股主極力反対」『台湾民報』二七六号、一九二九年九月一日、二頁。「街民熱望的員林劇場建設難」『台湾民報』二九〇号、一九二九年一二月八日、三頁。「地方通信・屏東　戯園主無理被告業務妨害」『台湾新民報』三八五号、一九三一年一〇月一〇日、九頁。

(44) 「大正十三年度学租財団補助金ニヨル事業」『台湾教育』三〇〇号、一九二七年六月、一五〇頁。

(45) 一九三一年に抗日民族運動左派たる台湾共産党の一斉検挙があり、これを契機として左傾した文協と農民組合への弾圧、台湾民衆党の結社禁止などによって、政治運動は完全に沈黙させられていく。

(46) 小川茂富「映画教育論」『台湾教育』三四四号、一九三一年三月、五一頁。

(47) 「芝山巌は果たして教育映画にあらざるか　台湾最初のトーキー作品と杓子定規の文教当局の見解」(『台湾時事新報』一一三号、一九三六年九月四日付)では、『嗚呼芝山巌』(脚本は総督府文教局編集課北畠現英)が文教局の後援を得られなかったのは、歴史的事件を表題に掲げながら映画内容がそれとは「凡そ隔たりがある」からであるという表向きの理由が原因ではなく、「カフェーの女給が女主人公に扮し、しかもダンサーの登場する映画なぞ教育映画とはいえない」というのが本音だろうと推測している。

(48)「苦心は買うが考えもの　自治協会宣伝映画」『台湾時事新報』六五号、一九三五年九月二〇日付。選挙活性化のために総督府の官僚で結成した官制団体「台湾地方自治協会」(台湾人が組織した「台湾地方自治連盟」とは別団体である)が巡回映画で選挙宣伝を行ったが、購入したのは本国の地方選挙に際して製作された「選挙粛正映画」であったため、『台湾時事新報』では「苦心は買うが」「不要な政党攻撃と買収実演」は「本島人に悪教育をする様なもので全然カットされねばならぬ」と揶揄している。

(49)「皇民化」とは、小林躋造総督が打ち出した「皇民化、工業化、南進基地化」のスローガンのひとつ。日中戦争の勃発後、戦争への動員の必要から台湾住民を「皇民化」する運動を推進した。施策としては、改姓名(台湾人の姓名を日本式の姓名に改めさせる)や「国語家庭(日本語を常用する家庭)」に対する優遇措置などのほか、「寺廟整理(台湾既存の民間宗教を再編成しようとした)」や「正庁改善(台湾伝統の広間の配置や祖先を祭る習俗を日本式の神棚に変える運動)」、「壮丁団運動」や「部落振興運動」など多種多様な活動が行われた(〔遠流台湾館編著、二〇〇七：二一四―二一九〕を参照)。なお、近藤によれば、「皇民化」運動に先だって、一九二〇年代に台湾島内で高揚した民族運動に対処するべく社会教育が整備され、一九三〇年代に中川健蔵総督の着任を契機として台湾における教化運動が植民地本国の国民教化運動と一体化していったことが、異民族の教化方針の確立プロセスであり、島内の教化網の形成プロセスでもあったという。この意味で、小林総督の「皇民化」運動は中川総督の教化運動を引き継いだものであったが、「寺廟整理」、改姓名、日本語使用などを通じた「同化政策の徹底」によって、伝統的な台湾社会の地縁や血縁が解体されたという意味で質的に異なるという〔近藤正己、一九九六：一四一―二六〇〕。

(50)「内地、台湾法令(件名)対照表」〔外務省条約局法規課編　一九五九＝一九九〇：七四〕。

(51)警務局事務官根井洸「輸移出活動写真フィルム取締規則に就て」『台湾警察時報』二五〇号、一九三六年九月、七三―八二頁。「フィルム取締り」『大阪毎日新聞台湾版』一九三六年八月八日付。

(52)『台湾公論』(二巻一〇期、一九三七年一〇月、一二頁)の記事「さきには為替管理法案の適用によって、輸入映画に一大制限を加へることになったと聞いて」という表現から、映画の輸入に為替管理法案がかかわっていたとみて関連法規を検討した。台湾で施行された関連法規としては、「関税定率法」、「関税法」、「外国為替管理法」、「台湾外国為替管理規則」があるが、輸出入の禁止及び制限に関しては、「関税法」と共に「我国関税制度の根幹」(台湾総督府財務局『台湾の関税』一九三五年一〇月、八三頁)を形成する「関税定率法」が規定している。『台湾の関税』によれば、「輸入禁止品は関税定率法に依り規定せられたるものと其の他の特別法規に依り規定せられたるものとあり」とある。後者は産業保護、保健衛生、あるいは政府専売制度の必要から個別に規定されたもので、輸入禁止品についての原則は前者に依ることになる。その関税定率法、第十一条にある輸入禁制品の規定には「三、公安又ハ風俗ヲ害スヘキ書籍、図書、彫刻物其ノ他ノ物品。四、特許権、実用新案権商標権及著作権ヲ侵害スル物品」がある。当時の検閲官は映画を一種の図書と見なしていたので[鈴木静一郎、一九三七：一―二]、この第十一条第三項は映画の輸入禁止にも適用可能と推定できる。いっぽう、「外国為替管理法」、「台湾外国為替管理規則」は、貿易における料金の支払い方法を規定することで外国からの商品の輸入を禁止制限できる。したがって、先の『台湾公論』の言及と併せて考えれば、満洲事変の後、中国および他の外国映画を輸入する際の禁止制限に、これらの法規が適用されたと考えられる。

(53) 「映画を統制する　台南州警察部の取締」『大阪毎日新聞台湾版』一九三六年七月三〇日付。

(54) 「支那映画は禁止　台南警察が率先実行」『大阪毎日新聞台湾版』一九三七年一〇月二九日付。翌年の台南「警察事務打合」の注意事項にも「支那フィルム取締の件」が挙がっている(「台南通信」『台湾警察時報』二七二号、一九三八年七月)。

(55) 「支那芝居や映画上映禁止を進言　皇政宣揚会が総督へ」『大阪毎日新聞台湾版』一九三八年五月三一日付。

(56) 永井孝男「仏蘭西映画の上映」『台湾時報』一九四二年一〇月号、一〇一―一〇二頁。統制下で敵性映画が追放され上映フィルムが欠乏するなか、過去に上映されたフランス映画が再上映された際、その「退廃的雰囲気」を問題視し、「よろしくかかる種類の映画は抹殺」するよう、「敢えて、興業統制会社や取締当局のご一考」を促す寄稿。

(57) 原保夫「時局とニュース映画」『台湾時報』一九三七年一一月号、七四―八〇頁。切除されたのは、朝日ニュース「膺懲の聖戦」の一部。

(58) この点について、田村志津枝[二〇〇〇：二四〇]では、台湾興行統制会社の実収統計において映画と台湾新劇の収入がほぼ同程度であったことから「入場料は、台湾人の劇場は日本人の劇場の五割から六割といわれていたから、観客数にすれば映画の倍近い数が台湾新劇に流れていた」と見ている。また、加藤厚子[二〇〇三：二二七―二二八]は田村著の記述を引用しつつ「台湾興行市場における映画の割合はきわめて低く」「台湾新劇や歌仔戯、布袋戯など興行系の娯楽が好まれ、そのなかで映画が突出した存在ではなかった」としている。しかし、後述するように、田村著が依拠する『映画旬報』の記事(永井孝男「台北の映画館」一九四二年一二月一一日号)が書かれる以前、一九三五年には映画の大衆料金化が進んでおり[李承機、二〇〇四：二九六―三〇一]、一九三七年以後ニュース映画は一〇銭の低料金[同前：三〇五]、一九四〇年八月には警務局保安課の指導で「封切物」でも五〇銭にまで引き下げられ(「映画の料金釘づけ　五〇銭以下に引下げる」『大阪朝日新聞台湾版』一九四〇年八月二五日付)、本文に記したように「台湾人の劇場」には映画常設館も含まれていた。この点、李承機[二〇〇四]も、台湾人を読者とする漢文欄(『新高』二九六号、一九三一年一一月五日)が「劇場の集客ぶり」を根拠に映画が中国伝統演劇「京班」や歌仔戯にとって代わると見ていたこと、さらに一九三三年に台湾人資本の混合劇場「永楽座」が映画の通常三等料金五〇銭以上に対して「演劇についてはあえて日間一〇銭、夜間一五銭という大衆化料金を打ち出した」ことを映画が演劇にとって代わっていたことを示す象徴的な事例として指摘している[同前：二九六]。したがって、中国映画が厳しく統制されるようになった一九三五年以後に台湾新劇や歌仔戲、布袋戲などの人気がそれ以前に比べて相対的に回復したとしても、「映画の倍近い数が台湾新劇に流れていた」、「台湾興行市場における映画の割合はきわめて低」かったとは考えにくい。

(59) 台湾人経営かどうかの判断は「所有者」、「統制会社契約書」の名義のうち、両方もしくはいずれかが台湾人式の姓名であるものとした。したがって、改姓名によって日本人式の姓名で記入された事例は区別できていない。仮に台湾人が日本人式の姓名に変更しているとすれば、台湾人の経営比率はさらに高くなる。なお、興行場の地方ごとの内訳は、台北州全四五軒中の一八軒、新竹州全二七軒中の一九軒、台中州全三三軒中の二七軒、台南州三四軒中の二〇軒、高雄州全二〇軒中の九軒、澎湖庁全二軒中の一軒、花蓮庁四軒中の二軒、台東庁全三軒中の二軒となっており、全一二七軒中の九八軒(七七%)が台湾人経営によるものと見られる。

(60) 水野新幸「台湾活映行脚」『映画教育』四五号、一九三一年一一月、八頁。田中一二[一九四一：六〇九―六一〇]。海野幸一[一九八一―一九八二：三三二]。筆者による李松茂氏へのインタビュー(一九九八年六月二日、玉蘭荘にて)、同じく中尾瑠璃子氏(中国語名：曾鍾瑠璃)へのインタビュー(一九九八年六月一一日、玉蘭荘にて)。

(61) 一九三七年九月の座談会における台北市国際館篠島巌の発言。『台湾公論』二巻九号、一九三七年九月、一〇頁。

(62) 三澤真美恵[二〇〇一：三一五―三三二]のほか、台北市公会堂におけるニュース映画上映と民間映画業者による「民業圧迫」の訴えとの摩擦、ジャーナリズムとしてのニュース映画については、李承機[二〇〇四：二九五―三〇七]に詳しい。

(63) 「ニュース映画会上映日割決定」『大阪毎日新聞台湾版』一九三七年八月二四日付。

(64) 「ニュース館の出現」『台湾時事新報』一六三号、一九三七年九月三日付。

(65) 「待望のニュース常設館　七日から台北にデヴユウ」『台湾時事新報』一七二号、一九三七年一一月五日付。「ニュース劇場計画　市のニュース映画会に対抗」『大阪毎日新聞台湾版』一九三七年一一月七日付。

(66) 「支那事変解説映画　本社特派員決死撮影『全線総攻撃』近日全島各地で公開」『大阪毎日新聞台湾版』一九三七年一一月八日付。

(67) 「同時録音の映画〝南京大攻略〟戦線報告の夕に上映」『大阪毎日新聞台湾版』一九三八年一月二三日付。

(68) たとえば「南方生命線の勇士　ニュース映画に満悦　大朝・大毎共同〝台湾軍慰問の夕〟」『大阪毎日新聞台湾版』一九三七年九月一〇日付など、同様の記事は多数ある。

(69) 「臨時情報委員会　総督府内に一五日から設置」『大阪毎日新

聞台湾版』一九三七年七月一六日付。設置の決定は一四日総督官邸における「時局対策打合せ」で決定。

(70) 訓令第五八号による(『府報』三〇六三号、一九三七年八月二四日)。「台湾総督府臨時情報部規定」(訓令五八号)第一条によれば、「台湾総督府ニ臨時情報部ヲ置キ総督官房ニ付属セシム　臨時情報部ハ情報ニ関スル重要事務ノ連絡調整ヲ掌ル」とある。

(71) 一九四二年訓令第七号、訓令第八号(『府報』四三九八号、一九四二年一月二三日)。

(72) 李承機によれば、明確に「台湾人向け」をうたった台湾語による「第二放送」ができたのは台湾人を対象とした戦時動員が本格化する太平洋戦争勃発後の一九四二年一〇月である[李承機、二〇〇四：二八八]。

(73) 「福建語で放送　JFAKの時局ニュース」『大阪毎日新聞台湾版』一九三七年七月一八日付。

(74) 「台湾語放送に波紋！　時代逆行だと反対意見猛烈」『大阪毎日新聞台湾版』一九三七年八月七日付。

(75) 「本島人に判り易く　片仮名、漫画入りの印刷物配布　文教局〝支那事変〟解説」『大阪毎日新聞台湾版』一九三七年九月一九日付。

(76) 原保夫「時局とニュース映画」『台湾時報』一九三七年一一月号、七四頁。

(77) ただし、日刊新聞の漢文欄が廃止されるいっぽうで、漢文雑誌『風月報』『南方』などは戦時下でも刊行され続けていた[楊永彬、二〇〇一]。また、李承機は、台湾放送協会では台湾語ニュース番組が開設される以前、すでに台湾人のラジオ加入者増のために「台湾音楽」番組が常態化していたことを指摘している[李承機、二〇〇四：二八七―二九五]。

(78) 杉山静夫「台湾映画界瞥見」『映画旬報』一〇〇号、一九四三年一一月二一日、五二―五三頁。

(79) 加藤厚子[二〇〇三]では、「台湾における映画工作」のなかで「『愛染かつら』も台湾人に受容され、中国語字幕をスライドで挿入した『愛染椿』が上映されている」[同前：二二四]と場所を特定せずに記載し、「台湾では日本語のまま、もしくは補助的な字幕を付けることで、日本映画を現地向けに加工することなくほぼ内地同様に受容することができた」[同前：二二八]と述べている。しかし、加藤著が依拠している田村志津枝[二〇〇〇]の該当箇所では、中国語字幕を付した『愛染かつら』が上映されたのは大陸の汕頭、それを見たと述べているのは日本人、劇場には「中国人観客も三割ほど入っていた」と記載されている[田村志津枝、二〇〇〇：二二三―二二四]。また、字幕についても「商売熱心で小技のきく台湾人なら、あのくらいのこと[「画面のすみにさっと手書きの文字が差し込まれ」る方式の字幕を指す]はしてしまいそうな気もする」と推測を述べているにすぎない[同前：二三七]。

(80) 「解説者台湾語廃止」『台湾公論』二巻五号、一九三七年五月、二九頁。

(81) 「社会教化と映画活用　本島人大衆に対する映画のもつ重大使命」『台湾芸術新報』一九三八年八月一日号、一頁。

(82)「部落民の慰安日　期待される教化映画の活動　農村の活動力を培う」『大阪朝日新聞台湾版』一九四〇年五月一五日。

(83) 前掲、陳勇陞氏へのインタビュー。

(84) 一九四〇年には五一%(『台湾事情』一九四二年、一三二頁)、一九四三年には全人口の八〇%(『興南新聞』一九四三年一〇月一二日、夕刊、一頁)という数字もある。だが、「日本語を解する者」の範囲は、宋登才(『国語講習所教育の実際』台北：光昭会、一九三六年)によれば、国語普及施設の生徒や修了者を含む(つまり国語普及施設に通ったことがあるだけで修了していない者も含まれている)。これらの施設での「国語」教育は一年に六〇—一〇〇日、毎回二—三時間、年限は一—四年であった。別の資料では、一年間国語講習所に通った母が一言も日本語を話せないので、教学を強化してほしいという少年の知事宛の匿名の手紙もある(『台湾日日新報』一九四〇年四月一〇日夕刊、二頁)。一九三七—四三年の台北州「国語家庭」は三四四八戸で、全台北州の戸数の一・三%。台北の日本語使用率は高かったはずだが、他の州との比較では台北州より高い数字も見られる。以上の資料により、周婉窈は統計の数字が実際の状況を反映していないと見ている[周婉窈、一九九六：一七一—一七二]。

(85)「農村の隅々まで娯楽映画　台湾映画協会から巡回して贈る」『大阪朝日新聞台湾版』一九四一年五月一〇日付。

(86) 台湾映画協会は「台北州映画教育協会、新竹州教化聯合映画部、台中州、台南州、高雄州各映画協会、澎湖庁映画連盟、花蓮港庁映画教育振興会、台東庁映画協会(設置予定)」をひとつに統合した組織(同前注)。

(87) 片岡純治(写真協会台湾支部長)「思想戦とその武器——言論・放送・映画・写真に就いて」『台湾時報』一九四三年七月号、六八—七五頁。

(88) 同協会によるニュース映画製作開始以前にも、一九四二年五月から日本映画社の製作班が駐在していた[呂訴上、一九六一：一五]。また「本島映画界の大御所　台湾興業統制会社専務真子万里氏に本島映画今後の施策を訊く」(『台湾芸術』四巻四号、一九四三年四月、六—七頁。なお、同資料は黄英哲氏のご教示による)では、「台湾に入荷して来る映画の焼増は、昨春から生のフィルムを貰って来て台湾でやっている」とあり、日本映画社駐在が始まったのと前後して現像システムも整ったと思われる。

(89) 共栄会は一九三八年日本軍が厦門を占拠した後、「文化、経済工作を強化すると共に台湾と厦門とを密接に結びつける強固な機関」を求める声によって、「台拓、台銀、台電、華南の各代表者林龍祥、辜振甫、林熊徴、顔欽賢」らが発起人となり財源を一万円ずつ支出、「総督府より加藤外事課長、木原調査課長」出席の下で協議決定された組織だという官民合作説の他(「厦門の復興工作へ　経済文化の強化　華僑に呼びかけて積極的に　乗り出す共栄会生る」『大阪毎日新聞台湾版』一九三八年八月二三日付)、「総督府報道部の共栄会」(「映画『広東』七日から台北市で公開」『大阪朝日新聞台湾版』一九四〇年六月九日付)、「情報部が対南支・南洋方面の映画配給のため組織している共栄会」(「農村の隅々まで娯楽映画　台湾映画協会から巡回して贈る」『大阪朝日新聞台湾版』一九四一年五月一〇日付)とする総督府情報部の組織とする説などに食い違いがあるうえ、「泰国陸軍武官室勤務共栄会映画班」(『台湾時報』一九四〇年一一月号)という記述からは軍との関係も強いと考えられ、その性格についてはさらに調査が必要である。ただし、以上の記述がいずれも総督府各部門との関連に言及しており、「一年の経費は百万円を越え、台湾総督府がその半分近くの補助金を出しており、総務長官がその業務監督の責任をおっている」(『映画旬報』八四号、一九四三年六月一一日、二一頁)との記述もあることから、実質的には総督府の組織経営によるものと判断した。

(90) 映画以外の主要な事業としては「日本語講習所」や「共栄会館」などの社会事業、印刷宣伝事業などがある(『映画旬報』八四号、一九四三年六月一一日)。また、同記事の書かれた時点で共栄会が華南に経営する映画館は八軒、「巡回上映は厦門、汕頭、広東などの周辺地区及び海南島、法属中南半島などで、毎月定期的に巡回映画班を派遣」している(同前)。

(91) 「映画配給者日誌」(『映画旬報』七八号、一九四三年四月一一日)では創立は三月二六日、『台湾公論』(一九四二年三月号、二九頁)では四月開業となっている。「台湾興行統制会社」は、「台湾全島の興行物を一手に収めて統制配給」(下田喜八「映画のこと」『台湾公論』一九四二年五月号、六〇—六一頁)を行う、映画の配給・上映を含めた興行方面の一元的統制会社である。

(92) 「映画の料金釘づけ　五〇銭以下に引下げる」『大阪朝日新聞台湾版』一九四〇年八月二五日付。

(93) データは中国電影資料館蔵謄写版『中国電影総目録(第一輯)』(一九六〇年)により、外国資本が中国国内で製作した作品は含まれていない[弘石、一九九六:五]。

(94) 翟民「国片復興運動中国内影院状況之一斑」(『影戯雑誌』一九三〇年七—八期[中国電影資料館編、一九九六:二〇九—二一一])によれば、一九三〇年約二五〇館の映画館のうち中国映画専門館は五〇—六〇館である。

(95) 率先して南洋市場を開拓した会社に「天一影片公司」がある[黄建業・黄仁総編集、二〇〇〇:二五]。

(96) 一九三九年には朝鮮映画人を網羅する「朝鮮映画人協会」も設置されている[市川彩、一九四一:一一一]。

(97) 中国に関しては、Zhiwei Xiao[1997: 35–57]を参照のこと。Xiao は南京政府期における映画検閲の動きを、中国が列強による帝国主義の権力から国家主権を回復しナショナルな意識を宣伝するためのコンテクストの中に位置づける。朝鮮に関しては、朝鮮映画文化研究所編「朝鮮映画三〇年史」(『映画旬報』八七号、一九四三年七月一一日、一六—一九頁)、李英一[一九八六]、扈賢《ホ・ヒョン》賛《チャン》[二〇〇一]などを参照。

(98) 駒込武はこの「同化」という概念はそれ自体が分析されるべき対象であるとして、統治政策の特質と抽象的概念としての「同化」を区別すべきであると提言している。すなわち、統治政策の特質は、法制度的次元における平等化と差別化—「内地延長主義」と「植民地主義」—、文化的次元における平等化と差別化—「自主主義」と「仮他主義」—という二次元の座標軸に即して分析されなければならないとする[駒込武、一九九六:二〇]。

(99) 一九二五年には、ドイツが外国映画の輸入割当制度を、次いで一九二七年には、英国が映画法を制定し、その翌年にはフランスも米国映画の輸入制限を実施した[戸坂雄二、一九九九:四一頁]。

(100) 在ニューヨーク総領事代理姉歯準平発、外務大臣内田康哉宛「米国ニ於ケル活動写真流行地図図解送付ノ件」一九二三年七月二三日付、外務省記録[I・一・一二・〇・一]。

(101) 「外務省所有フィルム貸与方ニ関スル件」一九二六年七月二七日、外務省記録[A・三・三・〇・二―二]。

(102) 在スイス特命全権公使有吉明発、外務大臣幣原喜重郎宛「日本ノ風習ニ関スル活動写真「フィルム」ニ関スル件」、外務省記録[I・一・一二・〇・一]。

(103) 田中三郎「米国映画排斥問題一言」『キネマ旬報』一六三号、一九二四年六月二一日、七頁。

(104) 一九三六年段階の記事でも、「内地延長主義で検閲官氏もコダワル事のない検閲振りを発揮している」とある(野村幸一「警務局映画検閲室拝見」『台湾警察時報』二四二号、一九三六年一月、一四八―一五〇頁)。

(105) 「中国影戯大好評　蔣宋結婚的人気」『台湾民報』二〇八号、一九二八年五月一三日、七頁。

(106) 高橋外次郎「台湾に於ける映画検閲」『台湾時報』一九三一年九月号、一一一―一一四頁。『台湾時報』は台湾総督府官房情報課が編集にあたり台湾総督府内に設置された「台湾時報発行所」の発行による。

(107) 前掲、国家電影資料館資料組洪雅文・薛恵玲・王美齢による陳勇陞氏へのインタビュー。

(108) 『台湾警察協会雑誌』一〇四号、一九二六年二月、二四二―二四四頁。

(109) 八木信忠・池田博・鳥山正晴・渡辺豊・広沢文則・丸山博・山名泉ら七名が一九九三年六月三日、同一一日に日本大学芸術学部にて行った何基明のインタビュー原稿、一九頁(財団法人国家電影資料館蔵)。同記録は、彼の死後、楊一峯訳「電影狂、八十載　何基明訪談録」として『電影欣賞』七〇号(一九九四年七―八月、五二―八三頁)に中国語訳で掲載された。該当箇所は六四頁。

(110) 筆者によるイワリー・ピホ氏へのインタビュー(一九九九年三月二八日、イワリー・ピホ氏ご自宅にて)。

(111) 筆者による李茂松氏へのインタビュー(一九九八年六月二日、玉蘭荘にて)。

(112) 「文協活動写真部出世」『台湾民報』一〇一号、一九二六年四月一八日付、七頁。のちには、上海で映画フィルムを購入した(外務省外交史料館所蔵、「特要視察人ノ行動ニ関スル件　台湾文化協会専務理事　蔡培火」『不逞団関係雑件　台湾人ノ部』外務省記録[四・三・二・二―二]、該資料については陳文松氏にご教示いただいた)。

(113) このほか、断片的なデータだが、一九三三年台中州の場合で「活動写真説明者」は「内地人九名、本島人一〇名」[台中州警務部、一九三三：一七七」、一九三四年花蓮州の場合で「内地人二名、本島人〇名」［花蓮港庁警務課、一九三四：八八］、一九三四年台南州では民族別の数字はなく「活動写真説明者二〇名」となっている［台南州警務部、一九三五：一三二］。ただし、台北州のデータも含め、これらは許可証を所持していた弁士の数である。実際には許可証なしで営業していた者も多かったという（前掲、陳勇陞氏へのインタビュー）。

(114) 台北州「興行規則」（一九二六年一〇月州令第一三号）［台北州警務部編纂、一九三一］。

(115) 「活動写真フィルム検閲規則」（一九二六年七月府令第五九号）「活動写真フィルム検閲規則取扱規定」（一九三九年一二月訓令第九三号）［台湾総督府警務局編纂、一九四二年］。

(116) G・Y生「台湾映画界の回顧（上・下）」『台湾新民報』四〇〇号、一九三二年一月三一日、一五頁。同四〇一号、一九三二年二月六日、一四頁。

(117) ひとつの産業を分析する場合の視点には、market（需要側の要因：市場）、money（資金：供給側の要因）、manpower（技術者を含む人材：供給側の要因）、material（資材・技術などのロジスティクス：供給側の要因）、そしてmanagement（経営：供給側の要因）の五点が考えうるという視角は佐藤幸人氏のご教示による。

(118) 前掲、G・Y生「台湾映画界の回顧（上・下）」『台湾新民報』四〇〇号、一九三二年一月三一日、一五頁。同四〇一号、一九三二年二月六日、一四頁。

(119) 一九二八年地方都市の単発興行の事例で、三夜興行で三〇〇〇人近くの観衆を集める好成績を収め、主催者の傅順南と蔡清池は純利益の全額一〇〇余円を高雄のストライキ団に寄付している（「中国影戯大好評　蔣宋結婚的人気」『台湾民報』二〇八号、一九二八年五月一三日、七頁）。なお、映画興行の入場料は一〇銭から一円二〇銭程度まで幅があるが、フィルム配給が営利会社であることから、仮に一人当たりの入場料を五〇銭と考えると興行収入は一五〇〇円近く、興行収入に対する純益の割合は六・六％である。また、島都台北の大手興行会社である台湾劇場株式会社（映画も演劇も行う混合劇場「栄座」を経営）の事例で、『血痕』公開と同年の第三六期（一九三〇年六月一日—同年一一月三〇日）「事業報告書」によれば、総収入九、五八九・三一円に対する利益は七五二・二二円で、利益率はやはり一割に満たない七・八％である。同株式会社は一九三五年一二月に映画常設館「タイゲキ」を新築するが、オープン後の第四七期（一九三五年一二月一日—一九三六年五月三一日）における総収入は「栄座」分も含めて五五、一六二・七四円、利益は九、八〇〇・七七円で、利益率は一七・七％となっている。だが、これは劇場を所有している興行会社の成績で、しかも人口の多い台北、新築オープン直後、年末年始繁忙期などの要素がかみ合った結果の利益率である。したがって、フィルムのみを持参して会場を借りて行う興行の場合であれば、総収入に対する純益の比率は通常は一割に満たず、よほど好調であっても二割には満たなかったと推定した（前掲『台湾劇場　営業報告』参照）。

(120)『台湾劇場　営業報告』中「第三六期(昭和五年六月一日ヨリ同年一一月三〇日)事業報告」四—五頁。
(121)『台湾劇場　営業報告』中「第四七期(昭和一〇年一二月三日ヨリ昭和一一年五月三一日)事業報告(タイゲキの分)」九—一二頁。
(122)前掲、G・Y生「台湾映画界の回顧(上・下)」『台湾新民報』四〇〇号、一九三二年一月三一日、一五頁。同四〇一号、一九三二年二月六日、一四頁。『台湾公論』二巻九号、一九三七年九月、一〇頁。
(123)前掲、陳勇陞氏へのインタビュー。
(124)「屏東郡当局黙認娯楽機関独占街民與興行者不平」『台湾民報』二三五号、一九二八年一一月一八日、四頁。「戯園主無理被告業務妨害」『台湾新民報』三八五号、一九三一年一〇月一〇日、九頁。
(125)前掲、陳勇陞氏へのインタビュー。
(126)国民党宣伝部の調査でも、天一、民新、月明などの映画会社で日中戦争勃発以前一作品の製作費は二万元、明星のような大手で四万元となっているため(一九三七年一〇月九日「中央補助上海電影界攝製抗戦影片計画」中国国民党文化伝播委員会党史館檔案(五・三—五七・一二))、市川著の数字も妥当と思われる。
(127)前掲、朝鮮映画文化研究所編「朝鮮映画三〇年史」一七—一八頁。
(128)台湾語のトーキー映画は、当初は香港の閩南系映画人によって撮影されたこともあり「閩南語片」「厦語片」とも言われたが、一九五〇年代半ばから台湾での製作が盛況となってからは「台語片(台湾語映画)」の呼称が定着した。
(129)黄仁によれば、「台湾語映画は最初の五年で、その絶頂期に突然萎縮してしまった。その主要な原因は日本映画の打撃を受けたからである。政府は日本映画に短編の割当額を許可したので、二本で一本分と計算することができた、一年で八本も日本映画が増加し、加えて密貿易の日本映画も猖獗を極め、中南部の映画館で上映されたので、台湾語映画にとっての打撃は大変大きく、実力があまりない弱小映画会社は、次々と倒産してしまった」[黄仁、一九九四：一五]、(日本映画にまつわる汚職事件によって)「日本映画が禁止された三年の間に、もともと日本映画を上映していた劇場はみな台湾語映画を上映するようになった。台湾語は最強の競争相手がいなくなったことで自然と機に乗じることができた。北京語映画の発達、一九六二年の双十節に始まった台視(テレビ局)開局という二つの重圧の下にありながらも、第二の絶頂期を作り上げた」[同前：一六—一七]という。ここから、戦後の台湾語映画の隆盛は市場の需給バランスの間隙を縫って興ったものだ、と推測される。また、台湾語映画の競争相手が日本映画であったことは、「中国化」政策が支配的だった戦後台湾の台湾人観客にとって、日本映画が「中国化」政策に対抗的なオルタナティブとしての意味をもっていた可能性を示唆すると考えられるが、この点については三澤真美恵[二〇一〇b]を参照されたい。
(130)「台湾紹介活動写真」『台湾日日新報』一九〇七年五月一一日、同一二日、同一四日、同一五日、同一六日付の記事。また、校正

の段階で台湾映画協会製作、皇民奉公会後援による映画『六百五十万の感激』の広告(『読売新聞』一九四四年八月二六日)を、山崎泉氏にご教示いただいた。植民地期台湾で上映・製作された映画については不詳な点も多い。序章注(35)で述べた二〇〇三年に発見され国立台湾歴史博物館に所蔵されたフィルムの分析も含め、今後の研究に待ちたい。

(131)「輸出映画『仏陀の眸』」とあり、日本では公開されなかった可能性もある[市川彩、一九四一:九〇]。監督田中欽之、出演には劉喜陽、黄梁夢など台湾人も参加した。ロケ地は、「板橋林本源花園、大龍洞保安宮、円山剣潭寺」など。「当時新高銀行に勤めていた劉喜陽は、新聞を見てオーディションに行き採用され、この映画に出演した(台湾人で始めて日本映画に出演した映画俳優と言われる)。劉喜陽はこの映画出演が「下九流」の行為であるとして台湾新高銀行を解雇されたという[呂訴上、一九六一:二]。

(132)原作岩崎秋良、脚色畑本秋一、監督田坂具隆、撮影伊佐山三郎、出演浅丘信夫、対馬ルイ子、三田実、小杉勇、三木本英子、山内光(『キネマ旬報』一九三七年四月一日、五五頁)。本島人の参加はなく、高砂族のエキストラのみ[呂訴上、一九六一:五]。

(133)原作脚色武田寅男、監督田口哲、撮影福田寅二郎、出演島耕二、黒田記代、中田弘二、西村皐子ほか(『キネマ旬報』五九六号、一九三六年一二月一一日)。台湾現地での報道は以下のものがある。「日活幹部俳優として映画ファンの注目の的である、島耕二は『翼の世界』撮影の為去る十一月二十四日ダグラス機にて渡台、円山方面にてロケーションを為し翌日ダグラス機にて帰途についた尚一行には島耕二外女流鳥人西村皐子及福田カメラマンの三人であつた」(『台湾芸術新報』一九三六年一二月一日、第二巻第一二号、六頁)、「島耕二の野郎ロケに来クサツテ、アツサリと引揚げる。何とかの映画だそうな　台湾封切りの節は「見ない同盟をする事」これは何処かで囀つて居りましたぜ、島耕さんも折角台湾まで来られたのですから寝る暇があつたら五分か十分しか懸らぬ挨拶のチョット位は悪い事は有りませんぜ」(「映画界うら表」、『台湾公論』二巻一号、一九三七年一月、二二頁)。

(134)原作近藤経一、脚色荒牧芳郎、鈴木紀子、監督首藤壽久、撮影横田達之、出演江川宇礼雄、石井美笑子、京町みち代、山本嘉一、高野二郎ら(『キネマ旬報』六一二号、一九三七年六月一日号。同六一八号、一九三七年八月一日号)。同作のタイトルについて、呂訴上[一九六一:一二]葉龍彦[一九九八:二四二]などでは『南国の花』とされてきたが、当該時期の資料により『南国の歌』であることを確認した。「この映画は雲林県下の虎尾鎮にある製糖工場を中心に撮影された」[呂訴上、一九六一:一二]。撮影が始まった頃、台湾の雑誌には「日活南国の歌に台湾ロケ、ボツボツ映画屋が、台湾に色目を使ふワイ、これも島耕と同じ行き方か」[「映画界うら表」、『台湾公論』第二巻第四号、一九三七年四月一日、二〇頁]と、やや皮肉な口調で紹介されている。また、植民地本国での公開時の資料では、「首藤壽久監督昇進第一回作品、三月下旬より約一カ月台湾ロケを敢行した」(『キネマ旬報』六一二号、一九三七年六月一日号)、「製糖会社の依頼に応じて簡単に組み立てた……台湾ロケーション（それも製糖会社とのタイアップの宣伝臭味、強いが）を除いたら殆んど劇的興味を感じられない作品を玄人が何人もかかつて製作するのでは少々情けない」「一カ月余台湾にロケーションした作品だけ、特殊な風景を背景に持つ異色篇には成つて居る。従つて此作品の価値もそこに集中され様から、宣伝次第では案外観客を呼ぶ事が出来る作品だと思ふ」（『キネマ旬報』六一八号、一九三七年八月一日号）とあるので、これが製糖会社とのタイアップで撮影されたこと、さらに内地では台湾ロケということが興行価値を持っていたことが確認できる。また、海野幸一によれば、同じく台湾の製糖会社がスポンサーとなって製作したものに、記録映画『台湾砂糖』（森永健次郎監督）があり、昭和十二年四月末、台湾の日活系劇場で上映されたとある［海野幸一、一九八一―一九八二：二〇］。

(135) 原作長谷川伸、脚色片桐勝男、監督荒井良平、撮影宮川一夫、録音金村利一、出演嵐寛寿郎、澤村国太郎、市川春代、大倉千代子、月宮乙女など（『映画旬報』二九号、一九四二年一〇月二一日号、二二頁）。「総督府は日本南方発展史を宣伝しようと、日活京都撮影所と共同で『海の豪族』を製作した。（中略）安平港及び高雄県下山地を中心に撮影された。エキストラは高雄県下の高砂族。台湾人は布袋戯団が参加したのみ」であった［呂訴上、一九六一：一五］。ストーリーは、台湾に対する「和蘭（オランダ）の侵略主義」に対して、日本人の武士が「日本人町」の民衆と台湾現地の「蕃人たち」を指導して戦い、オランダ人を台湾から追い払うことに成功する、というもの（前掲、『映画旬報』二九号）。この作品は戦前における日活京都最後の製作で、「この映画を当事者側が興行的に大きく買つた理由は、南進日本の先覚者浜田弥兵衛の実録に仍つて正義日本の武士道精神を強調昂揚した。取材の点で頗る今の時局に適応していること、二、台湾までロケして南方の人情、風俗を時代劇の型の中に挿入したこと、三、海上の剣戟映画であること、四、年期のかかつた製作、五、宣伝期間を長期間に亘つてなされたこと、六、大作品としての押しだしのあること、等であるが」、期待ほどにはヒットしなかった（「興行展望」『映画旬報』六五号、一九四二年一一月一一日号）。

(136) 監督清水宏、脚本長瀬喜伴、牛田宏、斎藤寅四郎、撮影猪飼助太郎、出演李香蘭、近衛敏明、大山健二、若水絹子、島崎溌、中川健三、三村秀子、中村実など。「台湾人の参加はなく、一部に高山同胞のエキストラ出演があるのみ」［呂訴上、一九六一：一五］。撮影当時の現地雑誌には以下の記事がある。「『サヨンの鐘』の先発部隊として来台した満映の岩崎昶氏は語る。「一番苦労しているのは田北巡査に扮する俳優です。最初の予定だつた笠智衆君が小浅［原文ママ］安二郎君の『ビルマ血戦記』に捉つているので駄目になつてしまひ、松竹側は上原謙君を使つて欲しいらしいのですが、あの役は上原〇〇［原文不鮮明］ものではありません。佐分利信君では単なる国民学校の先生と云ふ感じだし、佐野周二君では軽過ぎるし、どう考へても笠君のものなのですが……」と、眉に皺を寄せる。小杉勇あたりに落着くのではあるまいか？」（「映画」『台湾公論』一九四二年一一月、五〇頁）。しかし、出来上がった映画への評価は必ずしも高くない。「率直に結論を云へば、この映画は必ずしも成功しているとは思へない。三人係にしては脚本が甚だお粗末だし、清水監督は得意の子供を十二分に活用している所は結構だが、活用しすぎて肝心のサヨンの精神などはお構いなしの感がないでもない」(「映画『サヨンの鐘』を観る 渋谷精二」『台湾公論』一九四三年八月、九三頁)。

(137) 「脚本多藪留啓、監督安藤太郎(台北一中を卒業した後に明治中学を経て明治大学を卒業、東亜の助監督)および千葉泰樹、撮影池田専太郎。呉鳳を演じたのは秋田伸一、呉鳳夫人良徳は湊明子、「蕃社」の青年に津村博。台湾先住民族の出演もあった。「これは阿里山と台中県境で主にロケ撮影され、撮影中には色々な困難があったが、最終的に克服され完成した。八月一七日に台北の芳之館で公開され三日間の試写を行った。出演者の挨拶や短いパフォーマンスもあった。前年の『日活』の『阿里山俠児』[原文ママ]に比べて、特に面白い意味もなかった。エキストラの蕃人[原文ママ]の動作は大変適切であったが、欠点がないというわけではなく、たとえば不必要な場所でしゃべり過ぎる、説明が必要な場面では逆に足りない(無声映画)、化粧衣装の幼稚さなどもある。この映画は教育映画として国民学校[原文ママ]の後援を受けていたので、成績は特に悪くもなく、それ以前の映画に比べれば、進歩の多いものと言える」[呂訴上、一九六一:七]。教育映画として学校の後援を受けていたという意味では、積極的統制の一翼を担っていたとも考えられる。なお、呂著の引用中に「国民学校」とあるが、台湾人子弟の通う「公学校」と日本人子弟の通う「小学校」が「国民学校」に統一されたのは一九四一年以後[遠流台湾館編著、二〇〇七:一五一]なので、同作が後援を受けたのは台湾教育会、総督府文教局など別の機関であったと思われる。

(138) 原題は「七星洞地図」。監督千葉泰樹、撮影池田専太郎、俳優は周士衡、謝如秋、王雲峰、紅玉(本名は李彩鳳)、張天賜、岸英男、蔡徳音、金鑾など。「台北良玉影片公司」の依頼を受けて撮影した探偵映画。「撮影は永楽座の地下室と同声、羽衣ダンス場で進められた。完成は民国二二年の一月末。総費用は三千元。民国二二年二月一八日から台北の永楽座で三日間上映された。紅玉、張天賜、王雲峰など三人の演技は素晴らしかった」。また「この映画の成功で張良玉は映画芸術に興味を持ち、映画製作に力を尽くした。宣伝のためにレコード主題歌『怪紳士』が作られた」[呂訴上、一九六一:七—九]。

(139) あくまでも、台湾人が中心となって製作したという意味で、日本人が製作にまったくかかわらなかったという意味ではない。『誰之過』では、李松峰の友人である台湾教育会の撮影技師三浦正雄が技術顧問として参加しているからである[呂訴上、一九六一:四]。いっぽう、王白淵によれば、雇われた日本人技師の名は「利根」である(王白淵「文化」『台湾年鑑』台北:台湾新生報社、一九四七年、二三頁。同資料は石婉舜氏のご教示による)。

(140) 台湾日日新報社製作のニュース映画[呂訴上、一九六一:六]。

(141) 王文玲によれば、学校教育としての映画利用を地方州庁で系統的に取り入れたのは一九三七年に計画実施した台中州が最初である。また、州教育課のほか、「台中州教化連合会」「台中州映画協会」などの組織も社会教育の一環として映画利用を行っていた

[王文玲、一九九四:四四―五二]。

(142) 何基明は、学校教育のための映画配給・上映の組織化を行った。すなわち、台中州を一八ブロックに分け、一六ミリのフィルムを八巻一セットで木箱に入れて各ブロックに月一度の割合でフィルムの配給を行い、映写機は新たに学校ごとに購入・保管させ、映写技師は各学校の映画教育担当教員を集め講習会で養成していた。送ったフィルムはすべてサイレントで、漫画、教材、劇映画、記録映画など各種とりまぜて一セットにしたという。教材フィルムをすべてサイレントにしたのは「先生によって教え方も違うし、児童の程度も違う」ためで、一台二〇〇円(当時の教員四、五人分の給与と同額という)もする機材を学校ごとに機材を購入・保管させたのは、「そうすると大事にする」という理由からだった。当時台中で扱っていた教材フィルムは約三〇〇巻から四〇〇巻あったという(前掲、八木信忠らによる何基明へのインタビュー、一一一頁)。

(143) 総督府の依頼を受けた文部省経由で十字屋に打診があり、これを受けて台湾に戻ったという(同前注)。

(144) 明治大学在学中、東京新宿のムーランルージュ劇場の文芸部で現代演劇の創作に従事し、「東宝」で三作品に助監督として参加したのち、一九四三年に満洲映画協会に派遣される途中に帰郷したところ、「台湾演劇協会」にとどめられ、演劇指導の仕事に就くことになった。彼が組織した「厚生演劇研究会」の活動、また戦後の台湾語映画監督としての活動については、石婉舜[二〇〇二]を参照のこと。

(145) 「台湾第一映画製作所」『台湾時事新報』一五五号、一九三七年七月九日、一三頁。

(146) 「『望春風』完成所感、呉錫洋」『台湾公論』二巻九号、一九三七年九月、二〇頁。

(147) 同前注。

(148) 「映画と演劇関係者座談会」『台湾公論』第二巻第九号、一九三七年九月一日、一四頁。飯島一郎(国粋映画社)の発言は以下の如き通り、「本島語の説明もやめて貰いたい。此の点、呉錫洋氏の如きは大稲埕の真ん中で大いに英断をやって居る」。大稲埕は、在台日本人が集中する台北にあって、台湾人の人口が多い地区である。

(149) 同前注。

(150) 貧しい農村の娘秋月は、身を売って家を助けるように継母に説得されるが、すでに同郷の誠実な青年黄清徳と相思相愛の仲であった。ある日、紅茶会社の秘書が視察に来た時に秋月を見初めてお金を積んでも嫁にしたいと言うが、母は秋月を妓女にすると固く決めて譲らなかった。清徳はそんな現状を見て、秋月と密かに結婚の約束をして、立志し東京で苦学する。しかし、秋月の父が重症を負って、貧困にさらに追い打ちがかかると、秋月は家族を助けるために泣く泣く身を売ることを承知して、台北で芸妓になる。清徳は学業を終えて帰台、紅茶会社に就職して秋月を訪ねるが、家は既に荒れ果て彼女の姿もなかった。やがて、清徳は紅茶会社令嬢の恵美に見初められるが、紅茶会社のパーティの席で有名な芸妓となった秋月と再会する。社長令嬢は清徳のために身を引く覚悟をして、二人を助けようとするが、それを知った秋月は清徳の将来を思って紅茶会社秘書の求婚を受ける。清徳は秋月の真意を知らず、彼女を恨み罵り、希望を失った秋月は電車に身を投げて自殺を試み、一命を取り留め病院へ運ばれる。皆が見守る中、秋月は紅茶会社の社長に家族の世話を頼み、清徳と令嬢との幸福を祈念しつつ、姉芸妓の歌う自分の好きな「望春風」を聞きつつ息を引き取る(呂訴上[一九六一、一〇—一三]のほか、「望春風」『台湾婦人界』一九三七年七月号、一三七—一三八頁を参照。なお、『台湾婦人界』資料は和泉司氏のご教示による)。

(151) たとえば、震災の犠牲者である台湾人少年が「君が代」を歌って死んだ逸話を映画化した『君が代少年』(一九三六年)、台湾先住民族の少女サヨンが応召軍人の荷物を運搬中に溺死した逸話を映画化した『サヨンの鐘』(一九四三年)など。

(152) たとえば、『阿里山の俠児』(一九二七年)では、山地で客死した牧師の娘信子が、父の遺志をついで日本から渡台、山地少数民族青年アオイが彼女に恋をする(『キネマ旬報』二六八号、一九二七年四月一一日号、五五頁を参照)。

(153) しかし、これもジェンダーの視角から見れば支配的な構図はそのまま再生産されているといえる。また、階級についても、清徳が留学帰りの知識人階級であることから、一概に支配的構図の逆転とも言い切れない。さらに、秋月(芸妓・女性)と清徳(留学帰りの紅茶会社社員・男性)との関係は、階級においてもジェンダーにおいても従来の支配的な構図のままである。

(154) 「望春風」『台湾婦人界』一九三七年七月号、一三七—一三八頁。

(155) 同前注。

(156) 同前注。

(157) 前掲、「台湾第一映画製作所」『台湾時事新報』一五五号、一九三七年七月九日、一三頁。

(158) 「望春風」『台湾婦人界』一九三七年七月号、一三七—一三八頁。

(159) C・K・B「(投稿)映画評『望春風』」『台湾婦人界』一九三八年二月号、七八頁。

(160) 同前、七九頁。

(161) 「映画を見てのちに　K生　『望春風』」『台湾婦人界』一九三八年二月号、八〇頁。

(162) 台湾語を使用したトーキー映画の製作は一九五五年に始まり、一九六〇年代前半には年間で最高一〇〇本以上という黄金時代を築いた。しかし、政府の「中国化」政策によって台湾映画界は「中国語」映画の時代を迎え、台湾語映画は一九七〇年代には衰退する[国家電影資料館口述電影史小組、一九九四][黄仁、一九九四]。

(163) C・K・B「(投稿)映画評『望春風』」『台湾婦人界』一九三八年二月号、七八—七九頁。

(164) 「文協活動写真出世」『台湾民報』一〇一号、一九二六年四月一八日、七頁。

(165) 「文協活動写真隊　先由台南開演呈未曾有之大盛況」『台湾民報』一〇二号、一九二六年四月二五日、五頁。

(166)「民報日記　七月四日」『台湾民報』一一四号、一九二六年七月一八日、一五頁。

(167)「彰化的三種文化宣伝」『台湾民報』一一一号、一九二六年六月二七日、七頁。

(168) 蔡培火は一九二三年一〇月文協専務理事に就任直後、新事業の綱領として、映画宣伝活動を挙げている(蔡培火「母国人同胞に告ぐ」『台湾民報』一一号、一九二三年一一月二一日、一一―一二頁)。一九二四年も当初から計画はあったがただちに資金は集まらず(「台湾文化協会会報」『台湾民報』二巻一九号、一九二四年一〇月一日、一二頁)、一九二五年に三〇〇〇円余りの寄付金が集まり(「台湾文化協会報告(下)」『台湾民報』八〇号、一九二五年一一月二二日、一四―一五頁)、同年末に蔡培火が母親の古希祝い金一三〇〇余円を提供して(「余録」『台湾民報』八五号、一九二五年一二月二七日、一六頁。台湾総督府警務局[一九三九＝一九九五：一五七―一五八])、ようやく資金が調った。

(169)「文協活動写真第二隊将開演」『台湾民報』一二四号、一九二六年九月二六日、七頁。

(170) 台湾文化協会のような非営利の巡回上映の場合で一〇―一五銭(「文協活動写真隊　先由台南開演呈未曾有之大盛況」『台湾民報』一〇二号、一九二六年四月二五日、五頁。「美台団活写」(『台湾民報』一九五号、一九二八年二月一二日、六頁)、中国の水害に対する義捐金のための映画上映会の場合で特等一円二〇銭、一等一円、二等七〇銭、三等四〇銭(「総商会主催　賑災[原文ママ]電影　開於第三世界館」『台湾民報』三八二号、一九三一年九月一九日、二頁)など当時の入場料にはかなりの幅がある。

(171) ただし、観覧人数は一回千人として計算した概数である。『台湾教育』三〇〇号、一九二七年六月、一五四頁。

(172)『台湾教育』三二四号、一九二八年一〇月、一五五頁。

(173)「文協活動写真第二隊将開演」『台湾民報』一二四号、一九二六年九月二六日、七頁。「地方通信・豊原　美台団影劇」『台湾民報』二四二号、一九二九年一月八日、六頁。

(174)『日本学芸新聞』一九三七年六月一日。

(175)「嘉義文協影戯盛況」『台湾民報』一三二号、一九二六年一一月二一日、八頁。

(176) 同前注。

(177)「八の字髭を蓄えている奴には善人はいない」と映画に登場する悪漢を弁士が評する場面で、臨検の警察官自身が八の字髭だったため中止を命じられ、翌日別の場所では警察官に髭がなく中止を受けなかった、という記事。記事中では、わざわざこの「八の字髭」の警察官の実名を出している(「豊原郡禁止文協影戯」『台湾民報』一四七号、一九二七年三月六日、七頁)。

(178) 他の地域と同様の説明にもかかわらず中止命令を受けた郭茂巳弁士の抗議に対し、警官は「我々警官は必要とあればいつでも中止命令を発することができる」と答え、郭弁士がさらにその「必要を認める箇所」について質すと「説明の必要はない」とはね付けている(「文協演活動写真　汐止警吏連呼中止」『台湾民報』一一六号、一九二六年八月一日、八頁)。

(179)「神崗庄的文化宣伝」『台湾民報』一一二号、一九二六年七月四日、五頁。

(180) 前掲記事「嘉義文協影戯盛況」『台湾民報』一三二号。

(181) 一九二六年八月二日、在上海総領事矢田七太郎発外務大臣幣原喜重郎宛「特要視察人ノ行動ニ関スル件、台湾文化協会専務理事　蔡培火」外務省記録[四・三・二・二―二]。同資料は陳文松氏のご教示による。

(182) 一九二五年五月三〇日、上海民衆の反日反英デモに対し、イギリス官憲が発砲、多数の死傷者を出した事件。デモの背景に、同年二月九日在上海日系紡績工場での幼年工虐待、五月一五日同組合弾圧に対するストの際、日本人監督が労働者十数人を殺傷するなど、日本による中国人労働者への圧迫があった[外務省外交史料館日本外交史辞典編纂委員会、一九九二：三二二―三二二]。

(183) ただし、「戦後」の記述によれば、文協の映画活動で蔡培火が上海から持ち帰ったフィルム上海製劇映画『工人之妻』(一九二六年九月撮影終了、任彭年監督)が上映されたとある[呂訴上、一九六一：二]。

(184) 「旅券があっても渡華を許さない」『台湾民報』二三一号、一九二八年一〇月二一日、一一頁。

(185) 『大阪毎日新聞台湾版』一九三七年一〇月二九日付。「台南通信」『台湾警察時報』二七二号、一九三八年七月。

(186) いっぽう「文協系の通霄青年会などは、半営利的」に巡回上映活動を続けている[台湾総督府警務局編、一九三九＝一九九五：二二四]。

(187) 「創設美台団」『台湾民報』一九三号、一九二八年一月二九日、三頁。管見の限り、同記事以前に、「美台団」の名称による映画上映活動の記事は見ることができず、一九二六年の文協の映画上映活動は「文協活動写真班」の名称で行われている。しかし、葉栄鐘[一九七一＝二〇〇〇：三六一―三六二]や、台湾文化協会研究としては定評のある林柏維[一九九三：一三六]の他、葉龍彦[一九九八：一三六]、田村志津枝[二〇〇〇：一二八]、また台湾文化協会八〇周年特集を組んだ学術雑誌『台湾史料研究』一九号(一三三頁)などに、「美台団」が文協の映画上映隊である、という記述が見られる。これらの誤解は、葉栄鐘[一九七一＝二〇〇〇]が文協の映画巡回上映活動を一九二五年の資金準備段階から一九二六年まで紹介し、「当時、この巡回映画隊は台湾を美化するという意味から『美台団』と名づけられた」[同前書、三六二]と記述(初版は一九七一年)したことに起因すると思われる。葉自身が文化協会の会員であり、同著には蔡培火も監修に加わっているため、後の研究者はこれを疑うことなく、当事者の証言とみて継承したのであろう。また、二〇〇〇年出版の『蔡培火全集』に収録された講演記録「日据時期台湾民族運動」(一九六五年六月一八日)では蔡自身も美台団の組織を一九二七年八月としている[蔡培火、二〇〇〇b：二一〇]。

(188) 蔣渭水派は労働団体の組織化によって一九二九年には党の実権を掌握した。これに対して、蔡培火らは、総督府に対する態度表明が曖昧な「灰色紳士」をも抱きこむ必要があるとして、一九三〇年八月、地方自治を単一目標とする台湾地方自治連盟を結成し、一九三〇年一二月五日に台湾民衆党から除名された[台湾総

督府警務局編、一九三九：四八五―四八七)。

(189) 「本社慰安映画連日皆告満員」『台湾新民報』三六九号、一九三一年六月二〇日、八頁。

(190) 「読者優待影片予定不日開映」『台湾新民報』三七一号、一九三一年七月四日、八頁。

(191) 「美台団活写」『台湾民報』一九五号、一九二八年二月一二日、六頁。

(192) 「美台団影戯好評」『台湾民報』二一九号、一九二八年七月二九日、七頁。

(193) 「美台団活写部　将到高開映画」『台湾民報』二二八号、一九二八年九月三〇日、七頁。

(194) 前掲、『台湾劇場　営業報告』を参照。

(195) 蔡培火自身、美台団向けのフィルムを日本で調査した結果について「良いものはあまりない」と記し、トーキー映画への対応を考え始めている(一九三三年五月二四日「蔡培火日記」二五八)。

(196) 「宜蘭警察の此の横暴」『台湾民報』二〇五号、一九二八年四月二二日、一一頁。また、文協系の通霄青年会も、上海などからフィルムを調達して上映している(「愛情與黄金　影戯将巡回南部」『台湾民報』二四九号、一九二九年二月二四日、四頁)。「地方通信・苗栗、青年映画会與街役場衝突」三〇三号、一九三〇年三月八日、六頁。

(197) 「中国影戯大好評　蔣宋結婚的人気」『台湾民報』二〇八号、一九二六年五月一三日、七頁。純益金一〇〇余円は高雄罷工団に寄付。

(198) 「地方通信・台中　読者優待影片　予定不日開映」『台湾民報』三七一号、一九三一年七月四日、八頁。「地方通信・台中本報慰安読者影片連日満員」『台湾民報』三七三号、一九三一年七月一八日、八頁。「地方通信・豊原　中国影片開映三天」『台湾民報』三七三号、一九三一年七月一八日、八頁。「地方通信・彰化　読者慰安影片　在彰映写六天」『台湾民報』三七五号、一九三一年八月一日、八頁。「地方通信・西螺　読者慰安影片　一二日起開映」『台湾民報』三七六号、一九三一年八月八日、九頁。「警察が無理に本報講演の活動写真開演を干渉」『台湾民報』三七六号、一九三一年八月八日、一五頁。「社告、読者慰安電影演映期日場所」『台湾民報』三七七号、一九三一年八月一五日、九頁。

(199) 「総商会主催　賑災[原文ママ]電影　開於第三世界館」『台湾民報』三八二号、一九三一年九月一九日、二頁。

(200) 検閲済みフィルムにもかかわらず、その内容があらかじめ警察に警戒されていたことがわかる事例もある(「雪文宣伝電影弁士被罰科料」『台湾民報』三八四号、一九三一年一〇月三日、九頁)。

(201) 同前注。

(202) 「活動写真の字幕を読んで　即決一五日」『台湾民報』二二七号、一九二八年九月二三日、一一頁。

(203) 「宜蘭警察の此の横暴」『台湾民報』二〇五号、一九二八年四月二二日、一一頁。「読書会後援影戯被当局無理解散」『台湾民報』二〇六号、一九二八年四月二九日、六頁。

(204) 丸楠禮仁「扇動及び宣伝の手段としての映画」『台湾新民報』三七七号、一九三一年八月一五日、一四頁。

(205)「文協演活動写真　汐止警吏連呼中止」『台湾民報』一一六号、一九二六年八月一日、八頁。

(206)「神岡庄的文化宣伝」『台湾民報』一一二号、一九二六年七月四日、五頁。

(207) 管見の限り、最も早く弁士の許可制度が確認できるのは、台北州の「興行規則」(一九二六年一〇月州令第二三号)[台北州警務部編纂一九三一]。

(208)「活動写真フィルム検閲規則」(一九二六年七月府令第五九号)「活動写真フィルム検閲規則取扱規定」(一九三九年一二月訓令第九三号)、台湾総督府警務局編纂[一九四二]。

(209) こうした事態の突破を求めて展開されたのが、植民地自治を視野に入れた台湾議会設置請願運動であった。また、岡本真希子[二〇〇〇]によれば、従来は「運動の後退」とみなされてきた一九三〇年代台湾地方制度改正要求にも「狭められていく政治的選択肢」のなかにあっても「可能と思われる『最善』・『次善』の道を模索する台湾人の主体的な姿が存在した」[同前:一九〇]。

(210) 春山は内地延長主義の主導者たる原敬の「考え方の核心的部分は「台湾全島自治」の否認にある」といい[春山明哲、一九八〇:六七]、この点を台湾人知識人の動向を踏まえて具体的に論じた研究に若林正丈[一九八三a]がある。

(211) 蔡培火自身、「法」それ自体がもつ暴力性に自覚的であり、著書のなかで「総督特別立法の害毒」として内地にはない苛烈な法規による処罰の実例を挙げ「実に、総督の特別立法権は凡ての害毒の源、総督の制定した律令が悉く我々の禍となった!」と嘆じている(一九二八年『日本国々民に与ふ』)[蔡培火、二〇〇〇c:四九]。

(212) 植民地期台湾の活字メディアについては、李承機[二〇〇四]に詳しい。なお、同著によれば、一九三二年一月に日刊化した『台湾新民報』は「運動性」を喪失し、もはや「台湾人の輿論」を代表できないものとして、週刊紙記者となった左派の残党から「資本家の機関紙」と批判を浴びていたという[同前:一二五、二三〇—二三七]。

(213) 川谷庄平[一九九五]によれば、一九二四年中国にわたり、急速な成長を遂げつつあった黎明期の中国映画界に参画、開心影片公司、大中国影片公司などで数多くの撮影を手がけた。同書は川谷の死後に発見された遺稿をもとに構成されており、記述は一九三一年で終わっているが、家族への聞き取り調査から、その後朝日新聞のニュース・キャメラマンを経て一九三八年ごろには奉天でミシンのセールスマンとして成功したとされる。中国初のトーキー映画『雨後青天』の日中合作に関わった経緯なども明らかにされている。

(214) 張漢樹が組織した光艶影片公司による『紅楼夢』の巡回上映記事もある。「紅楼夢影片開映了」『台湾民報』一九六号、一九二八年二月一九日、三頁。「芸術的影片紅楼夢在各地開演均博好評」『台湾民報』二一〇号、一九二八年五月二七日、四頁。「光艶影片公司啓事」『台湾民報』二四〇号、一九二八年一二月二三日、四頁。「地方通信・台中　紅楼夢影片将在楽舞台映写」『台湾民報』二四〇号、一九二八年一二月二三日、七頁。同映画の所有主が張

漢樹であることは『台湾民報』二一〇号、二四〇号の記事による。

(215)「台湾が生んだ映画界の女王　美貌と端麗な碧玉さん」『大阪毎日新聞台湾版』一九三五年一二月二〇日、五頁。記事によれば、高雄ホテルの経営者詹樹の娘で、当時二〇歳。一九三五年九月に明星影片公司と契約を結んだ。デビュー作は粤華影片公司に特別出演した『山東□馬』。続いて『豪俠神女』に主演したとある。

(216) たとえば、葉龍彦[一九九八]では「台湾人的巡映公司」として二二の巡回上映会社・個人を紹介するなかで、「三．張秀光」[同前：一三二]と「一二．張芳洲」[同前：一三三]は別人としてカウントされている。

(217)「中国影片流行」『台湾民報』一八〇号、一九二七年一〇月三〇日、九頁。

(218)「籌備三光影片公司」『台湾民報』一九四号、一九二八年二月五日、八頁。

(219)「三光影片的籌備状況」『台湾民報』二〇二号、一九二八年四月一日、四頁。同記事では、台北で資金の三分の一を募集し得たので、これから南部で有志を募る旨が記されている。

(220)「籌備光亜影片」『台湾民報』二七三号、一九二九年八月一一日、二頁。会社設立資本は三万円一五〇〇株とし、張芳洲が設立委員として中南部を回り、すでに一一〇〇―一二〇〇株の応募があったと記事は記す。

(221) 張芳洲は国際雑誌社の市川彩之介[国際映画通信社の市川彩かと思われる]の紹介を得て、三カ月間「全国映画教育講習会」に参加し、映画教育についての知識を得て上海に戻ったという[王白淵、一九四七：二一]。

第二章　注

（1）　新感覚派は中国初のモダニズム文学の流派であり、その誕生時期と歴史背景は中国プロレタリア文学運動とほぼ同じである、とされる。新感覚派という名称は、劉吶鷗らが同時代日本の新感覚派を高く評価し、自らの出版社を通じて中国に横光利一、片岡鉄兵らの作品を翻訳紹介したほか、彼ら自身の作品にも新感覚派的な傾向がみられることからきていると思われる［厳家炎、一九八九：一二五―一二六］。

（2）　「彼ら（劉吶鷗と穆時映）の中国文学に対する重要な貢献――特に中国文学のモダニズムの発展に対する――は、半世紀も学界から忘却された後、近年改めて関心をもたれるようになった」［李欧梵、二〇〇〇：一七九―一八〇］。劉吶鷗の名は台湾の母校「長老中学校」の校友名簿にも記されていない。かつて同校教員を務め二・二八事件で犠牲となった林茂生が、「長老教会七〇週年校慶記念――校友芳名録」には名前を記されず、「長老教中学校百年史：一八八五―一九八五」では「傑出校友」として特にその履歴が記されているのと比較しても、「漢奸」劉吶鷗の忘却がいかに深刻なものであったかがうかがわれる［許秦蓁、一九九八：三一―三二］。

（3）　田村志津枝『李香蘭の恋人――キネマと戦争』（筑摩書房、二〇〇七年）は、劉吶鷗を「李香蘭の恋人」として扱った書籍であるが、本書では参照しない。この点について疑問のある読者は、同著と三澤真美恵［二〇〇五a・二〇〇五b・二〇〇六］とを読み合わせていただきたい。

（4）　たとえば、劉吶鷗の映画方面での活動を扱ったものには、映画脚本を分析した張新民［二〇〇三］の研究があるが、彼の映画人としての足跡や、同作品が書かれた時期の映画をめぐるポリティクスとの関連については言及していない。この点、許秦蓁［一九九八］は、劉吶鷗の作品リストや家族史にまで目配りした労作で、彼の足跡についても充分な関心を払おうとしている。しかし、映画製作に関わる部分、特に本書で扱っている中央電影撮影場、また「対日協力」については、断片的な記述にとどまっている。

（5）　イメージとしての「中国」と実際の中国とは別物である。当時の中国知識人のほとんどは台湾解放に関心をもっておらず、仮に持っていたとしても、まず中国自身を列強の侵略から救うことが先決であると考えていた［若林正丈、一九八三a：二四九、二六四―二七〇］。また、中国は台湾を「失土」として回復すべきという認識も、汪精衛政府成立の対抗処置として国民党台湾党部を設置、台湾革命同盟会による「復土復省」運動を経て中国の活字メディアで受け入れられ、カイロ宣言後ようやく公的に認められたことには、注意が必要である（近藤正己［一九九六：第九章、第一〇章］を参照）。

（6）　ただし、前章でも確認したように、台湾という植民地空間における映画受容においては、「日本化」もしくは「中国化」のような単一のナショナリズムにもとづく排外傾向は貫徹されず、「混成的土着化」という現象がおきていたこと、つまり台湾人観客が中国映画によって対抗イメージとしての「中国」を享受していたとしても、それは中国の国民国家空間におけるものとは異なるものとして考えなければならないことは注意が必要である。

(7)「国際都市」としての上海は、ニューヨークやパリと同様に多国籍・多民族の人々が生活していた。だが、そこに住む外国人は中国人を含めた他国籍・他民族の人々と共棲はするが決して融合せず、おのおの独立した社会を形成していた。「モザイク都市」とは、こうした上海の特性をエドガー・スノーが評した言葉(高橋孝助・古厩忠夫編[一九九五:九八―九九]を参照)。

(8) 清末にはいまだ融合することのなかった東洋と西洋、「伝統」と「近代」が、両大戦間期の都市発展のなかで相互に浸透し影響を与え合って形成された上海の独自性を指す言葉(高橋孝助・古厩忠夫編[一九九五:一八―一九、一三四]を参照)。

(9) 孫文は「三民主義」を講じる中で、人民は中国が「列強の半植民地」だとしか考えていないが、中国が列強から受けている圧迫は「完全な植民地よりももっとひどい」として、その状況を「次植民地」と称した。「次」とは化学用語から来ている。燐に属しながら一級下のものを亜燐酸、さらに一級下のものを次亜燐酸と名付けるように、「次植民地」とは「半植民地」どころか、「植民地」にも及ばない状況を表現するための造語である(孫文[一九三四=一九八五:四三―四四]を参照)。

(10) 一九二七年四月、北伐の最中に蔣介石が上海で行った反共クーデター。当時国民党と共産党は第一次国共合作期にあり、労働者や農民も革命軍に呼応して反軍閥の闘争を展開していたが、蔣介石は共産党勢力を国民政府から一掃することを画策し、共産党系の労働者の武装を解除させたうえ、軍隊を動員し、抗議デモに移った労働者に発砲した。その後の白色テロでも多くの犠牲者が出た(内田知行[二〇〇二:一五六―一五七]を参照)。

(11) 台湾共産党が一九二八年に台湾ではなく上海で結成されたことは象徴的である(詳細は若林正丈[一九八三a:第二編第三章]を参照)。

(12) 主要な事例として、北京で豊泰照相館の任景豊による製作(一九〇五―一九〇九年。大観楼影戯館で上映、内容は京劇、中国人による初の映画製作とされる)、上海で張石川・鄭正秋らの新民公司による製作(一九一三年『難夫難妻』、資本は米国人経営の亜細亜影戯公司、中国初の劇映画とされる)、商務印書館・活動影戯部による製作(一九一七年―。撮影のみ請負で行うことも多かった。内容は時事、教育のほか京劇、新劇など多様)、香港では黎民偉による製作(一九一三年『荘子試妻』、米国人と共同で華美影片公司を創設)があった(以下を参照。程季華主編[一九六三a]、張駿祥・程季華主編[一九九五])。

(13) 翟民「国片復興運動中国内影院状況之一斑」『影戯雑誌』一九三〇年七―八期[中国電影資料館編、一九九六:二〇九]によれば、中国における映画館数は一九二七年約一〇〇館、一九三〇年約二五〇館である。米国商務省のデータを引用した李欧梵[二〇〇〇:八七]でも、一九二七年の中国における映画館数は一〇六館、席数六八〇〇〇、うち上海に二六館となっている。いっぽう一九三四年中央宣伝委員会による映画検閲のための調査によれば、数字がある地域のみの合計で一七五館となっているが、検査員が派遣されながら数字が挙がっていない地域［浙江省、広東省を含む］もある（一九三四年一二月付「中央宣伝委員会工作報告」活版、中国国民党文化伝播委員会党史館檔案（以下、「党史館檔案」と略記）［四・二一—三八・一三］。また、一九四一年六月末調査による「全中国地方別映画館分布表」［市川彩、一九四一：二〇六—二〇七］によれば、浙江省、広東省を含め二九五館となっている（同書では各省データと総数が一致していないため、本書では各省データを優先した）。したがって、一九三〇年時点で約二五〇館というのは妥当な数字と考えられる。

(14) データは『中華影業年鑑』（一九二七年）の統計による［程季華主編、一九六三a：五四］。

(15) データは中国電影資料館蔵謄写版『中国電影総目録（第一輯）』（一九六〇年）による［弘石、一九九六：五］。外国資本が中国国内で製作した作品は含まれていない。

(16) 「中国サイレント映画の黄金時代は『孤児救祖記』に始まる」［弘石、一九九六：四］。張新民も『孤児救祖記』の大ヒットを契機として国産映画運動が起きたとし、そこには①映画会社の創設ブーム、②国産映画製作の急速な膨張、という二段階があるという［張新民、一九九八：一四］。なお、前掲の程季華主編［一九六三a］では当該期を「映画が投機事業として経営された畸形的繁栄」期と捉えている［同前、五三］。

(17) 鄭正秋「請為中国影戯留余地」『明星特刊』第一期一九二五年［中国電影資料館編、一九九六：六八一］。

(18) 翟民「国片復興運動中国内影院状況之一斑」『影戯雑誌』一九三〇年七—八期［中国電影資料館編、一九九六：二〇九］によれば、一九三〇年約二五〇館の映画館のうち中国映画専門館は五〇—六〇館である。

(19) 「通俗教育研究会為禁止上演不良影劇呈並教育部批令」（一九二四年四月二三日）「教育部関於審査影劇章程施行事致通俗教育研究会指令」（一九二六年二月一八日）については、中国第二歴史檔案館編［一九九一：一七六—一七七］を参照。

(20) 一全大会（一九二四年一月二〇日—三〇日）で、実際に撮影にあたったのは、国民党員の黎民偉が自己資金で創設した民新影片公司（方治［一九三四］を参照）。

(21) 孫文が宣伝の重要性を公開の場で明示したのは一九二三年一月二日中国国民党改進大会での演説、中国国民党としての宣伝部の設置は一九二〇年一一月、だが組織が整ったのは二期四中全会後の一九二八年三月二二日に中央常務会議で「中央宣伝部組織条例」が通過してからという［鄭士栄、一九八七：九九、一一〇］。「出版及宣伝問題案」については、秦孝儀主編［一九七八：一三一一六］。

(22) 上海市党務指導委員会宣伝部が、社会局長潘公展を筆頭に「戯曲電影審査委員会」を成立させ、市内で上映される内外電影はみな同会の審査を受けるとする条例を発布した［汪朝光、一九九七：六〇—六一］。

(23) 「電影検査法」（一九三〇年一一月三日国民政府発布）、「電影検査法施行規則」（一九三一年一月二九日国民政府公布）、「電影検査委員会組織章程」（一九三一年二月三日行政院公布）は陳播主編

[一九九三]の「付録」(一〇八九—一〇九二頁、一〇九五頁)を参照。

(24) 前掲、呉研因[一九三四]。こうした検閲機関の統合を、張新民[一九九六]および汪朝光[一九九七]では、CC系の映画検閲制度への介入として分析している。

(25) 「電影事業指導委員会それ自体はただ会議を行うのみで、およそ国内映画事業の設計指導連絡、国外映画事業の調査と映画に関わる活字の審査、および宣伝映画写真の撮影・配給・上映などは、ひとしく中央宣伝委員会電影科が専門に責任をもって処理する」(一九三五年一〇月付「中央宣伝委員会工作報告」活版、党史館檔案〔四・二―四四・一〇〕)。

(26) 一九三六年七月付「五届二中全会中国国民党中央執行委員会文化事業計画委員会工作報告」党史館檔案〔五・二―一六九・七〕。一九三六年七月付「中央宣伝部工作報告」党史館檔案〔五・二―一六九・三〕。

(27) 映画事業推進の指導権に関して「電影事業処」と文化事業計画委員会の間で一時的に管掌事項の重複が見られる。すなわち、党史館檔案〔五・二―一六九・七〕(同前注)には、電影事業指導委員会の解消に伴って、「あらゆる映画設計事項は本会[文化事業計画委員会]が掌握処理する」とあるが、同じく一九三六年七月付の党史館檔案〔五・二―一六九・三〕(同前注)には電影事業処が「国内映画事業の計画指導連絡、国外映画事業の調査、映画文字の審査、および宣伝映画の製作放映分配」などを処理することとなっている。しかし、その後の電影事業処および文化事業計画委員会の工作報告を見る限り、後者は映画教育をもっぱら扱っており、既存の映画事業は電影事業処の管轄のまま推移したと思われる。

(28) こうした聯華の動きは「新派」とよばれ、古装(時代劇)、武俠(アクション)、神怪(オカルト)を中心にした既存映画会社の大手である明星・天一は「旧派」とよばれ、三社鼎立の時代が始まる[程季華主編、一九六三a:一五五—一五六]。張新民は、一九二六年末—一九二八年上半期の「古装(時代劇)」ブーム、一九二八年『火焼紅蓮寺』の大ヒットに始まる「武俠(アクション)」ブームにも民族感情の現れがあったが[張新民、一九九八:二一—二六]、聯華の動きは映画人自らが映画を経済的文化的侵略に対する反帝国主義抵抗運動の新たな工具として認識したことを示すものであり、一九三〇年代以後の中国映画製作における意識の変化において軽視できない作用があったと指摘する[同前:二六—三一]。

(29) ハロルド・ロイド主演、Clyde Bruckman 監督の「Welcome Danger」(一九二九年アメリカ映画)が上海の上映館で上映された際、同作における中国人やチャイナタウンの描写(ルールを守らず喧嘩ばかりする人々、地下室で行われる怪しげな儀式、マフィアが支配する犯罪の巣窟など)に対して、観客の一人であった洪深が立ち上がって抗議演説を行ったのをきっかけとした事件。当該映画の中国語題名は「不怕死」で、一般に「『不怕死』事件」とよばれる。日本語題名は「危険大歓迎」で、事件は在上海の日本人筆者により日本の映画雑誌にも「上海に於けるロイドの『危険大歓迎』上映禁止顚末」(加藤四郎『キネマ旬報』三六二号、一九三〇年四月一一日、五五頁)として報道されている。同事件の結果、上海の各新聞で同映画の上映禁止や廃棄が叫ばれ、上海市の電影検査委員会は当該映画を華人の侮辱を理由に上映禁止を命じたほか、ロイド出演の全映画を中国で上映禁止とし、さらに上映した大光明戯院は上海市の電影検査委員会の決議を受けて五〇〇〇元の罰金を支払った[汪朝光、一九九九：二四五][Zhiwei Xiao, 1997: 38-41]。また、「電影検査法」(一九三〇年一一月)に「中華民族の尊厳を損じるもの」という一項が追加された背景には、この「不怕死」事件がある、と張新民は指摘する[張新民、一九九六：二七八]。

(30) 夏衍[一九八五]によれば、明星公司が夏衍らに協力を要請した背景には洪深のアドバイスがあったという。すなわち、当時の明星は撮影権をめぐる裁判沙汰や女優のスキャンダルに悩まされ、「さらに、九・一八と一・二八後の広大な群集の愛国抗日情緒の高潮は、古いアクション映画や倫理映画に興味を失わせた。張石川[明星の責任者の一人]の知恵袋である洪深は三巨頭[明星の三人の責任者：引用者注]に方向転換をしてはどうかとすすめた」[同前：七七八]。夏衍については、本章注(34)を参照。

(31) こうした認識は、程季華主編[一九六三a]の目次四頁「第二編　党領導了中国電影文化運動(一九三一—一九三七年)」などの表記に象徴的である。

(32) 鄭正秋は旧劇を改良して社会教化の道具とすることを提唱し、中国最初の映画で脚本監督を務めた中国映画界の草創期を支えた映画人の一人だが、程季華主編[一九六三a]では鄭正秋はもともと「旧民主主義思想の代表人物」だったが、この時期には「党電影小組の団結と助力の下」で「思想認識上の重大な進歩」を遂げたと評価する[同前：二三五—二三六]。

(33) From Julian Arnold (Commercial Attaché) to Thomas Burke (Specialties-Motion Picture Division, Bureau of Foreign and Domestic Commerce), Apr. 29, 1936. "Central Censorship Board vs. American Film Distributors," Box 1306, Entry1, RG151, National Archives and Records Administration, College Park.

(34) 夏衍、一九〇〇—一九九五年。原名は沈乃熙。一九二〇年に日本留学、明治専門学校電気科と九州帝国大学で学ぶ。一九二四年、孫文に共鳴して国民党に入党。一九二七年、西山会議派の圧力により帰国、共産党に入党。一九二九年に上海芸術劇社を組織して「プロレタリア演劇」をスローガンとする。一九三〇年、左翼作家連盟に参加、一九三二年明星影片公司に脚本家として参加。翌年、瞿秋白の指導下に中共電影小組を組織、左翼映画評論を展開[張駿祥・程季華主編、一九九五：一〇七六]。

(35) 鳳吾(銭杏邨、阿英)、一九〇〇—一九七七年。原名は銭徳富。一九二六年に中国共産党に入党。北伐期間は武漢で中華全国総工会宣伝部の工作にかかわる。一九三二年、夏衍らと共に明星影片公司に脚本顧問として参加。一九三三年に成立した中共電影小組の一人[同前：六]。

(36) 「硬軟映画論争」に関する比較的最近の成果としては、以下のものがある。張新民[一九九九]、李今[二〇〇〇]。

(37) 先述のように、一九三四年三月一八日に教育・内政両部は「電影検査委員会」を「中央電影検査委員会」に移譲し、「中央電影検査委員会」は「電影事業指導委員会」に直属することになった[呉研因、一九三四][方治、一九三四]。

(38) 瞿秋白「論大衆文芸」、茅盾「封建的小市民文芸」など[程季華主編、一九六三a：一三五―一三六]。

(39) 当該時期に映画検閲権を管掌していた国民党中央宣伝委員会による外交部に対する問題提起の論理(一九三二年一一月一六日付中央宣伝委員会発外交部宛「上海租界当局另組電影検査機關又放任日人公映侮辱我國影片我方提出交渉」、国史館外交部檔案(一四三二・一〇／一〇六二・〇一―〇一))。これに対する外交部の回答は「映画検閲権は警察権に属し、租界の警察権は未回収である」ため「外交交渉を行うにはおよばない」であり、打開策として当該市政府による「現地解決」方式を提案している(同前)。

(40) 孫文の葬儀の際も、本格的な党営映画製作機関はなく、民間委託の形でニュース映画を製作している。委託製作を行ったのは大中華百合公司、長城影片公司、明星影片公司およびアメリカのフォックスなどである。これを各地で上映したところ大変な人気を得て、党と国内映画業界の協力による事業の成功の前例となったため、国民会議や全国運動大会などのイベントの際には民間映画業者に委託して映画撮影を行うようになったとされる(方治[一九三四]を参照)。

(41) 一九三一年三月一九日第三届中央執行委員会第一三二次常務会議通過「中央電影文化宣伝委員会組織条例」謄写版、党史館檔案(五・三―一・二八)。

(42) 電影股はいっぽうで「電影事業指導委員会の一切の映画に関わる行政の決議事項を引き受け」、いっぽうで「(党)中央自身による映画事業の各項建設を積極的に計画する」とある。前掲、党史館檔案(四・二―三八・一三)。電影股の設置当初は二機のアイモと四機のカメラ、写真用の暗室しかなく、映画フィルムのプリントも南京から上海の民間映画会社へ送付して行っており、機材・設備的にも充分な活動を行える状況ではなかった(江上鷗「『中電』是怎様成長的」『中国電影』一巻二期、一九四一年二月、七〇―七一頁)。

(43) 前掲、党史館檔案(四・二―三八・一三)。

(44) 「中央電影撮影場」建設は、電影事業指導委員会が成立する以前の「中央電影事業計画大綱」にあったとされるが、一九三三年八月に党中央から毎月一万元の映画事業基金が支給されることになって実現した。場所は南京江東門外の中央広播無線電台の左側空き地で、面積は一九畝(約七九三アール)。各種器材の充実も図っている(前掲、党史館檔案(四・二―三八・一三))。

(45) たとえば、映画脚本の募集(前掲、党史館檔案(四・二―三八・一三)、一九三五年一〇月付「中央宣伝委員会工作報告」党史館檔案(四・二―四四・一〇))や、俳優の募集(前掲、党史館檔案(四・二―三八・一三)、党史館檔案(四・二―四四・一〇))などを行っている。特に後者については、「映画俳優が観衆の中心的なアイドルになっていた」時代、中電の第一次俳優募集は「町中の青年男女を狂わせた」（前掲、江上鷗「『中電』是怎様成長的」）と記されている。このほか、技術者養成のための訓練」のほか、「練習生」の訓練、「電影技術研究委員会」の組織による技術開発（前掲、党史館檔案〔四・二―三八・一三〕〔四・二―四四・一〇〕）などが実施されている。

（46）前掲、党史館檔案〔四・二―四四・一〇〕。

（47）前掲、党史館檔案〔四・二―三八・一三〕、党史館檔案〔四・二―四四・一〇〕。

（48）一九三二年一二月付「中央宣伝委員会工作報告」党史館檔案〔四・二―三三・一〇〕。

（49）一九三四年一二月付「中央宣伝委員会工作報告」党史館檔案〔四・二―三八・一三〕。一九三六年の週ごとの工作報告では日本の朝日新聞社とニュース映画を交換していた形跡もある（一九三六年二月一七日―二三日「中央宣伝部第七週工作報告」党史館檔案〔五・三―七・二八〕）。

（50）前掲、党史館檔案〔四・二―四四・一〇〕。

（51）たとえば、中央宣伝委員会から中央秘書処にあてた書簡には「電影股」の映画事業を文芸科から独立させた上「本会に直属させる」ことを希望する理由として、「年来、中央は映画宣伝を極端に重視している。映画工作は異常に緊張しつつ迅速に進展しており、事実上映画一項は撮影・脚本審査および指導などの各組工作に分けて設計する必要がある」ことを挙げている（一九三三年一〇月一六日付「電影股所需経費、係在中央預算範囲之内由」毛筆、党史館檔案〔四・三―一一二・一二〕）。

（52）前掲、党史館檔案〔四・二―四四・一〇〕。

（53）同前注。

（54）「中央攝影場演員不復閑散無事」『電声週刊』九三一号、第六年第一期、一九三七年一月一日、一七頁。

（55）江東門にある中央電影撮影場がラジオ局の隣であることから、玄武湖に新たに建築された。建築期間は一九三五年二月―七月。さらに、もとの中央電影撮影場を売却のうえ、玄武湖トーキー・スタジオ付近に事務所や宿舎を建築している（前掲、党史館檔案〔四・二―四四・一〇〕）。完成後には、この新設備を備えたスタジオでトーキー技術を用いた歌唱短編映画『前進』などを撮影している（同前）。

（56）一九三六年六月一九日付中央宣伝部発中央秘書処宛「中央電影撮影場組織大綱一份」毛筆、党史館檔案〔五・三―一八・八〕。予備案認可は同年八月六日の五期一八回中常会。

（57）写真は『劉吶鷗全集　影像集』〔二〇〇一：三二―三三〕、映画は「一九九八年台湾国際記録片双年展――台湾記録片回顧影片」の「家庭電影與個人記録」の部門で上映された劉吶鷗撮影によるフィルムを参照。

（58）たとえば、彼が青山学院中学部に留学した一九二〇年には「享楽主義の最新芸術」としてダダイズムが『万朝報』に紹介され、未来派美術協会が結成されて展覧会を開催されているが〔国文学編集部、一九九四：一二六〕、劉吶鷗も同じく留学中であった劉啓祥と連れ立ってよく絵画展に出かけていたという（林育淳『叙情、韻律、劉啓祥』台北：雄獅図書、一九九四年、〔許秦蓁、一九九八:二〇—二一]より重引)。

(59) 一九三〇年代、台湾総督府は製糖会社を通じて「土地改良」の一環として田畑を深く鋤起こしする方法(深耕土、看天田改良ともいう。製糖会社が必要とする甘蔗生産には有効とされていた)を進めようとした[松田吉郎、一九九八]。「ヒースプラウ」とは、この鋤起こしに用いる蒸気式の機械で土を二尺から三尺掘り起こすことができ、主に製糖会社が所有していた[清水美里、二〇〇九:二六五]。ただ、ヒースプラウは上層の肥沃な層と下層の粘土を一緒に鋤き返してしまうため、甘蔗作の前に行うのは良いが、水稲作の前に行うと不作になった[同前]。ヒースプラウ事件とは、この深耕土に反対する人々が鎌をもって鹽水港製糖会社のヒースプラウ機械を取り巻き、逮捕されたことに発する。取り調べによって事件は地主である劉明電が示唆したことが判明し、劉明電は台湾弁護士協会の支持を得て、裁判を起こすことを決意し、救援依頼書を持参して台北に向かったところを逮捕された[同前:二六九]。劉明電は自身が鹽水港製糖会社の株主であるにもかかわらず、裁判闘争を続行した[同前][陳銘城、一九九四:二六]。しかし、総督府に近い新聞『台湾日日新報』では、同件について「一部世間が騒いだ人権蹂躙其他不法事実に就ても検察当局の調査では何等問題とすべき事でない」、さらに、地主である劉明電が小作人の側に立って裁判を起こしたにもかかわらず「本件を通じて台湾農村に於ける地主対小作人関係に内在する欠陥が総ての社会生活と之が改善に対し致命的障害を与えつつある事をいっそう切実に感じた」という今川知事の声明を掲載している(『台湾日日新報』一九三五年三月七日)。

(60) 東京に移転後、劉明電[一九四〇]を著し、引き続き植民地本国の植民地に対する経済政策を批判、その改善を訴えている。

(61) 劉吶鷗は一九二七年の秋、戴望舒と共に約二カ月間北京にも滞在、中法大学の授業にも顔を出している[一九二七年十月八日「劉吶鷗日記」六三二]。つまり、上海以外に北京という選択肢もあったわけである。しかし、北京を離れる直前には、「Commercialism の時代、求めるべき美がどこにあろう。Commercialism の美、人々にはわからないのだ。ああ! 二カ月の北京生活」[一九二七年一一月二一日「劉吶鷗日記」七二六]と慨嘆している。したがって、北京との比較を経て、「金と出世以外何も考えていない」上海こそが「Commercialism の時代」を代表する場所だという結論に達したものと思われる。

(62) 特に説明はないが、時期と状況からみて当時中国東北地方で勢力を誇っていた軍閥で奉天派の総帥、張作霖を指すと思われる。

(63) 施蟄存の回想録にも、劉吶鷗についてはは政治団体への加入は言及されていない。また、劉吶鷗の日記にも、政治団体に関する言及は皆無であって、「国民党が盛んな中国に長くいたのに、こともあろうに日本の都市で国民党関連の書籍を初めて購入するとは奇怪だ、日文のものは友人に郵送する分だ」[一九二七年六月六日「劉吶鷗日記」三六四]と述べるなど、上海に長期滞在していたというのに、まったく国民党に関心をもっていなかった。

(64) 施蟄存[一九九九]によれば、「四一二事変の後、我々[施蟄存や戴望舒:引用者注]がそれぞれ故郷に戻ってからほどなく、劉燦波も台湾に帰った」［同前：四〇］とあり、劉吶鷗が上海クーデターに居合わせたように記述されているが、劉吶鷗の日記では一九二七年四月一二日上海を発って日本に向かっている［「劉吶鷗日記」二四六］。しかし、施蟄存が戴望舒と共に「よく夕方彼に会いに行った」［施蟄存、一九九九：四〇］と述べていることからも、彼らがこの時期親しい友人同士であったことは事実であり、そうした過程で政治運動に飛び込んだ友人たちの苦難と失望（戴望舒はもう少しで「軍閥に銃殺されるところまで行った」［同前：三八］）を目の当たりにしたことは間違いない。

(65) 上海震旦大学仏文特別班で戴望舒、施蟄存らと知り合った頃、劉吶鷗は仏租界の霞飛路に居住していた［施蟄存、一九九九：四〇］。

(66) 当時は新しい造語だったと思われるが、インターネットでの検索状況（二〇一〇年二月初旬現在）を見てみると現在では「hybrid」の意味で使用することが定着しているようだ。

(67) 迅俟「穆時英」［楊一鳴、一九四四：二三二］では、穆時英を「中国新感覚派の聖手」として、その技巧は最初に新感覚派を紹介した劉吶鷗をはるかに凌ぐと記されている。李欧梵も、劉吶鷗は「先鋒」ではあったが、その「都市計画」を完成させた若き芸術の大家は穆時英であったとみる［李欧梵、二〇〇〇：一九七］。

(68) 「『水沫社』の友人には丁玲、胡也頻もいて、水沫書店は周揚、夏衍らの書籍も出版していた。そしてまた、これほど多くの『左連』作家がいたために、水沫書店の出版物はのちに厳しく検査禁止されることになった」［秦賢次、二〇〇五：二八三］。

(69) 一統「記劉吶鷗」［楊一鳴、一九四四：二三三—二三四］。

(70) 原著は一九二六年出版。劉吶鷗が翻訳の底本としたのは、昇曙夢の日本語訳による一九三〇年新潮社版『芸術社会学』である［一九三〇年七月八日付「訳者後記」『劉吶鷗全集　理論集』三九二］。

(71) 李今も、新感覚派の作家たちが「赤い流行」に乗ったことには何の不思議もないとして、劉吶鷗の小説にも「二つの価値傾向」が認められると指摘する［李今、二〇〇〇：八七、九八］。

(72) 施蟄存は具体的な人物名を挙げていない。しかし、叢書の目録を作成したのは馮雪峰と魯迅であり、企画が馮雪峰と劉吶鷗と戴望舒の訳本から始まったことを考えると、魯迅あるいは魯迅周辺にいた人物が批判を行ったのではないかと推測される。「科学的芸術論叢書」はもともと一六冊の企画だったが、そのうち江思（戴望舒）訳『唯物史観的文学論』と劉吶鷗訳『芸術社会学』の二冊は同シリーズからはずされ、「マルクス主義文芸論叢」として別に出版された。残りの一四冊のうち、出版されたのは八冊で、そのうち二冊は光華書局から出版された。結局、水沫書店で出版された「科学的芸術論叢書」は六冊だった（施蟄存［一九九九：四九—五二］、秦賢次［二〇〇五：二八〇］を参照）。

(73) 『電影周報』一九三二年七月一日—一〇月八日、第二、三、六、七、八、九、一〇、一五期に連載［『劉吶鷗全集　電影集』二五六—二八〇］。ソ連の映画監督フセヴォロド・プドフキンを引用しつつ、モンタージュこそが映画の生命となる要素であることを主張する。また、同様にモンタージュを理論的核心とするソ連の前衛映画監督ジガ・ヴェルトフの映画理論も紹介している。興味深いのはヴェルトフも未来派文学を経て映画界に入ったことで、彼の理論を具現するといわれる長編記録映画『進め! ソヴェート』(一九二七年)にはヴェルトフが賛美する未来派詩人マヤコフスキーと「完全に結びつく」視覚的な詩が見出されるというジョルジュ・サドゥールの指摘があることだ[「ジョルジュ・サドゥール、一九九九a:一〇九」(サドゥール自身、一九二五年から三二年までシュルレアリストのグループに属していた)。この点、劉吶鷗も一九二八年のエッセイですでに映画を「未来の詩」としてとらえ、一九三〇年にはマヤコフスキー(脚本家、俳優として映画にも参加)の講演「詩人と階級」などを翻訳している。しかし、劉吶鷗はヴェルトフの映画理論やマヤコフスキーの詩が生まれた革命前後のロシア・ソ連における現実、その「社会的テーマ」には、まったく関心を示していない。いっぽう、代表的映画史においてソ連の映画理論の中国への紹介の嚆矢とされてきたのは、夏衍と鄭伯奇が合同で翻訳したプドフキンの『映画監督論』『映画脚本論』[『晨報』副刊『毎日電影』、一九三二年七月二八日より連載]である[程季華主編、一九六三a:一九三―一九四]。この点、李道新も、ソ連のモンタージュ理論をはじめとする海外の最新映画理論を中国に紹介したのは劉吶鷗であるとしている[李道新、二〇〇二:一五一―一五三]。

(74) こうした革新的な表現技術と物語性の結合という意味で、劉吶鷗を魅了したのがF・W・ムルナウの映画だった。ムルナウは「表現主義を通じて、そしてそれを越えて、強烈な個性が現れ、この派の型を抜け出た」[「ジョルジュ・サドゥール、一九九九a:三三五」と評されるドイツの監督だが、劉吶鷗はその『最後の人』『サンライズ』『タブー』などの作品を紹介し、『サンライズ』については映画を構成するショット・サイズ(クローズ・アップ、ロング・ショットなど六サイズ)、シーン切り替えの手法、字幕の比率などを数え上げて分析している(「中国電影描写的深度問題」『現代電影』一巻三期、一九三三年五月一日、二―三頁[『劉吶鷗全集 電影集』二八五―二九四])。

(75) 『民族女児』については、『現代電影』に以下のような消息記事がある。「この中国映画が活気に溢れている時代、映画事業に志を持つ者はみな腕を振るいたくて勇みたつような興味を持っているだろう。この高潮のなかで、本誌の二人の編者もまた渦のなかへ巻き込まれていった。本号が印刷される頃、劉吶鷗と黄嘉謨の二君はすでに広州に旅立ち、芸聯影業公司の上海広東両地の男女俳優を率いて、新作『民族女児』を撮影している。この映画は芸聯の黄漪磋と聯合電影公司の合作で撮影し、監督と脚本の仕事は劉黄二君が責任をもって合作する、我々は彼ら二人が相当の成果をあげることを希望する」(「編集室」『現代電影』一巻六期、一九三三年一二月、三九頁)。しかし、同作品は撮影されたものの完成せず、上映はされていないのではないかという指摘もある[秦賢次、二〇〇五:二九七]。

(76) 代表的中国映画史では、「一九三三年三月、左翼映画運動がまさに高潮しようとしていた時期に、国民党御用文人の劉吶鷗と黄嘉謨のたぐいが、反動派の左翼電影運動に対する『囲剿』に協力し、雑誌『現代電影』を創刊した」〔程季華主編、一九六三a：三九六〕と、同雑誌創刊のそもそもの目的が左翼映画の攻撃にあったと認識されている。

(77)　前掲、劉吶鷗「中国電影描写的深度問題」。

(78)　「中国電影界鏟共同志会（中国映画界反共同志会）」と名乗る団体によって芸華影片公司が打ち壊された事件。同時に「上海電影界鏟共同志会（上海映画界反共同志会）」によって上海各映画館に「階級闘争や貧富の対立などを鼓吹する反動的な映画を上映しないように」という警告書が送られた。一九三四年一月には「中国青年鏟共大同盟（中国青年反共大同盟）」が「鏟除電影界赤化活動宣言（映画界の赤化を排除する活動宣言）」を発表、映画会社に対して階級対立の挑発や共産思想の宣伝をする映画を製作しないように述べると共に、すでに完成していた左翼映画の修正を要求し、映画館や映画雑誌社に対しても無修正の左翼映画や左翼映画批評を掲載した場合には「必ず爆弾で爆撃する」と脅迫した〔程季華主編、一九六三a：二九六―三〇五〕。

(79)　「中国電影事業的新路線」は上海『晨報』一九三三年一二月一二日―一七日に連載された〔程季華主編、一九六三a：二九四〕。

(80)　前掲の程季華主編〔一九六三〕など。同書は「目下のところその影響が最も広汎な中国映画史の著作」〔李道新、一九九八：二二〕とされる。

(81)　蔡楚生「在会客室中」『電影・戯劇』一九三六年一巻二―三期〔羅芸軍主編、一九九二a：二一六―二二四〕。ここでの「転向」は当時の蔡楚生の立場と文脈からいって左派から右派への転向を指すと思われるが、文中では括弧つきで「転向」と記されているのみで、明示はされていない。

(82)　塵無「清算劉吶鷗的理論」『晨報』副刊「毎日電影」一九三四年八月二一日〔陳播主編、一九九三：一六二〕。

(83)　前掲、劉吶鷗「中国電影描写的深度問題」。

(84)　左翼映画の批判する際の論調に関しても、黄嘉謨が「反左翼」の立場を明らかにして感情的な批判を行った（「電影之色素與毒素」『現代電影』一巻五期、一九三三年一〇月一日、二―三頁。「芸華事件」後の「硬性影片與軟性影片」『現代電影』一巻六期、一九三三年一二月一日、三頁）のに対し、劉吶鷗は芸術としての映画の表現技術を評価基準に比較的冷静に批判を行っており、その論調も「反左翼」というよりは政治に距離を置いた「非左翼」といった印象を受ける。実際、大中華百合製作の『上海一舞女』に関する「下品のうえにもさらに下品だ」「中国映画界の大恥辱である」〔劉吶鷗「上海一舞女」『無軌列車』第四期、一九二八年一〇月二五日『劉吶鷗全集　電影集』二〇〇一：二五二〕、明星で製作された『啼笑因縁』に関する「明星公司の幹部は人から映画のわからない門外漢といわれても仕方ないかもしれぬ」〔劉吶鷗「影片芸術論」『電影周報』二、三、六、七、八、九、一〇、一五期、一九三二年七月一日―一〇月八日〔『劉吶鷗全集　電影集』、二〇〇一：二七九〕など、左翼以外の国産映画に対する論調、さらに聯華が国民党の「航空救国」に協力して製作した宣伝映画『鉄鳥』にまではっきりと「失望」を述べている点〔劉吶鷗「螢幕上的景色與詩料」『婦人画報』一九三四年六月八日〔『劉吶鷗全集電影集』二〇〇一：三三三]と比較しても、左翼映画に対する批判は感情的なものとはいえない。劉吶鷗が再三繰り返しているのは、「暴露映画[左翼の映画製作方針のひとつが「社会の暗黒面の暴露」であった]を作るのはもちろんかまわない」が、「効果は芸術の副作用であって、芸術すなわち効果ではない」(前掲「中国電影描写的深度問題」という思想偏重への批判である。

(85) ここで想起されるのは、宣伝と大衆獲得を重視し、文化運動は政治運動に貢献すべきであると決議した中国共産党第六回全国代表大会の文芸政策にしたがう党文芸工作者と、魯迅を代表とする左翼作家の対立である。こうした対立が一九二八—二九年の「革命文学論争」から一九三六年の「国防文学論争」に直接つながっていたことから考えても、映画の思想性(内容)と映画の表現技術(形式)の対立が論点となった「硬軟映画論争」の裏側には、映画製作の現場における「政治宣伝への貢献」と「作家の主体性」の対立という問題が孕まれていたのではないかと思われる(小山三郎[一九九三]を参照)。

(86) ただし、明星はこのとき、同時に欧陽予倩に主宰を依頼しており、左右のバランスを図ったものと見られる。しかも、左翼映画の好評にもかかわらず脚本が不足したことから、左翼映画人は個人的に監督に脚本を提供する、という水面下での活動を続行していた[程季華主編、一九六三a：三一〇]。

(87) 一九三〇年代に国民党が展開した文芸政策に関しては、以下を参照。阪口直樹[一九九六]、藤澤太郎[二〇〇〇]。

(88) 一九三〇年三月二日結成、三五年末解散。抗日戦争前夜まで、無産階級革命運動の最大の組織として活動、一九三〇年代の中国文学の主流を形成した。左連は「民族主義文学」「自由人・第三種人」などに対して、政治的・イデオロギー的性格の暴露を中心とした批判を行った[丸山昇・伊藤虎丸・新村徹編、一九八五：九一—九四]。

(89) 国民党宣伝部の調査による日中戦争前の「上海影片公司平時生産状況」では、一作あたりの製作費は明星で平均四万元、天一、月明などで平均二万元となっている(一九三七年付「戦時電影事業補助辦法」毛筆、党史館檔案[五・三—五七・一一])。また、一九三四年『電影年鑑』掲載の「明星影片公司一二年経歴史」の出品リストと営業概況の支出から概算すると、製作費以外の諸経費を含むが、一九三〇年当時(サイレントのみ一七本)で一作あたり約三万元、一九三三年当時(トーキー含む)で一作あたり約四万元となる[中国電影資料館編、一九九六：四二一—四三二]。

(90) 竹中憲一[一九八三：九九]に黄鋼『電影工作筆記』(『中国電影』一九六三年四月)がある。同一人物とすれば、内戦後も中国で映画に従事していたことになる。

(91) 黄鋼は連載中に、自身が「かつて保守的で狭小で、浮世離れした歓楽的で退廃的な生活を幻想し、酒に酔ったように、甘んじてこうした文字[劉吶鷗の小説]の俘虜であった」ことも告白している(「劉吶鷗之路　報告八」香港『大公報』一九四一年二月六日)。

(92) 黄鋼「劉吶鷗之路　報告三」香港『大公報』一九四一年一月三一日。

(93) 魯迅［署名は孺牛］、片山智行訳「映画の教訓」［丸山昇編、一九八六：三二六—三二八］。魯迅「電影的教訓」［陳播主編、一九九三：八二—八三］。

(94) ただし、陳夢熊「魯迅喜看『春蚕』試映」（『魯迅研究月刊』一九九〇年一〇月号、八〇頁）は『春蚕』の監督程歩高が「回憶『春蚕』的拍撮経過」（一九六二年）で魯迅が試写を見に来ていたことを記述しているという指摘もある（なお、同資料は大澤理子氏、藤井省三氏のご教示による）が、筆者は程歩高「回憶『春蚕』的拍撮経過」（一九六二年）は未見である。

(95) 一九三〇年代、左連といわゆる左右両陣営に属さない中間的立場を標榜したグループとの論争。自由人・第三種人論争ともいう。同論争は、文芸理論上の問題にとどまらず、革命に好意的ではあっても政治闘争の渦中に身を投じようとしない作家・知識人を統一戦線にいかに組織していくかという組織論をも含んでいた［丸山昇・伊藤虎丸・新村徹編、一九八五：一七八—一七九］。

(96) 黄天始『一段被遺忘的中国電影史（一九三七—一九四五）未発表手稿』（執筆年不詳、李道明氏ご提供による）では、一九三四年に北四川路のある茶館で劉吶鷗が魯迅に一〇〇元の小切手を渡した逸話を、黄天始の弟でその茶館にいた黄天佐が見聞きした話として紹介し、劉吶鷗が作家の友人たちに対して「通財之義」があったことを述べている［同前：一六］。これが事実とすれば、劉吶鷗は自分に好意的でない魯迅に対して経済的な援助を行ったことになる。

(97) 法廷ですべてを告白した歌手は死刑を言い渡されるが、彼女は前もって毒薬を飲んでおり、検事の腕のなかで死んでいく。タイトルは、まさに息をひきとろうとする歌手が、「どんな境遇にあっても微笑するよう」に告げて微笑み、彼もまた無理やりに微笑んでみせることからきている。検事は彼女の死後、絶望のなかで自殺を考え徘徊するが、まさに水に飛び込もうとするそのとき、水面に微笑する歌手の面影を見て、死ぬことではなく発奮して向上することで彼女に報いようと決意する［『永遠的微笑』劇本」『劉吶鷗全集　電影集』二〇〇一：四六—一一九］。なお、撮影台本を検討した張新民によれば、『永遠的微笑』は、泉鏡花の小説『義血俠血』、戯曲『錦染瀧白糸』でもなく、溝口健二監督の映画『滝の白糸』を下敷きにしているという［張新民、二〇〇三］。

(98) 同時期の他の国産映画は「壮士凌雲」がB、「聯華交響曲」がB上、「化身姑娘」がCとなっている（『電声週刊』九三四号、一九三七年一月二二日、二四七頁）。

(99) このほか、セリフや小道具、挿入字幕などに対する指示があり、当該時期における事前検閲が相当細かになされていたことが理解できる。たとえば、中央宣伝部「電影劇本審査意見」には「三、第一三八鏡頭、羅匡：「我幾百塊銭買你来」此語応予刪除」「九、第五一五鏡頭、首都地方法院、「首都」両字応予刪除」などの指示がある［『劉吶鷗全集　電影集』二〇〇一：三八—三九］。

(100) 「『永遠的微笑』看試片紀録」によれば『永遠的微笑』は「文芸思潮でいうなら自然主義前派」のロマンチシズムを帯びた作品で、梁博の話にヒントを得て、泉鏡花の作品にある境遇を借り、精神分析的手法で組み立てたものであると説明されている［『劉吶

鷗全集　電影集』二〇〇一：四一]。

(101) 劉吶鷗は、胡蝶が演じる主人公が「女雄弁家のように、タフで、楽観的で、女権主義者」のように見えると述べ、この映画に求められる主人公は「寡黙で、憂鬱で、か弱い」「母親的なタイプ」というが[『劉吶鷗全集　電影集』二〇〇一：四二]、これは彼が小説のなかで描いたモダンガールとはまったく異なっている。

(102) 一九三一年の「満洲事変」以後、日本の対中国侵略に対する強い危機感から、一九三四年に周揚が「企」の書名で提唱したのが「国防文学」。その後、一九三五年末までに「民族自衛の文学」「民族の革命文学運動」などのスローガンがあらわれ、そのなかで次第に「国防文学」が中心的地位をしめるようになった。後に、胡風、魯迅、馮雪峰が提唱した「民族革命戦争的大衆文学」のスローガンとの間で論争となった[丸山昇・伊藤虎丸・新村徹編、一九八五：七二―七四]。「国防電影」は、こうした文学におけるスローガンを映画に持ち込んだものといえる。

(103) 『明星半月刊』第六巻第一期、一九三六年七月一六日には同社による「革新宣言」が掲載されたという[程季華主編、一九六三a：四二五]。

(104) 黄嘉謨はその後も芸華にとどまって娯楽映画を製作しつづけるが、左翼映画人は『民報』紙上(一九三六年一一月二二日、一二月一二日)で「低級趣味で観客を害するな」という内容で、芸華公司の「軟性電影」製作批判を繰り返し行っている[程季華主編、一九六三a：五〇〇―五〇一]。

(105) 秦賢次によれば、劉吶鷗を中電に紹介した直接の人物は『現代電影』を通じて知り合った黄天始・黄天佐(中電の技術専員兼劇務組長を経て、当時は副場長)兄弟と推定している[秦賢次、二〇〇五：二九九]。筆者もその可能性は高いと考えている。黄天始は、戦後は東宝株式会社の香港支社長を務め[辻久一、一九八七：五三]、前掲の『一段被遺忘的中国電影史(一九三七―一九四五)未発表手稿』を著している。

(106) 「容疑支那人」の「容疑」(辞書的には「罪を犯した疑い」)が具体的に何を指すのかは、前後の文脈からは読み取れない。あくまで当該資料の叙述主体からみて「罪」となる行為を犯した疑いのある人物ということであろう。

(107) 一九三六年九月二四日付在上海内務書記官北村英明発警保局長萱場軍蔵宛「要注意人物劉燦波の在南京中央映画検閲委員会就職に関する件」外務省外交史料[A・五・三・〇・三]。

(108) 謝東閔は戦後台湾に帰郷し、高雄州の接管委員会主任委員などを経て、後に台湾省主席、中華民国副総統を歴任した。

(109) 「中央摂影場演員不復閑散無事」『電声週刊』九三一号、一九三七年一月一日、一七頁。

(110) 前掲、党史館檔案(五・三―一八・八)。

(111) 同前注。

(112) 同前注。

(113) 前掲、党史館檔案(五・二―三四・一四)。

(114) 前掲、党史館檔案(五・三―五七・一一)。

(115) 「中央宣伝部第三五・三六週工作報告　一九三六年八月三一日―九月一二日」党史館檔案(五・三―二一・三)。当該時期の「電

影事業之進行」として挙がっているのは以下の六項目である。「一．拍攝慶祝蔣副主席壽辰短片　二．拍取広州風光影片　三．攝取及沖洗米麦豊收影片　四．攝製「密電碼」影片　五．編輯電影情報　六．審査各電影公司送呈之劇本」〔同前〕。

(116) 『我們所需要的文芸政策』を示すなど、「文化特務のリーダー」とみなされていた〔程季華主編、一九六三b：一二一〕。

(117) 「中央宣伝部第五七週工作報告　一九三七年二月一日—六日」党史館檔案〔五・三—三六・三〕。

(118) 同前注。

(119) 新亜大酒店にて、上海の新聞界、映画界の同人を招いて宴会。中央宣伝部副部長の方治、中央電影事業処処長兼中央電影撮影場主任の張北海が主催。映画界からは、周剣雲、張善琨、邵酔翁、厳春堂ら数十人が参加〔「中央第一部長片在滬公映」『電声週刊』九四六号、一九三七年四月二三日、七一九頁〕。

(120) 「密電碼賣座情形」『電声週刊』九四八号、一九三七年五月七日、七九八頁。

(121) 「密電碼」『電声週刊』九四六号、一九三七年四月二三日、七二六頁。同号での「十字街頭」の評価は「B上」。

(122) 一九四三年三月三日付中央宣伝部部長張道藩発総裁宛「中国中央両製片廠以後不得拍攝関於愛情與迷信等影片」国史館国民政府檔案〔〇九〇〇・〇六／四八〇〇・〇二—〇二〕。この建議書を読む限り、狙いは『密電碼』の再評価ではなく、重慶映画界で影響力をもった左翼映画人主導の映画『前程万里』『火的洗礼』『日本間諜』などを再検閲によって牽制することであり、『密電碼』はこれらとは異なり中央宣伝部主導（しかも建議を起筆した張道藩の原作）で製作された例として挙がっているとみられる。

(123) 『電声週刊』九六一号、一九三七年八月六日、一三二五頁。

(124) 「電影工作人協会開会討論進行救亡事宜」『電声週刊』九六一号、一九三七年八月六日、一三二八頁。

(125) 「受華北戦時影響小公司無法拍片」『電声週刊』九六一号、一九三七年八月六日、一三二三頁。

(126) 一九三八年一月二一日付、アメリカ大使館発外交部宛書簡、「中央電影検査委員会上海辦事処塡発之影片許可証広州辦事処不承認」国史館所蔵外交部檔案〔一四三二・一〇／一〇六二・〇一—〇一〕。

(127) 一九三八年九月三〇日付、行政院発外交部宛「非常時期電影検査各項法規通知各国註華使館」国史館所蔵外交部檔案〔一四三二・一〇／一〇六二・〇一—〇一〕。

(128) 前掲、党史館檔案〔五・二—三四・一四〕。

(129) たとえば、南京政府期にも行われていたように、中央宣伝部と関連各機関は重慶に派遣された内外の民間映画業者を集め、一九三九年四月に映画業者座談会を開催し、「中央の映画政策を宣揚」するほか、業者の直面する困難に耳を傾けるなどして「感情の連携に訴え、これを誘導する効果」を狙い、「成果を挙げている」とする〔一九三九年一一月付「中央宣伝部電影工作報告」活版、党史館檔案〔五・二—四五・三〕〕。

(130) 一九三七年八月一八日付中央秘書処発中央宣伝部宛「中央宣伝部提議擬具戦時電影事業統制辦法請核議案通過」毛筆、党史館檔案(五・三―五〇・一四)。五期五〇次中常会で通過。前掲、党史館檔案(五・二―三四・一四)。

(131) 前掲、党史館檔案(五・三―五七・一二)。

(132) 前掲、党史館檔案(五・二―三四・一四)。

(133) 黄鋼「劉吶鷗之路　報告七」香港『大公報』一九四一年二月五日。「中央電影場新場長召集全体職員作個別談話」『電声週刊』九六〇号、一九三七年七月三〇日、一二七九頁。

(134) 「戦時電影統制辦法」が通過するのが同八月一二日(中国第二歴史檔案館編『中華民国史檔案資料匯編第五輯第一編文化[二]』江蘇古籍出版社、一九九四年、三七五頁。党史館檔案(五・三―五〇・一四))。したがって、劉吶鷗が受けた電影事業処からの電話が「戦時電影統制辦法」に関する最終確認であった可能性は高いと考えられる。ただし、党史館檔案(五・二― 三四・一四)中「抗戦準備事項」に「為非常時期電影宣伝工作起見[非常時期の映画宣伝工作を準備するために……]」という文言があり、「非常時期」を冠した映画の事業計画がほかに存在した可能性がないとは言い切れない。

(135) 以下のような発言がある「『見てみろ、まったく戦争に応じる様子にはみえない』、劉は編集室に入って言った。『始業時間になったというのに、技術部にはまだ誰も来ていない。こんな様子で日本人と戦っても勝てるものか。……ああ、中国人はいつもいい加減だ!』」(黄鋼「劉吶鷗之路　報告四」香港『大公報』一九四一年二月一日)。「彼は淡く笑って、頭を振りながら言った『頼りにならないよ、中国の事情は信ずるに足らない……』」(黄鋼「劉吶鷗之路　報告五」香港『大公報』一九四一年二月三日)。

(136) 彭小妍は劉吶鷗の遺族が保管する文書から、彼が上海で相当規模の不動産業を営んでいたことを確認している[彭小妍、二〇〇一:一二一]。彼が不動産業を営んでいることは、当時の文壇や映画界でも知られていた[同前、一七六](黄鋼「劉吶鷗之路　報告七」香港『大公報』一九四一年二月五日)。

(137) 黄鋼は、友人から劉吶鷗は「日本人と福建人との混血である」と聞き、「彼と一緒に上海に行くわけにはいかない」と思ったという。この決意をした日を黄鋼は一九三七年八月九日と記憶している(黄鋼「劉吶鷗之路　報告七」香港『大公報』一九四一年二月五日)。

(138) 劉吶鷗は一九三八年一月二九日に武漢で成立した「中華全国電影界抗敵協会」に理事(全七一名)のうちの一人として選ばれており(「中華全国電影抗敵協会成立」『抗戦電影』第一期、一九三七年三月、一八頁)、南京から武漢を経由して上海に向かった可能性も否定はできないが、後述するように一九三八年一月末には劉吶鷗はすでに日本軍の映画統制に関与し始めていたと思われる。したがって、私見では、同協会への参加は名義上のものにすぎず、劉吶鷗自身が同協会の成立当時、実際に武漢に滞在していた可能性は低いと思われる。

(139) 許秦蓁による沈乃霖博士へのインタビューによれば、同じく台湾出身で国民政府の外交部にいた黄朝琴が上海を去るとき、劉吶鷗にも重慶への避難を勧めたが、劉吶鷗は応じずに上海に残ったという(許秦蓁による沈乃霖博士へのインタビュー[許秦蓁、一九九八：附録三之丙、附頁五一]）。

(140) この時期、陸軍内部において宣伝を管掌したのは陸軍報道部であり、その実行機関たる陸軍省新聞班において「S中佐」に該当するのは三人、そのうち「宣伝」において「映画、演芸、「レコード」、催物の指導」を担当したのが作間中佐（他に清水中佐があるが、内閣情報部からの派遣であるのではずす）である（「陸軍宣伝機関業務報告（一九三七年一二月）」[稲葉正夫編、一九六七：三六九―三七六]）。松崎が「二度ばかりお目に掛かった事がある」と記述していることからも、日ごろから映画を担当している作間が松崎に会ったものと思われる。

(141) 前掲、黄天始『一段被遺忘的中国電影史（一九三七―一九四五）未発表手稿』一四頁。

(142) 「日本侵略中国電影的陰謀特輯」阿英主編『文献』巻之四、一九三九年一月一〇日、I六―I七頁。

(143) 同前、I八頁。同時期に、左翼映画の傑作として知られる『馬路天使』などの作品も日本に輸入されていることから（「支那映画続々輸入されむ――聯華・明星・新華の三大作品近着」『国際映画新聞』二三七号、一九三九年一月上旬、五三頁）、日本への輸出それ自体が問題なのではなく、資金問題が重要であったと考えるべきだろう。

(144) 「今次事変によって壊滅した上海映画界の復興は遅々として進捗せず、多数の映画人は路頭に迷う惨状を呈した。そこで先に友聯影片公司を経営していた沈天蔭を中心に、劉吶鷗、黄随初等が謀って、民国二七年一二月［原文ママ］、上海に光明影業公司を創設した。該公司は資金数十数万元を擁し、「椿姫」「王氏四俠」「母親」の三篇を制作する計画をたて、導演として、李萍倩、王次龍をはじめ、演員としては袁美雲、劉瓊、英茵、尚冠武、李英、関宏達等の一流一五―六人を集めた」[市川彩、一九四一：二五〇]。

(145) 「彼のプロデュースになる、パール・バックの『母』の映画化『大地的女児』を知って居る」[松崎啓次、一九四一：二三二]。

(146) 辻は、一九七三年九月香港で、かつて上海で交際のあった中国映画人Zに事情を聞いた後、松崎、東宝の森岩雄、上海報道部で勤務経験のある上田良作少佐（当時の階級）にインタビューしている[辻久一、一九八七：五五―六二]。各氏の説には微妙な異同があるが、要約すると以下のようになる。Z説：劉吶鷗は東宝の資金（一九三八年東宝から派遣された松崎が金子と劉に協力する形）を自分の資金と偽って光明影業公司で『茶花女』『大地的女児』（出来が悪く公開中止）『王氏四俠』の三作品を製作。『茶花女』は好評だったため東宝へ送られ日本で上映された。日本からの資金は五―六万。松崎説：映画界調査が目的。日中の映画提携のため製作に協力すべしという金子の意図で、光明に一万二―三〇〇〇円の資金を提供した。作品数は四（一九四〇年には光明で『薄命花』が製作されている。この作品を含めて四作としているのであろう）。森説：松崎に中国映画への工作は依頼していないし、一万数千円という金も手渡していない。松崎の談話は資金の出所に煙幕を張るためのものではないか。上田説：上田の上海転任以前の事情なので不明。ただし、上田自身が関わった新聞工作にも、また他の放送工作にも報道部の機密費が出た。金子少佐の上司である馬渕報道部長は陸士で金子の二、三期後輩。ゆえに金子の映画工作費一万数千円の支出要求は許可された公算が大きい（一九三八年段階での映画工作は報道部ではなく特務部の所管、また一九三七年一一月一四日付「特務部業務分担表」では金子の上司は諜報班末藤大佐および宣伝班木村大佐。松崎の証言からこの工作指令は日本「内地」陸軍省新聞班から出ていることがわかる）。これらの証言から、光明に提供された資金の出所はおそらく（報道部、特務部、「内地」陸軍省新聞班のいずれかは別として）日本軍だったのではないかと推測される。そして、劉吶鷗はその事実を周囲に隠して光明に提供し、それが露呈しそうになったので、自分に近い中国映画人には、「実は松崎を通じた「東宝」すなわち「民間」からの資金だったのだ」という「煙幕」をはったのではないだろうか。上述の聞き取り調査を行った辻自身は、同事件を「中華電影発足以前、日本から中国映画界へ働きかけた最初の接触であったのは事実」［同前：六一］と捉え、「Z談話では、光明影業公司の資金の出所を正確に知る者はないようだが、一九四〇年夏、劉吶鷗が重慶地下組織のテロに倒されたのは、このことに関わっているのではあるまいか。劉の殺された原因が資金の出所を秘密にして、光明影業公司を欺瞞したことにあるなら、光明影業公司は被害者となり、［日本人と「漢奸」の経営する中華電影の作品が掲載されていないのとは異なり］現中国の『中国電影発展史』に、その作品題名をとどめ得ることも首肯できなくはない」［同前：六二］と見ている。なお、辻は同書の別の箇所［同前：五三］で一九七三年秋と一九八七年正月に香港で黄天始と二度にわたって会い、同書の「材料を話してもらった」と記しているので、上記の知人Zとは黄天始と思われる。

(147)「私達が新しい映画の組織を作りたいと考え始めた頃、私達の背後に有る大きな力は、さらに偉大な創造に着手して居た。その偉大な力は、又、我々の持って居る力の全部を捧げて、この国と日本との新しい進軍に映画を役立てる為に組織を作り出せと命令した」［松崎啓次、一九四一：二五〇］。

(148) 傾向映画（左翼的な傾向のある映画）の代表作『何が彼女をそうさせたか』の鈴木重吉監督、シナリオには鈴木監督、川喜多本人のほか、川喜多の妻かしこ、北京大学の日本文学教授張迷生（張我軍）も参加、また音楽は江文也が担当している［辻久一、一九八七：四〇―四二］。なお、佐藤忠男によれば、この映画の冒頭の字幕には次のような文章が出たという「製作者はこれを戦ひの後に来る日華両国民の真の理解と敬愛と友情によってのみ将来されるべき『東洋平和の道』のために捧げたいと思う」［佐藤忠男、二〇〇四：八七］。

(149)「日本侵略中国電影的陰謀特輯」阿英主編『文献』巻之四、一九三九年一月一〇日、I二二頁。「北支における映画座談会日本映画の大陸進出策とその動向を語る」『国際映画新聞』二二六号、二一―二二頁。

(150)「川喜多の場合、中国語の通訳は不要であり、劉吶鷗は川喜多を張との会合の場所に案内しただけで、二人の会話が始まるのを見届けると、すぐに姿を消したということである」［辻久一、一九八七：六四]。

(151) 一九四〇年三月から、月二回の中国語ニュース映画『世界電影新聞』を製作開始、文化映画にも着手した[同前：一〇五]。

(152) 辻久一著では、日独伊防共協定[一九三六年一一月]から日独伊三国軍事同盟の過程で、ユダヤ人居住区が日本海軍の管理下にある楊樹浦地区に出来たことを背景に、ユダヤ人監督ゲルトルート・ヴォルフソンの懇請があり、国際人としての川喜多が「ユダヤ人のこうした悲運と異国の土地に運命をあずける政治情勢に深い関心と同情」をもって、『祖国を追われて』の製作を援助したとして、「現地の海軍と共に、陸軍のドイツかぶれに一泡吹かそうとした川喜多の権威に屈しない意地の強さ」があるとみている[辻久一、一九八七：一二一―一二三]。だが、「対支時局打開策に関する件」の指導要領の二に、「浙江財閥及「ユダヤ」系資本家を蒋政権より離反しなし得れば親日政権と合作せしむ」[稲葉正夫編、一九六七：三九七―三九九]とあることから、海軍のみならず、陸軍もユダヤ系資本家の懐柔を企図しており、川喜多のこの映画への製作援助も、決定時点では「陸軍の指導」と矛盾する行為ではない。

(153) 穆時英は、彗星のように文壇にデビューした新感覚派の新星であり、小説においても劉吶鷗の影響を強く受けていたが、その技巧において劉吶鷗を越えたと考えられている作家である。穆は一九三四年(一説には一九三三年)に国民党の図書雑誌審査委員会の委員に就任しており、劉と同様「御用文人」とみなされていた。李今は、一九三五年以後の穆時英の論調にはっきりとした抗戦の情熱と闘志が示されていることを例に挙げながら、帝国主義の侵略によって中国が亡国の危機にあるという現実が、それまで政治や社会の問題と距離をとってきた穆の文芸観(硬軟映画論争にあらわれた映画観も含む)を変化させた、とみている[李今、二〇〇〇：二〇八]。穆は一度香港に移り住んだが、松崎の言葉によれば劉吶鷗の呼びかけによって上海に戻ったという。「かつて劉君と黄君と私の三人で、新しく産まれる映画会社の最初の礎石を築いた時我々の協力者として、黄君の弟を重慶から呼び寄せた。そして、新国民政府の誕生が間近に迫って、我々の会社がさらに大きな発展を約束されたとき、我々は穆時英を香港から招き寄せた」[松崎啓次、一九四一：一八五]。「彼[穆時英]の才能と、彼の純情と、勇敢を劉君は極めて高く評価した。が一方又、劉君は甚だしく用意周到であった。彼を突放して汪精衛氏の宣伝機関の中にポストを求めさせた」[同前：一九六]。しかし、いっぽうで松崎は張資平の談話として穆時英は重慶政府の密命を帯びて上海で得た情報を重慶に送っていたが、「汪精衛派の理論に熱意を持ち、重慶側と手を切らうとした」ために暗殺されたという説を記している[同前：二〇二]。

(154) 当日、劉吶鷗は中華電影スタッフとの会食後に山口淑子(李香蘭)とパーク・ホテル(現・国際飯店)で会う約束をしていたという(山口淑子・藤原作弥の対談「李香蘭が見たモダン上海」『東京人』二三三号、二〇〇六年一一月、三一頁)。また、追悼大会の前日九月一日、松崎は東京から上海に戻ってくるが、そのとき松崎宅にはパール・バック「母」の映画化の作曲担当として上海に来ていた江文也が寝泊りしており、そこに松崎からの電話を受けた劉吶鷗が訪ねてきている[松崎啓次、一九四一：二八二]。

(155)『国民新聞』は劉吶鷗を「和平運動のために殉死」した、『新華日報』は「恥知らずにも売国奴に甘んじ、日本国籍を得て悪の手先となった」(『新華日報』一九四〇年九月四日)、『中央日報』は「漢奸劉吶鷗狙撃されて死す」(『中央日報』一九四〇年九月四日)と報道した([許秦蓁、一九九八：二三九―二四二]より重引)。

(156) 許秦蓁による施蟄存へのインタビュー[許秦蓁、一九九八：付録三之甲、附頁三五]。

(157)「対支時局打開策に関する件」に挙げられた謀略の重点施策の四点目は「青幇を懐柔して反蔣運動を促進すると共に蔣政権側の要人に対し『テロ』を行う」である[稲葉正夫編、一九六七：三九七]。

(158) 現地特務部作成の「中支謀略計画」(一九三八年一月一八日付)施策要綱にも、「青幇を把握し新政権の領導下に入らしめ反動分子弾圧の秘密勢力たらしむる他別に秘密結社を組織し謀知[原文ママ]及非合法手段の実行に便す」とある。一九三八年一月一八日付、中支那方面軍特務部「中支謀略計画」『昭和一三年二月中支那方面新政権樹立関係資料』防衛省防衛研究所図書館所蔵文書[支那・支那事変・全般三一四]。

(159) たとえば、李士群について憲兵隊からの身上調書では「信頼できる憲兵隊の密偵」、特務機関の調書では「小さい船会社の社長で私財三〇万。敏腕な青年実業家」と記されていた。社会的な地位と富をもった李士群を三〇円ほどの月給で密偵としていたことは「うかつ」なことであり、この事実は上海憲兵隊特高課長林秀澄少佐にも「意外であったとみえ、しばらく啞然としていた」とある[晴気慶胤、一九五一：七六]。

(160) 一九三九年一月付「中央宣伝部工作報告」謄写版、党史館檔案[五・二―三四・一四]。

(161) 上海には重慶側の地下工作者蔣伯誠、呉開先、呉紹澍らがいたが、張善琨は中華電影との提携にあたって彼等を通じて重慶からの了解をとっていた[童月娟、左桂芳・姚立群編、二〇〇一：六六]。また、張善琨は若いときに青幇に加入し、黄金栄とも師弟関係を結んでいた[矢野目直子、一九九七a：三]。つまり、張善琨は重慶とも青幇ともパイプを持っていたことになる。ここで、辻久一が「これはどういうことだろうか」[辻久一、一九八七：五九]と提起した疑問を挙げておきたい。すなわち、公孫魯『中国電影史話・第二集』(香港：南天書業公司刊。東宝東和の委嘱で竹中伸が一九六五年に抄訳)において張善琨が劉吶鷗につきまとわれることを避けるためにひそんだのはパラマウント・ホテルだが、映画工作のために上海にきた松崎が劉吶鷗の手配で泊まったのも、そのパラマウント・ホテルなのである[同前]。また、松崎の回想録では、そのホテルは劉吶鷗が金子少佐から映画工作の仕事を引き受けてから「万一の危険を慮って、誰にも知らさずに」借りた部屋とされる[松崎啓次、一九四一：二三九]。だとすれば、張善琨は劉吶鷗を「避けるため」にパラマウント・ホテルにひそんだという理屈は通らない。むしろ、人に知られずに劉吶鷗と「会うため」に同所にひそんだ可能性が高いのではないか。さらに、一九三七年一二月に金子が上海映画界の要人を召集した際には張善琨も参加しており[程季華主編、一九六三b：九七]、翌年から日本軍の映画検閲所にもちこまれる中国映画が「十数本」に及んでいるが[市川彩、一九四一：二四九―二五〇]、この時期活発な映画製作をしていたのは張善琨の映画会社のみである。また、先述したように、劉吶鷗が出資した光明影業公司成立(一九三八年二―三月)によって、製作停止で路頭に迷っていた芸華影片公司(社長の厳春堂は黄金栄の門徒)のスタッフが職を得ていた。厳春堂と同じく映画産業にかかわり、同じく黄金栄と師弟関係を結んでいた張善琨が、劉吶鷗を知らなかったとは考えにくい。張善琨は劉吶鷗の死後、川喜多との提携によって日中間の重要なパイプ役となるが、実はそれ以前から、すでに劉吶鷗を通じて日本軍との間になんらかの接触や提携があったと考えられる。

(162) このシナリオのアイデアは、松崎が読んだ新聞記事をヒントにしているという[松崎啓次、一九四一：二六八]。

(163) 米国議会図書館(The Library of Congress)所蔵資料、興亜院華北連絡部『調査資料第一一〇号[文化第五号]重慶政府ノ国民精神総動員ト民族、思想工作』一九四一年三月二六日。

(164) 杜月笙自身は、抗戦中は重慶に逃れていたが、上海におけるそのネットワークは健在であったとされる。

(165) 重慶側といえば、劉吶鷗が中央電影撮影場編導委員会主任当時の中央宣伝部電影事業処処長である張北海、あるいは自らの英雄談『密電碼』映画化にあたって劉吶鷗に撮影台本と共同監督をさせたことになった張道藩にとっては、劉吶鷗はまさに「面汚し」的な存在であったと考えられる。なお、市川彩[一九四一]には、第二次上海事変の際に「旧国民政府が文化界映画人救済資金として交付した数万円の補助金の使途が劉吶鷗、黄隋初の手から不明になり、その正式報告を怠った為に仲間から排斥された」[同前：二五一]とあるが、それでは暗殺までに三年の間がある。また、先述のように「戦時電影事業補助辦法」の起草は一九三七年一〇月九日で、この時期にはすでに劉吶鷗は中電を離職していたとみられること、またその後の一九三九年一月付「中央宣伝部工作報告」党史館檔案[五・二―三四・一四]で各映画会社に融資がなされたことを確認できることから、市川説は盧溝橋事件勃発後の混乱と劉吶鷗・黄天始らの対日協力への非難を混同した結果の表記ではないかと思われる。

(166) 当該時期の青山学院英文科(一―二年時)英文学(四年時)の教科課程によれば英語の教科内容は解釈、文法、作文、会話など全方位的で、米国メソジスト派キリスト教の学校ということもあって英語教員中には欧米人も多く、相当に実践的な英語教育を受けたものと思われる(「高等学部職員」『青山学院一覧　自大正一二年―一三年』四五―五一頁、「高等学部部則」中「英文科課程及ビ時間数」『青山学院一覧　自大正一二年―一三年』八〇―八三頁、「高等学部職員」『青山学院一覧　自大正一五年―一六年』三一―三七頁、「高等学部部則」中「文科課程及ビ時間数　一、英文学専攻科」『青山学院一覧　自大正一五年―一六年』六七―六九頁)。

(167) 同じく日本の映画工作に関わった張善琨については、矢野目直子[一九九七]がその活動の複雑さを詳細に跡付けている。また、Poshek Fu[2001]は張善琨の活動が上海映画人の生活を保障し、その商業路線が間接的に日本の政治宣伝を払拭する効果をもったことから、理想主義と日和見主義がないまぜになった「協力のなかの抵抗」があったことを指摘している。

(168) 魯迅、竹内実訳「『第三種人』を論ず」『南腔北調集』一九三二年一一月[竹内実編、一九八五:二七二]。

(169) 松崎はこの企画を論じているときの劉吶鷗について次のように回想する。「何讃氏の哲学の中には漢奸と呼ばれながら、東洋永遠の大計の為に、生命を投げ出して、日本と協力する人達に共通に見られる哲学が有った。私は劉君が此のシナリオを考えて、黄君と討論して居る姿を思い浮かべると、何讃氏の姿を借りて劉君が叫んで居る様な錯覚を覚えた」[松崎啓次、一九四一:二六五]。

第三章　注

(1) 台湾の新聞記事は黄仁「懐念三個走紅中国大陸的台湾影人」『聯合報』一九九五年一〇月二五日、三七頁。大陸の記事は八〇年代長春電影製片所の映画雑誌で「台湾に戻って処刑された」という内容だった[陸弘石、一九九八:二五七]。

(2) 台湾で出版された再録版には中国版にあったいくつかの記述、たとえば朝鮮戦争への従軍、特務だと疑われたという発言などが割愛されている。また、中国版の本文にある何非光は「両岸の交流と統一活動に努力した」という著者による説明も台湾版にはない。

(3) 例えば、Hughes[1997]は九〇年代前半までの事態を見据えつつ、台湾では民主化と経済成長を背景に国民国家アイデンティティの多様化が進み、Chineseとの関係の中で'Post-national Identity in an intermediate state'と呼べるような考え方が出現してきたという。一方、一九九〇年代の中国大陸におけるナショナリズムの特徴は、呉国光[二〇〇二]によれば、対外的には挑戦的ながら、国内政治権威や伝統的儒教文化に対しては保守的である点だとしている。

(4) 程著は「これまでのところ最も広範な影響をもつ中国映画史の著作」[李道新、一九九八:二二二]と称される。程著は何非光が一九七九年に名誉回復した後の一九八一年に第二版が出版されているが、何非光に関する限り名誉回復に伴う記述の修正は行われていない。後述する陽翰笙は次のように述べる「同書はあれこれの不足や欠点をもつとはいえ、ひとつの特色をもっている。それは党が映画を指導したこの一筋の赤い線を終始一貫させたことで、これは同書の成功しているところである」［陽翰笙、一九八三：六］。

（5）見返しに書かれた紹介文は以下の通り。「『中国電影史』は六四年［民国六四年＝一九七五年］中正文芸著作賞第一位を獲得、前文化局の推奨を得たもので、中国電影史著作における重要作品であると公認されている」。

（6）何非光の重慶での後期二作『気壮山河』と『血濺桜花』に関し、程著では「実に稚拙」、「蔣介石という人民惨殺の下手人」を「恥知らず」にも宣伝した映画であり、「実際には国民党の反動統治と消極的抗戦のための弁解を行った」という政治的断罪の表現がみられる［程季華主編、一九六三b：一二九―一三〇］。杜著では対照的に「中国国民政府蔣主席の、抗戦を率いる偉大で毅然とした人格と崇高な精神とが中国をして苦難の抗戦を経て勝利を獲得せしめた、その偉大な功績を賞賛している」［杜雲之、一九七二b：二九］とある。

（7）陽翰笙の回想記事［一九八六b］では、すでに上海法院によって無罪が確定していた何非光に対して「生活において腐敗しているだけでなく、国民党の特務とも関係があった」と記述し［同前：六三］、さらに、王瑞麟、羅静予の二人が戦後国民党の大規模な反共政策の渦中にあった中製にとどまったことは「袁叢美や何非光らの悪者」に対抗するための苦しい選択だったと述べている［同前：六四］。だが何琳によれば、この時期何非光は当の羅静予によって離職させられ、香港や台湾にいた時期であるという［何琳、二〇〇四：一二九］。なお、陽翰笙（一九〇二―一九九三）は、一九二五年に中国共産党に加入、上海では左連の成立に参加。重慶移転後の中製で何非光の同僚であり、戦後は国務院総理辦公庁副主任の他、中華全国電影芸術工作者協会（後の中国電影家協会）の第一期主席として活躍していたが、この時期の中国電影家協会が前掲の程季華主編［一九六三a、b］の内容に対しても強い影響力をもっていたことは、陽翰笙自身が次のように認めている。「中国電影家協会は映画史の研究についても多くの仕事をした。たとえば程季華同志主編の『中国電影発展史』第一巻、第二巻がそれで、これは大変価値のある仕事である」［陽翰笙、一九八三：六］。

（8）何琳による評伝『銀海浮沈：何非光画伝』［二〇〇四］は家族の視点から何非光の個人的な文脈に留意し、忘却の不当性を糾弾する記述も見られるが、これを帝国主義・植民地主義・ナショナリズムなどの問題と関連付ける記述はない。

（9）陳紅梅「関於〝電影出国〟」［一九九八］は、何非光作品の戦略的有効性を再評価している。論文の表題は、一九三九年一月一〇日『新華日報』における施焔又による記事の表題から取られたもので、施焔又の記事では「映画の出国」の目的は抗戦映画を「出国」させることで国際的な同情と援助を得、有効に敵を制裁すること、と述べられていた。陳紅梅は一九九五年北京で行われたシンポジウム「中国四〇年代〝抗戦映画〟与〝進歩映画〟」で何非光の創作動機を聞き、『東亜之光』を見たという［同前：六六］。

しかし、この時上映された『東亜之光』は何非光によれば、三分の一が公開当時と異なる版だった、と言う[黄仁編、二〇〇〇：一四]。このほか、一九九五年以後出版された中国映画史の書籍、たとえば封敏[一九九六]、上記のインタビューを行った陸弘石が著者の一人である陸弘石・舒暁鳴[一九九八]、李道新[二〇〇〇]などでは、いずれも何非光に関する記述には監督としての技術を再評価しようとする傾向がある。特に李道新著では、陽翰笙や孫瑜などの著名な映画人と同列に何非光の項を設け、「彼の創作は、抗日愛国のテーマを伝える作品もあれば、国民党権力の意志に符合した作品もあり、思想的に複雑な様相を呈している。しかし、彼の脚本監督技術における模索は、戦時中国映画のために比較的重要な経験と教訓を蓄積した。特に『東亜之光』は脚本監督方面において優秀な成績を収め、彼をして大後方抗戦映画において無視することのできない映画芸術家たらしめた」と、国共両党が正統性を主張する競合を俯瞰しつつ何非光の「複雑さ」を認めている点が注目に値する。また、なかには、陳墨[二〇〇〇]のように、「数十年もの間〝生きた死人〟でいるのはどんな気持ちだったか」[同前：一六〇]と、その「伝奇」的運命を強調するものもある。

(10) たとえば、大陸の『重慶與中国抗戦電影学術論文集』[一九九八]、台湾の『何非光　図文資料彙編』[二〇〇〇]が編集された背景をみると、大陸論文集には直轄市としての重慶が相対的に中央からの統制を離れ、地方自治の力を強化することをめざすなかで、それを理論的に補強する文化的アイデンティティの構築という要求がうかがわれる。すなわち、『重慶與中国抗戦電影学術論文集』は、重慶で開かれた第七回中国金鶏百花映画祭シンポジウムのために書かれた論文を収録した、重慶映画に関する初の専門的論文集であり、その背景には「重慶は直轄市として、社会経済が全国世界に向かって発展することと同時に、学術文化が全国世界に向かって発展する」[同前：四]ことへの志向がある。つまり、重慶映画再評価の背景には、直轄市としての重慶の発展志向に基づく重慶映画の再評価という文脈が認められる。いっぽう、台湾側資料集には独立をも視野にいれた国際的地位の確立をめざすなかで、それを理論的に補強する文化的アイデンティティの構築という要求が見え隠れする。すなわち、台湾(中華民国)の財団法人国家電影資料館が版元である『何非光　図文資料彙編』では、映画人の資料を整理する叢書の中に何非光を選んだことについて「ひとつには彼が早期の極めて重要な本土映画人であり、ひとつには映画史の背後にある複雑な政治、社会と文化の分裂をあらわにしているからである」[同前：一〇]と述べられている。また、編者による序文も「中国映画界でもっとも功績ある台湾人」[同前：一一]と題されており、そこには台湾人特有の歴史的複雑さを象徴する映画人として何非光を取り上げる文脈があるとみていいだろう。

(11) このうち、前掲[第七届中国金鶏百花電影節執委会学術研討部編、一九九八]は「一．重慶電影的歴史和理論研究」「二．重慶電影的回顧和訪談」「三．付録：当前影視的一般研究」の三部構成だが、一に集められた重慶映画に冠する論文はほとんどが重慶時期の映画理論や映画の思想や美学に関するもので、実証的な歴史研究はみられない。その後、第二章で言及したように、官営映画事業としての通史として楊燕[二〇〇一]、楊燕・徐成平[二〇〇八]が、中国における資料をもとに組織制度にかかわる大枠を整理している。

(12) 陳墨[二〇〇九]では、「抗戦後」の足跡についても言及しており、中国電影資料館に所蔵されている映像資料を多く参考にしている点が貴重である。ただし、「初探」とあるように事実関係の多くは何琳[二〇〇四]に負っており、抗戦後の何非光の足跡については、資料の発掘公開を含めた今後の研究の進展に期待したい。

(13) 何非光自身によれば、「大陸の映画界に入ることが出来て非常に光栄だと思った。だから名前を『何非光』に改めた」という[陸弘石、二〇〇〇:五六]。いっぽう張深切によれば、役者として人気が出ないのは名前が悪いせい(徳は得と同音なので、何徳旺は「何ぞ人気を得るや?」の意味になる)だと何非光に相談されて、張深切自身が考えたのが何非光という芸名だという[張深切、一九六一:四一八]。後述するように張深切は何非光の兄である何徳発の親友であり、社会運動家として知られる。何非光本人とも親しく、台湾でのみならず上海でも一時期行動を共にした。なお、張深切[一九六一]の何非光に関する記載については、陳淑容氏にご教示いただいた。張深切については本章注(18)を参照。

(14) 何非光自身の言葉[陸弘石、二〇〇〇:五六]。しかし、外交史料館所蔵の「在外本邦人保護並取締関係雑件、中国ノ部」中、一九三二年の青島については「命令送還者ニ関シ報告ノ件」として送還者名簿があるが、一九三五年の上海に関しては「台湾人関係雑件、保護及取締関係」、「在上海総領事館警察部並特高警察課関係一件」にも同様の記載は見当たらない。

(15) 一九七九年上海市虹口区人民法院「刑事判決書(五九)虹刑再字第二五五号」([黄仁編、二〇〇〇:三二]掲載の原文コピー)。その判決事由は、①中製(重慶政府期に軍事委員会政治部所属の映画製作機関であった中国電影製片廠)で「国民党党部後補委員」であったこと、②反動映画の脚本監督を務めたこと、であった。

(16) ただし、何琳[二〇〇四:四七—四八]では「南京大虐殺に関する写真集」となっている。

(17) 父・何日新、母・何王趁、長男・何金英、次男・何紹伝、三男・何金国、四男・何金周、五男・何木生、六男・何徳発、七男・何徳旺すなわち何非光(筆者による何敏璋氏へのインタビュー。二〇〇一年五月一五日、台北市通化街の何敏璋氏宅にて。何敏璋氏は国家電影資料館の薛恵玲氏にご紹介いただいた)。

(18) 張深切、一九〇四—一九六五年。台湾南部の南投草屯出身。幼時から中国語を学習、一四歳で東京に留学し、二〇歳で台湾に帰郷。まもなく中国に渡り一九二七年に広州中山大学法科に合格。同時に台湾籍の青年らと「台湾革命青年団」を組織した。中国大陸で陳炯明平定の軍事行動や北伐にも参加した後、台湾に戻って学生運動を扇動、中国革命の状況を宣伝したため逮捕され入獄した。出獄後は「台湾話劇研究社」「台湾文芸連盟」を組織、雑誌『台湾文芸』(一九三四—一九三六年の三年間に一五期発行)を主宰した。そのほか、前後して『東亜新報』編集主任、『大阪朝日新聞』調査部記者、上海『江南正報』文芸部主任などの職に就いた

〔遠流台湾館編著、二〇〇七：二〇八〕。

(19) 筆者の書状での質問に対する陳徳三氏の返信（日付二〇〇二年二月二三日）より。同氏の回想録〔ちんとくぞう（陳徳三）、一九九五：八三―八六〕にも何非光と共に映画を見に行ったことの記載がある。陳徳三氏の姉は何非光の兄に嫁いだため何非光とは縁戚関係。陳氏は何非光の甥である何敏璋氏にご紹介いただいた。

(20) 同前注。

(21) 台湾文化協会の活動や文化劇の盛り上がりの時期は、ちょうど彼が中学校に入った時期と前後する。

(22) 林柏維〔一九九三〕中、七一頁「表四、一九二一年―一九二七年台湾文化協会会員人数統計表」、一一八頁「図二、台湾文化協会文化講演次数曲線図」を参照。

(23) 筆者による巫永福氏へのインタビュー（二〇〇二年三月二五日、巫永福氏の自宅にて）。

(24) 何非光の言〔陸弘石、二〇〇〇：五五―五六〕。

(25) 「台中一中学生罷学的真相」（『台湾民報』一九二七年五月二九日、一五九号、五―九頁）を参照。

(26) 張深切〔一九六一：四一七〕。ただし、同書では兄の名を何徳発でなく何少豊と表記している。

(27) 筆者の書状での質問に対する陳徳三氏の返信（日付二〇〇二年二月二三日）。

(28) 何徳発の死に先だって、台北商業学校に学んでいた何非光の五番目の兄何木生は何非光が六歳のときに淡水河で水泳中に溺死、何非光の父も何非光が七歳の時に死亡〔何琳、二〇〇四：七〕、台北医学専門学校を出た四男・何金周（前掲、何敏璋氏の父）も二三歳の若さで亡くなっている（前掲、筆者による何敏璋氏へのインタビュー）。なお、何琳〔二〇〇四：六〕によれば、何金周は高熱を出したところを「日本防疫隊」によってコレラと判断され、強制的に隔離された上、注射を打たれて死んだ、とある。

(29) 「籌備光亜影片募股成績優良」『台湾民報』一九二九年八月一一日、二七三号、二頁。

(30) 一九三〇年八月一〇日、台中楽舞台で成立。第一回公演は同年一一月一日から二日間。演目は張深切作「論語博士」「暗地」、張深切脚色「方便」「漢薬」「為誰犠牲」「中秋夜半」「洋楽合奏」とされる〔呂訴上、一九六一：二九九―三〇〇〕。何非光の妻朱家衛によれば、何非光は「台湾文化協会の思想理念に深く影響を受け、日本人植民者が台湾を侵犯する悪行の数々に抵抗し、台湾の著名な社会活動家張深切等が組織した「農民協会」が上演した閩南語劇『昏暗』にも参加」したという〔朱家衛、二〇〇〇：八六―九一〕。なお、文中の「農民協会」は文化協会の創立メンバーの一人、蔣渭水が組織した民衆党系の組織を指すと思われる。また、呂訴上〔一九六一〕楊渡〔一九九四〕などを参照すると『昏暗』は、張深切が演出した『暗地』ではないかと思われる。

(31) 旅券制度に関する問題については、梁華璜〔二〇〇一：一三一―一八二〕を参照。『台湾民報』（「対中国時局的対岸総領事的献策」一九二七年三月六日、一四七号、二頁。一九二七年九月一一日、一七三号、二頁）にも、「旅券制度問題」の記事がある。

(32) 中国における台湾人の民族自決精神の覚醒についての報道を

警戒する当局の報告もある。一九三四年一〇月三日、在上海有吉明公使発、広田弘毅外務大臣宛、外務省記録「台湾人関係雑件・保護及取締関係」〔A・五・三・〇・三―三〕、外交史料館所蔵。なお、同打電内容は「台湾総督府へ転電」されている。

(33) 何琳著では、何非光は一九三三年に聯華と「基本俳優」契約を結んだあとも、簡医師に請われて空いている時間に仕事を手伝うべく簡医師宅に留まったとある〔何琳、二〇〇四：二三〕。

(34) このとき、張深切と何非光は、すでに張芳洲とは別のアパートに越していた〔張深切、一九六一：四一二―四一七〕。

(35) 上海に到着したばかりの何非光に、大陸における台湾人への偏見について教え、「決して台湾人だと言ってはいけない」と口止めしたのは羅朋といわれる〔何琳、二〇〇四：一六〕。

(36) 「台湾籍民」とは、広義と狭義に分かれる。広義には、対外的には「日本帝国臣民」であり、対内的には「内地人」とは異なる「外地人」ステイタスとしての台湾籍をもつ者(いわゆる「本島人」)全てを指す。これに対し、狭義の台湾籍民は、広義の台湾籍民のうち大陸に居住するものをいう(〔若林正丈、一九八五：一八四〕を参照)。「台湾籍民」については、本文に記したもののほか、戴国煇〔一九八一〕、中村孝志〔一九八〇〕などの先行研究もある。

(37) 一九八三年に厦門の台湾籍民についてインタビューを行った若林正丈は、ゴロツキ集団としての「台湾流氓」「台湾呆狗」の背後には陰に陽に日本領事館がついており、その活動は不平等条約と日本の軍事力に支えられていたとして、「呆狗」と地元中国人の矛盾は、唐さん〔福州師範大の唐天堯〕も強調していたように、日本帝国主義と中国ナショナリズムの矛盾であった」と述べる〔若林正丈、一九八五：一九九〕。

(38) 謝東閔もまた、「異民族による侮辱を目撃し体験したこと」が原因で「中学時期に家を出て祖国に向かうことになった」ひとりである〔謝東閔、一九八八：三六〕。

(39) 台湾人と大陸中国人の係争を伝えるものとしては、一九三〇年七月一五日、在厦門領事寺島広文発、外務大臣幣原喜重郎宛、「在留台湾籍民ノ待遇ニ関シ思明県党部ノ呈請ニ関スル件」、外務省記録「台湾人関係雑件・保護及取締関係」〔A・五・三・〇・三―三〕、外交史料館所蔵。台湾人の排斥を伝えるものとしては、一九三四年一一月一二日、在中華民国特命全権大使有吉明発、在南京一等書記官須磨弥吉郎宛「南京ニ於ケル台湾籍民排斥運動ニ関スル件」、外務省「台湾人関係雑件・在外台湾人事情関係」〔A・五・三・〇・三―一〕、外交史料館所蔵。

(40) 岩崎昶「中国電影印象記(三)」『キネマ旬報』五四三号、一九三五年六月一一日、六五頁。また、前章で論じた劉吶鷗は、日本軍の映画統制への協力にこの金焔も巻き込もうとして説得を図っているが、彼と面会した松崎啓次によればそのとき金焔は「私の今持って居る人気は、支那の大衆の中に有る(中略)若し、日本側の工作に応じた事が解れば、その人気は立ち所に消えて行くのです」と語ったという〔松崎啓次、一九四一：二五七〕。

(41) 何非光の言〔陸弘石、二〇〇〇：五八〕。何琳〔二〇〇四：二二〕では、当時の給金は月二、三元。

(42) 内容は天災と重税に荒廃した農村の青年が老母と妹を連れて流浪し、鉱山の労働闘争でリーダーとなるが、そのために老母と妹が迫害死し、最後は復讐のために自己犠牲するというもので、検閲によって大幅に改竄された上、一九三五年二月にようやく「原題：岐路」を「涙痕」に変えて公開されたという〔程季華主編、一九六三ａ：二八九〕〔何琳、二〇〇四：三二〕。聯星影片公司は一九三三年成立、一作のみ製作して製作停止〔張駿祥・程季華主編、一九九五：五六五〕。

(43) 「何非光在日本攻読映画」『電声週刊』九二四号、一九三六年一一月六日、一一七二頁。なお、「聯華影業公司的組織」〔聯華、一九三四：六〕によれば、劇務担当とは、各撮影所で所属の俳優、衣装、道具、スクリプターなどを統括する直接の責任者を指す。

(44) 前掲、筆者による何敏璋氏へのインタビュー。

(45) 同作品を含め『共赴国難』『還我山河』など民族主義的色彩を帯びた映画は、中国（中央電影検査委員会）の検閲を通過しながら租界で上映禁止にあっている。「為上海租界当局禁映国産民族影片請設法交渉以維電影事業由」一九三四年五月一七日、中華民国国史館所蔵外交部檔案〔一四三二・一〇／一〇六二・〇一―〇一〕。

(46) 筆者による王珏氏に対するインタビュー（二〇〇二年一一月二〇日、台湾の財団法人国家電影資料館会議室にて）。王珏氏は、一九一八年生まれ。遼寧安東人。戦争前まで北京で学生だった王珏は、戦争勃発と共に一念発起し、学生同士で抗戦宣伝隊を組織して北京から南下、漢口で中製に採用された。戦後は台湾で台湾電影製片廠に勤務した後、一九五七年以後はイタリアに渡り、マカロニ・ウェスタンなど多数の映画に出演している。

(47) インタビューは一九九九年七月一二日に行われたもの。

(48) 「何非光在重慶走紅」『電影週刊』三七号、一九三九年五月二四日、一二六〇頁。記事内では、検閲のためか、「抗×」、「標準××人」など、伏せ字になっている。

(49) 前掲、筆者による何敏璋氏へのインタビュー。何敏璋氏が満洲から引き揚げる途中、上海の何非光を頼った際の会話。

(50) 程季華主編〔一九六三ａ〕、岩崎昶〔一九三五〕を参照。また、先述のように、何非光の初脚本作品もプドフキンの『アジアの嵐』に啓発されたものである。

(51) 「中央電影場派員出発攝製抗戦新聞電影」『電声週刊』九五九号、一九三七年七月二三日、一二三六頁。

(52) 「盧溝橋影片即日放映」『電声週刊』九六〇号、一九三七年七月三〇日、一二七九頁。同時期の映画雑誌では、同「抗戦ニュース映画」のキャメラマンが戦闘に巻き込まれて軽症を負った記事も報じられている「攝製盧戦影片攝影師険遭不測」『電声週刊』九六〇号、一九三七年七月三〇日、一二八〇頁。

(53) 『中国新聞』は一九三四―一九四九年の間、中電によって一九三号まで製作されたニュース映画〔張駿祥・程季華主編、一九九五：一三六〇〕。

(54) “WAR IN CHINA, CHINESE GOVERNMENT, AUGUST 1942”, NARA at College Park 所蔵資料〔RG428〕。

(55) 「神聖的民族抗戦」、「最後勝利」は『中国新聞』「特号：対日

抗戦実録・空軍戦績」のインサート字幕にある文言。
(56) 中華教育電影製片廠では日中戦争期に「家庭副業」「学校軍事管理」「戦時教育」などの記録映画を中心に、教育ニュース映画も製作した[杜雲之、一九六五：五〇]。
(57) 羅静予「電影工業芻議」(『中国電影』一巻二期、一九四一年二月、一三頁)のデータより算出。
(58) 軍事委員会は国民政府の最高軍事機関である。一九二五年七月に広州で成立し、北伐終了後の一九二八年一〇月に解消。満洲事変と第一次上海事変の後、一九三二年三月に復活後、徐々に五院と並ぶ巨大な軍事系統を形成した。復活後は安内攘外政策の必要から職権が拡大し、軍事機構というだけでなく、各地の軍政、経済、社会、文教活動を指揮した。一九三八年一月に武漢に撤退後、内部組織を大きく調整した。抗日戦争が終結後一九四六年六月に解消して、国防部を設置した[周美華、一九九六]を参照)。
(59) 軍事委員会政治訓練部が「北伐宣伝大綱」にそって作成した「戦地宣伝工作計画」の芸術宣伝五項目(①戯劇②書画③仮装講演④映画⑤録音機)のひとつが映画であった。だが、その内容は「革命性のある映画数種を前方に携行し、民衆と兵士に見せること」[胡睦臣、一九六〇：三六九]で、製作は含まれていない。いっぽう、方治[一九三四]によれば、同じ軍事系統での映画宣伝として、一九二五年国民党黄埔軍官学校の黄埔同学会が創設した血花劇社内に映画部門を併設し、一九二六年北伐の際に自作のフィルムを持参して毎晩それを各地で放映して軍民に見せたことが記述されている。
(60) 鄭用之講、王厲東記「三年来的中国電影製片廠」(中製の三周年記念会での講演)『中国電影』一巻一期、一九四一年一月、五一—五五頁。
(61) 『保衛我們的土地』(一九三八年、史東山監督脚本)、『八百壮士』(一九三八年、陽翰笙脚本・応雲衛監督)、『熱血忠魂』(一九三八年、袁叢美監督脚本)。
(62) 製作年度順に『保家郷』(一九三九年、何非光脚本監督)、『好丈夫』(一九三九年、史東山脚本監督)、『東亜之光』(一九四〇年、何非光脚本監督)、『勝利進行曲』(一九四〇年、田漢脚本・史東山監督)、『火的洗礼』(一九四〇年、孫瑜脚本監督)、『青年中国』(一九四〇年、陽翰笙脚本・蘇怡監督)、『塞上風雲』(一九四〇年、陽翰笙脚本・応雲衛監督)。
(63) 製作年度順に『日本間諜』(一九四三年、陽翰笙脚本・袁叢美監督)、『気壮山河』(一九四三年、何非光脚本監督)、『血濺桜花』(一九四四年、何非光脚本監督)、『還我故郷』(一九四五年、史東山脚本・監督)、『警魂歌』(一九四五年、寇嘉弼脚本・湯曉丹監督、上海など一部地域では『敢死警備隊』の題で公開)。
(64) 使用されたのは、「満洲事変」「盧溝橋事件」「第二次上海事変」や「南京大虐殺」などの記録映像で、編集に当たったのは、フランク・キャプラ監督である[杜雲之、一九七二b：三一]。
(65) 当時中製の俳優だった王珏は、映画と演劇の間を行き来していた様子を次のように語っている。「実際のところ、映画は機材の関係で、困難な状況にあった。上海などの機材がある場所は占領され、港は閉鎖されていた。そこでフランスが我々を援助してハノイ—雲南経由で機材を送ってくれたが、やはり欠乏状態にあった。そこで、演劇を主にして、映画は副とせざるを得なかった。たとえば、週末には演劇は昼夜二回興行だったが、四—五時間演じた後に、一一時頃に夜食を食べて、それからロケ地に行って撮影をやったりしたものだ。なぜなら最初の何本かを撮影したところは同時録音用のスタジオもなく、現場で同時録音するので、空が明るくなるとスズメがちゅんちゅん騒ぎ出して音が撮れなくなってしまうからだ」（前掲、筆者による王玨氏へのインタビュー。二〇〇二年一一月二〇日、台湾の国家電影資料館会議室にて）。

(66) 一九三二年一二月「中央宣伝委員会工作報告」党史館檔案〔四・二—三三・一〇〕。

(67) 一九四一年三月「中央宣伝部工作報告」党史館檔案〔五・二—六〇・八五—六〕。

(68) 「重慶轟炸声中　中製新築全部被燬」『電影週刊』一九三九年九月六日、四頁。「何非光導『保家郷』」『電影週刊』一九三九年九月一三日、六頁。

(69) 「『保家郷』在海外轟動」、『電影週刊』一九四〇年六月五日、三頁。

(70) 一九四一年三月付「中央宣伝部工作報告」謄写版、党史館檔案〔五・二—六〇・八五—六〕。

(71) 一九三九年一一月「中央宣伝部工作報告」党史館檔案〔五・二—四五・三〕。

(72) 前掲、党史館檔案〔五・二—六〇・八五—六〕。前掲の『中国電影発展史』はもとより、『中国電影大辞典』も『中国電影史』も、「大地」が中製の支社であることは記述されているが、「新生」が中電の支社であることは記述されていない。

(73) 一九四二年一〇月二〇日付「中央宣伝部工作報告」謄写版、党史館檔案〔五・二—一〇三・八〕。

(74) 当時の中製は確かに共産党系の左派映画人が多く集っていたが、組織としての中製はあくまで国民党が指導する国民政府下の軍事委員会政治部に所属していた。だが、いっぽうで「大地」「新生」で映画を監督した蔡楚生が左派映画人として知られていたことも事実である。既存の映画史において「新生」が左派映画人によって創設された、という記述も、その意味で誤ってはいない。

(75) 一九三九年四月一七日付中央宣伝部発中央秘書処宛「中央宣伝部半年中心工作計画普通宣伝部分預算表」毛筆、「五期一二七次中常会討論事項第一案」中、党史館檔案〔五・三—一二七・二三〕。

(76) 前掲、党史館檔案〔五・二—六〇・八五—六〕。

(77) 香港の官民合作映画会社に関して付言しておきたいのは、こうした委託製作には香港に残っている「映画従業員の生活を維持することによって敵に利用されることを防ぐ」という目的もあったことである（前掲、党史館檔案〔五・三—一二七・二三〕）。沿海都市をはじめとして政府の消極的統制が実効力を失う中、積極的統制によって間接的に消極的統制＝「負の要素を統制」する意図があったことは、こうした措置からも確認できる。

(78) このとき、撮影済みのフィルムは日本軍による没収を逃れるため製作会社が地中に埋めたが、戦後掘り返したところすべて損壊していたという[何琳、二〇〇四：八三]。

(79)「"Memorandum on China" Nov.13, 1942」米国国立公文書館 (National Archives & Records Administration at College Park) 所蔵資料[RG226, OSS Central File, Entry 92, Box 159, Folder 18]。

(80) 何琳によれば、「保護送還」後の何非光はまず台中市警察署の留置所に一週間ほど留め置かれた。長兄が引き取り人となって帰宅すると、母親は危篤状態にあり、何非光の帰宅を見届けたあと一二月二八日に亡くなった。母親の葬儀の後、何非光は、長兄が数カ月前に警察に呼ばれ、何非光が旅券なしで大陸へ行ったことは違法であるうえ、不適当な映画に出ているとして警告を受け、母親の名で保護送還を要求する書類を作成させられたという事情を知った。母親は何非光が保護送還のうえ拘置所に居ると知って、もともと病気がちだったところに心労が重なって危篤になったとされる[何琳、二〇〇四：三六―三七]。だが、先述のように、甥の何敏璋氏の記憶では、母親の病気が重くなったために何非光が帰郷したのではなかったか、ということである。

(81) 羅朋「中国映画界を語る」『台湾新文学』一九三六年九月、五一―五二頁。出席者には他に張深切、張芳洲、楊逵らがいた。資料は黄英哲先生にご教示いただいた。

(82)「消息通」『台湾文藝』一九三六年八月、六二頁。資料は石碗舜氏にご教示いただいた。柳書琴[二〇〇一：二七〇]に同記事についての指摘がある。

(83) 前掲、筆者による何敏璋氏へのインタビュー。

(84)「最近に於けるプロレタリア文化運動」『特高外事月報』一九三六年八月、一三―一四頁。

(85)「何非光在日本攻読映画」『電声週刊』九二四号、一九三六年一月六日、一一七二頁。しかし、一九三六年一一月付けの記事で東京への留学が「すでに一年半」とあるのは、計算があわない。何非光が台湾に戻ったのが一九三五年一二月、一九三六年八月には台中で座談会に参加しており、留学はその後のことであろうから、滞在期間は記事掲載時点でも半年にも満たなかったのではないかと思われる。また、日本大学芸術学部に問い合わせたところ、同学部映画学科研究室および教務課遠山信幸氏のご協力により、以下の回答をいただいた。「一九三六年当時本学部は、「専門部文科(芸術)映画」と称していました。本学部はこの当時の学籍簿を焼失しており、在籍の有無を確認することができません」。

(86) ここからも、前掲記事で何非光が日本に留学してすでに「一年半載」、同志と毎月一度は演劇活動を行っていると述べているのは誇張と思われる。

(87) 日活は一九三三年にアメリカ最大のトーキー・システムを持つウェスターン・エレクトリック社と提携、ウェスターン・システムによる日活トーキーの製作開始を発表している[田中純一郎、一九八〇b：二六一―二八九]。

(88) 顔一烟[一九八九：一三九―一四七]によれば、それぞれの活動内容は以下の通り。「中華同学新劇公演会」第一回公演：曹禺『雷雨』、一九三五年四月二七―二九日、五月一一―一二日、於神田一橋講堂。第二回公演：洪深『五奎橋』と李健吾の『這不過是春天』。一九三五年一〇月一二―一三日、於神田一橋講堂。「中華国際戯劇協進会」第一回公演：袁牧之『一個女人和一条狗』、馬彦祥『打漁殺家』、久米(原文は「久来」)正雄『牧場兄弟』、一九三五年一一月六―七日、於築地小劇場。第二回公演：グレゴリー夫人『月の出』、斐琴『夜明』、一九三六年四月一八―一九日、於築地小劇場。「中華国際戯劇協進会」は「中国留日劇人協会」と合同で、イプセンの『人形の家』、曹禺の『日出』を、一九三七年一月二九―三一日、同三月一九―二一日、築地小劇場および神田一橋講堂で公演。「中華戯劇座談会」は、呉天『決堤』およびゴーゴリ『欽差大臣』を改編した『視察専員』を、一九三五年一一月一九―二〇日、築地小劇場にて公演。「中華留日戯劇協会」の第一回公演は、白薇の一幕物『姨娘』と田漢の『洪水』で、一九三六年五月九―一一日、神田一橋講堂にて挙行。第二次公演がゴーリキーの一幕物『孩子們』。さらに、ゴーリキーの死去に伴って「新協劇団」「新築地劇団」と共同で一九三六年一一月に築地小劇場で追悼公演を行う。ひとつは「新協劇団」の『低層』。もうひとつが「中華留日戯劇協会」によるゴーリキーの一幕物『孩子們』と「新築地劇団」による三幕物『エゴール・ブルイチョフ』。第三回公演として、田漢が改編したトルストイ原作『復活』を一九三七年一月一一―一三日に神田一橋講堂で行った。なお、上記の人名・タイトルのうち日本語訳が不明のものは原文の漢字表記とした。

(89) 同資料は藤澤太郎氏のご教示による。なお、何非光は名誉回復後に上海市文史研究館館員となっている[黄仁編、二〇〇〇：一二五]。

(90) 「中国留日左翼学生文化運動紀要」[中国人民政治協商会議全国委員会文史資料研究委員会《文史資料選輯》編集部編、一九八九：一六三]。なお、上海の映画雑誌『電声週刊』(九三一号、一九三七年一月一日、一二〇―一二一頁)には、何非光が書いたのではないかと思われる「阿非」署名による「悵望著祖国的烽火」という東京の演劇活動を紹介する記事がある。同記事を何非光によるものと推定する根拠は、筆名の類似のほかに、二カ月前の同雑誌読者コーナー「来鴻简答」で何非光宛に「東京の劇団状況」について書き送ってくれれば歓迎する、新年特大号に間に合わせるには一二月初旬までに寄稿して欲しいという告知があり(『電声週刊』九二六号、一九三六年一一月二〇日、一二三二頁)、「阿非」署名「悵望著祖国的烽火」はまさにその新年特大号に掲載されているからである。なお、同記事で注目すべきは、「郭沫若先生がわざわざ遠方から我々の公演を見に来てくださった」と報告していることである。後に重慶で何非光が監督デビューする際、何非光は秘書を通じて郭沫若に面会している。後述するように「編導委員会」での討論が順風満帆とはいかなかった何非光にとって、郭沫若が彼の脚本への支持を表明したことは大きな力になった。「中華留日戯劇協会」などが共催した魯迅追悼会に郭沫若が参加したことは先述のとおりだが、同じ一一月(日付不詳)に「中華留日戯劇協会」が「新協劇団」「新築地劇団」などと共同で、築地小劇場でゴーリキーの追悼公演会を行っていることから、このときの公演を指すのではないかと思われる。

(91) 一九三六年度『外事警察概況』(内務省警保局)五頁。

(92) 同インタビューで何非光が「築地小劇場」に出入りして演劇を学んだと述べているのは、この公演に際して「新協劇団」「新築地劇団」の演劇人と交流を得たことを指すものと思われる。なぜなら、「築地小劇場」は一九二八年小山内薫の死をきっかけに分裂し、一九三〇年冬には残留組による「劇団築地小劇場」は解散、一九三六年当時は分裂後に脱退した「新築地劇団」のみであった[大笹吉雄、一九九三：九—四三]。ただし、何非光が一度目に東京に留学していた当時(一九二八年前後)は「劇団築地小劇場」も活発に活動しており、後に何非光が未完の脚本で取り上げる鄭成功を主人公にした『国性爺合戦』(公演期間：一九二八年一〇月一一日—三一日。雑誌『築地小劇場』一九二八年一〇月一〇日発行一〇月号、六頁)や、『阿片戦争』『吼えろ支那』(公演期間：一九二九年八月三一日—九月四日。雑誌『築地小劇場』一九二九年九月一日発行九月号、四—五頁)等を上演している。文化協会の影響ですでに演劇に興味を持っていた何非光が一度目の留学時代にこれらの作品を見た可能性もある。同劇団の上演の際には「中華民国の学生など多数見えていた」(安部豊「『風の街』を見る」『演芸画報』一九三一年一二月号。[大笹吉雄、一九九三：九三]より重引)といわれ、そうした状況は「特に中国に関係のある出し物ではなかったからこの時だけというよりも、築地小劇場の日常風景だったと理解したほうがいいのかもしれない」という指摘もある[同前：九二]。

(93) もっとも、「中国留日左翼学生文化運動紀要」によれば、一九三六年秋に東京の左翼学生が「中華留日学生連合会」を組織したのに対抗して国民党右派も「中華留日同学会」を組織し、両者の間で一九三七年二月一四日に衝突がおき、その後中共からの指示で和解したという事件も起きている[中国人民政治協商会議全国委員会文史資料研究委員会《文史資料選輯》編集部編、一九八九：一六四]。

(94) 同年五月、六月には中国人留学生が次々と逮捕、拘留、強制送還される[中国人民政治協商会議全国委員会文史資料研究委員会《文史資料選輯》編集部編、一九八九：一六四]。

(95) 「受日本影片公司之愚　何非光険作漢奸」『電声週刊』九四四号、一九三七年四月九日、六三八頁。

(96) 「西北公司重整旗鼓内幕」『電声週刊』九四四号、一九三七年四月九日、六四〇頁。

(97) 前掲の注に挙げたように、読者コーナーで一月一日号掲載分について一二月初旬までの寄稿とすることを告知している(『電声週刊』九二六号、一九三六年一一月二〇日、一一三二頁)。

(98) 「何非光自編劇本」『電声週刊』九五九号、一九三七年七月二三日、一二三八頁。同記事によれば、当初のタイトルは『荒漠怒潮』である。

(99) 前掲、筆者による王玨氏へのインタビュー。

(100) 同前注。

(101) 一九三〇年代の映画俳優は庶民の憧れの的であったが、中国の伝統的観念では、俳優などの「芸人」を「下九流」という低い地位にあるとみなす考え方も存在した。
(102) 前掲、筆者による王玨氏へのインタビュー。
(103) 同前注。
(104) 同前注。また、何琳によれば、朱嘉蒂は上海時代に作家の施百蕪を通じて陽翰笙と知り合っており、朱嘉蒂が延安に行こうとしたとき、陽翰笙は延安は彼女に向かないから漢口に留まり、自分の家に滞在するよう勧めた。いっぽう何非光は、武漢で朱嘉蒂に北京語を学んだことがきっかけで、彼女と付き合うようになった[何琳、二〇〇四：四五―四六]。
(105) 同著については、劉文兵氏にご教示をいただいた。
(106) 前掲、筆者による王玨氏へのインタビュー。
(107) 同前注。
(108) 同前注。
(109) 同前注。
(110) 羅及之(一九〇七―一九六六)は、その後も何非光と『血濺桜花』で再度コンビを組む。抗戦ニュース映画を多く撮影し、戦後も上海でキャメラマンとして活躍、一九六一年からは上海電影学校で撮影を教えていたが、文化大革命がはじまると、「真っ先に矢面に立たされ」[藍為潔、二〇〇七：一一五]、一九六六年に亡くなっている。
(111) 江都洋「映画『東亜之光』について」『真理の闘ひ』一一号(在華日本人民反戦革命同盟会機関紙、一九四〇年一二月一日：重慶)、「鹿地亘資料(仮称)」マイクロフィルム「No.一一―一一五」(東京大学文学部中文研究室所蔵)。フィルムナンバーは丸山昇「鹿地亘資料(仮称)基本目録(稿)」『鹿地亘資料から見た日中戦争期中国文学の問題点の研究』(平成三年度科学研究費(一般研究B)研究成果報告書、一九九二年、東京大学総合図書館所蔵)による。
(112) 川喜多長政(談)「中国における映画工作の新目標」『映画旬報』八五号、一九四三年六月二一日、七頁。
(113) 「底片供給発生困難　重慶諸製片廠暫告停頓」『電影週刊』四七期、一九三九年八月二日、二頁。「膠片来源欠少　中製暫停」『電影週刊』八一期、一九四〇年五月一五日、三頁。
(114) 「中製登報徵借服装」『電影週刊』六二期、一九三九年一二月三〇日、四頁。
(115) 当時、重慶にいた女優、秦怡の言葉[鈴木常勝、一九九四：一九三]。
(116) 「重慶轟炸声中　中製新築全部被燬」『電影週刊』五二期、一九三九年九月六日、四頁。
(117) 変死したのは自ら進んで演じようとした捕虜であった。何非光が後に収容所の医者に聞いた話では、捕虜のなかの強硬派がひそかに毒を盛ったのではないか、ということだった[藍為潔、二〇〇七：四六]。
(118) 『長空万里』に出演した女優、王人美の言葉[鈴木常勝、一九九四：一六〇]。
(119) 「《東亜之光》献演盛況」『新華日報』一九四一年一月一日(〔范国華ほか編、一九八五：一九五―一九六〕より重引)。
(120) 一九四三年六月二六日―一九五一年一二月二八日「何非光人事登記巻」中華民国国史館所蔵侍従室個人檔案(一〇〇〇〇二

六三〇八〕。なお、同檔案の存在は三澤真美恵〔二〇〇三〕執筆時点で判明していたが、遺族への影響を考慮して公表しなかった。しかし、二〇〇五年博論執筆の段階では、何非光の長女である何琳著の評伝において、遺族自ら何非光が「中央訓練団」に入団した経緯、国民党に入党したことに言及していたことから、使用しても差し支えないと判断した。ただし、何琳〔二〇〇四〕では国民党への入党期日は中央訓練団への参加後となっているが、本文に記したように「人事調査表」によれば一九四一年三月、紹介者は中製の廠長であった鄭用之と袁項軍である。

(121) 前掲、筆者による王玨氏へのインタビュー。

(122) ただし、袁叢美の場合には二〇歳で軍政訓練団に入り、黄埔軍官学校、中央陸軍軍官学校で教育を受けていることから、何非光と同じく上海映画界で活躍したとはいえ、王玨や何非光とは異なり、はっきりと国民党イデオロギーに同調する部分をもっていたとも思われる。

(123) 南洋影片公司は、一九三七年に邵酔翁、邵邨人、邵仁枚、邵逸夫が天一影片公司の香港スタジオを基礎に成立させたもので、邵邨人が経営責任者だったが、日本軍の香港侵攻と共に営業停止した。日中戦争後は大中華影業公司(邵邨人と蔣伯英、朱旭華の合作による別会社)にスタジオを貸出しており、そこで何非光が作品を製作した。なお、南洋影片公司は一九四八年に邵邨人が息子と共に邵氏父子公司に改組するが，他の映画会社に押され気味であったため邵逸夫が一九五七年、香港に邵氏兄弟(香港)有限公司(ショウ・ブラザーズ)を創設して同社の業務を引き継いだ。

(124) 前掲、中華民国国史館所蔵侍従室個人檔案〔一〇〇〇〇二六三〇八〕。

(125) 朱家衛は姉を頼って北京から香港に避難していたところであった。だが、朱嘉蒂は日本軍侵攻の二日前に重慶に向け出発することになり、妹の世話を何非光に頼んでいた。その後、一足先に重慶に戻った朱嘉蒂は、何非光の不在中に新しい恋人を見つけ、妹の嫁ぎ先もすでに考えていた。だが、朱家衛は香港から重慶まで苦労を共にした何非光に好意を持っていたため、何非光に結婚話について相談した。それを聞いた何非光は、「自分のところに嫁にくればいい」と答え、一九四二年八月一四日に、二人は重慶の南温泉で結婚式を挙げた(何琳〔二〇〇四:七二—七三〕参照)。いっぽう、藍為潔〔二〇〇七〕では、朱嘉蒂を何非光の「夫人」と記載し、彼女が「英国人」と「家出」し、妹が姉の後を「継いで」何非光と家庭をもったのだが、「きわめて伝奇的ニュアンスに富んでいることに、姉妹の間は仲良くなりこそすれ悪くなることはなかった」という〔同前:七二〕。

(126) 何琳著では、徐遅と共同で企画した同映画の原題は『油』で、これを『蔣委員長的勲章』に改題したという〔何琳、二〇〇四:七二〕。ただし、前掲の国史館所蔵侍従室個人檔案「人事調査表」に記載された自筆の著作リストには『蔣委員長記念章』と記されているため、ここでは後者の題名を記した。

(127) 『中央訓練団団刊』創刊号、一九三八年一二月一八日、二頁。

(128) 同前、三頁。

(129) 「党政訓練班第一期至第二五期概況」(『中央訓練団団刊』第一

八〇・一八一期、一九四三年六月五日、一四五九頁)より算出。ただし、印字が薄く正確に読み取れない数字もあるため、あくまで概数である。

(130) 「高級班」第一期の修了は一九四三年七月中旬(『中央訓練団団刊』第一八二期、一九四三年六月一二日、一四六二頁)。

(131) 前掲、筆者による王玨氏へのインタビュー。

(132) 書類には「塡表人 何非光 章[民国]三二年四月一〇日」とある。

(133) 『中央訓練団団刊』第一八〇・一八一期、一九四三年、一四五九頁。

(134) 『中央訓練団団刊』一八三期(一九四三年六月一九日)に、第二六期の第一週を記念する週末同楽会が六月一二日開催であるため、訓練開始は六月五日前後と見られる。

(135) 『中央訓練団団刊』第一八〇・一八一期、一九四三年六月五日、一四五九頁参照。

(136) 一九四三年三月九日「中央宣伝部及政治部呈対宣伝工作撮製新生活運動影片辦理情形」、一九四三年三月一三日「新生活運動総会総幹事黄仁霖呈改進交通秩序記録影片説明」、中華民国国史館所蔵国民政府檔案[〇九〇〇・〇六/四八〇〇・〇二―〇二]。

(137) プロパガンダ映画における個の表現という問題については、一九八〇年代中国映画ニューウェーブを代表する『黄色い大地』を論じた刈間文俊[二〇〇〇]に示唆を受けている。

(138) 「《東亜之光》献演盛況」『新華日報』一九四一年一月一日([范国華ほか編、一九八五:一九五―一九六]より重引)。

(139) ただし、筆者が見たのはシーンとシーンがバラバラにつながっている不完全版で、藍為潔[二〇〇七:七三]が記述する宣伝ビラに関する部分は確認できていない。

(140) 渡辺邦男監督『白蘭の歌』東宝/満映、一九三九年。伏水修監督『支那の夜』東宝、一九四〇年。渡辺邦男監督『熱砂の誓ひ』東宝、一九四〇年。

(141) 「慰安婦」とされた韓国の女性たちの現在を追ったドキュメンタリー映画『ナヌムの家』が東京で上映された際、消火器の噴霧という暴力を行使した上映妨害があった。妨害に関する抗議の声のなかには、同作は「戦争における女性に対する性犯罪を告発したもので、日本人の糾弾を意図したものではない」という趣旨のものがあったという。韓国人の女性監督自身も、同様のことを上映に先だって来日した際に語っていた。だが、岡真理[二〇〇〇]は次のように問いかける。「発話の主体が異なっても(いや、異なるどころではない。ここでは「被害民族」と「加害民族」とが入れ替わっているのだ)、発話の価値はまったく等価なのか。発話の意味は何の変容も被ってはいないのか」[同前:一四七]。そして、「自己の加害性をそれとして受けとめないかぎり、真の連帯などありえないのではないか」[同前:一四九]と述べている。

(142) 何非光ら一行は一九四八年に来台し台中霧社や台東などで撮影を行った[黄建業総編集、二〇〇五:一六〇]。一九四八年五月二八日の報道によれば、同作は「光復」後の台湾で製作された最初の「国語(北京語)映画」と報道されている[同前]。台湾では翌一九四九年八月の公開が確認できる[梁良、一九八四a:五]。

(143) 童養媳とは、主として将来その家の嫁とするために養女として買い取られ、成人するまでは下女として働かされる女性、もしくはそうした金銭と引き換えに幼女を他家に渡す旧習そのものを指す。

(144) ジェンダーをめぐる秩序の維持という点では、戦前の『気壮山河』におけるビルマ華僑の娘と中国人青年将校の描き方にも同様の構造があらわれている。

(145) たとえば、袁叢美は重慶の中製で『日本間諜』(何非光が助監督にあたり日本軍人を演じた)を監督したが、戦後国民党と共に台湾に渡り中華民国政府下の台製、中製で廠長を歴任した。「抗戦時期在重慶的電影家」リストにその名前はないが、台湾では抗日映画人として高く評価されている。

(146) 前掲、国史館所蔵侍従室個人檔案〔一〇〇〇〇二六三〇八〕。

(147) 何非光が黄仁に書き送った書簡(一九九六年一一月二日付)、そこに添付された何非光宛の中国電影芸術研究所の研究者からの書簡(一九九六年九月三〇日付)にも事情が記されている。なお、同資料は黄仁氏のご好意により閲覧させていただいた。

(148) 前掲、中華民国国史館所蔵国民政府檔案〔〇九〇〇・〇六/四八〇〇・〇二一—〇二〕。

(149) たとえば、『日本間諜』には延々と続く日本の宴会シーンがある。障子で仕切られた畳の大広間が横移動するカメラによって映し出され、日本の軍人と芸者があちこちで戯れる楽しげな様子が描写される。背景には、日本の歌謡曲が流れ、壁には渡辺はま子や清川虹子等の日本女優のブロマイドが貼られている。監督がアメリカ帰りの袁叢美であることから、こうした演出は助監督である何非光の助言、もしくは『保家郷』や『東亜之光』でも何非光に力を貸した「留日派」の助言によると考えるのが自然である。

(150) 『日本間諜』のシナリオを書いた陽翰笙は、戦後政府の重要なポストを歴任するが、のち批判にさらされ、九年近くも監獄生活を送った。何非光と同様に重慶で多くの劇映画を監督した史東山も、戦後すぐは映画や著作を発表し活躍するが、批判闘争のなか一九五五年に死亡している。

終章　注

(1)　詳細については、三澤真美恵[二〇一〇b]を参照されたい。

(2)　その最も顕著な例としては、被植民者であった台湾人を日本軍の軍人・軍属として動員しながら、戦後は日本国籍でないという理由で元兵士にも戦死者の遺族にも補償を行ってこなかったことが挙げられる。一九七四年にインドネシアのモロタイ島で中村輝夫一等兵(中国語名:李光輝、先住民族名:スニオン)が発見された際、日本国籍がないために軍人恩給も未帰還者手当てもなく、わずかに未払い給与など七万円足らずが支給された。このあまりに差別的な処遇を契機として、一九八七―一九八八年にいたってようやく、台湾人の戦死者遺族と重傷者に対して一律二〇〇万円の弔慰金の支給を認める特別立法が成立したが、日本人であれば、一九五三年の現行制度創設以来の受給総額が、一人当たり約一億三四〇〇万円―四八〇〇万円にも達するのに対し、これらの支給総額は比較にならないほど小額である(以下を参照。内海愛子[二〇〇二]、役重善洋[二〇〇〇])。また、戦後の国民党政府による独裁体制下に民主化運動や政府批判に関わった者が強制送還されれば、それは死刑を含む重刑判決を言い渡されることを意味したが、日本はそうしたなかで国民党政府からの「独立運動活動家など政治犯の送還要求に応じた唯一の国家であった」[森宣雄、二〇〇一:二九]。そして、戦時動員やそれに対する戦後補償の差別的処遇、「戦後」台湾への政治犯の強制送還などの「問題」とも異なる、植民地下での日常的な暴力(何非光の兄が迫害死したことに象徴的であろう)については、今日もはや「問題」とされることもない。さらに、植民地出身者が「日本のスパイ」とみなされ戦前の中国大陸で受けた暴力(第三章で述べた「墾務所」への集中隔離など)や、彼らが「戦後」中国大陸で「日本のスパイ」「右派」として受けた抑圧や迫害についても、日本ではほとんど話題にされることはない。学術的な記述に関しても、中国や朝鮮に比して、台湾への関心はきわめて低いのが現状である。

あとがき

台湾への留学から本書の刊行までに一五年が経過した。本書は筆者にとって初めての日本語による学術書となるが、修士論文をもとにした中国語による前著刊行の際に感じたような高揚感はない。今はむしろ、残された課題の多さに慄然としている。あくまでもひとつの通過点として本書を世に問い、読者諸賢のご叱正を乞う次第である。

本書は、二〇〇六年に東京大学大学院総合文化研究科に提出した学位請求論文「植民地期台湾人による映画活動の軌跡——交渉と越境のポリティクス」を大幅に加筆修正したものである。本書の各章と既発表論文との関係は下記のとおりである。

序章　書き下ろし

第一章　「植民地期台湾における映画普及の〈分節的経路〉と〈混成的土着化〉」『立命館言語文化研究』一五巻三号、二〇〇四年二月

「モダニティと「被植民者の主体性」——台湾映画史研究からの対話」呉密察・黄英哲・垂水千恵編『記憶する台湾——帝国との相剋』東京大学出版会、二〇〇五年

「日本植民地統治下の台湾人による非営利の映画上映活動」『歴史学研究』八〇二号、二〇〇五年六月

第二章　「暗殺された映画人、劉吶鷗の足跡：一九三二—一九三七年——「国民国家」の論理を超える価値創造を求めて」『演劇研究センター紀要Ⅳ』二〇〇五年一月

「抗戦勃発後の劉吶鷗の映画活動」国立中央大学中国文学系編印『劉吶鷗国際研討会論文集』国家台湾文学館出版、二〇〇五年

「南京政府期国民党の映画統制――宣伝部、宣伝委員会の映画宣伝事業を中心として」『東アジア近代史』七号、二〇〇四年三月

第三章　「何非光、越境する身体――〈忘却〉された台湾出身の抗日映画人」『年報　地域文化研究』六号（二〇〇二年度）、二〇〇三年三月

「抗戦期中国の映画統制――取締から積極的活用へ」平野健一郎編『日中戦争期の中国における社会・文化変容』財団法人東洋文庫、二〇〇七年

終章　書き下ろし

台湾の映画史を学ぼうと思った契機は終章の冒頭に述べた。いうべきことはみな本論のなかに書いたように思う。以下では、本書がどのような関係性のなかで成立したのか、その背景を謝辞として記しておきたい。

慶應義塾大学での学部生時代には台湾や映画とは縁のない領域を学び、卒業後は出版社に勤務していた筆者にとって、今日の研究につながる学問的訓練を受けたのは台湾に留学してからのことだといってよい。当初は台湾映画史と中国語を学んで出版業界に戻る心積もりだったのだが、台湾映画史を直接学べる場所が見当たらなかった。ならば、歴史学の手法で自ら調べてみようと入学した台湾大学歴史学研究所で研究の面白さに取りつかれてしまったのである。筆者が留学した一九九〇年代半ばの台湾は激流のように民主化が進む只中にあり、一九九一年まで続いた「戦時体制下」で抑制されていた台湾史の領域では特に、蓄積の少ない台湾史の研究レベルを中国史や日本史と同程度にまで押し上げるのだという使命感に似た情熱が、そこに集う教員や院生から感じられた。習い始めたばかりの中国語に四苦

八苦し、扱いなれない史料の解析に徹夜を強いられながらも、学問することの興奮にどうしようもなく魅了されてしまったのは、彼らの熱気のせいだったかもしれない。ゼミではもちろん、修士論文執筆のための資格試験に向けて同学たちと繰り返した勉強会での議論が、筆者が台湾をめぐる問題を考えるときの基盤になっている。それゆえに、台大歴史所での指導教員である曹永和先生と呉密察先生は、研究者としての筆者の生みの親のような存在だといっても過言ではない。呉密察先生のアジテーションにも似た講義に熱くなった日々が懐かしい。また、研究生時代のクラス担任であった李永熾先生、筆者の修士論文を出版する機会を与えてくれた黃英哲先生と前衛出版社の林文欽社長、帰国後の博士課程への進学を強く勧めてくれた王泰升先生など、台湾留学時代にお世話になった方は数知れない。

台湾での修士論文執筆過程が研究の面白さに魅了されていく過程だったとすれば、日本帰国後の博士論文執筆過程は研究の奥深さに畏れを知っていく過程だったように思う。そして、帰国後に筆者をゼミ生として受け入れてくださった東京大学大学院博士後期課程における指導教官の若林正丈先生こそ、最も身近で筆者に研究の厳しさを教えてくれた方である。先生はかつて「自分の学生が博士論文の執筆に取り組んでいるのを見守るときの心持」を矢内原忠雄の小文「富士登山」に見出し、専攻で学ぶ院生に向けて次のように述べられたことがある。「諸君は孤独であります。学問という大きな山脈において孤独ではありませんが、皆さんが個々にのぼるその山においては自分の足で歩むしかない孤独な登攀者であります。われわれは矢内原先生に伴走した山岳部員のように、それぞれのエキスパティーズをもって皆さんを見守りたい」(「孤独な登攀者へ――二〇〇一年度地域文化研究専攻ガイダンスでの挨拶」)。そして、若林先生が引用された矢内原の小文には次の一節がある。「登り始めてから下山した後まで、私にむかって誰一人、「ひまがかかった」とか、「大変だったでしょう」とか、批評する者も、いたわってくれる者もなく、彼らは黙々として私を守護し、その務めを果たした後黙々として去って往った」、「私は孤独を感じた。孤独はきびしいが、また安らぎであることを感じた」。決して饒舌とはいえない若林先生のご指導に筆者が感じていたのは、まさにそうした徹底して「見守る」責任感に裏打ちされた厳しさであり、そのもとで学ぶ「安らぎ」であった。自らも教育に携わるようになった今日、若林先生の背中から学ぶことはますます増えている。研究に対する謙虚さ、教育に対する誠実さ、自らを律して黙々と歩を進められる若林先生のような尊敬すべき師に出会えたことは、筆者の生涯における幸運である。

博士論文の審査委員は若林先生のほか、刈間文俊先生、村田雄二郎先生、矢口祐人先生、瀬地山角先生であった。台湾近代史研究とは常に「中国近代史・日本近代史の知識の不足をかこつところの一研究分野」[若林正丈、一九八三：三三八]だという。その意味で、刈間先生と村田先生のゼミで中国研究の分厚さに触れる機会を与えていただいたことは非常に大きかった。口頭試問の際に先生方からいただいたご指摘は多岐にわたる。本書で十分に応えられなかったところは、将来の課題としたい。

台湾映画に関する研究が台湾ですら専門領域として成立していない状況で、筆者にかけがえのない対話の場を提供してくれたのは同世代が組織したワークショップや研究会である。なかでも、呉密察ゼミと若林ゼミの院生が中心となって運営した一連の小型ワークショップ(「台湾之重層、圧縮型近代化的社会史研究小型研討会」「日台青年台湾史研究者交流会議」「東アジア近代史青年研究者交流会議」)は台湾史を学ぶ日台の若手研究者と知り合う大切な場となった。帰国後に同門の先輩となる何義麟氏、陳培豊氏と初めて顔をあわせたのも、中華民国史の文脈からアーカイブ資料(檔案資料)の新たな一面を教えてくれた川島真氏と出会ったのも、このワークショップでのことだ。政治史・外交史の分野では主流となりつつあった複数言語・複数地域のアーカイブ資料を批判的に読み合わせるマルチ・アーカイブ方式を、映画史においても取り入れたいと考えるようになったのは、台湾留学時代に受けた川島氏からの刺激によるところが大きい。当初は呉密察ゼミ、後には若林ゼミの一員として参加した一連の会議は、筆者のささやかな研究史において台湾での学びと日本での学びとを接合する場となった。

いっぽう、台湾史の外部から台湾史が置かれた文脈を見ることの重要性、日本人として植民地研究に従事する際の

「発話の位置」という問題に気付かせてくれたのは、板垣竜太氏、愼蒼健氏、小川原宏幸氏ら若手の朝鮮史研究者が集う「植民地勉強会」であった。この研究会に参加したおかげで、日本における植民地研究（なかんずく朝鮮史研究）の蓄積にふれ、研究者としての倫理を考えるきっかけを得ることができた。

そして、現在に至るまでお世話になっているのが、駒込武氏が主宰する「新世代アジア史研究会」である。駒込氏は年齢的には筆者より少し上なだけなのだが、研究者としての構えの大きさは、一回りも二回りも年上であるかのように感じられる。その助言は常に鋭く的確で、筆者はしばしば目の覚めるような思いを味わった。また、同研究会では李承機氏や岡本真希子氏をはじめとする同世代メンバーの研究に刺激を受けることも多く、ここで呉叡人氏と台湾ナショナリズムについて突っ込んだ議論ができたことも鮮明に記憶に残っている。酒席での率直な意見交換も含めて、同研究会での議論もまた、本書の血肉となっている。

一九九八年に設立された「日本台湾学会」は日本で台湾研究が学術的地域研究の一分野として確立されるのに中心的な役割を果たしてきたといえるが、筆者にとっては台湾史のみならず、台湾文学や台湾政治、台湾経済など、分野を横断して台湾について学ぶことのできる場となっている。学会の設立当初、台湾研究が日本において未確立であり、研究者が少なかったことが、かえって風通しが良く分野横断的な雰囲気を形成することにつながったのであろう。おかげで、同学会での活動を通じて、歴史研究の春山明哲先生、張士陽先生、近藤正己先生、栗原純先生をはじめ、文学研究の河原功先生、中島利郎先生、藤井省三先生、山口守先生、垂水千恵先生や、経済研究の佐藤幸人氏、政治研究の塚本元先生、小笠原欣幸先生、松田康博氏など、各分野での第一人者から直接ご教示を受ける機会を得ることができた。先生方からの折にふれてのご助言は、本書の内容に必ずしも直接関わるものとは限らないが、だからこそ逆に本書の視角を定める上での重要な参照枠となっている。

博士後期課程の後、早稲田大学演劇博物館では二一世紀ＣＯＥ事業客員研究助手として一年間お世話になった。研究環境の整った職場であり、博士論文を仕上げる大きな助けになった。研究時間を確保してくださった館長の竹本幹夫先生、東洋演劇研究コースの平林宣和先生はじめ、同館の諸先生方に感謝したい。

日本大学文理学部の中国語中国文化学科に着任してからは、どうしても学務に忙殺されることが多くなったが、理解ある同僚に恵まれ、なんとか研究を続けることができている。

また、二〇〇二年に財団法人交流協会歴史研究者派遣交流事業により台湾に三カ月間滞在することができたことは、電子複写不可の党史館檔案を手入力する作業を進めるのに役立った。

それにしても、本書の成立に不可欠だったのは、何といっても台湾において筆者のインタビューを快く引き受けてくださり、書状での質問に丁寧にご返信くださり、貴重な資料をご教示くださった、多くの方々のご好意とご協力である。序章にも記したが、本書は筆者個人の研究史に即して言えば、前著で不十分にしか提示しえなかった被植民者にとって映画がもった意味を問い直すところから出発した。その意味で、公的な資料にはあらわれにくい、個々の経験にもとづくさまざまな情報は、本書の根幹をいっぽうで支える、かけがえのないものである。お話をうかがい、資料のご教示をいただきながら本書で引用できなかった方もいる。イワリ・ピホ氏、袁娫鋒氏、王雲鵬氏、王玨氏、王美齢氏、何敏璋氏、洪雅文氏、黄仁氏、呉愛淑氏、石婉舜氏、張明徳氏、陳徳三氏、陳勇陞氏、中尾瑠璃子氏、巫永福氏、山口淑子氏、李道明氏、李茂松氏、劉漢中氏のほか、ここにお名前を挙げていない方も含めて、衷心より謝意を表したい。

本書に写真をご提供くださった台湾の国家電影資料館、林建享氏、林贊庭氏、彭楷棟氏、その手続きにご協力くださった薛恵玲氏、許秦蓁氏、羅福全氏、林秀琴氏にもお礼を申し上げる。これらの写真は、それぞれの映画や映画人のイメージをより鮮やかに想像させてくれる。

その他、この場で言いつくせない学恩への感謝は、本書の行論と参考文献リストに込められたものとしてお許しいただきたい。

岩波書店の馬場公彦氏には本当にお世話になった。筆者の無理難題を聞き入れ、全力でサポートをしてくださった。特に感謝を申し上げたい。

最後に、きわめて個人的な謝辞を述べることを許していただきたい。経済的な事情から大学進学は難しいと判断した筆者が就職を考え始めた時、さまざまな形で筆者の進学にご尽力くださった吉祥女子高等学校の先生方、桑野正夫先生をはじめとする館山塾の先生方に、この場を借りてあらためてお礼を申し上げたい。あの時、進学をあきらめていたら、本書は存在しなかった。そして、文字通りの意味で衣食住にも事欠くなか、誰よりも強く進学を勧めてくれたのが両親だった。

この小著を、どんなときも励まし続けてくれた父母に捧げる。

二〇一〇年　七月二九日

千駄ヶ谷の寓居にて記す

三澤真美恵

図表リスト

1943年3月13日付「新生活運動総会総幹事黄仁霖呈改進交通秩序記録影片説明」
侍従室個人檔案
〔1000026308〕1943年6月26日-1951年12月28日「何非光人事登記巻」
米国議会図書館(The Library of Congress)**所蔵**
興亜院華北連絡部『調査資料第110号(文化第五号)重慶政府ノ国民精神総動員ト民族，思想工作』1941年3月26日
米国国立公文書館(National Archives & Records Administration at College Park)**所蔵**
〔RG151〕Records of the Bureau of Foreign and Domestic Commerce, 1904- ca. 1980
〔RG226〕Records of the Office of Strategic Services, 1919-2002

●その他
青山学院資料センター所蔵，『青山学院一覧　自大正12年-13年』，『青山学院一覧　自大正12年-13年』，『青山学院一覧　自大正15年-16年』，『青山学院一覧　自大正15年-16年』
東京大学文学部中文研究室所蔵「鹿地亘資料(仮称)」マイクロフィルム
丸山昇　1992「鹿地亘資料(仮称)基本目録(稿)」『鹿地亘資料から見た日中戦争期中国文学の問題点の研究』(平成3年度科学研究費〔一般研究B〕研究成果報告書，1991年，東京大学総合図書館所蔵)
『台湾劇場　営業報告』マイクロフィルム，蔵版：東京大学経済学部，製作：雄松堂出版，撮影：高橋情報システム，1995年
黄天始『一段被遺忘的中国電影史(一九三七-一九四五)未発表手稿』(李道明氏の提供による)
●口述記録・書簡(筆者自身によるもの)
李茂松氏へのインタビュー(1998年6月2日，玉蘭荘にて)
張明敏氏へのインタビュー(1998年6月4日，玉蘭荘にて)
中尾瑠璃子氏へのインタビュー(1998年6月11日，玉蘭荘にて)
イワリー・ピホ氏へのインタビュー(1999年3月28日，イワリー・ピホ氏の自宅にて)
何敏璋氏へのインタビュー(2001年5月15日，台北市通化街にある何敏璋氏の自宅にて)
巫永福氏へのインタビュー(2002年3月25日，巫永福氏の自宅にて)
王玨氏に対するインタビュー(2002年11月20日，台湾の財団法人国家電影資料館会議室にて)
陳徳三氏からの書簡(2002年2月23日付)
●口述記録・書簡(筆者以外によるもの)
何基明氏へのインタビュー原稿(八木信忠，池田博，烏山正晴，渡辺豊，広沢文則，丸山博，山名泉ら七名が1993年6月3日，同11日に日本大学芸術学部にて．財団法人国家電影資料館蔵)
陳勇陞氏へのインタビュー(国家電影資料館資料組：洪雅文・薛恵玲・王美齢による．1998年12月11-12日，陳勇陞氏の自宅にて．筆者も同行)
何非光氏による黄仁氏宛書簡(1996年12月2日付，黄仁氏の提供による)
中国電影芸術研究中心の研究者による何非光氏宛の書簡(1996年9月30日付)

参考文献

【未刊行資料】

●公文書

日本外務省外交史料館所蔵

外務省記録

〔4.3.2.2-2〕不逞団関係雑件／台湾人ノ部

〔I.1.12.0.1〕活動映画「フィルム」関係雑件

〔A.3.3.0.2-2〕本邦対内啓発関係雑件／「フィルム」関係

〔A.5.3.0.3〕台湾人関係雑件

〔A.5.3.0.3-2〕台湾人関係雑件／在外台湾人事情関係

〔A.5.3.0.3-3〕台湾人関係雑件／保護及取締関係

日本防衛省防衛研究所図書館所蔵

〔支那・支那事変・全般 314〕中支那方面軍特務部「中支那方面新政権樹立関係資料」1938 年 2 月

中国国民党文化伝播委員会党史館所蔵

〔4.2-33.10〕1932 年 12 月付「中央宣伝委員会工作報告」

〔4.2-38.13〕1934 年 12 月付「中央宣伝委員会工作報告」

〔4.2-44.10〕1935 年 10 月付「中央宣伝委員会工作報告」

〔4.3-112.12〕1933 年 10 月 16 日付「電影股所需経費係在中央予算範囲之内由」

〔5.2-34.14〕1939 年 1 月付「中央宣伝部工作報告」

〔5.2-45.3〕1939 年 11 月付「中央宣伝部電影工作報告」

〔5.2-60.85-6〕1941 年 3 月付「中央宣伝部工作報告」

〔5.2-103.8〕1942 年 10 月付「中央宣伝部工作報告」

〔5.2-169.3〕1936 年 7 月付「中央宣伝部工作」

〔5.2-169.7〕1936 年 7 月付「5 届 2 中全会中国国民党中央執行委員会文化事業計画委員会工作報告」

〔5.3-7.28〕1936 年 2 月 17 日-22 日「中央宣伝部第 7 週工作報告」

〔5.3-18.8〕1936 年 6 月 19 日付「中央電影撮影場組織大綱一份」

〔5.3-21.3〕1936 年 8 月 31 日-9 月 12 日「中央宣伝部第 35・36 週工作報告」

〔5.3-36.3〕1937 年 2 月 1 日-6 日「中央宣伝部第 57 週工作報告」

〔5.3-50.14〕1937 年 8 月 18 日付「中央宣伝部提議擬具戦時電影事業統制辦法請核議案通過」

〔5.3-57.11〕1937 年 10 月 9 日付「戦時電影事業補助辦法」

〔5.3-127.23〕1939 年 4 月 17 日付「中央宣伝部半年中心工作計画普通宣伝部分予算表」

中華民国国史館所蔵

外交部檔案

〔1432.10／1062.01-01〕

1932 年 11 月 16 日付「上海租界当局另組電影檢査機關又放任日人公映侮辱我國影片我方提出交渉」

1938 年 1 月 22 日付「中央電影検査委員会上海辦事処填発之影片許可証広州辦事処不承認」

1938 年 9 月 30 日付「非常時期電影検査各項法規通知各国駐華使館」

国民政府檔案

〔0900.06／4800.02-02〕

1943 年 3 月 3 日付「中国中央両製片廠以後不得拍撮関於愛情與迷信等影片」

1943 年 3 月 9 日付「中央宣伝部及軍事委員会政治部呈対宣伝工作撮製新生活運動影片辦理情形」

Frame, Narrative, edited by Thomas Elsaesser with Adam Barker, London: BFI, pp.228–246
Lee, Leo Ou-fan 1999 *Shanghai Modern: The Flowering of a New Urban Culture in China, 1930–1945,* Cambridge：Harvard University Press
Shih, Shu-mei 1996 "Gender, Race, and Semicolonialism: Liu Na'ou's Urban Shanghai Landscape", in *The Journal of Asian Studies* 55, no.4, November, pp.934–956
Shin, Gi-wook and Robinson, Michael eds. 1999 *Colonial Modernity in Korea,* Cambridge and London: Harvard University Asia Center
Wu, Rwei-ren, 2003 *The Formosan Ideology: Oriental Colonialism and the Rise of Taiwanese Nationalism, 1895–1945,* a dissertation submitted to the Faculty of the Division of the Social Sciences, Department of Political Science, the University of Chicago
Xiao, Zhiwei 1997 "Anti-Imperialism and Film Censorship During the Nanjing Decade, 1927–1937" in *Transnational Chinese Cinemas: Identity, Nationhood, Gender,* edited by Sheldon Hsiao-peng Lu, Honolulu: University of Hawai'i Press, pp. 35–57
Xiao, Zhiwei 1999 "Constructing a New National Culture: Film Censorship and the Issues of Cantonese Dialect, Superstition, and Sex in the Nanjing Decade", in *Cinema and Urban Culture in Shanghai, 1922–1943,* edited by Yingjin Zhang, Stanford, California: Stanford University Press, pp. 183–199

【韓国語 論文】なお，筆者は韓国語を解さないため，2002年4月10日「植民地勉強会」での板垣竜太氏による同論文についての報告を参照した．
도면회 2001「식민주의가 누락된 '식민지 근대성'」『역사문제연구』No. 7, pp. 251–272

【定期刊行物】1945年以前の文献のみ記す．日本語文献は五十音順，中国語・漢文文献はピンイン順
●日本語
『映画旬報』東京：映画出版社，『大阪朝日新聞(台湾版)』大阪：朝日新聞大阪本社，『大阪毎日新聞(台湾版)』台北：大阪毎日新聞社台湾支局，『外事警察概況』東京：内務省警保局，『キネマ旬報』東京：黒甕社(1号–72号)→キネマ旬報社(73号)，『国際映画新聞』東京：国際映画新聞社→国際映画通信社，『台湾教育』台北：台湾教育会，『台湾教育会雑誌』台北：台湾教育会，『台湾警察協会雑誌』台北：台湾警察協会，『台湾警察時報』台北：台湾警察協会，『台湾芸術新報』台北：台湾芸術新報社，『台湾公論』台北：台湾公論社，『台湾時事新報』台北：台湾時事新報社，『台湾時報』台北：台湾総督府内台湾時報発行所，『台湾新文学』台北：台湾新文学社，『台湾日日新報』台北：台湾日日新報社，『台湾婦人界』台北：台湾婦人界社，『築地小劇場』東京：築地小劇場，『特高外事月報』東京：内務省警保局保安課，『日本学芸新聞』東京：新聞文芸社→日本学芸新聞社，『台湾総督府府報』台北：台湾総督府，『台湾総督府官報』台北：台湾総督府
●中国語・漢文
『電声週刊』上海：電声週刊社，『電影芸術』上海：電影芸術社，『電影週報』南京：電影週報社(南京国華印書館代印)，『電影週刊』上海：電影週刊社・友利公司，『良友画報』上海：良友印刷公司，『大公報』香港：大公報社，『国民新聞』上海：国民新聞社，『台湾民報』東京：台湾雑誌社→台北：台湾民報社，『台湾新民報』台北：台湾新民報社，『文献』上海：中華大学図書，『現代電影』上海：現代電影雑誌社，『新華日報』漢口：新華日報館，『中国電影』重慶：中国電影出版社，『中央訓練団団刊』武昌：中央訓練団編印

光　図文資料彙編』台北：国家電影資料館，81-85 頁
張駿祥・程季華主編　1995『中国電影大辞典』上海：上海辞書出版社
張隆志　2004「植民現代性分析與台湾近代史研究——本土史学史與方法論芻義」若林正丈・呉密察主編『跨界的台湾史研究——與東亜史的交錯』台北：播種社文化有限公司，133-160 頁
張深切　1961『里程碑(又名：黒色的太陽)』台中：台湾聖工出版社
張新民　1998『中国電影的社会文化運動——簡述早期中国電影的社会文化地位的建構及其過程』大阪市立大学博士論文
鄭士栄　1987「抗戦前後中央文化宣伝方略之研究(1928-1945)——中国国民党中央宣伝部功能之分析」国立台湾大学三民主義研究所碩士論文
鄭用之　1941「抗建電影製作綱領」『中国電影』1 巻 1 期(1 月)，19-20 頁
中国第二歴史檔案館編　1991『中華民国史檔案資料匯編　第 3 輯』江蘇省：江蘇古籍出版社
中国第二歴史檔案館編　1994『中華民国史檔案資料匯編　第 5 輯』江蘇省：江蘇古籍出版社
中国電影資料館編　1996『中国無声電影』北京：中国電影出版社
中国教育電影協会編纂委員会編　1934『中国電影年鑑』南京：正中書局
中国人民政治協商会議全国委員会文史資料研究委員会『文史資料選輯』編集部編　1989『文史資料選輯』9 輯(総 109 輯)北京：中国文史出版社
鐘雷　1965『五十年来的中国電影』台北：正中書局
周美華　1996『国民政府軍政組織史料，第 1 冊，軍事委員会 1』新店：国史館
周婉窈　1996「従比較的観念看台湾與韓国的皇民化運動」張炎憲・李筱峰・戴宝村主編『台湾史論文精選(下)』台北：玉山社会出版事業股分有限公司，161-201 頁
朱家衛　2000「返郷之途　憶非光」黄仁編『何非光　図文資料彙編』台北：国家電影資料館，86-91 頁

【英語 単著・論文】アルファベット順

Abel, Richard 1995 "The Perils of Pathe, or the Americanization of Early American Cinema", in *Cinema and the Invention of Modern Life*, edited by Leo Charney and Vanessa R. Schwartz, Berkeley: University of California Press
Barlow, Tani E. 1997 "Introduction: On 'Colonial Modernity'", in *Formations of Colonial Modernity in East Asia*, edited by Tani E. Barlow, Durham: Duke University press
Casetti, Francesco(Transl. by Francesca Chiostri and Elizabeth Gard Bartolini-Salimbeni, with Thomas) Kelso 1999 *Theories of Cinema, 1945-1995*, Austin: Univ. of Texas Press
Elsaesser, Thomas and Barker, Adam eds. 1990 *Early Cinema: Space-Frame-Narrative, BFI Publishing*
Fu, Poshek 1993 *Passivity, Resistance, and Collaboration: Intellectual Choices in Occupied Shanghai, 1937-1945*, Stanford, California: Stanford University Press
Fu, Poshek 2001 "Resistance in Collaboration: Chinese Cinema in Occupied Shanghai, 1941-1945," in *Chinese Collaboration with Japan, 1932-1945: The limits of Accommodation*, edited by David P. Barrett & Larry N. Shyu, Stanford, California: Stanford University Press, pp.180-198
Hsiau, A-chin(蕭阿勤)2000 *Contemporary Taiwanese Cultural Nationalism*, London and New York：Routledge
Hughes, Christopher 1997 *Taiwan and Chinese nationalism: National identity and status in international society*, London and New York: Routledge
Hansen, Miriam 1990 "Early Cinema-Whose Public Sphere ? " in *Early Cinema: Space,*

呉国光　2001「中国民族主義的歴史変遷——五四時代與 90 年代的対比」林佳龍・鄭永年主編『民族主義與両岸関係』台北：新自然主義出版，317-334 頁
呉密察・井迎瑞編　2008『片格転動間的台湾顕影——国立台湾歴史博物館修復館蔵日治時期紀録影片成果』台南：国立台湾歴史博物館
呉文星　2001「近 50 年来関於日治時期之歴史研究与人材培育(1945-2000)——以歴史研究所為中心」中央研究院台湾史研究所『台湾史研究』8 巻 1 期，163-178 頁
呉研因　1934「教内両部前電検委会組織概要」中国教育電影協会編纂委員会編『中国電影年鑑』南京：正中書局，1-3 頁
伍江編著　1997『上海百年建築史(1840-1949)』上海：同済大学出版社
伍杰主編　2000『中文期刊大詞典』北京：北京大学出版社
夏衍　1985「左翼十年」『懶尋旧夢録』生活・読書・新知三聯書店→陳播主編　1993『中国左翼電影運動』北京：中国電影出版社，775-852 頁
夏志清(劉紹銘等合訳)　1979『中国現代小説史』香港：友聯出版社有限公司
謝東閔　1988『帰返——我家和我的故事』台北：聯經出版事業公司
許秦蓁　1998『重読台湾人劉吶鷗(1905-1940)——歴史與文化的互動考察』中歴：国立中央大学中国文学研究所碩士論文
許雪姫総策画　2004『台湾歴史辞典』台北：行政院文化建設委員会
許永河　2003『光復前柳営劉家與地方発展関係之研究』台南：国立台南師範学院郷土文化研究所教学碩士班碩士論文
厳家炎　1989『中国現代小説流派史』北京：人民文学出版社出版
厳彦・熊学莉等　2009『陪都電影専史研究』北京：中国伝媒大学出版社
顔一烟　1989「憶中華留日戯劇協会」「珍貴的紀念——追悼高尔基公演紀実」中国人民政治協商会議全国委員会文史資料研究委員会『文史資料選輯』編集部編『文史資料選輯』第 9 輯(総 109 輯)，北京：中国文史出版社，139-147 頁
陽翰笙　1983「左翼電影運動的若干歴史経験」『電影芸術』139 期(11 期)1-7 頁
陽翰笙　1986a「泥濘中的戦闘——影事回憶録」『電影芸術』162 期(1 月)57-63 頁
陽翰笙　1986b「泥濘中的戦闘 2——影事回憶録」『電影芸術』164 期(3 月)59-64 頁
楊渡　1994『日拠時期台湾新劇運動(1923-1936)』台北：時報文化
楊君勱　1934「内政部電検行政概況」中国教育電影協会編纂委員会編『中国電影年鑑』南京：正中書局，1-3 頁
楊燕　2001「抗戦時期国民政府的官営影業考略」『電影芸術』3 期，117-120 頁
楊燕・徐成兵　2008『民国時期官営電影発展史』北京：中国電媒大学出版社
楊逵著，彭小妍主編　2001『楊逵全集　第 9 巻・詩文巻(上)』台南：国立文化資産保存研究中心籌備処
楊一鳴　1944『文壇史料』大連：大連書店
楊永彬　2001「従『風月』到『南方』——析論一份戦争期的中文文芸雑誌」河原功監修，郭怡君・楊永彬編著『風月・風月報・南方・南方詩集　総目録・専論・著者索引』台北：南天書局，68-150 頁
葉龍彦　1996『新竹市電影史』新竹：新竹市立文化中心
葉龍彦　1997『台北西門電影史 1896-1997』台北：行政院文化建設委員会・国家電影資料館
葉龍彦　1998『日治時期台湾電影史』台北：玉山社
葉龍彦　2004『台湾老戯院』台北：遠足文化
葉栄鐘　1971＝2000『日拠下台湾政治社会運動史(上・下)』台北：晨星出版
遠流台湾館編著，呉密察監修　2000『台湾史小事典』台北：遠流出版
袁叢美談(薛恵玲訪問)　2000「最好的反派演員～袁叢美談何非光，薛恵玲訪問」黄仁編『何非

参考文献

林贊庭編著　2003『台湾電影撮影技術発展概述 1945-1970』台北：行政院文化建設委員会・国家電影資料館
劉吶鷗(康来新・許秦蓁編)　2001『劉吶鷗全集』全 6 巻(日記集 2 巻，文学集，理論集，電影集，影像集各 1 巻)台南：台南県文化局
柳書琴　2001『荊棘的道路　旅日青年的文学活動與文化抗争——以《福爾摩沙》系統作家為中心』国立清華大学博士論文
陸弘石・舒曉鳴　1998『中国電影史』北京：文化芸術出版社
陸弘石　1998「為了「忘却」的紀念：何非光訪談録」第七届中国金鶏百花電影節執委会学術研討部編『重慶與中国抗戦電影学術論文集』重慶：重慶出版社，254-266 頁
陸弘石　2000「為了「忘却」的紀念：何非光訪談録」黄仁編『何非光　図文資料彙編』台北：国家電影資料館，55-64 頁
羅卡・黎錫編著　1999『黎民偉：人・時代・電影』香港：明窗出版社
羅卡　2000「何非光側影」黄仁編『何非光　図文資料彙編』台北：国家電影資料館，67-76 頁
羅明佑　1930「為国片復興問題敬告同業書」(『影戲雜誌』1 巻 9 期)→中国電影資料館編　1996『中国無声電影』北京：中国電影出版社，768-769 頁
羅維明　1993a「「活動幻燈」與「台湾紹介活動写真」——台湾電影史上第一次放映及拍片活動的再考査」『電影欣賞』65 期(9-10 月)，118-119 頁
羅維明　1993b「日治台湾電影資料出土新況」『電影欣賞』65 期(9-10 月)，120-121 頁
羅芸軍主編　1992a, b『中国電影評論文選(20-80 年代)上・下』北京：文化芸術出版社
呂訴上　1961『台湾電影戲劇史』台北：銀華出版
馬光仁主編　1996「汪偽集団抵滬與漢奸報刊的泛濫」『上海新聞史(1850-1949)』上海：復旦大学出版
梅志　1998『胡風伝』北京：北京十月文芸出版社
彭小妍　2001『海上説情慾：従張資平到劉吶鷗』台北：中央研究院中国文哲研究所籌備処
秦賢次　2005「劉吶鷗的上海文学電影歴程」国立中央大学中国文学系『2005　劉吶鷗国際研討会論文集』台南：国家台湾文学館，267-310 頁
秦孝儀主編　1978『革命文献第 76 集　中国国民党歴次全国代表大会重要決議案彙編(上)』台北：中国国民党中央委員会党史委員会
三澤真美恵　2002『植民地下的「銀幕」——台湾総督府電影政策之研究(1895-1942 年)』台北：前衛出版社
上海電影志編纂委員会　1999『上海電影志』上海：上海社会科学院出版社
石婉舜企画　1994「台湾電影的先行者——林博秋」『電影欣賞』70 期(7-8 月)，12-26 頁
施蟄存　1996『施蟄存七十年文選』上海：文芸出版社
孫瑜　1987「『野草閑花』與阮玲玉」『銀海泛船——回憶我的一生』上海文芸出版社→中国電影資料館編　1996『中国無声電影』北京：中国電影出版社，1597-1601 頁
童月娟(左桂芳・姚立群編)　2001『童月娟：回顧録暨図文資料彙編』台北：行政院文化建設委員会・国家電影資料館
王白淵　1947「文化」『台湾年鑑』台北：台湾新生報社
王泰升　1997 国立台湾大学法学叢書編輯委員会編輯『台湾法律史的建立』台北：三民書局
王泰升　1999『台湾日治時期的法律改革』台北：聯経出版
王文玲　1994『日拠時期台湾電影活動之研究』国立師範大学歴史研究所修士論文
汪朝光　1997「30 年代初的国民党電影検査制度」『電影芸術』3 期，60-66 頁
汪朝光　1999「国民党電影検査制度下的美国電影——以三〇年代初期為例」陶文釗・陳永祥主編『中美文化交流論集』北京：中国社会科学出版社，244-254 頁
汪朝光　2001「民国電影検査制度之濫觴」『近代史研究』総 123 号(2001 年 3 期)，203-226 頁

国家電影資料館口述電影史小組　1994『台語片時代 1』台北：国家電影資料館
国立中央大学中国文学系　2005『2005　劉吶鷗国際研討会論文集』台南：国家台湾文学館
何非光　1981「記留日学生追悼魯迅先生」上海市文史館・上海市人民政府参事室・文史資料工作委員会編『史料選編(紀念魯迅先生誕生一百周年専輯)』第 3 輯(9 月)，90-91 頁
何基明談(八木信忠・池田博・鳥山正晴・渡辺豊・広沢文則・丸山博・山名泉訪問，楊一峯訳)1994「電影狂，八十載　何基明訪談録」『電影欣賞』70 号(7-8 月)，51-83 頁
何琳編著　2004『銀海浮沈：何非光画伝』台中：台中市文化局
弘石　1996「無声的存在」中国電影資料館編『中国無声電影』北京：中国電影出版社，1-16頁
洪雅文　2000「殖民時期的台湾電影(1899-1948)」黄建業・黄仁総編集『世紀回顧：図説華語電影』台北：行政院文化建設委員会・国家電影資料館，67 頁
胡睦臣　1960『国軍政工史稿』台北：国防部総政治部
黄建業・黄仁総編集　2000『世紀回顧：図説華語電影』台北：行政院文化建設委員会・国家電影資料館
黄建業総編集　2005『跨世紀台湾電影実録』台北：行政院文化建設委員会・国家電影資料館
黄仁　1994『悲情台語片』台北：萬象図書
黄仁　1997「在中国影壇最有成就的台湾人——何非光従影四十年的滄桑」『電影欣賞』90 期(11-12 月)，104-113 頁
黄仁編　2000『何非光　図文資料彙編』台北：国家電影資料館
黄仁　2001「『永遠的微笑』劇本重刊序」康来新・許秦蓁編『劉吶鷗全集　電影集』7-18 頁
黄仁・王唯編著　2004『台湾電影百年史話』台北：中華影評人協会
黄仁　2005「中国電影技術理論的先駆——試論 30 年代劉吶鷗電影理論的貢献」国立中央大学中国文学系『2005　劉吶鷗国際研討会論文集』台南：国家台湾文学館，311-359 頁
黄英哲　1998「張深切的政治與文学」陳芳明・張炎憲・邱坤良・黄英哲・廖仁義編『張深切全集・巻一二』台北：文経社
藍為潔編著(石曼主編)　2007『羅及之』重慶：重慶出版社
李道明　1995「台湾電影史第一章：1900-1915」『電影欣賞』73 期(1-2 月)，28-44 頁
李道明　2009「由電影可能自香港伝来台湾看 19 世紀末電影人在台湾，香港，中国與中南半島間的流動」12 月 16 日『中国早期電影歴史再探研討会』主催：香港電影資料館，報告論文，1-19 頁
李道新　2002『中国電影批評史 1897-2000』北京：中国電影出版社
李道新　2000『中国電影史(1937-1945)』北京：首都師範大学出版社
李道新　1998「重慶電影與中国電影的歴史叙述」第七届中国金鶏百花電影節執委会学術研討部編『重慶與中国抗戦電影学術論文集』重慶：重慶出版社，21-32 頁
李今　2000『海派小説與現代都市文化』合肥：安徽教育出版社
李欧梵(毛尖訳)　2000『上海摩登——一種新都市文化在中国 1930-1945』香港：牛津大学出版社
李筱峰　1999a, b『台湾史 100 件大事(上・下)』台北：玉山社
聯華　1934「聯華影片公司四年経歴史」中国教育電影協会編纂委員会編『中国電影年鑑』南京：正中書局
梁華璜　2001『台湾総督府的「対岸」政策研究——日拠時代台閩関係史』台北：稲郷出版社
梁良　1984a, b『中華民国　電影影片上映総目：民国 39 年至 71 年　1949-1982　上・下』台北：中華民国電影図書館
林柏維　1993『台湾文化協会滄桑』台北：台原出版
林果顕　2008「戦後台湾的戦時体制(1947-1991)」『台湾風物』58 巻 3 期(9 月)，135-165 頁

社(初出は1933年9月11日『申報』「自由談」), 326-328頁
ロマン, ジョエル(大西雅一郎訳) 1997「二つの国民概念」『国民とは何か』東京：インスクリプト, 7-40頁
若林正丈 1983a『台湾抗日運動史研究』東京：研文出版
若林正丈 1983b「総督政治と台湾土着地主資産階級——公立台中中学校設立問題1912-1915年」『アジア研究』29巻4号(1月)1-41頁
若林正丈 1985『海峡——台湾政治への視座』東京：研文出版
若林正丈 1992「1923年東宮台湾行啓と「内地延長主義」」『近代日本と植民地2 帝国統治の構造』東京：岩波書店, 87-119頁
若林正丈 2001a『台湾——変容し躊躇するアイデンティティ』東京：筑摩書房
若林正丈 2004「台湾ナショナリズムと「忘れえぬ他者」」『思想』957号(1月), 108-125頁
若林正丈 2008『台湾の政治——中華民国台湾化の戦後史』東京：東京大学出版会
鷲谷花 2007「花木蘭の転生——「大東亜共栄圏」をめぐる日中大衆文化の交錯」池田浩士編『大東亜共栄圏の文化建設』京都：人文書院, 137-188頁

【中国語 単著・論文】(ピンイン順)
蔡培火著, 張漢裕主編 2000a-g『蔡培火全集 1-7』台北：呉三連台湾史料基金会
陳飛宝 1988『台湾電影史話』北京：中国電影出版社
陳国富 1985a「殖民與反殖民——台湾早期電影活動」『片面之言』台北：中華民国電影図書館出版部, 81-104頁(初出は〈殖民與反殖民〉《今日電影》165期, 1984年8月所載)
陳国富 1985b「殖民地文化活動另一章——訪日拠時代台湾電影弁士林越峯」『片面之言』台北：中華民国電影図書館出版部, 105-113頁
陳紅梅 1998「関於“電影出国”」第七届中国金鶏百花電影節執委会学術研討部編『重慶與中国抗戦電影学術論文集』重慶：重慶出版社, 61-70頁
陳銘城 1994「台湾的馬克思博士劉明電——台湾「名」古屋滄桑史」『台湾文芸』1＝141(2月), 18-29頁
陳墨 2000『百年電影閃回』北京：中国経済出版社
陳墨 2009「“東亜之光”：何非光人生影事初探」『当代電影』155期(2月), 84-92頁
程季華主編 1963a, b『中国電影発展史1・2』北京：中国電影出版社
重慶市文化局電影処編 1991『抗日戦争時期的重慶電影』重慶：重慶出版社
春山明哲(王珊珊訳) 2004「戦後日本的台湾史研究——回顧「台湾近現代史研究会」」若林正丈・呉密察主編『跨界的台湾史研究——與東亜史的交錯』台北：播種社文化有限公司, 23-61頁
第7届中国金鶏百花電影節執委会学術研討部編 1998『重慶與中国抗戦電影学術論文集』重慶：重慶出版社
杜雲之 1972a, b, c『中国電影史1・2・3』台北：台湾商務印書館
杜雲之 1978「蔣公業勲影片述要」『中国的電影』台北：皇冠出版社
范国華・査全仁・黄必康・鄒斉魯・韓世熹・饒成徳編 1985『抗戦電影回顧(重慶)～重慶霧季芸術節資料匯編之一』重慶：重慶市文化局・重慶市電影評論学会籌備組・重慶市電影発行放映公司, 1985年
方治 1934「中央電影事業概況」中国教育電影協会編纂委員会編『中国電影年鑑』南京：正中書局, 1-20頁
封敏 1996『愛国主義影片賞析與史話』北京：教育科学出版社
広播電影電視部電影局党史資料徴集工作領導小組・中国電影芸術研究中心編(陳播主編) 1993『中国左翼電影運動』北京：中国電影出版社

『幸福の農民』(1927 年)をめぐって」王徳威・廖炳恵・黄英哲・松浦恒雄・安部悟編『帝国主義と文学』東京：研文出版
三澤真美恵　2010b「「戦後」台湾における「日本映画見本市」――1960 年の熱狂と批判」愼蒼健・坂野徹編『帝国の視角／死角』東京：青弓社(10 月刊行予定)
溝口敏行・梅村又次編　1988『旧植民地経済統計――推計と分析』東京：東洋経済新報社
三谷博編　2004『東アジアの公論形成』東京：東京大学出版会
三ツ井崇　2008「朝鮮」日本植民地研究会編『日本植民地研究の現状と課題』東京：アテネ社，92-119 頁
宮嶋博史　2004「東アジアにおける近代化，植民地化をどう捉えるか」宮嶋博史・李成市・尹海東・林志弦編　2004『植民地近代の視座――朝鮮と日本』東京：岩波書店，167-192 頁
宮嶋博史・李成市・尹海東・林志弦編　2004『植民地近代の視座――朝鮮と日本』東京：岩波書店
宮本正明　2005「植民地と「文化」」『年報日本現代史：「帝国」と植民地――「大日本帝国」崩壊 60 年』10 号，東京：現代史料出版，195-210 頁
向山寛夫　1987『日本統治下における台湾民族運動史』東京：中央経済研究所
茂木敏夫　1992「中華帝国の「近代」的再編と日本」『近代日本と植民地 1　植民地帝国日本』東京：岩波書店，59-84 頁
森宣雄　2001『台湾／日本――連鎖するコロニアリズム』東京：インパクト出版会
谷ヶ城秀吉　2008「台湾」日本植民地研究会編『日本植民地研究の現状と課題』東京：アテネ社，122-154 頁
役重善洋　2000「植民地下台湾の戦争被害者の声に耳をすます――日帝支配五〇年の記憶と東アジアの脱植民地化」『インパクション(特集：台湾　世界資本主義と帝国の記憶)』120 号，99-104 頁
矢野目直子　1997a, b「日中戦争下の上海に生きた映画人――張善琨(上・下)」『中国研究月報』vol. 51 No. 3(No. 589，3 月号)，1-9 頁，vol. 51 No. 5(No. 591．5 月号)，14-32 頁
山崎丹照　1943『外地統治機構の研究』東京：高山書院
山室信一　2003「「国民帝国」論の射程」山本有三編『帝国の研究――原理・類型・関係』名古屋：名古屋大学出版会，87-128 頁
尹海東(藤井たけし訳)　2002「植民地認識の「グレーゾーン」――日帝下の「公共性」と規律権力」『現代思想』31 巻 6 号(5 月)，132-147 頁
吉澤誠一郎　2003『愛国主義の創成――ナショナリズムから近代中国を見る』東京：岩波書店
四方田犬彦編　2001『李香蘭と東アジア』東京：東京大学出版会
李承機　2004『台湾近代メディア史研究序説―植民地とメディア―』東京大学大学院総合文化研究科地域文化研究専攻博士論文
劉進慶(構成・注作成：駒込武)　2006「「戦後」なき東アジア・台湾に生きて」『前夜』9 号(秋)，229-246 頁
劉明電　1940『台湾米穀政策の検討』東京：岩波書店
梁華璜(近藤正己訳)　1993「台湾総督府の対岸政策と「台湾籍民」」『近代日本と植民地 5　膨張する帝国の人流』東京：岩波書店，77-100 頁
林玉茹・李毓中(森田明監訳)　2004『台湾史研究入門』東京：汲古書院
林満江　2001「華商と多重国籍―商業的リスクの軽減手段として(1895-1935)」早稲田大学アジア太平洋研究センター『アジア太平洋討究』3 号(3 月)，95-112 頁
魯迅(竹内実訳)　1985「『第三種人』を論ず」竹内実責任編集『魯迅全集　第 6 巻』東京：学習研究社(初出は『南腔北調集』1932 年 11 月)，269-276 頁
魯迅(片山智行訳)　1986「映画の教訓」丸山昇責任編集『魯迅全集　第 7 巻』東京：学習研究

参考文献

学専門分野修士学位論文
古川隆久　2003『戦時下の日本映画——人々は国策映画を観たか』東京：吉川弘文館
ベンヤミン，ヴァルター(高木久雄・高原宏平訳)　1999(原稿は1939年版)「複製技術の時代における芸術作品」佐々木基一編集解説『複製技術時代の芸術』東京：晶文社，7-49頁
扈賢贊(根本理恵訳)　2001『わがシネマの旅　韓国映画を振りかえる』東京：凱風社
牧野守　2003『日本映画検閲史』東京：パンドラ・現代書館
松崎啓次　1941『上海人文記——映画プロデューサーの手帖から』東京：高山書院
松田康博　2006『台湾における一党独裁体制の成立』東京：慶應義塾大学出版会
松田吉郎　1998「嘉南大圳事業をめぐって——中島力男さんよりの聞き取り調査をもとに」『兵庫教育大学研究紀要』18巻2分冊(2月)，97-110頁
松本克平　1974「高松豊次郎初期の動き」岡部龍編『日本映画史素稿9　資料　高松豊次郎と小笠原明峰の業績』東京：フィルム・ライブラリー協議会，6-10頁
松本武祝　2004「「植民地的近代」をめぐる近年の朝鮮史研究——論点の整理と再構成の試み」宮嶋博史・李成市・尹海東・林志弦編『植民地近代の視座——朝鮮と日本』東京：岩波書店，247-272頁(初出2002『アジア経済』43巻9号)
松本武祝　2005『朝鮮農村の〈植民地近代〉経験』東京：社会評論社
丸山昇　1987＝2004『上海物語——国際都市上海と日中文化人』東京：講談社(1987年版は集英社より刊行)
丸山昇・伊藤虎丸・新村徹編　1985『中国現代文学事典』東京：東京堂出版
三澤真美恵　2001「1920年代台湾映画政策の国際的文脈と内在的要因——〈活動写真フィルム検閲規則(1926年府令第59号)〉施行を中心に」『日本台湾学会第4回学術大会報告者論文集』2002年6月8日，95-109頁
三澤真美恵　2003「何非光，越境する身体——〈忘却〉された台湾出身の抗日映画人」東京大学大学院総合文化研究科地域文化研究専攻紀要『年報　地域文化研究』6号(2002年度)，188-211頁
三澤真美恵　2004a「植民地期台湾における映画普及の〈分節的経路〉と〈混成的土着化〉」立命館大学国際言語文化研究所『立命館言語文化研究』15巻3号(2月)，39-52頁
三澤真美恵　2004b「南京政府期国民党の映画統制——宣伝部・宣伝委員会の映画宣伝事業を中心として」東アジア近代史学会『東アジア近代史』7号(3月)，67-87頁
三澤真美恵　2005a「暗殺された映画人，劉吶鷗の足跡：1932-1937年——「国民国家」の論理を超える価値創造を求めて」早稲田大学演劇博物館『演劇研究センター紀要Ⅳ』(1月)，111-123頁
三澤真美恵　2005b「抗戦勃発後の劉吶鷗の映画活動」国立中央大学中国文学系編印『劉吶鷗国際研討会論文集』台南：国家台湾文学館出版(中文版「中日戦争爆発後劉吶鷗在上海的電影活動」梁竣瓘訳)，365-440頁
三澤真美恵　2005c「モダニティと「被植民者の主体性」——台湾映画史研究からの対話」呉密察・黄英哲・垂水千恵編『記憶する台湾——帝国との相剋』東京：東京大学出版会，223-242頁
三澤真美恵　2005d「日本植民地統治下の台湾人による非営利の映画上映活動」『歴史学研究』802号(6月)，30-42，80頁
三澤真美恵　2006「植民地期台湾人による映画活動の軌跡——交渉と越境のポリティクス」東京大学大学院総合文化研究科地域文化研究専攻博士論文
三澤真美恵　2007「抗戦期中国の映画統制——取締から積極的活用へ」平野健一郎編『日中戦争期の中国における社会・文化変容』東京：財団法人東洋文庫，133-170頁
三澤真美恵　2010a「映画フィルム資料の歴史学的考察に向けた試論——台湾教育会製作映画

鄧相揚(下村作次郎・魚住悦子訳)　1998＝2000『抗日霧社事件の歴史——日本人の大量殺害はなぜ，おこったか』大阪：日本機関紙出版センター
戸坂潤　1935＝1977『日本イデオロギー論』東京：岩波書店
戸坂雄二　1999「文化輸出と国際関係—— 1920年代における米国映画産業の世界戦略」日本国際政治学会編『国際政治』122号「両大戦間期の国際関係史」東京：有斐閣，39-53頁
戸邉秀明　2005「帝国後史への痛覚」『年報日本現代史：「帝国」と植民地——「大日本帝国」崩壊60年』10号，東京：現代史料出版，23-33頁
戸邉秀明　2008「ポストコロニアリズムと帝国史研究」日本植民地研究会編『日本植民地研究の現状と課題』東京：アテネ社，56-88頁
中村孝志　1980「台湾籍民をめぐる諸問題」『東南アジア研究』18巻3号(12月)66-89頁
中村孝志　1982「福州水戸事件について」『南方文化』9輯(11月)207-233頁
並木晋作(プロキノを記録する会編)　1986『日本プロレタリア映画同盟(プロキノ)全史』東京：合同出版
並木真人　2003「朝鮮における「植民地近代性」・「植民地公共性」・対日協力——植民地政治史・社会史研究のための予備的考察」フェリス女学院大学国際交流学部紀要『国際交流研究』5号(3月)，1-42頁
並木真人　2004「植民地期朝鮮における「公共性」の検討」三谷博編『東アジアの公論形成』東京：東京大学出版会，197-222頁
並木真人　2006「「植民地公共性」と朝鮮社会——植民地期後半期を中心に」朴忠錫・渡辺浩編『「文明」「開花」「平和」』東京：慶應義塾大学出版会，221-246頁
新村出編　1998『広辞苑　第5版』東京：岩波書店
日中韓3国共通歴史教材委員会編集　2005『未来を開く歴史——東アジア3国の近現代史』東京：高文研
ネグリ，アントニオ／ハート，マイケル(水嶋一憲・酒井隆史・浜邦彦・吉田俊実訳)　2003『〈帝国〉——グローバル化の世界秩序とマルチチュードの可能性』東京：以文社
ハーイ，ピーター・B　1995『帝国の銀幕—— 15年戦争と日本映画』名古屋：名古屋大学出版会
ハーバーマス，ユルゲン(細谷貞雄・山田正行訳)　1994『公共性の構造転換——市民社会の一カテゴリーについての探求』東京：未来社
ハーバーマス，ユルゲン(三島憲一訳)　2000『近代——未完のプロジェクト』東京：岩波書店
晴気慶胤　1951『謀略の上海』東京：亜東書房
春山明哲　1980「近代日本の植民地統治と原敬」春山明哲・若林正丈『日本植民地主義の政治的展開 1895-1934年——その統治体制と台湾の民族運動』東京：アジア政経学会，1-75頁
春山明哲　1993「明治憲法体制と台湾統治」『近代日本と植民地4　統合と支配の論理』東京：岩波書店，31-50頁
パノフスキー，アーウィン(出口丈人訳)　1947＝1982「映画における様式と素材」岩本憲児・波多野哲朗編『映画理論集成』東京：フィルムアート社，101-122頁
檜山幸夫　2003「日本における台湾史研究の現状と課題」台湾史研究部会編『台湾の近代と日本』名古屋：中京大学社会科学研究所，15-66頁
福田喜三　1974「大正期における映画統制状況(その1)—映画統制に関する研究(1)—」『成蹊大学文学部紀要』10号，51-65頁
藤井省三　2002『魯迅事典』東京：三省堂
藤澤太郎　2000『1930年代・中国文壇のメカニズム——上海・南京・北平を中心とする作家・メディアの力学』東京大学大学院人文社会系研究科アジア文化研究専攻中国語中国文

台湾史研究環境調査会・若林正文監修　1996『台湾における台湾史研究——制度・環境・成果：1986-1995』東京：財団法人交流協会
台湾総督府警務局　1939＝1995「領台以後の治安状況(中巻)台湾社会運動史」呉密察解題『台湾総督府警察沿革誌 3』台北：南天書局
台湾総督府警務局　1931『台湾の警察』
台湾総督府警務局編纂　1942『台湾警察法規』台北：台湾警察協会
台湾総督府殖産局(商工課)　1930-1940『台湾商工統計』各年度版，台北：台湾総督府殖産局
台湾婦人慈善会　1908『台湾婦人慈善会報告』台北：台湾日新報社[原文ママ]
高橋孝助・古厩忠夫編　1995『上海史——巨大都市の形成と人々の営み』東京：東方書店
高松豊次郎　1914『台湾同化会総裁板垣伯爵閣下歓迎之辞』台北：台湾同仁社
瀧下彩子　2003「九・一八以後の上海影業——心性史から抗日運動をとらえるための試論」東洋文庫『近代中国研究彙報』25 号，59-90 頁
武田潔　1998「初期映画　解説」岩本憲児・斉藤綾子・武田潔編『「新」映画理論集成 1　歴史・人種・ジェンダー』フィルムアート社，79-85 頁
竹中憲一　1983『中国文芸理論に関する文献解題・総目録』東京：不二出版
田島太郎(内務省理事官)　1937「映画検閲の根本精神と其の標準」『台湾警察時報』264 号(11 月)，14-29 頁
田中一二　1931『台北市史』台北：台北通信社
田中純一郎　1980a-e『日本映画発達史　1-5』東京：中央公論社
田村志津枝　1993「台湾の大衆芸能のありさま」『近代日本と植民地 7　文化のなかの植民地』東京：岩波書店，173-191 頁
田村志津枝　2000『はじめに映画があった——植民地台湾と日本』東京：中央公論新社
垂水千恵　2001「李香蘭を見返す視線——ある台湾人作家の見たもの」四方田犬彦編『李香蘭と東アジア』東京：東京大学出版会，57-75 頁
趙景達　2004「暴力と公論」須田努・趙景達・中嶋久人『暴力の地平を超えて——歴史学からの挑戦』東京：青木書店，275-313 頁
趙景達　2008『植民地期朝鮮の知識人と民衆：植民地近代性論批判』東京：有志舎
張新民　1994「抗日救国運動における上海映画人の動向とその意義」『(大阪府立大学)歴史研究』31 号，31-70 頁
張新民　1996「国民政府の初期映画統制について——一九三〇年代を中心に」『(大阪教育大学)歴史研究』33 号，269-293 頁
張新民　1999「「軟」「硬」映画論争の再認識——中国映画リアリズム理論の発展を通して」『中国学志』大有号(12 月)，101-142 頁
張新民　2000「中国教育映画協会及び上海における教育映画推進運動について——国民党 CC 系の活動を中心に」『現代中国研究』7 号(9 月)，34-53 頁
張新民　2003「劉吶鷗の『永遠的微笑』について」『人文研究　大阪市立大学大学院文学研究科紀要』54 巻 4 分冊，35-55 頁
朝鮮映画文化研究所編　1943「朝鮮映画三〇年史」『映画旬報』88(7 月 11 日号)16-19 頁
陳光興(坂元ひろ子訳)　1996「帝国の眼差し——「準」帝国とネイション-ステイトの文化的想像」『思想』859 号(1 月)，162-221 頁
陳培豊　2001『「同化」の同床異夢——日本統治下台湾の国語教育史再考』東京：三元社
陳芳明(森幹夫訳・志賀勝監修)　1998『謝雪紅・野の花は枯れず』東京：社会評論社
ちんとくぞう(陳徳三)　1995『暴れっ子とその余生』台中：自費出版
辻久一(清水晶校註)　1987『中華電影史話——一兵卒の日中映画回想記(1939-1945)』東京：凱風社

日本帝国」崩壊60年』10号(5月), 1-21頁
小山三郎　1993『現代中国の政治と文学——批判と粛清の文学史』東京：東方書店
近藤正己　1996『総力戦と台湾——日本植民地崩壊の研究』東京：刀水書房
蔡培火 1928＝2000「日本国々民に与ふ」張漢裕編『蔡培火全集3　政治関係—日本時代(下)』台北：呉三連台湾史料基金会, 5-102頁
斉藤綾子　1998「フェミニズム　解説」岩本憲児・斉藤綾子・武田潔編『「新」映画理論集成1　歴史／人種／ジェンダー』フィルムアート社, 119-125頁
酒井直樹(葛西弘隆訳)　1999「「国際性」によって何を問題化しようとしているのか」花田達朗・吉見俊哉・スパークス, コリン編『カルチュラル・スタディーズとの対話』東京：新曜社, 286-315頁
阪口直樹　1996『15年戦争期の中国文学——国民党系文化潮流の視角から』東京：研文出版
坂元ひろ子　2002「第二章　中華民国　Ⅲ文化」松丸道雄・池田温・斯波義信・神田信夫・濱下武志『世界歴史体系　中国史5　清末〜現在』東京：山川出版社, 232-285頁
坂元ひろ子　2004『中国民族主義の神話——人種・身体・ジェンダー』東京：岩波書店
佐藤忠男　1995『日本映画史』(全4巻)東京：岩波書店
佐藤忠男　1985＝2004『キネマと砲聲——日中映画前史』岩波現代文庫(リブロポートから刊行されたものの文庫化)
サドゥール, ジョルジュ(丸尾定ほか訳)　1992, 1993, 1994, 1995a, 1995b, 1995c, 1997a, 1997b, 1998, 1999a, 1999b, 2000『世界映画全史1-12』東京：国書刊行会
施蟄存(青野繁治訳)　1999『砂の上の足跡——或る中国モダニズム作家の回想』大阪：大阪外国語大学学術研究双書22
清水晶　1995『上海租界映画私史』東京：新潮社
清水美里　2009「日本植民地期台湾における「水の支配」と抵抗——嘉南大圳を事例として」東京外国語大学大学院博士後期課程論叢『言語・地域文化研究』15号, 255-275頁
下村作次郎・中島利郎・藤井省三・黄英哲編　1995『よみがえる台湾文学——日本統治期の作家と作品』東京：東方書店
愼蒼宇　2004「無頼と倡義のあいだ——植民地化過程の暴力と朝鮮人「傭兵」」須田努・趙景達・中嶋久人『暴力の地平を超えて——歴史学からの挑戦』東京：青木書店, 147-180頁
菅野敦志　2003「中華文化復興運動と「方言」問題(1966-76年)——マスメディアの「方言番組制限」に至る過程を中心として」『日本台湾学会報』5号, 1-20頁
鈴木清一郎　1937『台湾出版関係法令釈義』台北：杉田書店
鈴木常勝　1994『大路　朝鮮人の上海電影皇帝』東京：新泉社
石婉舜　2002「『台湾新演劇運動』の黎明—— 1943年, 厚生演劇研究会の設立と公演」藤井省三・黄英哲・垂水千恵『台湾の「大東亜戦争」——文学・メディア・文化』東京：東京大学出版会, 156-174頁
孫大川　2004「台湾原住民族の存在と将来」(堤智子訳)山本春樹ほか編『台湾原住民族の現在』東京：草風館, 11-18頁
宋登才　1936『国語講習所教育の実際』台北：光昭会
孫文　1985『孫文選集1』伊地智善継・山口一郎監修, 孫文研究会刊行, 東京：社会思想社
戴国煇　1981「日本の植民地支配と台湾籍民」『台湾近現代史研究』3号, 105-146頁
大黒岳彦　2007『謎としての"現代"——情報社会時代の哲学入門』東京：春秋社
台中州警務部　1933『昭和8年刊行　台中州警務要覧』
台南州警務部　1935『昭和9年末現在　台南州警務要覧』
台北州警務部編纂　1931『台北州警察法規』
台湾教育会　1939『台湾教育沿革誌』

参考文献

川島真　2004『中国近代外交の形成』名古屋：名古屋大学出版会
川島真　2005「戦後日本の台湾史研究——社会史・文化史を中心に」亜東関係協会編『「日本之台湾研究」国際学術研討会論文集』台北：外交部，179-209頁
川谷庄平(山口猛構成)　1995『魔都を駆け抜けた男』東京：三一書房
河原功　2003「1937年の台湾文化・台湾新文学状況——新聞漢文欄廃止と中文創作禁止をめぐる諸問題」『成蹊論叢』40号(3月)，49-63頁
キットラー，フリードリヒ．A.(石光泰夫・石光輝子訳)　1999『グラモフォン・フィルム・タイプライター』東京：筑摩書房
菊池敏夫・日本上海史研究会編　2002『上海職業さまざま』東京：勉誠出版
貴志俊彦　2003「国民政府による電化教育政策と抗日ナショナリズム——「民衆教育」から「抗戦教育」へ」『東洋史研究』62巻2号(9月)，126-153頁
絹川浩敏　2003「制度としての近現代文学」宇野木洋・松浦恒雄編『中国20世紀文学を学ぶ人のために』京都：世界思想社，35-59頁
木畑洋一　1999「イギリス帝国主義と帝国意識」北川勝彦・平田雅博編『帝国意識の解剖学』京都：世界思想社，23-52頁
許世楷　1972『日本統治下の台湾——抵抗と弾圧』東京：東京大学出版会
金雄白(池田篤紀訳)　1960『同生共死の実体——汪兆銘の悲劇』東京：時事通信社
栗原純　2002「『台湾総督府公文類纂』にみる台湾籍民と旅券問題」『東京女子大学比較文化研究所紀要』63巻(1月)，19-40頁
黄英哲　1999『台湾文化再構築1945-1947の光と影——魯迅思想受容の行方』埼玉：創土社
呉豪人　1998「遅れてきたナショナル・アイデンティティ(1)——台湾法制史に関する一つの覚書き」京都大学法学会『法学論叢』143巻4号(6月)，95-111頁
呉豪人　1999「遅れてきたナショナル・アイデンティティ(2)完——台湾法制史に関する一つの覚書き」京都大学法学会『法学論叢』145巻2号(4月)，85-105頁
呉密察(若林正丈訳)　1993「台湾人の夢と2・28事件——台湾の脱植民地化」大江志乃夫ほか編『近代日本と植民地8　アジアの冷戦と脱植民地化』東京：岩波書店，39-70頁
呉密察　1999「台湾史研究はいかにして成立するか？——台湾ナショナリズムの歴史記述戦略」『日本台湾学会報』1号，21-25頁
呉密察(許佩賢編集・村上衛訳)　2002「第四章　台湾，1-4節」松丸道雄・池田温・斯波義信・神田信夫・濱下武志編『中国史5　清末～現在』東京：山川出版社，579-606頁
ゴールドスティーン，ロバート・ジャスティン(城戸朋子・村山圭一郎訳)　2003『政治的検閲——19世紀ヨーロッパにおける』東京：法政大学出版局
洪雅文　1997『日本植民地支配下の台湾映画界に関する考察』早稲田大学大学院修士論文
洪雅文　1998「台湾総督府による映画政策」『映画学』12号，116-149頁
国文学編集部　1994『明治・大正・昭和　風俗文化誌——近代文学を読むために』東京：学燈社
小林道彦　1982「一八九七年における高野台湾高等法院長非職事件について——明治国家と植民地領有」『中央大学大学院論究・文学研究科編』14号，103-118頁
駒込武　1996『植民地帝国日本の文化統合』東京：岩波書店
駒込武　2000a「「帝国史」研究の射程」『日本史研究』451号(3月)，224-231頁
駒込武　2000b「台南長老教中学神社参拝問題——踏絵的な権力の様式」『思想』915号(9月)，34-64頁
駒込武　2001「日本の植民地支配と近代——折り重なる暴力」『別冊思想』928号『トレイシーズ』2号(8月)，159-197頁
駒込武　2005「「帝国のはざま」から考える」『年報日本現代史：「帝国」と植民地——「大

内海愛子・村井吉敬　1987『シネアスト許泳の「昭和」——植民地下で映画づくりに奔走した一朝鮮人の軌跡』東京：凱風社
海野幸一　1981—1982「昭和初期台北の映画界」(『大阪映画教育』1981年5月号〜1982年5月号の連載をまとめた私家版，財団法人台湾協会所蔵)
遠藤正敬　2001「植民地支配のなかの国籍と戸籍——「日本臣民」と「外地人」という二つの極印」『早稲田政治公法研究』68号(8月)，277-307頁
遠流台湾館編著・呉密察監修(横澤泰夫編訳)　2007『台湾史小事典』福岡：中国書店
汪朝光(青柳伸子訳)　2010「官営化・教育化・普及化——抗戦期大後方映画の発展と転換」ヴォーゲル，E・平野健一郎編『日中戦争期中国の社会と文化』東京：慶應義塾大学出版会，113-136頁
大江志乃夫　1992「植民地戦争と総督府の成立」大江志乃夫・浅田喬二・三谷太一郎・後藤乾一・小林英夫・高崎宗司・若林正丈・川村湊編(『近代日本と植民地1-8』は同編者につき以下，編者名略)『近代日本と植民地2　帝国統治の構造』東京：岩波書店，3-33頁
大江志乃夫　1978「植民地領有と軍部——とくに台湾植民地征服戦争の位置づけをめぐって」『歴史学研究』460号(9月)，10-22，41頁
大笹吉雄　1993『日本現代演劇史　昭和戦中編1』東京：白水社
大橋捨三郎他　1941『愛国婦人会台湾本部沿革誌』台北：愛国婦人会台湾本部
岡真理　2000『彼女の「正しい」名前とは何か——第三世界フェミニズムの思想』東京：青土社
岡本真希子　2000「1930年代における台湾地方選挙制度問題」『日本史研究』452号(4月)，165-194頁
岡本真希子　2004「植民地期台湾に関する近年の研究動向」『日本植民地研究』16号(6月)，46-53頁
岡本真希子　2008『植民地官僚の政治史——朝鮮・台湾総督府と帝国日本』東京：三元社
奥平康弘　1986「映画と検閲」今村昌平・佐藤忠男・新藤兼人・鶴見俊輔・山田洋次編『講座日本映画2　無声映画の完成』東京：岩波書店，302-318頁
何義麟　2003a『二・二八事件——「台湾人」形成のエスノポリティクス』東京：東京大学出版会
何義麟　2003b「戦時下台湾のメディアにおける使用言語の問題」台湾史研究部会編『台湾の近代と日本』名古屋：中京大学社会科学研究所，235-255頁
外務省条約局法規課編　1959＝1990『外地法制誌3　台湾の委任立法制度』東京：文生書院
外務省条約局法規課編　1964＝1990『外地法制誌5　日本統治下50年の台湾』東京：文生書院
外務省外交史料館日本外交史辞典編纂委員会　1992『日本外交史辞典』東京：山川出版社
加藤厚子　2001「映画国策の展開と映画産業——戦時国民動員装置としての映画」お茶の水女子大学人間文化研究科博士論文
加藤厚子　2003『総動員体制と映画』東京：新曜社
金子文夫編　1993「戦後日本植民地研究史」『近代日本と植民地4　統合と支配の論理』東京：岩波書店，289-317頁
刈間文俊　2000「映像の負荷と可能性——陳凱歌論」小林康夫・松浦寿輝編『表象のディスクール(4)イメージ——不可視なるものの強度』東京：東京大学出版会　61-78頁
花蓮港庁警務課　1934『昭和9年刊行　花蓮港庁警務要覧』
川崎賢子　2006「「外地」の映画ネットワーク——1930-40年代における朝鮮・満州国・中国占領地域を中心に」山本武利責任編集『「帝国」日本の学知4　メディアのなかの「帝国」』東京：岩波書店，243-279頁

参考文献

本文に引用したもの，根拠としたものを中心とした．
新聞など本文や文末注に書誌情報を注記したものは除く．

【日本語文献】(五十音順)

青山学院　1964『青山学院 90 年の歩み』東京：青山学院(非売品)

秋沢烏川　1923『台湾匪誌』台北：杉田書店

浅野豊美　2006「台湾の日本時代をめぐる歴史認識」劉傑・三谷博・楊大慶編『国境を超える歴史認識——日中対話の試み』東京：東京大学出版会，253-286 頁

浅野豊美　2008『帝国日本の植民地法制　法域統合と帝国秩序』名古屋：名古屋大学出版会

アンダーソン，ベネディクト(白石さや・白石隆訳)　1997『増補　想像の共同体——ナショナリズムの起源と流行』東京：NTT 出版

晏妮　2010『戦時日中映画交渉史』東京：岩波書店

李英一(高崎宗司訳)　1986「日帝植民地時代の朝鮮映画」今村昌平・佐藤忠男・新藤兼人・鶴見俊輔・山田洋次編集『講座日本映画 3　トーキーの時代』東京：岩波書店，312-335 頁

池田浩士編　2007『大東亜共栄圏の文化建設』京都：人文書院

石田浩　1990「台湾研究の現状と課題」『関西大学経済論集』40 巻 1 号(4 月)，105-116 頁

板垣竜太　2004「〈植民地近代〉をめぐって：朝鮮史研究における現状と課題」『歴史評論』654 号(10 月)，35-45 頁

板垣竜太　2005「植民地支配責任を定立するために」岩崎稔・大川正彦・中野敏男・李孝徳編『継続する植民地主義——ジェンダー／民族／人種／階級』東京：青弓社，294-315 頁

板垣竜太　2008『朝鮮近代の歴史民族誌——慶北尚州の植民地経験』東京：明石書店

市川彩　1941『アジア映画の創造及建設』東京：国際映画通信社

井出季和太　1937『台湾治績誌』台北：台湾日日新報社

稲葉正夫編　1967『現代史資料 37　大本営』東京：みすず書房

岩崎昶　1935「中国電影印象記　1-4」『キネマ旬報』541 号(5 月 21 日)58-59 頁，542 号(6 月 1 日)92-93 頁，543 号(6 月 11 日)64-65 頁，545 号(7 月 1 日)74-76 頁

岩崎昶　1961『映画史(日本現代史体系)』東京：東洋経済新報社

岩崎昶　1977『日本映画私史』東京：朝日新聞社

岩本憲児編　2004『映画と「大東亜共栄圏」』東京：森話社

ウェールズ，ニム／キム，サン(松平いを子訳)　1987『アリランの歌—ある朝鮮人革命家の生涯』東京：岩波書店

ウォーラーステイン，イマニュエル(藤瀬浩司・浅沼賢彦・金井雄一訳)　1987『資本主義世界経済 1——中核と周辺の不平等』名古屋：名古屋大学出版会

ウォーラーステイン，イマニュエル(山下範久訳)　2006『入門・世界システム分析』東京：藤原書店

内川芳美　1989『マス・メディア法政策史研究』東京：有斐閣

内川芳美編解説　1973『現代史資料 40　マス・メディア統制 1』東京：みすず書房

内川芳美編解説　1975『現代史資料 41　マス・メディア統制 2』東京：みすず書房

内田知行　2002「国民革命の展開と南京国民政府の成立」松丸道雄・池田温・斯波義信・神田信夫・濱下武志編『世界歴史体系　中国史 5　清末～現在』東京：山川出版社，147-158 頁

内海愛子　2002『戦後補償から考える日本とアジア』東京：山川出版社

ヤ 行

ラ・ワ 行

ナ 行

ハ 行

マ 行

事　項

作品名,映画・映画人関連の会社名・組織名,歴史的事件を中心に採録した.作品名のうち映画名は『　』,それ以外は「　」と表記した.ただし,定期刊行物の題名,記事・散文・批評などの題名は対象外とした.

ア 行

カ 行

サ 行

ナ 行

ハ 行

マ 行

ヤ 行

ラ・ワ 行

索　引

人　名

歴史人物・映画人を中心に採録したが，劉吶鷗と何非光は本書全体を通じて登場するため索引には採録しない．また，戦後に発表された先行研究の研究者氏名などは対象外とした．

ア 行

カ 行

■岩波オンデマンドブックス■

「帝国」と「祖国」のはざま
——植民地期台湾映画人の交渉と越境

2010年8月26日 第1刷発行
2019年11月8日 オンデマンド版発行

著 者 三澤真美恵《みさわまみえ》

発行者 岡本 厚

発行所 株式会社 岩波書店
〒101-8002 東京都千代田区一ツ橋2-5-5
電話案内 03-5210-4000
https://www.iwanami.co.jp/

印刷／製本・法令印刷

ISBN 978-4-00-730943-4 Printed in Japan